합격하는 취업,
자소서로
스펙 뛰어넘기

SD에듀
(주)시대고시기획

머리말

취업을 위해 많은 노력을 기울이는 구직자들에게 더 빠르고 효과적으로 합격에 이르는 방법을 알려 드리고자 이 책을 집필했습니다. 직접 운영하고 있는 "오로지첨삭"을 통해 10여 년간 4,000건의 자기소개서를 다루며 쌓은 노하우를 책 한 권에 담아냈습니다.

지원자는 동일한 스펙으로 여러 기업에 지원하고, 직무 선택도 경우에 따라 다릅니다. 모든 스펙 요소를 책의 사례로 다룬다면, 경우의 수가 워낙 많아 읽는 이의 입장에서 핵심을 놓칠 수 있습니다. 이에 '페르소나'를 설정해 일반적인 지원자의 스펙과 준비된 지원자의 스펙을 고르게 적용하며 다면적인 작성 예시를 제시했습니다.

사례 속 지원자가 자신과 100% 일치하는 스펙이 아니더라도 속성이 유사할 때는 글의 구성 방법을 응용해 작성할 수 있고, 글의 흐름을 만들어 가는 방법 또한 참고할 수 있습니다. 자기소개서 항목에 어떤 내용을 써야 할지 막막할 때는 이 책에서 유사 항목을 찾아보며 스펙의 활용 방안을 알아보세요.

합격자의 자기소개서를 분석해 구직에 앞서 취업 준비 과정에서 살펴봐야 할 요소도 내용으로 다뤘습니다. 최근 들어 NCS 유형의 항목이 늘어나고 있으나 과거 유형과 비교해 볼 때 본질적인 차이는 없습니다. 학창 시절 또는 기업 재직 중에 본인이 경험한 내용과 준비 사항을 자기소개서에 기술하는 것은 동일하기 때문입니다. 글자 수가 많은 항목, 직무 관련성에 관해 묻는 항목 등은 자격증보다는 경험이 있어야 서술하기가 수월합니다. 자격증은 취득까지의 과정이 정형적이라 특별한 내용을 소개할 여지가 많지 않습니다. 결국 자기소개서에 담을 내용은 각종 경험에서 얻는 셈입니다.

스펙이 낮다고 걱정할 필요는 없습니다. 낮은 스펙은 다채로운 경험으로 극복할 수 있기 때문입니다. 서류뿐만 아니라 면접에서도 경험이 그만큼 효과적이라는 뜻입니다. 실제로 "오로지첨삭"을 통해 접한 합격자들 중에는 상대적으로 열세인 스펙을 다양한 경험으로 뛰어넘은 사례가 적지 않았습니다. 지방대학교, 낮은 학점, 바닥권 토익 점수 등은 취업 시장에서 분명 낮은 스펙에 해당합니다. 그런 조건을 갖췄어도 풍부한 경험과 직무 적합성으로 합격에 이른 것입니다. 이처럼 학점, 토익 등의 정량적 요소가 취업에 절대적인 것은 아니라는 사실을 통해 채용 시장의 유연성을 확인할 수 있으나, 이러한 점이 취업 준비생 입장에서는 혼란스럽게 느껴지는 것도 사실입니다. 스펙의 상대적 열세를 극복하고자 점수 높이기와 자격증 취득에만 집중하기보다는 관련 경험을 쌓아가며 준비하는 것이 채용의 유연성을 활용하는 현명한 접근 전략이라고 생각합니다.

PREFACE

여러 경험을 쌓아도 항목과 직무에 맞게 내용을 담아내지 않는다면 노력의 결실을 마주하기 어렵습니다. 합격에 이르기 위해서는 지원 기업의 조직 문화를 바탕으로 직무 특징을 경험 요소에 적용하고, 준비한 내용을 직·간접적으로 항목에 나타내야 합니다. 아무리 소개할 경험이 많아도 지원 기업과 직무에 어울리지 않게 기술하면 상대평가에 의해 합격에 이를 수 없는 경우가 많습니다. 충분히 합격할 수 있는 상황이었음에도 불구하고 경험을 항목 요건에 어울리게 작성하지 않아 불합격할 경우, 그 기회비용은 상당합니다. 상반기와 하반기의 간극은 스펙을 추가하기에는 애매할 만큼 짧은 시간이고, 그 사이 새로운 취준생들이 채용 시장에 진입해 경쟁률을 높이므로 졸업 시기에 맞춰 단번에 합격하는 전략을 우선으로 삼아야 합니다. 이를 위해서는 막연히 생각나는 대로 자기소개서를 작성하기보다는 요령을 터득하려는 신중한 자세로 접근해야 합니다. "합격하는 취업, 자기소개서로 스펙 뛰어넘기"를 활용해 주어진 기회를 단번에 잡아보세요.

누가 봐도 탐나는 지원자의 조건을 갖춘다면, 얼마든지 원하는 분야에 합격할 수 있습니다. 졸업 전이라면 사례에 등장한 요소를 참고해 경쟁력을 강화하고, 그 내용을 자기소개서에 녹여내는 방법을 연습하며 미래를 준비해 보세요. 졸업을 앞뒀거나 이미 졸업한 상태라면 새로운 경험을 쌓기에는 시간이 다소 부족할 수 있습니다. 그럴 때는 이미 준비한 내용을 효과적으로 표현해 합격률을 높이는 방법으로 대응합니다. 그럼 이제부터 자신의 스펙을 항목에 맞춰 표현할 수 있도록 차분히 안내하겠습니다.

오로지첨삭 정승재

최신 채용 동향

천편일률적인 자기소개서 항목이 최근에는 자유롭고 새로운 유형으로 대체되고 있습니다. 아울러, 직무 중심 채용과 블라인드 채용은 표준으로 자리매김했습니다. 이러한 변화는 과거에 비해 앞으로 자기소개서가 더욱 중요해질 것임을 의미합니다. 지원자 입장에서 낯선 항목이 버거울 수 있지만, 아무리 항목이 바뀌어도 자기소개서의 목적은 동일합니다. 낯섦에 휘둘릴 것 없이 주어진 항목에만 충실히 대응하면 자기소개서의 목적에 맞게 작성할 수 있습니다.

대표 4가지 자기소개서 유형

NCS 유형
1. 인재상 관련 경험
2. 지원 동기 & 입사 후 포부 관련 경험
3. 사업 관련 이슈에 대한 생각

한국전력

블라인드 유형
1. 기업에 대한 관심
2. 지원 분야 관련 경험
3. 소통 경험
4. 대인 관계 경험
5. 윤리 의식에 대한 생각

한국토지주택공사

경험 중심 유형
1. 성취 경험
2. 문제 해결 경험
3. 직무 관련 경험
4. 협업 경험

SK하이닉스

일반 유형
1. 지원 동기
2. 인재상 관련 경험
3. 자신의 대표 특징을 나타내는 경험
4. 입사 후 포부

현대백화점

위 그림에서 확인할 수 있듯 자기소개서 항목은 유형별 차이가 거의 없습니다. 기업에 대한 관심과 자신의 경험을 서술하는 것은 공통적이며, 경험을 묻는 항목이 두드러지게 많음을 알 수 있습니다. 기업마다 자기소개서의 고유 항목이 있고, 그중에는 매번 변화를 주는 항목도 존재합니다. 설령 새로운 항목이 등장해도 자기소개서의 큰 틀을 벗어나진 않습니다. 글짓기 대회가 아닌 이상, 결국 자기소개서 항목의 목적은 지원자의 조직 적합도 확인이기 때문입니다. 자신의 스펙을 적절히 활용하는 방법만 익힌다면, 한국어로 작성하는 자기소개서는 어떠한 형태로든 대응이 가능합니다. 이 책을 통해 기존 항목과 새로운 항목에 대응하는 방법을 사례와 함께 익히고, 최신 자기소개서 동향에 해당하는 경험 중심의 기술 전략을 배워 보기 바랍니다.

자기소개서와 스펙의 상관성이 합격에 미치는 영향

국내 대기업과 글로벌 기업에 몰리는 지원자들이 상당히 많아 상대평가가 불가피하고, 이에 의한 체감 경쟁률은 상승할 수밖에 없습니다. 준비한 자가 원하는 바를 얻는 건 만고의 진리겠지만, 자신과 경쟁하는 자들의 면면을 알 수 없는 까닭에 불합격 결과가 석연치 않게 느껴지는 경우도 적지 않습니다.

> "내가 왜 떨어진 거야?"
>
> "아무개는 나보다 토익 점수도 낮은데..."
>
> "B학교 출신도 붙었다는데, A학교인 내가 왜 안 된 걸까?"
>
> "뭐? 나보다 나은 게 없는 친구인데 합격했다고?"

합격이 자신을 빗나갔을 때, 참으로 많은 상념들이 마음속을 휘젓고 다닙니다. 노력 부족이라고 자책한들 다음 도전에서 합격을 보장할 수 없어 그저 막막하고, 토익 점수를 몇 점 올리거나 자격증을 추가로 취득하는 것 외에는 상반기와 하반기 지원의 차이점을 만들 만한 요소도 없는 경우가 많습니다. 결국, 자기소개서가 그 해답으로 떠오르는 건 숙명이라고 할 수 있습니다. 합격자와 불합격자의 스펙을 직접 분석하고, 마찬가지로 자기소개서의 수준을 직접 비교해 본다면 합격 당락을 가르는 기준점을 어느 정도 추측할 수 있습니다.

상대평가라는 점에서 본인의 시장 가치가 자신의 절대 가치 혹은 잠재 가치와는 다를 수 있음을 넓은 마음으로 받아들여야 합니다. 서류 심사와 면접 결과가 자신을 평가하는 절대 지표가 될 수 없음은 지원자들이 익히 알고 있겠지만, 주변 친구들과의 비교에 따른 상대적 박탈감에 의해 그런 사실을 망각하기 쉽습니다. 물론 학력 자본이라 일컫는 출신 대학교가 영향을 미치는 건 맞지만, 학력 자본이 상대적으로 취약하다고 아예 경쟁이 불가능한 것도 아닙니다. 게다가 블라인드 채용으로 그 영향력은 무척 약화되었습니다. 적절한 방법으로 준비에 임할 경우에는 얼마든지 경쟁에서 승리할 수 있다는 의미입니다.

자기소개서의 일반적 특징

기업은 채용 시기마다 자기소개서 항목을 바꾸며 지원자들이 자기소개서 작성에 상당한 노력을 기울이기를 바라고 있습니다. 간혹 특이한 항목의 등장으로 지원서 작성이 상당히 어려워지는 경우도 있지만, 제아무리 요구 사항이 특이한들 결국은 지원자의 면면을 보고 싶은 근본 욕구에서 시작한 새로운 시도이므로 전혀 당황할 필요가 없습니다. 미리 준비가 가능한 기본 항목에 비해 특이 항목은 지원자 전원이 동등하게 대처할 시간이 부족합니다. 이에 기업은 특이 항목을 지원자 간 차별화를 이뤄 내는 기회로 활용합니다.

지원자마다 원하는 기업은 다르겠지만, 풍요로운 복지 혜택을 포함해 높은 임금을 지불하는 기업을 선호하는 점은 누구나 동일할 것입니다. 일반 대기업에 지원자들이 몰리는 이유겠지요. 하지만 지원 동기에 노골적으로 연봉, 복지 등을 언급할 수는 없습니다. 일반적인 항목도 단답형으로 기술할 수 없습니다. 그 대신 항목에 어울리는 내용을 소개해 읽는 이가 지원자를 올바르게 평가할 수 있도록 구성과 표현에 주력해야 합니다. 기업은 저마다 다른 색채를 띠며 채용을 진행하고, 지원자는 그 색채에 자신을 맞추며 경쟁력을 높이고자 노력합니다. 치열한 입사 경쟁을 자신이 원하는 방향으로 이끌고 가기 위해서는 전략이 필요합니다. 이 책을 통해 자기소개서 항목의 유형을 분석하며 지원자마다 다른 배경 스펙을 효과적으로 사용하는 방법을 알아보겠습니다.

자기소개서 항목의 **대표 유형**과 **페르소나** 설정 사례를 활용하자!

지원 직무는 대표적으로 전공 유관과 무관으로 나뉩니다. 개별 상황에 맞춰 항목의 성격을 분석하고, 페르소나 설정으로 배경 스펙의 사용 방법을 살펴봅시다.

전공 무관 직무의 경우, 기업에 어울리는 소양과 직무에 부합하는 역량을 집중적으로 소개해야 합니다. 전공 유관 직무의 경우, 유사한 이력을 지닌 지원자들 가운데 눈에 띌 수 있는 전략이 필요합니다.

항목이 요구하는 내용이 개인의 경험을 근간으로 할 경우, 지원자에게 부합하는 내용이 있는 경우와 없는 경우로 전략이 나뉩니다. 또한, 지나치게 많은 경험을 선별해 기술하는 방법과 너무나도 적은 경험을 어느 정도 포장해 표현하는 방법도 전략에 해당합니다.

이와 같이 다양한 상황을 대표 항목 유형에 따라 설명하고, 페르소나 설정을 통해 사례를 알아보며 작성 방법을 안내하겠습니다.

항목 작성 순서

❶ 먼저 제시된 항목을 훑어보며 지원자 본인의 내용을 대략적으로 배치해 봅니다.
❷ 동일한 내용을 반복해서 소개하기보다는 매 항목마다 새로운 정보를 제시할 수 있도록 자신의 경험을 분배합니다.
❸ 글자 수는 해당 내용을 상세히 설명하느냐 간추리느냐로 조절할 수 있습니다. 이 점까지 염두에 놓고 소재를 선택합니다.
❹ 전체적으로 내용을 배분했다면, 틀을 잡아 가며 작성합니다.
❺ 비워 둔 항목은 정보 검색과 자기 탐구로 해법을 모색합니다.
❻ 내용을 다시 읽어 보며 표현 중복을 점검하고, 문장 오류를 수정합니다. 특히, 면접에서 받고 싶은 질문이나 피하고 싶은 질문까지 고려하며 글의 핵심 어휘와 흐름을 분석합니다.
❼ 글자 수 초과와 부족을 확실히 점검하며 분량을 조절하고, 마지막 퇴고에 돌입합니다.
❽ 한 차례 음독해 보고, 특별한 이상이 없다면 지원합니다.

이 책의 차례

PART 01 **자소서 작성 준비 꿀팁**

CHAPTER 01 합격자들의 정성적 스펙 내용 알아보기 002

CHAPTER 02 기업 인재상 참고하기 007

CHAPTER 03 직무 정보 조사하기 010

CHAPTER 04 기업 정보 탐색하기 013

CHAPTER 05 스펙 종류별 쓰임새 알아보기 019

PART 02 **지원 동기 중심의 유형**

CHAPTER 01 작성요령 026

지원 동기에 필요한 정보를 수집하자 / 지원 기업의 조직 문화를 고려해 어휘를 선택하자 / 직무와 연결할 수 있는 자신의 배경 스펙을 언급하라 / 두괄식 망령에서 벗어나야 한다

CHAPTER 02 기업별 예시 033

제주항공 / 한미약품 / 한화생명 / 우리은행 / LG디스플레이 / GS글로벌 / 현대자동차 / GS리테일 / SPC그룹 / 호텔롯데 / 한샘 / 이랜드그룹

PART 03 **직무 중심의 유형**

CHAPTER 01 작성 요령 068

직무의 주요 특징은 알아 두자 / 직무 정보는 홈페이지에서 얻는 것으로 충분하다

CHAPTER 02 기업별 예시 075

한국수자원공사 / 현대엘리베이터 / 현대자동차 / 샘표 / 현대건설 / 호텔롯데 / 한샘 / SPC그룹 / BGF리테일

PART 04 **입사 후 포부 중심의 유형**

CHAPTER 01 작성 요령 104

호흡에 유의하며 문장 흐름을 이어 가자 / 숫자에 집착하지 말자 / 포부는 계획을 바탕으로 한다 / 기업이 지향하고 있는 사항을 확인한다 / 자신의 배경 스펙을 계획에 연결한다

CHAPTER 02 기업별 예시 109

한국수자원공사 / 삼성SDI / 삼성카드 / 한국전력공사 / 현대건설 / YTN / 현대종합상사 / GS리테일 / 아시아나항공

CONTENTS

PART 05 경험 속성 중심의 유형

CHAPTER 01 작성 요령   **138**

대표 4가지 경험 속성 – 문제 해결 능력 / 협업 능력 / 창의력 / 열정

CHAPTER 02 기업별 예시   **145**

한국수자원공사 / SK하이닉스 / 포스코 / 현대엘리베이터 / CJ E&M / E1 / 현대종합상사 / SK네트웍스 / GS리테일 / 현대카드 / 현대건설 / 제주관광공사 / 현대자동차

PART 06 성장 과정 중심의 유형

CHAPTER 01 작성 요령   **186**

정상 범주의 사람입니다 / 가족 관련 내용에서 특이점을 찾아보자 / 성장 과정에서 불리한 내용은 빼자 / 전공 학습으로 얻은 바를 설명하자 / 시간 순서에 따르면 읽기가 수월하다

CHAPTER 02 기업별 예시   **192**

삼성SDI / GS리테일 / YTN / 한진 / 신한은행 / 아시아나항공 / 현대종합상사

PART 07 성격 장단점 중심의 유형

CHAPTER 01 작성요령   **214**

바꿔 생각해 보자 / 스스로 인정해도 괜찮은 성격의 단점은 무엇일까요?

CHAPTER 02 기업별 예시   **221**

YTN / 이스타항공 / GS리테일

PART 08 가치관 중심의 유형

CHAPTER 01 작성 요령   **230**

식상한 가치관은 존재한다 / 자투리 경험으로 가치관을 증명하자

CHAPTER 02 기업별 예시   **232**

한국수자원공사 / GS글로벌 / 미래에셋자산운용 / 우리은행 / GS리테일 / 한진 / LH토지주택공사

합격하는 취업, 자소서로 스펙 뛰어넘기

이 책의 차례

PART 09   사회 이슈 중심의 유형

CHAPTER 01   작성 요령   254

취업을 앞두고 정보량을 늘리자 / 과도한 기업 분석은 입사 후에 진행해도 늦지 않다 / 항목의 의도를 간파하자 /
소재를 직무 환경에 연결해 보자

CHAPTER 02   기업별 예시   258

NH농협은행 / 삼성카드 / 삼성엔지니어링 / 포스코 / 삼성전자

PART 10   기타 유형

CHAPTER 01   작성 요령   272
CHAPTER 02   기업별 예시   273

한국수자원공사 / 한국전력공사 / 호텔롯데 / YTN / 이랜드그룹 / 현대종합상사 / 현대백화점

PART 11   합격 사례로 보는 스펙의 활용

CHAPTER 01   작성 요령   294
CHAPTER 02   기업별 예시   295

SK / 한미약품 / 인천국제공항공사 / 신한금융투자 / 신세계 / 롯데백화점

PART 12   기업 · 직무별 스펙의 응용

CHAPTER 01   작성요령   320
CHAPTER 02   기업별 예시   321

KB국민은행 / KB국민카드 / SK / GS칼텍스 / 한국타이어 / LS전선 / 고려아연 / 미래에셋증권 / 포스코 /
아모레퍼시픽 / 한화갤러리아 / LG상사 / LG화학

CONTENTS

PART 13 **낯선 항목을 위한 꿀팁**

- 감명 깊게 읽은 책을 소개하시오. **370**
- 본인을 한 단어로 표현해 보시오. **374**
- 기업의 이미지를 제시하고, 이를 발전시키기 위해 필요한 노력을 기술하시오. **376**
- 합격 후 도전하고 싶은 일 또는 꿈을 적으시오. **378**
- 인턴으로 선발된다면 귀하가 인턴십으로부터 얻고 싶은 것은 무엇이며,
  회사에 기여할 수 있는 것은 무엇이라고 생각하는지 기술하시오. **382**
- 지원 직무의 하루 업무 일과를 예상해 보고, 본인이 입사 후 신입 사원으로서
  어떤 기여를 할 수 있을지 작성하시오. **385**
- 공공 기관 직원에게 가장 강조되어야 하는 직업윤리는 무엇이라 생각하는지 서술하시오. **387**

PART 14 **첨삭을 위한 꿀팁**

일반적으로 범하기 쉬운 10가지 실수

1. 1인칭 주어는 되도록 사용하지 않는다 **393**
2. 참신한 표현, 그 수위를 조절한다 **395**
3. 문장이 너무 길어 이해할 수 없다면 나눈다 **398**
4. 동일한 어휘와 표현이 가까운 위치에서 반복되지 않게 배치한다 **401**
5. 외국어는 순화한다 **405**
6. 말하듯 쓰는 구어체는 수정 1순위이다 **409**
7. 접속 부사는 남발하지 않는다 **413**
8. 남들도 다 아는 수준의 맞춤법과 띄어쓰기는 틀리지 않는다 **417**
9. 맥락에 맞는지 어휘의 의미를 확인한다 **421**
10. 지원 기업의 조직 문화에 따라 형용사와 부사 사용 빈도 및 수위를 조절한다 **425**

PART 15 **뽀너스 Q&A**

- 자유 양식 자기소개서는 어떻게 작성할까요? **432**
- 공무원 시험 낙방은 어떻게 기술해야 할까요? **435**
- 소비재 기업의 대표 상품을 지원 동기 소재로 삼아도 될까요? **437**

01

·

"노력 없이 쓰인 글은 대개 감흥 없이 읽힌다."

PART 01

자소서 작성 준비 꿀팁

CHAPTER 01

합격자들의 정성적 스펙 내용 알아보기

학점, 토익, 출신 대학교 평가 순위 등의 정량적 요소보다 등급으로 분할하기 어려운 정성적 경험 내용은 동등한 조건에서 엄청난 영향력을 발휘합니다. 직무의 특성에 따라서는 오히려 정성적 스펙이 정량적 스펙을 능가하는 경우가 있습니다. 마땅한 스펙도 없이 대기업에 합격했다고 본인을 홍보하는 사례의 이면을 들여다보면, 직무가 주로 국내 영업에 몰려 있음을 알 수 있습니다. 분야마다 요구하는 사원의 특징은 다르겠지만, 국내 영업은 업무 수행에 있어 정성적 요건이 중요합니다. 이는 해당 분야의 국내 영업 직무가 만만하다는 의미가 아니라, 지원 시 개인의 상황과 원하는 직무를 두루 고려해 전략적으로 접근할 필요가 있음을 뜻합니다. 대학교, 학점, 토익 등 흔히 스펙이라고 치부할 만한 것이 없는데 원하는 기업에 합격했다는 주변 강사들의 홍보나 개인 자랑에 막연한 기대감을 품지 말고, 그들이 이뤄 낸 결과가 정성적 요소에 기인했음을 인지해야 합니다. 그런데 정성적 요소가 무엇일까요? 정량적 요소를 넘어설 수 있는 혹은 정량적 요소와 시너지 효과를 나타낼 수 있는 그 무엇이란 게 정말 있을까요? 합격자들에게서 공통적으로 드러나는 정성적 요소가 무엇인지 사례를 통해 알아보겠습니다.

정량적 요소마저 우수한 지원자들은 상대적으로 우위를 차지하고 시작합니다. 이러한 경우에도 정성적 요소가 전혀 없거나 상대적으로 부족하면 원하는 결과를 만들어 내기가 어렵습니다. 경쟁이 치열한 탓입니다. 올바른 방법으로 자신을 표현해 정량적 요소가 강점으로 효과를 발휘할 수 있도록 자기소개서 작성에 유의해야 합니다. 대학 생활 동안 노력해 온 사항들이 오직 취업만을 위한 활동은 아니지만, 자기소개서에서는 너무나도 우수한 소재들이므로 목적의식을 갖고 정성적인 방면의 이점을 활용해야 아쉽지 않습니다. 정량적 요소가 두드러진 지원자들은 정성적 요소와 조화를 이뤄 내는 데 초점을 맞추는 접근이 필요합니다.

요약하면, 정성적 요소가 중요하고, 정량적 요소가 상대적으로 부족한 경우에는 정성적 요소를 강화하는 데 주력해야 효과적입니다. 설령 둘 다 부족하더라도 포기하긴 이릅니다. 누구에게나 강점으로 표현할 만한 정성적 요소는 있기 마련입니다.

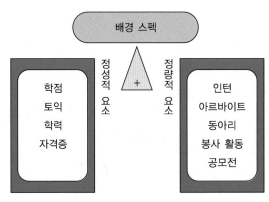

[정성적 요소와 정량적 요소]

합격자들의 전공과 정성적 스펙의 관계 예시

- 경영학 전공: 투자 동아리 활동, 서비스 분야 아르바이트
- 영문학 전공: 호주 워킹 홀리데이, 2년간 해외 현지 기업에서 근무, 호텔·백화점·박람회 등에서 아르바이트
- 문헌정보학 전공: 국내 공사 및 기업에서 단기 인턴 2회 수행, 영국에서 민간 봉사 단체 활동, 영화관 아르바이트
- 국문학 전공: 영화관·카페 등에서 아르바이트, 필리핀 여행
- 재무학 전공: 앱 개발 동아리 활동, 텔레마케팅 아르바이트, 단기간 판촉 활동, 미국 생활
- 기계공학 전공: 군 장교로 복무하며 겪은 경험 다수
- 전산학 전공: 학부생으로서 대학원 연구에 동참, 필리핀 어학연수, 중등 과학 강사 경험, 연주 동아리 활동
- 언론학 전공: 국내 영어캠프, 교내외 봉사 활동
- 물리치료학 전공: 자격증 취득, 실습 경험, 병원 근무, 국내 봉사 활동
- 사회복지학 전공: 국내 기업 근무, 사내 활동, 해외 봉사 활동
- 일어 전공: 놀이공원 아르바이트, 자전거 국토 종주, 일어 동아리 활동
- 경제학 전공: 공모전 최우수상, 대만 여행, 주식 투자 경력
- 무역학 전공: 국내 기업 인턴 1회, 학회 활동, 학생회 활동

- 사회학 전공: 학과 모임 운영, 카페 매니저 활동
- 컴퓨터공학 전공: 공사 주최 봉사 활동, 국내 기업 인턴 1회, 해외 봉사 활동
- 독일어 전공: 교환학생, 해외 법인 인턴 1회, 연주 활동
- 신문방송학 전공: 중국 유학 생활, 중국 광고 회사 인턴 1회, 교내 방송 프로그램 제작 실습
- 법학 전공: 중국 유학 생활, 중국 현지 기업 인턴 1회, 인턴 중 다양한 활동
- 비즈니스학 전공: 일본 유학 생활, 일본 현지 아르바이트
- 산업디자인 전공: 영국 유학 생활, 국제 공모전 입상, 디자인 실습과 기업 실무 경험
- 전자전기공학 전공: 개인 실험 진행 경험, 대학원에서 작성한 논문
- 회계학 전공: 캐나다 유학 생활, 음악 동아리 만들고 운영, 유학생 코디네이터 활동, 중소기업 인턴 1회
- 경영학 전공: 회계법인 인턴 1회, 국내 자원봉사 서포터즈 활동
- 이탈리아어학 전공: 이탈리아 교환학생, 미국 어학연수, 공사 인턴 1회, 학생회장 활동
- 경영학 전공: 가정 형편에 보탬이 되고자 다수의 아르바이트 수행, 교내 동아리 총무로 활동
- 호텔경영학 전공: 호텔 인턴 1회, 호텔 근무 경력, 전문 인력 양성 교육 이수
- 시각디자인 전공: 판촉 아르바이트, 디자인 프로그래밍 연습
- 정치외교학 전공: 국내 기업 인턴 1회, 다수의 서비스 현장 아르바이트, 자격증 취득
- 의류환경학 전공: 의류 분야 인턴 1회, MD로 활동 경험
- 나노공학 전공: 해외 인턴 1회, 부모님 가게 운영 보조, 재능 기부 참여
- 토목공학 전공: 물류 아르바이트, 부모님 사업 보조, 자격증 취득
- 화학 전공: 화학 동아리 활동, 다수의 아르바이트 경험, 어학연수
- 중어중문학 전공: 국내 기업 인턴 1회
- 컴퓨터공학 전공: 전문 기관 교육 이수, 서비스직 아르바이트
- 법학 전공: 해외 현지 기업 인턴 1회, 협회 주관 교육 이수 및 발표 대회 입상
- 화학 전공: 자격증 취득, 아르바이트 경험
- 신문방송학 전공: 영상 제작 동아리 활동, 국내 광고사 인턴 1회, 국토 대장정 참여, 국제 영화제 서포터즈 활동
- 경영학 전공: 국내 기업 인턴 1회, 보조 교사 활동, 서포터즈 활동, 해외 봉사 활동, 다수의 아르바이트 경험
- 인도어 전공: 해외 현지 기업 인턴 1회, 배낭여행, 해외 봉사 활동
- 건축공학 전공: 해외 봉사 활동, 건설 현장 아르바이트
- 산림학 전공: 가정 형편상 졸업 시까지 10가지 이상의 아르바이트 수행, 사회인 야구 대회 우승
- 산업공학 전공: 멘토링 활동, 서비스직 아르바이트
- 전기공학 전공: 교환학생, 기업 주관 자원봉사 프로그램 참여
- 기계공학 전공: 학생회 활동, 축구 동아리 일원, 해외 봉사 2회, 산학 협력 프로젝트 참여, 건설 현장 아르바이트, 고아원 봉사 활동

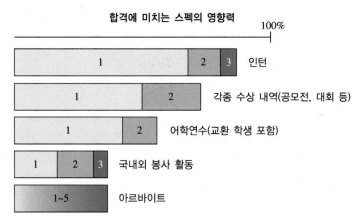

[합격에 미치는 스펙의 영향력]

합격자들에게서 명확하게 보이는 공통점은 활발한 교내외 활동입니다. 인턴과 아르바이트는 풀어낼 수 있는 이야기들을 상당히 많이 담고 있습니다. 경험 내용이 전공과 관련이 없더라도 지원 분야에 관계없이 유용합니다. 동아리 활동, 학회 활동, 봉사 활동 등도 학생으로서 접근하기 쉬운 활동이며, 소개할 부분을 아주 많이 내포합니다. 학창 시절을 다양한 경험으로 채워 나가는 전략이 취업에는 유리하다고 생각합니다. 물론 이와 같은 활동이 개인의 질적 발전에도 긍정적인 영향을 미칠 것입니다. 졸업을 앞둔 지원자들은 겪었던 일들 중에서 정성적으로 활용 가능한 사례들을 추려 보고, 졸업까지 여유가 있는 학생들은 위의 경우를 참고해 경험의 양과 질의 확대에 주의를 기울여 보세요.

그럼 위의 사례처럼 다양한 경험이 없다면 합격이 불가능할까요?

그렇지는 않습니다. 자기소개서에 기술할 경험은 항목 요구 조건에 완벽히 부합하지는 않더라도 지원자의 대학 생활 경험을 통해 내용의 간접 충족까지는 가능한 경우가 대부분입니다. 경험이 많을수록 합격에 좀 더 유리한 건 사실입니다. 그렇더라도 지원 분야와 직무에 따라 경험의 유무보다는 진정성과 표현력으로 높은 평가를 받는 경우도 적지 않으므로 자신의 상황을 지나치게 우려할 필요는 없습니다. 경험이 상대적으로 없다고 할 때, 그 수준이 어느 정도인지 알아보겠습니다.

- 경제학 전공: 경영학 수업에서 발표 담당, 팀 과제 수행
- 경영학 전공: 서비스직 아르바이트, 취미로 자동차 튜닝을 즐김
- 러시아어 전공: 교환학생과 어울리기, 박람회 안내 아르바이트
- 회계세무학 전공: 세무 관련 아르바이트, 자격증 취득
- 전기공학 전공: 아버지 사업 보조, 영어 학습
- 전산학 전공: 편의점 아르바이트, 과제 수행
- 무역학 전공: 자전거 국토 종주, 마라톤 대회 정기 참여
- 건축학 전공: 전공 실습, 자격증 취득
- 영어영문학 전공: 어학연수

정성적 요소가 아예 없는 경우는 극히 드물고, 아무리 그 내용이 적더라도 에피소드는 있기 마련이므로 주어진 여건에서 자기소개서 기술 방법을 탐구해 볼 필요가 있습니다. 취미 생활, 독서, 여행, 모임 등의 내용도 경우에 따라서는 아주 우수한 소재가 되기도 합니다. 다만, 주력 내용의 시점이 유아기, 초등학생 시기에 몰려 있다면, 비중을 조절해 현재에 가까운 내용으로 기술해야 읽는 이에게 경험의 의미를 제대로 전달할 수 있습니다. 대학교 졸업한 지원자가 유아기와 초등학교 시기에 발생한 이야기를 지나치게 많이 나열하면, 대학생 때는 무엇을 했는가에 대한 의문을 남겨 지원자에게 결코 이롭지 않기 때문입니다. 정성적 요소가 부족할 때는 자기소개서의 표현에 유의하며 상대적으로 빈약한 내용을 진솔하게 전달하는 데 초점을 맞추는 것이 효과적인 전략입니다.

CHAPTER 02

기업 인재상 참고하기

기업이 표방하는 인재상은 기업마다 다른 특성을 보이지만, 제시어의 이면에는 대체적으로 공통적인 속성을 공유하고 있습니다. 특정 기업의 인재상과 정반대의 품성을 보이는 경우는 그 기업에서만 지원자를 선호하지 않는 게 아니라 대부분의 기업에서 반기지 않을 가능성이 높습니다. 조직 생활에 필요한 덕목은 대부분 동일하기 때문입니다. 인재상은 기업의 특색을 드러내는 요소라기보다는 추구하는 방향이라고 할 수 있습니다. 바람직한 인물상에 따라 현실의 자신을 수정해 나갈 방향을 제시하는 조직의 이정표와 같은 역할을 합니다. 지원자가 대부분의 기업에서 요구하는 공통적인 품성에서 벗어나는 모습만 보이지 않는다면, 적어도 서류 평가에서는 인재상에 맞지 않는다는 이유로 제외될 가능성은 거의 없습니다. 인재상을 고려하지 않아서 불이익을 보는 경우는 없다는 의미입니다.

그렇다면 인재상은 왜 참고해야 하나요?

기업 측에서는 인재상에 등장한 어휘가 무척 익숙합니다. 채용 전형을 담당하는 분들은 인재상을 자주 접하므로 관련 어휘가 자기소개서에 있느냐 없느냐에 따라서도 평가에 영향을 받을 수 있습니다. 전략적으로 인재상에 나타난 어휘를 자기소개서에 사용하는 이유입니다. 대다수의 지원자 간에는 정량적으로나 정성적으로나 큰 차이를 보이지 않는 경우가 있어 상대평가의 잣대로 지원자의 정성 여부를 고려합니다. 지원자의 기업에 대한 관심 수준은 정성 여부를 파악하는 데 유용하고, 이를 드러내는 방법 중 하나가 인재상과 관련된 어휘 사용이라고 할 수 있습니다.

♡ 인재상은 지극히 유사하다

시장에서 채용 과정에 조력하는 분들은 인재상을 상당히 중요한 요소로 치부합니다. 공통적인 내용인데도 굳이 인재상을 강조하는 이유는 쇼호스트의 제품 설명에 비유할 수 있습니다. 일반적으로 제품을 사용할 때는 전혀 고려하지 않는 요소임에도 쇼호스트는 판매를 위해 세부 정보까지 낱낱이 소개합니다. 그런 과정을 거쳐야 전문성을 보이며 구매자로부터 신뢰를 받을 수 있기 때문입니다. 하지만, 구매 결정은 세부 정보가 아닌 합리적인 가격과 희소한 기회에 영향을 받는 경우가 더 많습니다. 채용 과정 조력자들(소위 전문가)이 인재상을 강조하는 의도도 쇼호스트와 동일합니다. 시장에서 전문성을 보이고 싶기 때문입니다. 마찬가지로 채용 담당자는 인재상 적시 여부에 큰 영향을 받지 않고, 지원자의 경험과 가능성을 보고 채용 여부를 결정합니다. 지원자 입장에서 인재상은 참고 사항이고, 읽는 이의 익숙함에 부응하기 위한 전략적 도구일 뿐입니다. 특정 기업에서 선호할 만한 유형의 인물은 유사 직종의 대다수의 기업에서 동일하게 선호합니다. 기업의 인재상이 얼마나 유사한지 비교해 보겠습니다.

- 삼성: 열정, 창의, 도덕
- SK: 주도적 자기 계발(혁신), 도전하는 실행력(도전), 협력
- LG: 도전, 창의, 혁신, 도덕
- 현대자동차: 도전, 창의, 열정, 협력, 글로벌 마인드
- 포스코: 글로벌 마인드, 창의, 전문성
- CJ: 창의, 글로벌 마인드, 전문성
- 아모레퍼시픽: 소통(공감), 열정(몰입), 창의, 전문성
- 롯데: 책임, 창의, 도전, 협력
- KT: 도전, 소통, 존중, 책임
- 신한은행: 열정, 창의, 도덕
- 미래에셋증권: 창의, 도덕, 전문성
- 에스오일: 도전, 글로벌 마인드, 협력, 도덕
- GS리테일: 창의, 전문성, 서비스 마인드
- 대한항공: 진취(도전), 글로벌 마인드, 서비스 마인드, 책임, 도덕
- 아시아나항공: 책임, 진취(도전), 자기 계발(혁신), 협력

[공통적인 기업의 대표 인재상]

기업이 원하는 인물은 분야와 관계없이 비슷합니다. 선호하는 덕목은 기업에서뿐만 아니라 사회에서 권장하는 일반 수준을 넘지 않습니다. 자기소개서 작성이 낯설 때는 인재상이 필수 요건처럼 느껴질 수 있지만, 작성 경험이 늘어날수록 취업 시장 조력자들이 외치는 공통 구호에 큰 의미가 없음을 알 수 있을 것입니다. 인재상은 참고 사항일 뿐입니다. 중요한 것은 경험과 표현이라는 것을 명심해야 합니다.

CHAPTER 03

직무 정보 조사하기

직무 관련 정보는 대기업 홈페이지에서 상세히 알아볼 수 있습니다. 직무 소개가 없는 기업은 대기업 직무 소개를 참고해도 무방합니다. 유사 업종에서는 규모의 차이가 있을 뿐, 시장 역할이 동일해 직무 내용도 큰 차이를 보이지 않기 때문입니다. 특정 산업의 영업 관리에 대해 이해한 후에는 타사 자기소개서 작성 시 제조 혹은 서비스 품목의 이해만 추가하면 영업 관리 직무 내용을 요구 조건에 맞춰 완성할 수 있습니다. 기업 정보를 수집할 때 자신이 선택한 직무 내용을 함께 살펴보세요.

♥ 기업 홈페이지에서 얻는 직무 소개로 충분하다

자신의 전공 영역에서 직무를 선택하므로 범위는 한정적입니다. 새로운 지식으로 배움의 깊이를 더해가는 학문이 아니라 한 번만 관련 내용을 숙지하면 광범위하게 응용할 수 있는 단순 지식입니다. 기업이 제공하는 직무 소개만 참고해도 누구나 쉽게 업무 내용을 이해할 수 있습니다.

직무 수행 내용을 속속들이 숙지한다고 해도 자기소개서 항목에서 해당 내용을 상세하게 기술할 기회가 없습니다. 재무제표를 전부 분석해 지원 기업의 안정성과 성장성을 논의할 수 있더라도 이를 언급할 항목이 없는 경우가 대부분입니다. 물론 지원 동기와 직무 선택 이유를 설명할 때 소재로 활용할 수는 있지만, 노력 대비 보상이 큰 편은 아닙니다. 면접에서 질문을 받거나 이에 대해 자발적으로 발언하지 않는 이상 분석 내용을 우수한 평가로 연결하기는 쉽지 않습니다. 직무 내용을 과도하게 숙지하는 것이 이와 유사합니다. 직무 내용을 자신의 경험과 연결해 보여 주는 게 중요할 뿐 직무 내용을 완벽히 이해하는 건 부차적인 노력일 따름입니다.

지원 직무 내용을 완벽하게 숙지하고, 심지어 실무자 인터뷰를 빠짐없이 읽고 채용 설명회에 참석하는 열의를 보여도 입사하고 싶다는 마음만 간절해질 뿐 자기소개서 항목에 채울 핵심 내용이 늘어나는 건 아닙니다. 직무 내용을 큰 틀에서 확인한 후, 자신의 경험에 이를 연결하는 데 노력을 기울여야 합니다. 직무 관련해 자주 등장하는 항목은 다음과 같습니다.

☑ 직무를 지원한 동기는 무엇인가?
☑ 직무 수행을 위해 무엇을 준비했는지 소개하시오.

항목에 적용할 수 있는 직무 내용은 상당히 일반적입니다. 직무 지원 동기는 전공 역량 개발, 업무 내용에서 요구하는 특성(분석, 조사, 소통 등) 선호, 지원 분야의 성장성 등이며, 작성을 위해 직무 내용의 상세한 파악이 필요한 건 아닙니다. 직무 역량을 위해 준비한 내용은 경험을 시작점으로 삼아 이야기를 기술하므로 직무 내용은 일반 수준의 이해로 충분합니다. 예를 들어 화장품 기업의 마케팅 인턴 경험을 갖춘 지원자가 전자 제품 마케팅 직무에 지원하는 상황에서는 마케팅 관련 경험을 소개하면 충분할 뿐 전자 제품을 고려한 직무 내용까지 설명할 필요는 없습니다.

| 모듈/팩 개발 | SW 개발 | 공정/설비 설계 및 제어 | 영업마케팅 | 경영지원 |

공정/설비 설계 및 제어
신공법/신설비 개발로 생산성을 향상시키고 각종 설비의 최적화로 양산성을 극대화, 품질을 개선하는 직무

Roles

전지/전자재료 공법개발 및 설비설계

• 신공법/설비 설계를 통한 양산성 개선 및 품질 혁신
• 라인 생산성 향상을 위한 제조 라인 설계 및 검증
• 차세대 요소기술/설비 개발

전자재료 공정 및 설비 운영

Requirements

화학/화공, 재료/금속, 섬유/고분자, 기계, 전기전자(H/W), 산업공학, 수학, 물리 관련 전공자
직무와 연관된 경험 보유자 (프로젝트, 논문, 특허, 경진대회 등)

[삼성SDI 홈페이지 직무 소개]

삼성SDI의 기술 직무는 전공 제한이 있고, 관련 전공자들은 보편적으로 해당 직무 내용을 전공 과정 중 접하기 마련입니다. 공정 지식, 생산 프로세스 이해, 설비의 최적화 등이 직무 내용이고, 생산성 제고와 안정적 품질 유지가 직무 목표입니다. 지원자는 이미 해당 분야 지식을 갖췄으므로 직무 내용은 이 정도로 충분합니다. 전공 관련 경험을 항목 요구 조건에 맞게 효과적으로 표현하고 치밀하게 구성하는 것이 더 중요합니다.

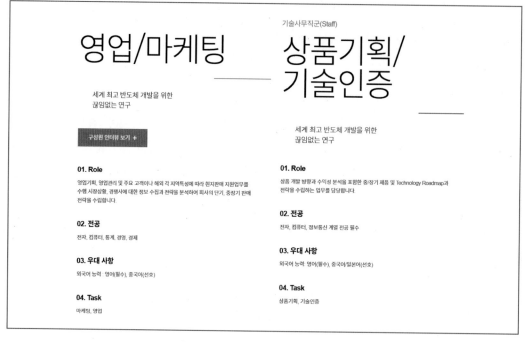

[SK하이닉스 홈페이지 직무 소개]

SK하이닉스의 상품 기획과 영업 마케팅 직무는 영어, 중국어, 일본어 구사 능력을 우대 혹은 필수 요건으로 제시하고 있습니다. 이 경우 해당 직무 지원 시 핵심 사항은 어학 능력을 뒷받침하는 경험을 소개하는 데 있습니다. 직무 내용은 홈페이지를 참고하는 것만으로도 충분합니다. 직무 이해가 부족하다고 느끼면, 정보 검색으로 보충할 수 있습니다. 정보는 무척 많습니다.

다양한 직무 정보를 수집하는 데 열중하는 것보다 지원 기업 관련 정보를 수집하는 게 유용합니다. 지원 동기를 작성할 때는 반드시 기업 정보가 필요하며, 이 과정에서 직무의 배경을 이루는 정보를 습득할 수 있습니다. 대부분의 기업에 통용되는 직무 내용은 기업이 속한 시장과 산업에 따라 차이를 보이므로 기업 관련 정보에서 핵심 요소를 수집하는 게 가능합니다.

CHAPTER 04

<u>기업 정보 탐색하기</u>

기업 정보는 지원 동기, 직무 선택 이유, 지원 기업에 기여할 방안, 역량 소개 등의 항목을 구성하는 바탕 소재입니다. 수집한 정보를 전부 활용하기는 어렵지만, 글의 방향을 설정하며 핵심 어휘를 언급하는 데 유용하게 사용할 수 있습니다. 추세를 반영하는 정보 위주로 수집해 자기소개서 항목에 적용합니다. 기술 개발, 시장 개척, 상품 카테고리 확대, 신규 시장 조성 등은 채용 시기에 기업이 이끌어 가고 있는 경영 전략에 해당하므로 관련 소재도 많고 자기소개서 성격에도 맞습니다. 기업의 추세에 올라타 함께 성장하겠다는 어조로 이야기를 풀어 가는 게 가장 일반적인 정보 활용 방법입니다.

추세를 반영하는 정보 외에는 위기 상황 혹은 시장 환경을 언급하며 그에 대한 대응 방안을 제시하는 데 기업 정보를 사용합니다. 예를 들어, 제약 시장에서 의약품 허가 규범에 변화가 있다면, 해당 내용을 기업 정보와 연결해 수집하고 이를 바탕으로 변화에 대응하겠다는 의지를 피력하는 데 정보를 활용합니다. 지원하는 기업이 어떤 활동에 노력을 기울이고 있는지 알아보는 건 관심을 보여 주는 데 효과적입니다. 피상적인 내용에 작은 차이를 부여하는 어휘를 삽입하거나 맥락에 맞게 정보를 엮으며 정보의 가치를 높일 수 있습니다.

안심Touch

특별한 정보가 없을 때는 시장 환경을 사용한다

사례 1

아시아나항공은 화물 분야에 집중하며 매출 확대를 이뤄 내고 있습니다. 여객기의 벨리 카고 영업으로 추가 매출을 모색하고, 개조 화물기를 투입하며 시장 수요에 부응하고 있는 상황입니다. 코로나19 확산 강도에 따라 여객 부문의 매출은 변동성을 보이지만, 아시아나항공의 구성원들은 새로운 시도로 꾸준히 성장을 일구고 있습니다. 사내 위기 극복 의지를 바탕으로 리스크 관리와 성장성 확대에 주력하며 아시아나항공의 도약에 이바지하겠습니다.

➜ 항공사가 위기에 대처하는 내용은 경쟁사와 큰 차이가 없습니다. 이에 특별한 정보보다는 시장 상황 정보를 소재로 활용해 기술했습니다. 일반 지원직에 지원하며 경영 관리 분야에서 필요한 직무 요소를 시장 상황과 연결했습니다. 시장 환경을 단순 나열하지 말고, 직무와 연결하는 시도로 특별함을 부여해야 합니다.

사례 2

엘리베이터 산업에서 기술력을 강화해 온 현대엘리베이터는 연관성 높은 사업 카테고리의 조합으로 성장 바탕을 마련했습니다. 신속함과 안전함을 갖춘 기술력과 세밀한 시장 접근으로 성장을 일궈 내고, 해외 진출도 활발합니다. 물류 센터 구축과 병원 반송 설비 시스템은 현대엘리베이터의 기술과 아이디어가 결합해 만들어 낸 추가 성장 동력원입니다. 해외에서는 브라질에 생산 공장을 가동하며 현지화에도 집중하고 있습니다.

➜ 엘리베이터 산업의 일반 속성에서 방향을 찾은 후, 현대엘리베이터의 구체적 사례를 더하며 특별함을 강조했습니다. 위 사례에서는 일반 내용을 보충하는 용도로 기업 정보를 활용했습니다. 단편 정보는 핵심 내용으로 사용할 수는 없지만, 어휘 삽입 형태로 기업에 대한 관심을 보여 줄 수는 있습니다.

♀ 지원 기업의 정보를 적극적으로 활용한다

사례 1

데이터베이스의 선두주자로 시대를 앞서간 오라클은 클라우드 플랫폼 시대를 맞이해 기업 체질을 바꾸며 또 한 번 세상의 IT를 이끌어 갈 채비를 마쳤습니다. PaaS부터 IaaS까지 클라우드 플랫폼은 고른 성장세를 유지하고, 오라클이 소유한 자바는 안드로이드와 각종 산업 소프트웨어에 활용되며 기술적 위상을 시장에 선보이고 있습니다. DB 부문에서 여전히 막강한 시장 지위를 유지하고 있는 까닭에 ERP 시스템 부문에서도 꾸준히 수요를 확보해 왔습니다.

→ 기업 정보를 파악해야 지원 기업의 강점과 성장 방향을 알 수 있습니다. 추세를 반영하는 정보를 토대로 이야기의 흐름을 만든 후, 자신이 지원하는 분야인 ERP로 초점을 맞춰 갔습니다. 이러한 방식으로 기업에 대한 관심도를 보여 주고, 직무 선택 이유를 제시합니다.

사례 2

IT 기술의 집적은 LCD 수요 증가와 화소수 확대로 이어지며 SK머티리얼즈의 주력 제품인 NF3의 세계적 수요를 견인하고 있습니다. 기술적 우위와 규모의 경제 기반을 갖춘 SK머티리얼즈의 시장 활동은 IT 기술의 보급에 기여하며 지속 성장을 이끄는 까닭에 의의가 깊습니다. 최근에는 배터리 소재 산업에 진입하며 실리콘 음극재 사업을 시작했습니다. 이를 산업가스와 식각가스의 비중 확대 추구 전략과 병행해야 하므로 SK머티리얼즈의 마케팅이 중요한 상황입니다.

→ 정보 수집 없이는 기업에 대한 관심을 보여 주는 게 어려운 분야가 있습니다. 추세 유형으로 소재를 선택하고, 수집한 정보를 상호 연결되도록 구성합니다. 마케팅 직무에 지원하며 SK머티리얼즈의 시장 전략 정보를 밑그림으로 사용했습니다.

안심Touch

1. 기업 홈페이지

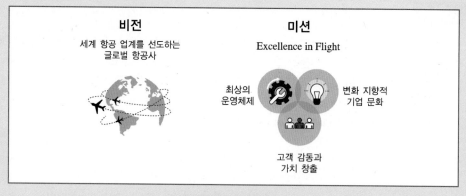

비전

세계 항공 업계를 선도하는
글로벌 항공사

미션

Excellence in Flight

최상의
운영체제

변화 지향적
기업 문화

고객 감동과
가치 창출

[대한항공 홈페이지]

기업 홈페이지에는 인재상, 핵심 가치, 경영 전략, 최신 정보 등이 있습니다. 사업 영역과 추구하는 내용을 중심으로 기업의 기본 정보를 수집합니다.

2. 언론 기사

종합정보	시세	차트	투자자별 매매동향	**뉴스·공시**	종목분석	종목토론실	전자공시

종목뉴스 ✓ 제목 ✓ 내용

제목	정보제공
(영상)대한항공·아시아나 합병 '초읽기'...수혜주는 LCC?	이데일리
역대급 실적에도 고민 깊은 대한항공···공정위 결론 '촉각'	헤럴드경제
└ 공정위, 대한항공-아시아나 기업결합 D-6···조정 범위 놓고 이견	아시아경제
역대급 실적에도 고민 깊은 대한항공···공정위 결론 '촉각' [비즈360]	헤럴드경제
화물운송 운임 강세 지속···대한항공 올해는?	헤럴드경제
화물이 다 했네...대한항공, 분기·연간 영업익 사상 최대	매경이코노미
유진투자증 "대한항공, 올해도 화물 중심 실적개선 기대"	파이낸셜뉴스
올해도 성장 기대되지만 원유가 걱정인 '대한항공'	아시아경제
증시 무섭게 무너져도 솟아오르는 대한항공	한국경제
'화물 실은' 대한항공, 가장 높이 날았다	비즈니스워치
대한항공, 여객 수요 물확실성에도 회복 기대 유효-유진	머니투데이

[대한항공 관련 기사 모음 (네이버 참조)]

검색 사이트에서 해당 기업의 최근 기사부터 살펴보며 전반적인 사업 동향을 파악합니다. 자기소개서에 사용하기에 적합하지 않은 정보가 더 많으므로, 불필요한 내용을 솎아 내며 추세형 정보 수집에 주력합니다.

3. 공시 정보

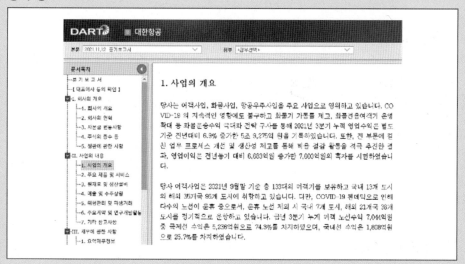

[DART 대한항공 사업 보고서]

금융감독원에서 제공하는 공시 정보를 활용합니다. 사업 보고서 중 사업의 내용 부분을 집중적으로 살펴봅니다. 이를 통해 사업 현황과 추세를 알 수 있습니다.

4. 기업 분석 보고서

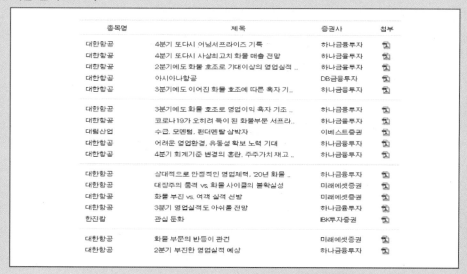

[애널리스트 기업 분석 보고서 모음 (네이버 참소)]

증권사에서 제공하는 보고서에는 기업을 파악하는 데 필요한 자료가 상당히 많습니다. 투자용도로 제공하는 정보로 기업에 우호적인 내용을 담고 있어 기업 지원자 입장과 성격 면에서 일치합니다. 물론 예상 주가는 자기소개서에 불필요한 내용입니다.

이러한 과정을 거쳐 수집한 기업 정보는 다음과 같습니다.

대한항공

1. 화물 중심의 실적 개선
2. 수익성 중심의 사업 운영, 안정적 성장 기반 구축
3. 연구 개발비 확충
4. 사랑의 쌀 후원 행사
5. 현장 중심적 사고와 업무 변화에 적극적인 자세
6. 글로벌 항공 엔진 MRO 시장 진출로 사업 다각화

대한항공에 지원한다고 가정하면, 위의 6개의 내용을 각 요소의 성격에 맞게 사용할 수 있습니다. 기업의 추세를 반영하는 내용은 1과 2이며, 지원 동기 혹은 업무 환경에 대해 기술하는 소재로 활용합니다. 5는 업무에 임하는 자세를 표현할 때 핵심 어휘로 사용합니다. 지원자가 봉사 경험이 있다면, 4의 내용을 연결할 수 있습니다. 4와 6은 상대적으로 중요한 사항은 아니지만, 요구 글자 수를 채우기 어려울 때 소재로 사용 가능합니다.

기업 정보는 글의 작성 방향을 제시하고, 지원자의 기업에 대한 열정을 부각하는 데 효과적입니다. 수집한 정보를 자기소개서에 전부 사용할 수 없어도 면접 시에는 도움이 되므로 다소 시간을 할애해 기업 정보를 파악하세요.

CHAPTER 05

스펙 종류별 쓰임새 알아보기

▪ 전공

지원 기업 부문에서 특정 전공을 우대하는 경우에는 관련 영역을 전공한 지원자가 유리함은 너무나도 당연합니다. 전공을 제외하고 남은 배경 스펙이 동일하다면, 서류 통과 확률은 상식적으로 우대 전공에 가까운 지원자가 높습니다. 그런 점을 감안해 지원할 때 본인의 배경을 확인하세요. 설령 전공과 관련이 없더라도 이를 보충하고 경쟁력을 높일 수 있는 여건을 갖춘 후에는 소신껏 지원해도 합격에 이를 수 있습니다. 지원 기업에 입사하고 싶은 열망은 상당한데 애석하게도 본인의 전공과 맞닿아 있지 않을 시에는 우대 사항이 없는 직무를 선택하세요. 주로 영업 분야가 이런 경우에 해당합니다.

▪ 자격증

취득하기 어려운 자격증, 난이도를 떠나 직무를 위해 필수인 자격증, 추가 점수를 부여하는 자격증 등으로 자격증의 효용은 다채롭습니다. 물론 반드시 취득해야 입사가 가능한 기업도 드물게 있지만, 주로 타 지원자들의 영향이 큰 편입니다. 상대 평가의 영향으로 자격증 취득이 필수처럼 된 상황에서 많은 자격증이 경쟁력의 요소로 자리 잡았습니다. 무의미한 자격증도 시중에 많기 때문에 지원 부문과 연결성 높은 자격증 위주로 취득합니다. 가산점을 주는 한자, 한국사, 한국어 자격증의 전략적 취득도 서류 전형에 유리하게 작용합니다.

■ 어학 점수

어학 능력이 탁월하면 입사에 유리하다는 사실은 결코 부인할 수 없습니다. 수치상의 점수만이 아니라 회화 실력도 갖출 수 있도록 오랜 기간 노력을 기울여야 합니다. 서류 전형에서는 점수와 등급으로 해당 능력을 가늠하므로 지원 시까지 높은 점수를 받아 놓을 것을 권합니다. 목표한 점수 취득이 뜻대로 되지 않더라도 서류 전형 통과에 대한 희망을 접을 정도로 중요한 사항은 아니므로 담담히 지원하세요. 어학 점수는 여력이 있을 때 취득하세요. 여러 언어 능력을 갖출수록 유리합니다.

■ 거주지와 근무지

지방 거주자는 절대적 경쟁 측면에서 다소 유리한 편입니다. 지역 균등 선발 제도를 도입했거나 지방 지점 다수 보유 기업은 해당 지역의 거주자 또는 근거지를 갖고 있는 지원자를 선호합니다. 퇴사율을 낮추며 안정적으로 사업 영위를 원하는 기업 입장에서는 마땅한 선택이라고 할 수 있습니다. 해당 지역에 머물러도 무방하다면 합격을 위한 전략적 접근일 수 있지만, 장기적으로 순환 근무가 가능하지 않은 기업도 있으므로 기업의 가치와 본인의 경력을 고려해 결정합니다.

■ 봉사 활동

학창 시절 중 봉사 활동을 한 차례 이상 하지 않기가 더 어려울 정도로 봉사는 보편적인 경향을 보입니다. 봉사 내용 면에서 지원하는 직무와 기업의 이미지에 적합 요소가 있을수록 유리합니다. 가령 건설 회사에 지원하며 해비타트 봉사 경험을 갖고 있다면, 지원서에 쓸 항목 하나는 확실히 건지는 셈입니다. 마찬가지로 유아, 노인 등을 대상으로 시행한 봉사나 국제 포럼, 박람회 등의 봉사도 직무와 기업에 따라 유리한 경험으로 탈바꿈할 수 있습니다. 해외 봉사 활동도 상당히 활발합니다. 필리핀, 캄보디아, 중국, 인도 등의 지역에서 봉사의 의미를 배우고, 문화적 다양성도 익힐 수 있습니다. 일회성이 아닌, 지속적인 봉사 활동은 성실함과 배려에 대한 긍정적인 평가로 이어집니다.

■ 인턴

인턴 근무 경험은 배경 스펙의 으뜸입니다. 다만, 그 횟수가 지나치게 많으면 합격에 미치는 영향력 대비 시간 낭비가 더 크게 작용할 수 있습니다. 1회부터 3회 내로 인턴 근무 횟수를 조절하고, 그 외의 시간을 학업이나 본질적 취업 활동에 활용하는 편이 낫습니다. 인턴 근무는 조직 생활을 미리 체험해 봤다는 증표이고, 그 과정에서 업무를 조력하는 방법과 구성원을 대하는 자세를 배우는 시간입니다. 기회가 닿아 고급 업무를 체험할 수 있다면 아주 효과적인 인턴 경험이라 할 수 있습니다. 대부분 그 정도의 기회를 누리지 못하고 기간제로 종료하므로 횟수 조절이 필요한 것입니다. 경쟁력 있는 인턴 과정을 거친 지원자는 상대적으로 서류 전형에서 유리합니다. 지원하려는 기업의 인턴으로 경력을 쌓고, 본 채용 기간에 가산점으로 이득을 볼 수도 있습니다.

■ 동아리 활동

기업 지원서에서 요구하는 다수의 항목을 전부 색다르게 채우기 위해서는 경험이 많아야 합니다. 동아리 활동은 그런 면에서 매우 용이한 경험입니다. 전공과 관련 없는 분야에서 경험의 영역을 넓힐 수 있고, 다수가 어울리는 환경이라 이야깃거리도 많기 때문입니다. 자기소개서 항목 하나 이상을 채우는 데 활용할 수 있는 동아리 활동은 협업 자세부터 원활한 소통 능력까지 드러내는 데 무척 유용합니다. 무척 화려한 동아리도 있고, 일상적인 동아리도 있지만, 각각의 활동이 이야기의 주축이 되는 속성을 내포하고 있기 때문에 동아리 활동은 교내외를 구분하지 않고 경험하는 편이 낫습니다.

■ 아르바이트

편의점, 판촉, 카페, 레스토랑 등 아르바이트의 범주는 다소 제한적입니다. 관련 직종의 아르바이트는 평가에 긍정적인 영향을 미칩니다. 자기소개서에 기재할 수 없는 1일 아르바이트나 지나치게 단순한 아르바이트는 소개하지 않습니다. 고객의 애로 사항을 해결하는 서비스, 다양한 고객 응대 경험, 평가에 따른 수상 내역 등은 아르바이트 경험에서 나올 수 있는 대표적인 내용입니다. 때로는 매출액 신장을 위해 참신한 아이디어를 제시한 사례도 있습니다. 그 과정을 기재함으로써 보다 매력적인 모습을 전달합니다. 학비와 생계를 위한 아르바이트도 의미가 큽니다. 이에 대한 평가가 제대로 이뤄질 수 있도록 단조로운 업무를 다소 각색하는 접근법이 필요합니다. 경험이 다양할수록 영향력도 비례해 커집니다.

■ 학점

지원자의 평균 학점은 B 정도입니다. 이 수준 이하만 아니라면 불이익은 전혀 없습니다. 꽤 높은 학점을 제한 사항으로 걸어 놓는 기업도 있지만, 이 경우에는 아예 지원을 하지 않으면 그만이므로 기회가 줄어들 뿐, 서류 전형상의 불이익은 없다고 할 수 있습니다. 평균 학점에 한참 미달하는 지원자는 학점을 평가하지 않는 기업 위주로 접근하세요. 최근에는 전공 학점을 꼼꼼히 챙기는 기업도 등장했습니다. 입사하고 싶은 기업을 정해 놓은 상태라면 해당 조건에 부합하도록 당연히 노력해야 합니다.

■ 어학연수

어학을 전공한 지원자에게 교환학생 또는 어학연수 경험이 한 번쯤은 있습니다. 비용이 발생하는 점에서 쉬운 결정은 아니지만, 결연한 의지로 어학 실력 향상에 집중하는 분들은 월등히 나아진 어학 역량을 갖추기도 합니다. 어학 실력의 발전을 보여 주는 경험과 과정을 자기소개서 특정 항목에 소개한다면, 단순히 어학뿐만 아니라 열정과 노력 면에서도 긍정적인 인상을 남길 수 있습니다.

안심Touch

■ 공모전 수상

해당 분야에 집중한 결과물이 바로 공모전 수상입니다. 직무와 연결성이 높은 공모전 수상은 상식적으로도 입사에 무척 유리합니다. 디자인, 기획 분야의 입사를 희망하는 분들은 한 차례 정도는 공모전에 도전해 유관 분야를 먼저 체험해 보길 바랍니다. 수상에 이르지 못했더라도 보이지 않게 발전한 역량이 면접에서 빛을 발할 수 있습니다.

■ 해외 여행

여행지에서 받은 감상을 자기소개서에 기재하는 것은 적절하지 않습니다. 풍경과 음식에 대한 감상평이 지원자의 역량과는 무관하기 때문입니다. 주체적인 모습과 다양한 경험을 여행에 담아낼 수 있다면 소개해도 무방합니다. 여행 중 맞닥뜨린 어려움과 특별한 체험은 자기소개서 항목 하나를 녹여낼 수 있는 영향력을 갖고 있습니다.

 MEMO

02

·

"성공의 반대는 실패가 아니라,
도전하지 않는 것이다."

PART 02

지원 동기 중심의 유형

작성 요령

입사 지원서의 가장 상위에 위치한 항목으로서 항상 작성을 망설이게 만드는 대표 항목입니다. 지원 동기는 지원자의 인상을 좌우하는 중요 항목이며, 내용이 특별할수록 상당히 많은 이점을 자아내기도 합니다. 화장품, 자동차, 보험 등 주변에서 쉽게 접할 수 있고, 기업이 제공하는 서비스와 상품을 직접 확인할 수 있을 때는 지원 동기가 다양성을 포괄하기 쉽습니다. 그에 반해 실생활과 밀착 관계를 보이지 않는 산업 영역에 지원할 때는 작위적인 내용 기술이 불가피합니다. 특정 분야를 목표로 삼아 관련 경험을 쌓은 경우에는 산업 및 직무의 특성에 부합하는 내용을 지원 동기로 소개할 수 있으나 취업의 열린 가능성을 고려하면, 전혀 생각에도 없던 분야에 지원할 때도 적지 않습니다. 가령 평소 화장품 시장에 관심을 기울여 온 지원자가 불안한 마음에 유통 분야에 원서를 넣는 것이 현실입니다. 이러한 접근 방식으로 그 영역은 상당히 넓어지고, 지원 기업의 수도 늘어납니다. 합격을 위해서는 자신이 준비한 내용을 유연하게 풀어내며 지원 동기를 산업과 직무에 맞게 기술할 수 있어야 합니다.

지원 동기의 내적 소재는 특별하나 외적 소재는 공통적입니다. 내적 소재는 희망하는 분야에서 경력을 쌓기 위한 준비 작업으로 인턴, 동아리, 학업, 공모전 도전 등의 자기 경험을 의미하고, 외적 소재는 지원 기업이 시장에 공개한 정보를 뜻합니다. 언론사에서 소개한 내용, 기업 홈페이지에 게재된 내용, 상장사의 공시 정보, 금융사의 기업 보고서 등이 외적 소재에 해당합니다. 내적 소재와 외적 소재의 적절한 배합이 지원 동기 항목의 관건이며, 지원자의 내적 소재가 부족할 때는 외적 소재를 최대한 활용하는 전략이 유용합니다.

기업을 칭송하는 내용만 나열하거나 누구나 아는 사실을 반복해 언급하는 접근 방법은 결코 우수한 평가로 이어지지 않습니다. 읽는 이의 입장에서 그 이유를 생각해 보면, 이러한 해석을 충분히 이해할 수 있습니다. 제한적인 시간에 다량의 지원서를 읽는 관계자는 천편일률적인 내용의 첫 항목을 보고 지원자를 부정적으로 판단할 수 있습니다. 사람이 평가하는 이상 이와 같은 과정까지 고려해 내용을 채워 나가야 합니다. 지원 기업에 관심을 갖고 있음을 보여 주는 선에서 외적 소재의 분량을 조절하는 지혜가 필요합니다. 다양한 사례를 통해 지원 동기를 기술하는 방법을 알아보고, 지원 동기를 포함한 유사 항목도 함께 살펴보겠습니다.

⭦ 지원 동기에 필요한 정보를 수집하자

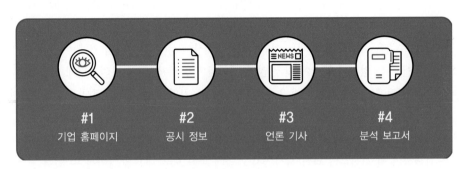

[4가지 정보 수집 방법]

1. 기업 홈페이지에서 힌트를 얻는다(조직 문화, 인재상, 비전 등).
2. 언론사에서 배포한 기사를 활용한다.
3. 공시 정보를 토대로 해당 시장의 흐름을 파악한다.
4. 기업 분석 보고서를 참고한다.

이러한 과정을 통해 수집한 정보는 지원 동기 부분에 알토란 같은 소재로 활용할 수 있습니다. 하지만, 이 비중이 크지는 않아야 합니다. 자신의 내용이 가장 중요하므로 기업에 관한 내용은 관심 수준을 보여 주는 수단 정도로 활용하는 것이 적절합니다. 장황한 기업 설명은 반드시 지양하고, 본인의 강점과 준비 사항을 지원 동기에 포괄적으로 연결하는 데 집중해야 합니다.

애써 수집한 자료를 지원 동기 항목에 사용하지 못한다고 아쉬워할 이유는 없습니다. 해당 자료는 타 항목에서도 얼마든지 활용할 수 있기 때문입니다. 예를 들면, 입사 후 포부에 기업이 지향하는 바를 언급하며 구체적인 목표를 제시할 수 있고, 회사에 기여할 수 있는 바를 서술할 때는 업계 동향과 상품 정보를 토대로 현실적인 기여 방안을 소개할 수 있습니다. 면접에서도 이렇게 준비한 내용은 상당한 이점으로 작용합니다. 비록 면접 과정에서 노골적으로 기업에 대해 아는 대로 말해 보라거나 특정 내용을 알고 있는지 묻는 경우는 거의 없지만, 기업 내용을 숙지하고 있을 때는 오히려 그와 같은 질문을 기다릴 정도로 자신감이 붙거나 긴장을 덜합니다.

우선, 기업 홈페이지에서 가장 기초적인 내용이자 핵심 사항을 확인합니다. 대표의 인사말부터 생산하는 제품과 제공하는 서비스 유형까지 훑어봅니다. 인재상을 참고해 조직 문화에 부합하는 어휘를 선별합니다. 이 과정은 작성을 마친 후, 퇴고할 때 진행해도 무방합니다. 지원자 중에는 기업이 인재상으로 소개한 내용을 자기소개서에 빠짐없이 표현해야 한다고 생각하는 경우도 있는데, 서류 전형이 그 정도로 낮은 수준을 요구하는 단계는 아닙니다. 인재상에 등장한 어휘의 기재 여부가 자기소개서 평가의 척도가 될 수는 없으니 맥락에 맞지 않게 어휘를 남발하지 말고, 자연스럽게 기술하면 충분합니다. 기업 홈페이지에는 일률적인 내용을 안내하고 있고, 지원 시점에 시장에서 조성된 기업에 대한 평가와 우려는 대체적으로 찾아보기 어렵습니다. 기업을 바라보는 시야를 넓히기 위해서는 언론 기사를 활용해야 합니다. 이럴 때는 포털 사이트가 가장 유용합니다. 포털 사이트나 검색 엔진을 통해 해당 기업을 검색하면 현 시점부터 과거 시점까지 기업에 관한 모든 내용을 알아볼 수 있어 참으로 편합니다.

수집한 정보를 전부 지원 동기나 유사 항목에 기재하는 건 기업 요약이지 자기소개가 아닙니다. 내적 요소와 외적 요소의 비중 조절은 반드시 필요하며, 자신만 알고 있는 정보는 없다고 봐도 무리는 아니므로 글의 중심은 내적 요소에 두세요. 언론 기사와 시장 정보는 지원 동기를 한층 돋보이게 만드는 글감으로 활용하세요.

📍지원 기업의 조직 문화를 고려해 어휘를 선택하자

업계 특성상 조직 문화가 예상과 달리 경직된 모습을 보이는 기업들이 있습니다. 이에 대해서는 재직자들의 이야기와 면접 참여자들의 경험을 통해 알 수 있고, 조직 구성원의 남녀 비율도 이를 간접적으로 드러냅니다. 최근 들어 수평적 문화가 각광을 받고 있는데, 남성 위주의 조직에서는 군대 문화의 잔재가 영향을 미쳐서 그런지 조직 내부는 여전히 보수적입니다. 상명하달의 원칙을 고수할 때 업무 효율이 올라가는 시장 구조에서는 이러한 점이 두드러집니다. 가령, 화장품 업계와 건설 업계를 비교해 보면, 굳이 구체적으로 설명하지 않고도 어느 쪽이 더 경직성을 보일지 예측이 가능합니다. 대체적으로 여성 인력이 많고, IT와 미디어처럼 변화 속도가 빠른 분야는 상대적으로 조직 문화가 자유로운 경향을 띱니다. 그에 반해 남성 인력이 많고, 건설업과 무역업처럼 이미 굳혀진 구조에서 경쟁을 벌이는 분야는 상대적으로 보수적입니다. 지원 동기를 작성할 때, 지원 기업의 조직 문화에 걸맞은 어휘로 자신을 표현해야 해당 조직에 적합하다는 평가를 받을 수 있습니다. 채용 시마다 지원자들이 넘쳐나는 상황에서 조직 적합성은 아무래도 중요 요소로 고려될 수밖에 없습니다. 기업 측에서는 근속 기간이 늘어날수록 채용에 따른 이득은 커집니다. 신입 사원 자체가 투자이기 때문입니다. 동일한 능력을 보여 주는 지원자 중 해당 기업의 조직 문화에 어울리는 사람을 선호하는 것은 당연합니다. 지원 동기에 어떠한 표현을 쓰느냐에 따라 자율성과 보수성의 신호를 선택적으로 전달할 수 있습니다.

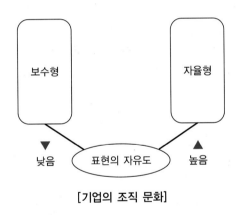

[기업의 조직 문화]

글은 작은 차이에도 인상을 달리할 수 있는 힘을 갖고 있어 참으로 미묘합니다. 평소 본인이 쓰는 말투를 그대로 글로 옮겨 한없이 가벼운 모습을 연출하기도 하고, 글을 제대로 써 본 지 워낙 오래된 탓에 표현이 딱딱하기 그지없을 때도 있습니다. 청소년들이 쓰는 유행어를 버젓이 글로 옮겨 놨을 때 가장 소스라치게 놀랍니다. 지원자의 첫 인상을 결정짓는 지원 동기에 너무나도 가벼워 보이는 10대들의 어휘를 배치하는 것은 원치 않는 결과를 초래할 뿐입니다. 영어를 발음 그대로 써서 표현하는 사례도 자주 봅니다. 한국어로 대체할 수 없는 전문 용어는 영어 발음대로 표기해도 문제가 없지만, 얼마든지 바꿔서 표현할 수 있는 어휘가 있음에도 영어 발음을 그대로 옮겨 적는 건 이해하기 어렵습니다. 조직 문화에 어울리는 표현 선택은 그렇게 힘든 과정이 아닙니다. 사소한 부분에서 어긋나지만 않는다면, 조직 문화에 어울리지 않는 사람으로 분류될 일은 없을 것입니다.

📍직무와 연결할 수 있는 자신의 배경 스펙을 언급하라

지원 기업에서 일하고 싶은 이유를 호소하듯 나열한다고 지원자의 매력도가 높아지지는 않습니다. 직무와 연결성을 보이는 개인 경험 및 배경 스펙을 직간접적으로 알려야 채용의 타당성이 상승합니다. 해외 영업, 국내 영업, 마케팅, 전략 기획, 홍보, 인사, 재무, 생산 관리, 연구 개발, 경영 지원 등 다양한 직무 중에 본인이 희망하는 사항과 밀접한 연관성을 보이는 배경 스펙을 당당히 소개해야 합니다. 직무마다 중요 요소가 다르고, 그에 맞춰 기술하는 것이 최선이겠지만, 마땅한 내용이 없을 때는 본인이 갖춘 배경 스펙과 가장 어울리는 직무를 선택하는 게 합격의 지름길이기도 합니다. 예를 들어, 마케팅 직무를 선택하고 싶은데 대학 생활 동안 마케팅과 관련된 그 어떤 경험을 쌓은 바가 없고, 심지어 강의조차 수강한 적이 없다면 아무래도 직무 연관 경험이 있는 타 지원자에 비해 낮은 평가를 받을 가능성이 높습니다. 물론 배경 스펙이 없다고 아예 합격이 불가능한 것은 아닙니다. 상대 평가에 따라 서류 전형에서 타 지원자에게 밀릴 수 있다는 정도의 불안 요소가 있을 뿐, 경우에 따라 면접에서 합격의 기회를 잡을 수 있습니다. 하지만, 전공을 비롯해 지원자가 쌓아 온 경험 내용을 종합해 직무를 선택하는 것이 탈락 위험을 최소화할 수 있는 방법입니다.

대학 입학 시 혹은 입학 후, 전공을 선택하는 순간 그에 따른 일반 진로가 자신의 앞에 펼쳐집니다. 전공 명칭에 고스란히 드러난 그 길로 나아가는 건 선택이 내재한 결과입니다. 전공 분야에 매력을 느껴 그 전공을 선택하고, 졸업 시까지도 흥미를 잃지 않는다면, 아주 순탄한 진로 결정의 본보기라 할 수 있습니다. 각 전공에도 세부 영역이 있듯 직무에도 개별적인 특성을 갖춘 전문 분야가 존재합니다. 점진적으로 직무의 전체 윤곽을 알아 가며 전문성을 높여 가는 것이 이상적이라 할 수 있습니다. 하지만 사람이 원하는 바는 성장하면서 자주 바뀝니다. 전공 학습에 회의를 느껴 소속 변경을 시도하거나 편입에 도전할 수 있고, 이중 혹은 부전공으로 영역을 넓히다가 타 전공으로 대학원에 진학할 수도 있습니다. 직무 전환에 전공의 힘이 반드시 필요한 것은 아닙니다. 각종 공모전, 동아리, 인턴, 아르바이트, 자격증 등 전공 외의 요소로 영역을 넓히는 방법은 아주 많습니다. 채용 시 직무를 선택할 때, 합격이 가능한 지원 분야를 확대하고 싶다면 배경 스펙을 많이 쌓을수록 유리합니다. 이러한 준비를 대학 생활 동안에 해 놓는다면 직무 선택의 자유도는 급격히 상승할 수밖에 없습니다.

배경 스펙을 연결할 수 있는 직무를 선택하고, 지원 동기에 그 직무를 효과적으로 수행할 수 있음을 보여 줘야 합니다. 자기소개서의 여러 항목 중 지원자의 배경 스펙에 대해 기술하라는 부분이 있습니다. 그런 항목에 써야 할 내용을 지원 동기의 제한된 글자 수에 모두 담아내는 건 무리이며, 내용 반복을 피해 기술해야 하는 기본 원칙과도 맞지 않습니다. 간혹 지원 동기 항목과 직무 선택 이유 항목을 분리해 제시하는 기업도 있으므로 상황을 고려한 접근이 필요합니다. 항상 항목이 요구하는 바를 잊지 말고 작성해야 합니다. 지원 동기에 배경 스펙을 언급하는 이유는 직무 적합성을 보여 주기 위함입니다. 첫 항목부터 직무 조건을 충족해야 채용 담당자가 자기소개서의 후반부까지 성의 있게 읽을 것입니다. 자기소개서 읽기는 인공 지능이 아닌, 인간이 수행하는 일인 만큼 끌어당기는 요소를 첫 부분에 남기는 편이 아무래도 유리할 것입니다.

⚲ 두괄식 망령에서 벗어나야 한다

취업난의 영향으로 자기소개서가 중요성을 띠자 각양각색의 사람들이 인사 전문가의 탈을 쓰고 우후 죽순으로 미디어에 등장하고 있습니다. 자기소개서 분야에 전문가는 없습니다. 제3자로서 지원자가 자신의 경험과 생각을 효과적으로 드러내는 과정에 도움을 줄 수 있을 뿐입니다. 그들이 주장하는 내용 중 부적절해 보이는 것이 두괄식 작성입니다. 두괄식으로 작성하라는 원칙이 마치 정언 명령처럼 자리매김한 상황에 애석함을 느낄 따름입니다.

지원 동기를 두괄식으로만 작성해야 할 이유는 전혀 없습니다. 타 항목과의 내용 중복, 펼쳐 낼 배경 스펙의 분량, 항목의 요구 글자 수 등을 고려해 얼마든지 미괄식 혹은 중괄식으로 작성할 수 있습니다. 지원 동기 작성을 두괄식으로 접근하면, 첫 문장에서 타 지원자와 차별화를 이뤄 내기가 어렵습니다. '지원합니다'라는 종결 형태로 담아낼 문장 내용에 특별한 매력적인 요소가 없다면, 다음 문장에 대한 기대감도 줄어듭니다. 어차피 해당 항목에서 지원 이유를 설명할 것이라면, 왜 지원하며, 어떤 점에서 지원 기업에 부합하는 인물인지 소개하는 단계를 밟아야 설득력이 있습니다. 개인적인 생각이나 인사 담당자가 두괄식으로 작성하라고 공개적으로 조언하는 기업이라면, 자기소개서 내용보다는 형식과 표현, 지원자의 정량적 요소를 보고 채용 여부를 판단하겠다는 의미라고 생각합니다. 아직까지 본 적은 없으나 만약 자기소개서를 미괄식으로 작성하라고 조언하는 기업이 있다면, 적어도 지원자에 대한 기본 자세만큼은 올바르게 갖춘 셈이니 최선을 다해 도전해 보세요.

물론 두괄식 작성을 아예 하지 말라는 의미는 아닙니다. 배경 스펙으로 차별화가 불가능한 상황에서는 두괄식 접근 방법도 효과적이기 때문입니다. 이와 함께 지원 기업의 인사 담당자가 공개적으로 두괄식 작성을 권장하는 경우에도 이에 해당합니다. 그러한 경우 외에는 자신의 강점과 지원 이유를 단계적으로 소개할 수 있는 미괄식 구성을 선택하는 것이 적절합니다. 중괄식 구성은 단순하게 생각하면 '지원하겠다'는 유형의 종결 표현이 문단의 중간에 위치한 경우에 해당합니다. 굳이 중괄식 작성까지 고려할 필요는 없습니다. 두괄식 작성에 사로잡혀 무조건 첫 문장을 '지원합니다' 식의 표현으로 마무리하는 상황만 지양하면 충분합니다. 어떤 형태를 선택하든 본인의 배경 스펙과 자기소개서 항목 간 균형을 토대로 작성하고, 두괄식에 과도하게 얽매이는 원칙 적용으로 글의 무게를 훼손하지는 말아야 합니다.

문단 구조의 비교를 위해 동일 내용을 아래와 같이 두괄식과 미괄식으로 작성했습니다.

두괄식 예시

영문학 전공으로 쌓아 온 인문 소양과 전자 분야에 대한 열정을 바탕으로 LG전자의 미래를 함께 밝히고자 지원합니다. 전공 과정으로 다양한 문학 작품을 다루며 사고의 틀을 확장했고, 학우들과 과제를 수행하며 협업 능력도 배양했습니다. LG전자는 한국의 산업 성장을 이끌며 새로운 기술과 시장 개척으로 끊임없이 발전 동력원을 제공해 왔습니다. 미국 교환학생과 어학연수 경험을 활용해 해외 시장에서 영어로 소통하며 또 다른 도약을 마련하는 데 기여하고 싶습니다. 전자 제품에 대한 호기심을 직무에 연결해 항상 배우며 자기 계발에도 힘쓸 것입니다.

미괄식 예시

시대적 배경을 달리하는 각종 영미 문학 작품을 읽으며 자신과 세상을 바라보는 시야를 넓힐 수 있었습니다. 영문학 전공으로 다양한 지식을 얻었을 뿐만 아니라 학우들과 함께 과제를 수행하며 협업 능력도 배양했습니다. 또한, 미국 교환학생과 어학연수 과정을 거치며 영어 소통 역량을 강화했고, 낯선 문화를 이해하는 감각도 내재했습니다. LG전자는 한국의 산업 발전을 위해 새로운 기술 개발과 시장 개척을 거듭하며 꾸준히 성장해 왔습니다. 전자 제품에 대한 호기심을 직무 수행으로 충족하며 해외 시장 개척에 앞장설 것입니다. 영어 실력과 인문 소양을 바탕으로 LG전자의 도약 기회를 마련하는 데 기여하고자 지원하는 바입니다. 항상 배움의 자세를 유지하며 LG전자와 함께 성장하겠습니다.

두 예시를 비교해 보면, 두괄식으로만 작성해야 한다는 안일한 생각에서 응당 벗어날 수 있을 것입니다. 소제목을 붙일 경우에는 두괄식 작성의 매력도가 더욱 낮아집니다. 소제목에는 대체로 지원자의 강점이나 열정을 피력하는 어휘가 등장하기 마련인데, 바로 다음 문장이 두괄식일 때는 어휘가 겹칠 가능성이 아주 높기 때문입니다. 두괄식 구조는 첫 문장에 핵심을 담아야 하므로 소제목에 사용한 어휘가 겨우 한 줄 뒤에 등장할 수밖에 없습니다. 소제목 없이 문단 구조를 잡는다면, 두괄식 작성은 선택 사항입니다만 소제목이 있는데도 두괄식으로 작성해야 한다면 동어 반복을 피하도록 유의해야 합니다.

CHAPTER 02

기업별 예시

1. 제주항공   p.34
2. 한미약품   p.38
3. 한화생명   p.40
4. 우리은행   p.42
5. LG디스플레이   p.45
6. GS글로벌   p.49

7. 현대자동차   p.51
8. GS리테일   p.54
9. SPC그룹   p.57
10. 호텔롯데   p.60
11. 한샘   p.62
12. 이랜드그룹   p.64

각 시장의 특성과 지원자의 정성·정량 스펙을 효과적으로 연결해 매력을 극대화하는 방법을 소개합니다. 지원 동기 항목은 직무, 기업 등에 대해 추가 설명을 요구하는 경우가 적지 않습니다. 항목을 종합적으로 분석하고, 페르소나 설정 내용을 토대로 작성 방향을 설정합니다. 예시와 그에 덧붙인 설명을 참고하며 자신의 상황에 적용해 보세요. 마지막으로 표현을 점검하면 완성입니다. 지원 동기 작성 방법을 다양한 예시와 함께 알아봅시다!

안심Touch

다른 항공사가 아닌 제주항공에 지원한 이유를 다음 내용을 꼭 포함해 기술하시오.

2,000자

- 지원자의 제주항공 연관 직·간접적인 경험 및 해당 경험이 본인에게 주는 의미
- 회사를 선택하는 본인만의 기준과 제주항공이 그 기준에 부합한다고 생각하는 이유

항목 분석

1. 제주항공의 특색 탐색
2. 지원 직무와 연결해 제주항공의 강점 기술
3. 연관 경험의 적절성 여부 확인
4. 분량 배분에 유의

제주항공의 시장 지위를 이해하고, 객실 승무원이 지녀야 할 덕목과 역량을 내용에 담아내는 것이 중요합니다. 제주항공 자기소개서는 많은 분량을 요구하며, 개별 항목마다 적지 않은 내용을 기술해야 합니다. 기업에 관한 세부 사항을 소재로 삼아 이야기의 풍성함을 더하고, 승무원 역할 수행에 연결할 수 있도록 본인의 경험을 적극적으로 활용하세요. 소개할 경험이 부족할 때는 다량의 글자 수를 요구하는 항목을 채우기가 결코 쉽지 않습니다. 이를 보완할 수 있는 방안은 일화, 우수 서비스 사례 등의 부수 내용을 활용하는 것입니다.

자신의 경험만으로 특별한 색채를 그려 내기 어렵다면, 정성을 주요 전략으로 삼아 표현에 주의를 기울여야 합니다. 2,000자 분량의 글에는 읽는 이를 위한 단락 나누기가 필수입니다. 맥락에 맞게 2~3개 단락으로 구성하는 방법이 적절하며, 중언부언으로 일관하지 않도록 작성 후 재차 내용을 확인합니다.

제주항공을 선택한 이유는 경험과 공개 정보를 활용해 기술할 수 있습니다. 항목 요구 조건을 정리하면, 다음과 같습니다. 제주항공을 이용해 봤거나 간접 경험이 있는지 설명하고, 제주항공의 강점을 찾아 지원 이유로 기술하는 것입니다. 해당 요건을 나눠 개별적으로 기술하는 전략보다는 전체적으로 맥락에 맞춰 내용을 연결하는 구성이 더욱 자연스럽습니다. 단락 나누기로 요건에 부합하고 있음을 보여 주고, 소제목을 활용해 방향을 알려 주면 충분합니다.

☑ 객실 승무원 지원
☑ 서비스직 아르바이트 경험 2년

제주항공과 페르소나를 연결할 요소가 많지 않지만, 제주항공의 강점을 중심으로 삼아 내용을 기술합니다. 서비스직 아르바이트 경험 내용은 타 항목에 배치하는 게 적절하며, 지원 동기를 묻는 항목인 만큼 제주항공에 대한 관심을 드러내는 데 주력하겠습니다. 객실 승무원은 직무 요구 사항이 특별하므로 열정을 보여 주는 것이 중요합니다.

💡 **유연한 조직 문화에서 창의성과 주인 의식으로 파격을 이루다**

유연한 조직 체계는 구성원들이 창의적으로 활동할 수 있는 환경을 조성합니다. 다채로운 서비스를 개발하는 데 창의력은 반드시 필요하며, 경쟁이 치열한 항공 시장에서 제주항공이 성장을 이어 나갈 수 있는 핵심 자산입니다. 객실을 중심으로 서비스 수요 양상을 읽어 내며 구성원들과 협력하는 과정에서 창의성은 그 가치를 발휘합니다. 이러한 과정을 반복하며 제주항공의 특별함을 드높이는 방식으로 경쟁력을 강화할 수 있다고 생각합니다.

➜ 제주항공의 특징은 근무 환경의 유연함이라고 할 수 있습니다. 이 점을 중심 소재로 삼아 창의력으로 이야기를 전개했습니다. 항공 분야는 더 나은 고객 만족을 위해 창의적인 기획과 이벤트를 요구하고 있는 상황입니다. 시장 요구 사항과 제주항공의 성장세를 고려해 창의성을 핵심으로 설정했습니다.

교내에서 진행한 채용 설명회에 참가해 제주항공의 미래 전략을 자세히 살폈습니다. 제주항공은 유연한 조직 문화로 차별화를 이루고 있어 빠르게 변화하는 시장에 효율적으로 적응할 수 있고, 이를 바탕으로 시장을 선도할 것이라는 점을 알 수 있었습니다.

➜ 제주항공 연관 경험을 제시하고자 채용 설명회를 언급했습니다. 관련 경험이 없을 때는 다소 작위적인 내용으로 구성할 수밖에 없습니다. 그렇더라도 제주항공에 관심을 보이는 데 주력한다면, 적절한 인상을 만들며 항목 요건을 충족할 수 있습니다. 핵심 소재인 유연함을 채용 설명회와 연결해 다음 내용으로 이어질 수 있는 구조를 만들었습니다.

특히, 복장 자율화와 네일아트 허용은 타 항공사에서 찾아볼 수 없는 제주항공만의 유연함입니다. 개성을 존중하는 사회 분위기와 제주항공의 조직 문화는 접점이 무척 넓습니다. 작은 변화가 무궁무진한 기회를 만들어 내는 경우가 많습니다. 업무 환경의 유연함은 구성원들이 창의적으로 문제를 해결하고, 자긍심을 드높이는 데 영향을 미칠 만큼 잠재 효과가 높습니다.

→ 창의성과 유연함을 연결하고자 연관 요소로 설명 범위를 넓혔습니다. 자긍심, 개성 존중, 잠재 효과 등으로 창의성이 부여할 긍정적 영향을 어휘로 표현했습니다.

구성원이 제주항공의 발전에 기여할 수 있는 유연한 조직 문화는 고객 서비스 혁신과 안전 활동 강화에도 효과를 보입니다. 실용성과 합리성을 충족하는 뉴클래스 좌석 도입과 JJ라운지 운영은 서비스 혁신을 이뤄 내며 제주항공의 품격을 높이고 있습니다. 에어카페는 빠른 속도로 고객 요구에 부응하는 근무 환경을 제공할 것입니다.

→ 제주항공이 추진하고 있는 서비스는 유연한 조직 문화로 효과를 높일 수 있습니다. 이러한 점을 전체적으로 엮어 내는 것이 중요합니다. 유연함에서 창의성을 이끌어 낸 후, 승무원의 역할에 두 요소를 더하며 서비스 혁신과 안전 활동 강화를 예상 효과로 언급했습니다.

고객을 마주하는 승무원은 창의성과 함께 주인 의식으로 서비스 지속성을 유지해야 합니다. 주인 의식을 통해 구성원들은 주도적으로 역할을 수행하며 기내 안전을 확립할 수 있습니다. 유연한 조직 문화가 내재한 창의성과 주인 의식은 제주항공의 미래를 밝히는 주요 동력이라고 생각합니다.

→ 창의성 다음으로 등장한 소재는 주인 의식입니다. 연관 고리를 지속적으로 만들어 가며 제주항공에 대한 관심을 드러냅니다. 이와 함께 승무원에게 필요한 기본자세도 설명하고 있습니다.

중학생 때부터 진로 희망은 승무원이었습니다. 하지만, 고등학생 때 안경을 착용하기 시작해 진로를 바꿔야 했습니다. 항공 업계에서 객실 승무원에게 요구하는 일반 사항이었으므로 극복하기가 어려웠습니다. 제주항공은 이러한 관행에서 탈피해 객실 승무원의 안경 착용을 허용했습니다. 제주항공의 파격 덕분에 다시 승무원에 도전할 수 있었습니다. 유연한 조직 문화로 꾸준히 발전하는 제주항공에서 객실 승무원의 꿈을 실현하고자 지원합니다. 창의성과 주인 의식으로 새로운 파격에 앞장서겠습니다.

→ 채용 설명회와 안경 착용은 페르소나가 제주항공을 선택한 계기로 작용합니다. 어휘로 사용한 파격은 도전의 속성을 포함하므로 이어질 내용인 제주항공을 선택한 이유와도 연결할 수 있습니다. 공개 정보를 활용해 제주항공에 대한 관심을 드러냈고, 핵심 어휘를 마지막 문장에 배치하며 창의성과 주인 의식을 강조했습니다.

💡 배움으로 도전을 지속하는 문화

도전을 장려하는 기업이 경쟁 환경에서 성장을 일궈 낼 수 있다고 생각합니다. 시장의 변화 속도는 빠르고, 고객의 기대는 그에 비례해 증가합니다. 도전을 두려워한다면, 경쟁력을 키울 수 없습니다. 항상 역량 개발에 힘쓰며 도전으로 성장을 추구하고, 새로운 환경을 맞이해 그에 맞는 해법을 모색해야 합니다.

→ 도전의 당위성을 피력했습니다. 제주항공이 파격적인 시도로 업계 문화를 바꾸고 있다는 점에서 도전 요소를 추려 냈습니다. 이어지는 문장에서는 제주항공을 선택한 이유로 도전 관련 내용을 활용합니다.

제주항공은 도전을 장려하는 기업입니다. 매년 하반기에 정기적으로 진행하는 직무 교육은 직원들이 역량을 개발할 수 있는 기회를 제공합니다. 조직에서 배움의 기회를 활용해 새로운 도전에 임하며 구성원들은 한층 성장할 수 있습니다. 아울러, 시장 상황에 맞춰 노선을 늘려가며 적응이 필요한 업무 환경을 구성원들에게 꾸준히 제시하고 있습니다. 업무와 도전이 조합을 이룬 직무 환경은 성장의 선순환으로 이어집니다.

→ 제주항공이 교육에 힘쓰는 점을 도전에 접목했습니다. 배움을 통해 새로운 노선에 대응하고, 고객 서비스 역량을 높이므로 도전과 어울립니다.

기내에서도 도전은 필수입니다. 비상 시 고객 안내, 기내 서비스 개선, 내부 시설의 이해 등의 다양한 방면으로 시선을 넓혀 가며 실무 역량을 쌓아야 하기 때문입니다. 새로운 노선 확충은 언어와 문화 숙지를 동반합니다. 이와 같이 제주항공에는 도전해야 할 요소가 많아 항상 배움의 자세를 유지하며 발전에 힘써야 합니다. 제주항공 승무원으로서 직무 교육에 적극적으로 참여하고, 주도적으로 새로운 상황에 대응하며 제주항공의 미래를 밝히고 싶습니다.

→ 기내로 장면을 옮겨 꾸준히 배움에 주력해야 하는 이유를 설명했습니다. 직무 환경 변화에 따라 배움을 지속해야 하므로 자연스럽게 발전을 이뤄 낼 수 있는 상황입니다. 도전과 배움을 중심으로 제주항공 선택 기준을 기술했습니다.

안심Touch

본인이 당사에 입사하고자 하는 이유와 지원 직무를 위해 노력했던 바를 구체적으로 기술하시오. 600자

항목 분석

1. 제약사 정보 분석
2. 지원 직무에 활용할 역량 소개

한미약품을 선택한 이유를 소개할 때 반드시 등장하는 것이 생산 중인 의약품입니다. 이러한 기업 정보를 토대로 직무 역량을 뒷받침하는 경험을 소개합니다. 자신의 강점이 드러나면서 직무 적합성을 보여 주는 사례를 중점적으로 서술합니다.

한미약품에서 이루고 싶은 목표를 지원 동기로 설정하고, 그 목표를 실현하기 위해 필요한 역량을 설명합니다. 자신이 쌓은 경험을 소개하며 목표 실현에 이바지할 수 있는 역량을 강점으로 언급합니다. 직무 활동에 그 역량을 활용하는 모습을 보이며 의지를 피력합니다.

페르소나 설정

- ☑ 3번의 인턴 경험
- ☑ 영업 지원

페르소나는 다양한 분야에서 세 차례 인턴으로 근무하며 조직 적합성을 입증한 상태입니다. 아울러, 영업 직무 수행 경험도 있기 때문에 영업 역량을 보여 줄 수 있어 지원 부문과 어울립니다.

💡 온기를 나누는 제약 영업으로 사회적 효용을 높이다

→ 제약사는 사익을 추구하는 영리 기업이지만, 제품 특성상 공익적인 측면이 강해 다소 온건한 내용의 지원 동기를 내세울 수 있습니다. 사회적 효용과 온기를 연결하며 감성과 이성을 조합한 인상을 만들었습니다.

한미약품은 생활 질병 치료제와 항암제 시장의 제품 카테고리로 명확한 시장 포지션을 구축했습니다.

→ 기업 분석 정보를 사용해 도입부를 채웠습니다. 영업 지원인 만큼 입사 후 다뤄야 할 제품을 소개하는 건 당연하겠죠. 이와 같은 형식으로 기업에 대한 관심도 보여 줍니다.

장기간 치료를 요하는 암환자를 위해 효과적인 약품으로 환자의 고통을 완화 및 개선하고, 단기적으로 효과를 볼 수 있도록 우수한 효능으로 고객들에게 안락함을 선사하고 있습니다.

→ 의약품의 일반 효용을 설명하며 공익적인 측면을 부각했습니다. 한미약품에서 개발 및 판매에 집중하고 있는 부문을 소재로 선택했습니다.

고통스러운 질병을 앓고 있는 환자를 위해 다양한 봉사와 기부 활동을 펼치며 그 따스함을 이어 가는 한미약품의 모습을 보고, 제약사의 목표인 건강 확대를 실천으로 옮기고자 지원을 결심했습니다.

→ 봉사와 기부 활동을 연결 고리로 삼아 한미약품의 온정적 활동을 소개하고, 이러한 추세를 제약사의 순기능에 접목해 지원 동기를 밝혔습니다. 제목에 삽입한 온기와 사회적 효용이 문장 내용으로 전부 나타납니다.

한미약품의 우수한 제품이 고객의 건강한 생활에 기여한다면, 사회의 밝은 에너지는 더욱 고양돼 전체 효용도 신장할 수 있습니다. 이를 위해서는 제품의 잠재적 수요를 찾아내 판매망을 넓히는 영업 활동이 필수입니다.

→ 지원 동기에 이어 영업의 필요성을 강조하는 단계입니다. 영업의 의미를 되새기며 수행해야 할 업무를 명확히 알렸습니다.

인천공항공사, 현대건설, 우리은행에서 인턴으로 근무하며 조직의 시각에서 시장을 체험했고, 다양한 분야를 소통으로 경험하며 영업 자세도 익혔습니다. 인턴 근무로 쌓은 경험을 활용해 따스한 영업 활동으로 한미약품의 온기를 시장에 전달하며 함께 성장하겠습니다.

→ 판매망을 넓히는 데 활용할 수 있는 역량을 소개한 부분입니다. 세 차례의 인턴 경험은 페르소나의 소통 능력과 영업 능력을 뒷받침하는 역할을 합니다. 마지막 문장에는 제복에서 언급한 온기를 배치하며 문단 진세를 연결했습니다.

안심Touch

지원 직무와 한화생명에 지원하게 된 동기를 서술하시오.

600자

항목 분석

1. 직무 선택 이유
2. 기업 선택 이유
3. 기업 정보 활용
4. 배경 스펙으로 직무 역량을 직·간접 소개

직무를 선택한 이유는 자신의 배경 스펙에서 찾을 수 있습니다. 전공 제약이 있는 직무는 전공 학습 과정에서 얻은 지식의 생산적 활용을 선택 이유로 제시하고, 전공 제약이 없는 직무는 관련 경험에서 선택 이유를 추려 냅니다. 한화생명에 지원한 이유는 지원 직무 환경의 우수성과 기업의 강점에서 방향을 찾습니다.

작성에 앞서 직무 선택이 우선입니다. 직무를 중심으로 한화생명의 강점과 발전 가능성을 기업 선택 이유로 기술합니다. 선택한 직무를 한화생명의 우수한 환경에서 수행하고 싶다는 논조로 글의 방향을 잡습니다. 직무 선택 이유에 대해서는 막연히 하고 싶다는 의사를 내비치는 것보다 준비한 내용을 토대로 업무를 효과적으로 수행할 수 있음을 보여야 합니다. 관련 경험이 필요한 부분입니다. 기업 관련 정보는 직무 중심으로 수집해 활용하세요.

페르소나 설정

☑ 메리츠화재 보험 영업 경력 보유
☑ 영업 관리 지원

보험사 근무 경력을 지원 직무 선택 이유로 활용합니다. 한화생명의 강점 중 영업 관리와 관련된 부분을 집중적으로 다루며 직무 수행 목표와 열정을 제시하겠습니다.

💡 고객 만족으로 업계 최고를 지향하다

→ 한화생명은 업계 순위를 높이는 게 관건이라 목표 지향적인 모습을 연출했습니다.

메리츠화재 은평 지점에서 근무하며 보험 업무의 기본을 배웠습니다.

→ 페르소나의 직무 관련 경험은 보험사와 맞닿은 영역이라 적합도가 무척 높습니다. 첫 문장부터 직무에 적합한 모습을 보였습니다. 다음 문장에서는 구체적인 경험이 등장할 것입니다.

고객의 이해를 돕고자 주력 상품인 3년 갱신형 실손보험을 안내 보고서로 제작했고, 이를 바탕으로 12주 연속 팀 실적 1위를 달성하는 데 기여할 수 있었습니다.

→ 영업 현장에서 겪은 내용이며, 우수한 성과도 있습니다. 고객 입장에서 상품 설명서를 만들었다는 점이 강점으로 나타났습니다.

현장 활동을 통해 영업의 기본은 고객을 위한 배려라는 것을 깨달았습니다. 또한, 설계사들의 실적 향상을 위해 끊임없이 격려하고 응원하는 영업 관리 담당자를 보며 함께 성장하는 의미를 체감할 수 있었습니다.

→ 영업 관리 직무에 필요한 기본 소양인 배려를 언급하고, 실무 현장에서 설계사와 소통하며 느낀 바를 함께 소개했습니다.

한화생명의 직무 환경을 살펴보며 '우수 설계사 최다 보유 보험사'라는 수식어에 매력을 느꼈습니다.

→ 영업 관리의 역할에 입각해 우수한 설계사 보유를 한화생명의 선택 사유로 기술합니다. 설계사에 초점을 맞춘 이유는 지원 직무가 영업 관리이기 때문이죠. 청약 철회 비율, 사업비, 신규 상품 등의 소재는 영업 직무에 더 어울립니다. 이처럼 직무 중심으로 기업 선택 이유를 선정해 보세요.

우수한 역량을 갖춘 설계사가 많을수록 고객 만족도를 높이는 과정이 수월하고 경쟁력도 높습니다. 아울러, 인재가 몰려드는 한화생명의 열린 조직 문화와 영업 관리 역량은 시장 우위를 이어 가는 근간입니다.

→ 설계사를 중심 소재로 삼아 한화생명의 경쟁력을 언급했습니다. 이전 문장에 대한 부연 설명이라고 할 수 있습니다.

이와 같은 한화생명에서 우수 설계사 최다 보유의 체제를 이어 나갈 수 있도록 영업 관리에 힘쓰고자 지원하는 바입니다. 고객에게 보험 서비스를 제공하는 설계사를 육성 및 관리하며 한화생명을 업계 1위의 부험사로 만드는 데 이바지하겠습니다.

→ 제목 내용을 반복하며 영업 관리 직무와 한화생명을 연결했습니다. 통일성 있는 어휘 사용으로 글의 흐름에 일관성이 느껴집니다.

우리은행 지원 동기와 입행을 위해 어떠한 준비를 해 왔는지에 대해 구체적인 사례를 바탕으로 작성하시오.

600자

1. 은행에서 근무하는 데 필요한 역량 계발 내용
2. 사례 중심으로 소개

지원 동기를 구체적인 사례로 뒷받침하며 설명해야 합니다. 단순히 지원 동기를 서술하는 데 그치지 않고, 준비한 내용과 자신의 경험까지 전체 내용에 포함해야 하므로 연관성이 전혀 없을 때는 막막할 수밖에 없습니다. 유관 전공, 금융 분야 인턴, 금융 서비스 아르바이트, 고객 응대 경험, 금융 자격증 등에 해당하는 요건을 갖추지 않았다면 경쟁력은 다소 부족합니다. 하지만 특별한 경험과 그 과정에서 얻은 바가 서비스에 연결할 수 있는 내용이라면, 얼마든지 상대 평가에서 우위를 점할 수 있습니다. 구직자들이 금융 분야를 선호하는 현상이 지속되고 있어 상대적으로 나은 평가를 받기 위해서는 기본 요건뿐만 아니라 특별 경험이 필요한 상황입니다.

지원 동기는 은행에서 근무하고 싶은 이유와 우리은행을 선택한 이유를 포괄적으로 소개하면 충분합니다. 글자 수가 600자로 많은 편은 아닙니다. 구체적인 사례를 소개할 수 있도록 전체 비율을 조절하세요.

소제목을 설정할 때 준비해 온 내용 중 핵심 사항을 고스란히 표현할 수 있는 어휘를 반드시 삽입합니다. 우리은행에 대한 관심을 보여 주는 순서는 구체적인 경험을 소개한 후가 자연스럽습니다. 경험을 통해 은행 업무의 중요성을 알 수 있었다거나 열정을 느꼈다는 이야기를 언급하고, 우리은행의 최근 동향과 지향점을 서술하는 단계로 넘어갑니다. 경험과 우리은행을 연결해 지원 동기를 만들고, 추가 사항으로 지원자가 취득한 자격증, 은행에서 활용할 수 있는 경험을 더하며 진취적인 모습을 그려 내세요. 마지막으로 입사 후 이루고 싶은 바를 간략하게 소개하며 의지를 피력합니다.

- ☑ 하나은행에서 6개월간 창구에서 근무
- ☑ 경영학 전공으로 재무, 회계, 세무 등을 배움
- ☑ 3종 금융 자격증 취득

하나은행에서 근무한 경험은 우리은행에 입사하기 위해 준비한 경험으로 매우 적합한 특징을 보입니다. 이러한 핵심적인 내용은 서두에 배치하는 것이 타당하며, 소제목에도 반드시 언급해야 지원자의 강점을 살릴 수 있습니다. 우선 소제목을 설정하겠습니다.

💡 **하나은행에서 치열한 금융의 활력을 만끽하다**

→ 제목에 10대 전문 용어만 쓰지 않는다면, 유연한 표현은 얼마든지 사용할 수 있습니다. 핵심 어휘는 반드시 담아내세요. 경험이 중요한 이유는 이처럼 제목을 통해 글의 전체 윤곽을 제시할 수 있기 때문입니다. 어휘로 자신의 핵심 경험을 소개했으므로 첫 문장에서는 속도감 있게 현장 상황을 묘사하며 배운 점을 서술합니다.

이른 시각부터 지점에 방문하시는 고객에게 새로운 금융 상품을 소개하고, 상세한 설명으로 고객의 물음에 답변하는 과정을 6개월간 반복했습니다. 낯선 업무를 정확하게 배우고자 늦은 시간까지 직무 분석에 임했고, 이해하지 못한 부분은 동료 및 상사께 질문하며 빠르게 배워 나갔습니다. 지점 할당 품목을 채우고자 맞춤 고객을 파악하는 데 노력을 기울였고, 그 덕분에 목표 대비 30% 이상의 실적을 달성해 구성원들로부터 신뢰를 받을 수 있었습니다.

→ 간략하게 현장 상황을 설명했습니다. 업무 자세와 근무 성과가 드러나도록 기술하는 것이 중요합니다. 목표 대비 30% 이상의 실적 달성을 통해 영업 능력을 보였고, 고객 응대 자세와 배움의 자세도 상황 설명으로 제시했습니다.

이와 같이 하나은행에서 금융 환경을 직접적으로 체험하며 업무 흐름을 익혔고, 경영학 전공으로 배운 내용을 실무에 활용하며 응용력을 높였습니다.

→ 지원자의 전공을 언급하며 은행 업무에 적합함을 다시 한 번 강조했습니다. 일종의 정리 단계입니다. 현장 설명을 마치고, 그에 따른 자신의 성장 내용을 보여 주며 첫 부분을 마칩니다.

최근 시중 금리 인상으로 은행 간 고객 유치 경쟁이 한층 치열해졌습니다. 이에 다양한 상품을 고객에게 정확히 설명하고, 친절한 자세로 응대해야 경쟁력을 제고할 수 있습니다. 우리은행은 지주사 전환을 진행하고 있어 더욱 안정적인 환경에서 시장을 개척할 수 있는 상황입니다. 은행 현장에서 익힌 자세와 지식을 바탕으로 우리은행에서 밝은 미래를 함께 만들고자 지원합니다.

➡ 우리은행에 대한 관심을 드러내는 단계입니다. 은행이 직면한 시장 상황과 기업의 지향점을 소재로 삼아 지원 동기로 이어질 수 있는 바탕을 마련했습니다. 경험과 기업 내용을 전부 언급한 후에 지원 동기를 기술합니다.

금융 상품을 전문적으로 다룰 수 있는 자격증을 취득했습니다. 우리은행에서 이를 활용하며 역량을 더욱 강화하겠습니다.

➡ 마지막으로 추가 사항을 덧붙이며 준비 사항과 의지 피력으로 항목을 완성합니다.

전체 흐름의 이해를 돕기 위해 내용은 간략하게 소개했습니다. 위의 사례와는 달리 은행 업무와 직접적인 관련이 없는 경험일지라도 고객 응대로 활용할 수 있다면 소재로 적합합니다.

LG디스플레이 및 지원 직무에 지원하는 동기에 대해 기술하시오 (성격 장단점, 직무와 관련된 경험 및 역량, 관심 사항, 개인의 목표 및 비전 등 자신을 어필할 수 있는 내용을 기반으로 자유롭게 기술하시오).   1,000자

항목 분석

1. 기업 관련 정보 수집
2. 수집한 정보를 직무와 연결
3. 강점 소개
4. 입사 후 포부로 마무리

기술 변화 속도가 빠른 산업이라 적용할 내용은 채용 시기마다 변합니다. 정보가 가변적인 덕분에 소재 부족을 겪진 않지만, 현재와 다른 과거 수치, 성과 등의 틀린 정보를 기술하지 않도록 유의해야 합니다. 기업에 지원하는 이유와 직무를 선택한 이유를 기술하고, 이를 뒷받침하는 경험으로 강점을 드러냅니다. 성격은 상대적으로 중요하지 않아 경험 소개 시 행동 중심의 서술로 나타냅니다. 기업이 추구하는 내용을 정보 수집으로 파악하고, 선택한 직무를 수행하는 게 기업이 추구하는 바와 어떤 형식으로 연결되는지 기술합니다. 경험과 역량으로 직무 수행 능력을 방증하고, 이를 바탕으로 포부를 다지며 마무리합니다. 글의 구조는 단순하지만, 지원자의 배경 스펙과 직무 관련성에 따라 비중이 달라질 수 있습니다. 어떠한 경우든 기업에 대한 관심은 충분히 보여 줘야 합니다. 직무와 전공의 관련성이 낮을 때는 직무 수행에 필요한 정성적 요소를 내포하고 있는 경험을 집중적으로 소개하세요. 물론 성격도 포함합니다. 반면에 직무와 전공의 관련성이 높을 때는 전공 중심의 경험을 서술합니다. 성격은 경험에 녹여 내는 것으로 충분합니다. 입사 후 포부는 대개 일반적인 내용이므로 1,000자를 맞추는 용도로 유연하게 사용하세요. 경험을 많이 다뤘다면, 입사 후 포부를 줄입니다. 그와 반대로 경험이 많지 않을 때는 입사 후 포부를 늘립니다. 지원자의 상황에 따라 유동적으로 각 요소를 조율할 수 있습니다.

지원 동기부터 작성하는 게 효과적입니다. 지원 동기에는 LG디스플레이에 대한 개인 경험이나 기업에 대한 일반적인 관심이 담긴 내용이 등장하기 마련입니다. 소개할 내용은 무척 풍부합니다. 시장의 변화 방향은 공시 내용으로 얼마든지 파악할 수 있고, 인터넷 검색으로 개발 중인 기술의 효용과 가능성을 알아볼 수 있습니다. 상장사의 매력은 공개 정보가 많다는 점이겠죠. 수집한 정보는 직무를 선택

한 이유로 연결합니다. 예를 들어, 해외 영업에 지원한다면, LG디스플레이에 관한 다양한 정보 중 시장 개척 현황을 주력 요소로 활용합니다. 특정 시장에서는 원가 경쟁이 가열되고 있고, 최근에는 특정 국가에 진출해 유통 채널을 구축하고 있다는 유형으로 정보를 열거합니다. 그 이후 서술한 기업 환경에서 해외 영업 직무로 더 나은 성장 또는 시장 개척에 일조하겠다는 어조로 직무 선택 이유를 기술합니다. 엔지니어 직무라면, 마찬가지로 기술에 대한 열거를 진행한 후, 전공 과정으로 배운 내용을 활용해 특정 기술 개발에 앞장서겠다는 유형으로 직무 선택 이유를 언급합니다.

역량은 자신의 경험을 중심으로 소개하세요. 직무 수행에 영향력을 발휘할 수 있는 내용을 강점으로 제시하고 성격을 포괄적으로 기술합니다. 이 항목에서 성격은 자신에 대한 규정과 관련 경험을 함께 소개해야 할 만큼 중요성을 띠지는 않습니다. 입사 후 포부는 반드시 기재하되, 직무와 연계해 서술하고 글자 수에 따라 비중을 조절합니다.

작성 순서

1. 직무를 중심에 둔 기업 정보 소개: 관심도를 보여 주는 역할
2. 지원 직무로 기업에 이바지하려는 내용 언급: 지원 동기 및 직무 선택 이유의 기능
3. 직무 관련 경험을 나열: 강점 및 성격 소개
4. 입사 후 포부: 강점을 활용한 직무 수행 의지 피력

페르소나 설정

- ☑ 기획 부문 지원
- ☑ 경영학 전공
- ☑ 독일 거주
- ☑ 역량 관련 대외 경험은 없는 상황

기획 부문은 전략과 관리를 포함하고 있어 경영학과 연결성이 높습니다. 하지만, 페르소나는 전공 관련 대외 경험이 없어 강점으로 드러낼 수 있는 게 정성적 요소밖에 없는 상황입니다. 독일 거주는 다양성과 국제 감각을 내재한 요소로 의미하는 바가 크지만 경험이 많지 않은 경우에 해당하므로, 기업에 대한 관심 비중을 늘리고 성격을 소개하며 1,000자의 글자 수를 효과적으로 채워 보겠습니다.

💡 혁신적 미래를 선도하는 프리미엄 기술에 효율을 더하다

→ 기술 기업이라는 점을 부각하며 일반적인 어휘로 방향을 제시했습니다. 자신만의 지원 동기가 있기 어려운 기업이므로 이러한 유형의 제목은 적절합니다.

기술과 디자인의 조합을 통해 시장 선호도를 반영한 슬림TV를 출시하며 LG디스플레이는 실적 반등을 이뤄 내고 있습니다. OLED, TFT-LCD 등 꾸준히 산업적 수요에 대응하며 생산 시설 확충과 해외 시장 개척으로 패널 영역의 경쟁력을 높여 왔습니다. 아울러, 중국 중산층의 확대로 가전 제품 부문의 인기도 증가해 LG디스플레이의 성장 동력에 힘이 실리고 있는 상황입니다.

→ 채용 시기에 검색으로 알아낸 LG디스플레이 관련 정보입니다. 직무가 기획이므로 기술 시장의 방향을 주요 내용으로 삼았습니다.

특히, 스마트워치 패널 시장 점유율과 판매량에서 우수한 성적을 내며 새로운 분야로도 진출을 가속화하고 있습니다. UHD 제품을 기반으로 차별화를 모색하는 전략도 LG디스플레이의 미래 시장 확보에 긍정적 영향을 미칠 예정입니다.

→ 내용을 추가하며 세부 요건까지 기술했습니다. '특히'와 같은 부사를 적절히 활용하면, 단순 열거에서 벗어나 점층식으로 내용을 언급할 수 있습니다.

혁신적 기술에 전략적 기획으로 성장 방향을 설정함으로써 세계 속의 LG디스플레이 위상을 드높이고자 지원하는 바입니다.

→ 직무 선택 이유까지 포함한 지원 동기입니다. 직무는 지원 동기가 내포한 목표를 달성하는 데 필요한 도구입니다. 지원 동기는 목표와 본질적으로 동일하기 때문이죠. '왜 LG디스플레이에 지원하는가'라는 물음에 대한 답변이 지원 동기입니다. '왜'는 목적을 의미하고, 그 목적을 '어떻게' 이루는가는 직무가 결정합니다. 지원 동기와 직무 선택 이유가 결코 독자적으로 존재하는 건 아니라는 뜻입니다. 지원 동기를 밝혔으니 이어지는 내용으로 경험과 그에 따른 강점을 다룹니다.

12년간 독일에서 생활하며 낯선 현지 문화에 적응하는 적극성과 소통 능력을 갖출 수 있었습니다. 자신과의 약속을 지키는 담담한 의지로 대학교 수석 입학 및 졸업을 해냈고, 다양한 시각에서 독일 문화를 체험하며 이해력을 키웠습니다.

→ 페르소나는 외국에 오랜 기간 거주하며 적극성과 소통 능력을 갖췄습니다. 학습 성과도 우수합니다. 직무 수행에 필요한 정성적 요소를 경험에 근거해 나열했습니다.

집중력이 뛰어나지만, 간혹 전후 관계를 생략한 채 전진으로 일관하는 경우도 있습니다. 이를 개선하고자 고등학교 때부터 메모하는 습관을 유지해 오고 있으며 자신의 행동을 되돌아보고자 항상 주의를 기울입니다.

→ 직무와 관련해 특별한 경험이 없어 성격을 소개했습니다. 메모 습관과 신중함도 직무에 활용할 수 있는 정성적 강점에 해당합니다.

대학교에서 경영학을 전공하며 산업 동력은 생산성의 제고와 기술적 혁신에서 비롯됨을 확인했습니다. 기업 문화에 역동성을 불어넣기 위해서는 확고한 목표가 있어야 합니다. 학창 시절 다수의 팀 과제를 수행하며 리더로서 뚜렷한 방향 설정에 힘써 함께 목표한 바를 이뤘습니다.

➜ 전공이 직무와 포함 관계를 보여 이를 어휘로 배치했습니다.

LG디스플레이 기획 부문에서 글로벌 1위로의 도약에 기여하겠다는 확고한 목표로 구성원과 함께 전진하겠습니다. 큰 틀에서 사고하는 데 익숙합니다. 이를 바탕으로 패널마다 다른 산업적 특징을 고려해 LG디스플레이의 효율성 제고에 이바지하겠습니다.

➜ 입사 후 포부를 소개하는 마지막 단계입니다. 일반적인 내용이지만, 지원 직무인 기획을 한 차례 언급하며 글의 흐름을 연결했습니다.

지원자가 회사를 선택하는 기준은 무엇이며, 왜 그 기준에 GS글로벌이 적합한지 서술하시오. 500자

항목 분석

1. 무역상사를 선택할 때의 기준
2. 기업 관련 정보를 토대로 작성
3. 의지 피력

기업 선택 기준을 묻는 항목에서는 자신의 기준에 기업을 맞추는 게 아니고, 기업의 현황을 토대로 선택 기준을 설정해야 합니다. GS글로벌이 진행하고 있는 사업은 홈페이지와 공시 내용으로 알 수 있습니다. 각 사업은 일반 속성을 내재하고 있는데, 이 부분에서 기업 선택 기준을 찾아냅니다. 예를 들어, 변동성이 큰 원자재 시장에 GS글로벌가 관여하고 있다면, 해당 부서의 목표는 시장 변동성에 대응하며 안정적인 수익을 창출하는 것입니다. 이러한 사실에 입각해 일반 기준을 살펴보면, 변동성에서 가치 발굴, 시장에 대한 끊임없는 도전 등이 선택 가능합니다. 또한, 기업이 갖춘 우수한 인프라 혹은 시장 영향력은 지원자가 설정한 기준을 뒷받침하는 요소로 활용할 수 있습니다. 대표적으로 GS글로벌의 해외 네트워크는 어떠한 사업 요건에도 접목이 가능합니다.

첫 문장에 본인의 기업 선택 기준을 제시하고, 그에 맞춰 GS글로벌이 적합한 이유를 설명하는 방식은 불필요한 내용을 열거할 가능성만 높입니다. 지원자의 선택 기준은 일반적인 내용이라 구체적이지 않고, 포괄적 선택 기준이라 GS글로벌에만 해당하지도 않습니다. 500자의 글자 수를 고려했을 때, 일반 선택 기준을 장황하게 서술하면, 정작 이 항목에서 중요한 GS글로벌과 본인을 연결하는 데 필요한 글자 수를 확보할 수 없습니다.

아래와 같이 기업 정보와 희망 직무를 선택 기준의 우위에 놓고 이야기를 시작해 보세요.

1. 기업 정보에서 지원 기준을 탐색한다.
2. 시장 방향과 사업 영역에 대한 본인의 생각을 덧붙인다.
3. 기업 정보를 서술한다.
4. 기업의 강점을 소재로 사용해 기준에 따른 발전상을 제시한다.

마무리 문장은 '선택 조건에 부합해 지원합니다'로 표현하는 것보다는 '선택 기준을 상기하며 꾸준히 발전하겠습니다'가 더욱 자연스럽고 인상적입니다.

☑ 사업 부문 중 그린에너지를 선택

항목 특성상 페르소나 내용은 필요하지 않습니다. GS글로벌이 페르소나의 기준에 부합함을 보인 후, 업무에 임하는 의지를 피력할 때 배경 스펙을 일부 기술할 수 있습니다. 전공과 직접적인 관련이 있는 부문이 아닌 이상, 페르소나의 배경 스펙을 선택 기준으로 삼기가 어렵기 때문입니다. 지원 부문과 기업의 강점을 토대로 작성해 보겠습니다.

💡 **지속 성장을 약속하는 그린에너지에서 미래를 보다**

→ 기업 정보에서 친환경 사업 부문을 선택 기준으로 설정했습니다. 제목에 그린에너지를 어휘로 삽입해 기업과 관련 있는 내용으로 이야기를 시작합니다.

환경이 점차 중요해지고 지속 가능한 녹색 성장이 주목되는 만큼 미래에는 친환경적이며 지속 가능한 에너지에 대한 수요가 더욱 증가할 것입니다. 이러한 흐름 속에서 친환경 건설 사업과 플랜트 사업에 도움이 되는 그린에너지 자원을 개발하고 보급하는 것만이 경쟁력을 갖출 수 있는 유일한 방법이라고 생각합니다.

→ 이미 GS글로벌에 대한 정보를 수집한 상태이므로 선택 기준을 서술해도 기업과 동떨어진 내용이 아닙니다. 기준 설정의 소재를 본인이 아닌, 기업에서 찾아야 하는 이유입니다. 사업의 당위성과 함께 지원자의 선택 기준인 지속 성장에 대해 언급합니다.

GS글로벌은 시장 변화에 대응하기 위한 방편으로 세계 각지의 네트워크를 통해 자원 개발 및 친환경 신재생 에너지 사업을 개척하고, 꾸준히 사업 영역을 넓혀 가고 있습니다. 이와 같은 기업 환경에서 글로벌 시장을 아우르는 그린엔지니어로 성장하고자 지원합니다.

→ 기업 정보를 서술하며 선택 기준을 지원 사유로 연결했습니다. 앞 문장에서 설명한 지원자의 생각을 GS글로벌에 접목하는 단계입니다. 기업과 지원자 간 기준에 따른 연결점을 찾은 후, 이를 토대로 지원한다고 이야기하는 게 흐름상 지극히 자연스럽고, 자기소개서의 목적에도 부합합니다.

GS글로벌의 자원 사업부 그린에너지팀에서 상황에 맞는 해법을 제공하는 것이 목표입니다. 해외 네트워크를 활용해 시장 정보를 수집하고, 지사의 요구 사항에 능동적으로 대처하며 GS글로벌의 부가 가치 창출에 앞장서겠습니다.

→ 기업의 강점인 해외 네트워크를 언급하며 발전 의지를 피력했습니다. 기업에 대한 관심을 마지막 문장에서 보여 주며 뚜렷한 인상을 남기고, 문단의 균형도 맞춥니다.

본인이 회사를 선택할 때의 기준은 무엇이며, 왜 현대자동차가 그 기준에 적합한지를 서술하시오. 1,000자

항목 분석

1. 선택 기준은 기업의 강점
2. 강점을 기업의 시장 전략과 행적에 연결
3. 선택 기준을 명확히 언급하며 요건 충족
4. 지원 직무가 드러나는 소재를 활용

이 항목의 접근 요령은 기업 선택 기준을 먼저 설정하지 않는 것입니다. 현대자동차의 강점을 분석한 후, 그 강점에 맞게 기업 선택 기준을 만들어야 작성이 수월합니다. 막연히 혹은 순진하게 본인만의 기업 선택 기준을 설정하고, 그 내용에 현대자동차를 맞추는 건 자동차 제조사의 특징을 간과할 우려가 있어 적절하지 않습니다. 자동차 제조사에 해당하는 선택 기준은 당연히 화장품 제조사, 식품 제조사 등과는 다를 수밖에 없습니다. 물론 기업 윤리를 고수하고, 지속적인 성장을 이뤄 내는 일반적인 조건은 모든 기업에 해당하는 사항이라 요건에는 부합하나 기업의 현안을 포괄하기 어려울 수 있습니다. 또한, 지원 직무와도 연결할 수 있어야 하므로 유연한 사고로 판단 기준을 기업에 맞춰야 합니다. 이를 위해서는 기업의 강점을 우선 확인하고, 그 다음 단계로 기준을 설정하세요.

자신의 마음속에 간직해 온 이상적 기준이 아닌, 기업의 강점을 훑어보고 찾아낸 강점을 기준으로 삼습니다.

지원 시점에 현대자동차 관련 이슈를 샅샅이 찾아보면, 마케팅부터 기술 개발까지 다양한 분야에서 진행 중인 내용을 알 수 있습니다. 자신의 지원 분야를 항목 내용에 접목하기 위해서는 정보 검색이 필수입니다. 기업 선택 기준을 설명하며 현대자동차가 그에 해당하는 점만 언급해서는 1,000자 분량을 전부 채우기가 쉽지 않습니다. 지원 직무와 연계해 현대자동차에 대한 관심을 보여 주는 방법을 활용해야 합니다. 이 항목에 들어가는 내용은 지원사의 기업 선택 기준, 현대자동차가 그에 부합하는 이유, 지원 직무 연결성입니다. 설명 순서는 기준 제시가 먼저일 듯싶지만, 문단의 앞부분에서 지원자가 설정한 기준으로 내용의 범주를 한정해 버리면 구조가 상당히 진부해집니다. '기준은 무엇이고, 현대자동차는 이런 까닭에 그 기준에 부합합니다'가 구성의 중심 틀일 때는 직무 연결을 자연스럽게 삽입하기가 어렵습니다. 그 반면에 현대자동차에 대한 설명을 시작점으로 잡아 선택 기준으로 흐름을 이어 가면, 문단 중간 이후에 선택 기준이 등장해 이를 토대로 직무 연결성을 보이기가 한결 용이합니다. '이러한 기준을 직무에서 어떠한 형식으로 실천하겠습니다'가 문단의 후반부에 등장하는 것입니다.

페르소나 설정

- ☑ 물리학 전공자
- ☑ 연구 개발에 대한 사명감을 표출

업무에 대한 사명감, 지속 성장, 기술 선도, 시장 발전, 도전 독려 환경, 사회에 이로움 등 기업의 존재 이유라고 할 수 있는 밝은 미래와 관련된 내용을 선택 기준으로 설정합니다. 마음속에 있는 솔직한 선택 기준은 기업 측이나 지원자가 서로 알고 있어도 기재하지 않아야 합니다. 우수한 복리 후생, 높은 연봉, 자유로운 조직 문화, 다양한 사내·외 활동 장려 및 지원, 장기 유급 휴가, 탁월한 시장 평가 및 사회적 명성 등은 사적으로 논의할 수 있는 기준에 해당하겠죠? 페르소나는 물리학을 전공하고, 연구 개발직에 지원하는 상황입니다. 위에 열거한 기재 가능 선택 기준 중 사명감을 선택해 작성해 보겠습니다.

💡 중심적 역할로 연구 개발의 사명감을 드높이다

→ 선택 기준을 사명감으로 설정했습니다. 기준을 틀에 박힌 구조로 기술하면 글을 풀어 나갈 때 막힐 수 있습니다. '기준은 무엇이다'라는 표현 방식은 식상함만 가중할 따름입니다. 그 기준으로 더 높은 이상을 바라보고 있음을 알리는 형식이 더 효과적입니다. '사명감을 드높이다'로 제목을 종결해 사명감이 선택의 기준이자 실천하고 싶은 사항이라는 사실을 동시에 전달했습니다.

기업은 전후방 영향력이 클수록 책임감을 갖고 기술 개발에 심혈을 기울입니다. 이와 함께 사회적 명성과 글로벌 브랜드 가치를 바탕으로 시장의 신뢰와 기대에 부응하기 위해 더욱 투자를 늘리며 경쟁력을 강화합니다.

→ 기업에 대한 일반적인 설명입니다. 사명감으로 내용이 수렴할 수 있게 소재를 배치해야 합니다. 일반적인 설명으로 기업의 발전적 행보의 필요성을 제기했습니다. 이러한 일반 내용을 특별 내용인 현대자동차에 접목하면 자연스럽게 해당 기업의 강점을 서술할 수 있습니다.

현대자동차의 영향력은 이미 글로벌 영역에 이르렀고, 새로운 기술과 디자인으로 수요를 이끌어 내는 데 주력하는 선두 업체의 모습을 갖췄습니다. 치열한 자동차 시장에서 후발 주자로 시장에 진입했지만, 현재는 미국 시장에서 두각을 나타내며 한국을 대표하는 자동차 생산 기업으로서 위상을 높이고 있습니다.

→ 현대자동차의 기술 개발과 브랜드 가치 제고 내용을 포함해 미래를 향한 발전 지향적인 모습을 선보였습니다. 일반 사항을 현대자동차에 연결하는 단계입니다.

기업은 어려운 시기와 불가능한 조건을 극복할 때 고유의 조직 문화가 기업 내부에 자리매김하며, 이를 바탕으로 변동성과 불리한 상황에서 경쟁력을 발휘합니다.

→ 다시 한 번 기업의 일반 사항을 언급합니다. 기준과 현실의 부합 여부를 단계적으로 확인하고 있습니다.

현대자동차는 불가능하다는 세간의 인식을 불식하며 포니 생산에 성공했고, 한국의 산업화에 자신감을 불어넣으며 기술 개발을 거듭해 전기 자동차를 양산할 수 있는 글로벌 수준에 도달했습니다.

→ 위의 문장에 이어 현대자동차의 경쟁력을 소개합니다. 일반 내용과 현대자동차의 상황을 두 차례 쌍을 이뤄 설명했습니다.

의미 있는 역사적 행보는 현대자동차 구성원의 자부심으로 생산과 기술 발전에 동력을 제공하며 현대자동차의 산업 중심적 역할을 공고히 하고 있습니다.

→ 두 가지 일반 기준에 현대자동차가 부합함을 확인했고, 이를 종합적으로 연결하며 현대자동차의 역할 설명에 이르렀습니다. 현대자동차의 역할을 구성원으로서 사명감을 갖고 수행하겠다는 형식이 가능합니다.

이와 같은 현대자동차에서는 기술 개발에 대한 책임감과 브랜드 가치 확대를 위한 사명감을 갖고 업무에 임할 수 있다고 생각합니다. 조직의 지속 발전을 위해서는 끊임없는 동기 부여가 필요하며 사명감은 가장 강한 요소 중 하나입니다.

→ 선택 기준을 명확하게 드러냈습니다. 사명감을 갖고 근무할 수 있어야 한다는 기준에 더해 동기 부여를 위해서라도 사명감은 필요하다고 강조했습니다.

현대자동차와 연관된 전후방 산업의 경쟁력을 높이는 활동은 무엇보다 우수한 품질의 자동차 양산입니다.

→ 기준과 그에 부합하는 내용을 서술한 후, 지원 직무를 내용에 연결하고자 품질을 중심 요소로 배치했습니다.

물리학의 발전은 현대 사회의 편의 신장에 기여했고, 산업에 새로운 발전 가능성을 제공하며 혁신을 이뤄 냈습니다. 현대자동차의 기술 혁신은 물리학의 발전에 따른 전방위 효과와 유사합니다.

→ 물리학의 일반적인 효용을 언급했습니다. 이를 토대로 페르소나의 전공 지식을 현대자동차에서 활용해 기술 혁신과 품질 제고를 이뤄 내겠다는 의도를 간접적으로 내비쳤습니다.

연구 개발 직무를 수행하며 장기적 안목으로 현대자동차의 경쟁력 강화에 총력을 기울이고, 이에 따른 국내외 산업의 혁신을 베기히며 화수분과 같은 역할로 선순환을 이끌고자 현대자동차를 선택했습니다.

→ 지원 부문에서 이루고 싶은 목적을 언급하며 선택 사유를 확장했습니다. 사명감은 현대자동차의 선택 기준이면서 동시에 직무 수행의 목적이기도 합니다. 직무 적합성까지 포함해 세 가지 내용을 전부 기술했습니다.

지원 동기 및 열정에 대해 기술하시오. 400자

항목 분석

1. 물류에 연결한 지원 동기 기술
2. 열정은 행동 위주로 표현

지원 직무를 결정하고, 관련성 있는 내용을 강조하며 지원 동기를 기술합니다. 채용 시기에 GS리테일이 추구하는 전략을 지원 동기의 구성 요소로 활용할 수 있습니다. 1인 가정의 증가, VR 기술 도입, 무인 편의점 등이 소재라면, 물류 혁신에 이바지하겠다는 논조로 이야기를 풀어내는 게 가능합니다. 요구 글자 수가 400자이므로 기업 정보보다는 자신의 이야기 비중을 늘려야 합니다. 기업의 방향을 알리는 수준에서 기업 정보를 다루고, 그 외의 내용은 자신의 강점과 연결하며 지원 동기를 탄탄히 다져 보세요. 열정은 이 과정에서 드러나기 마련입니다.

이 항목의 접근 방법은 두 가지로 압축할 수 있습니다. 물류, 유통, 서비스를 포괄적으로 경험한 바가 있거나 관련 전공 지식을 습득했다면, 그에 대한 설명으로 이야기를 시작합니다. 물류 분야에 대한 관심을 드러낸 후, GS리테일의 시장 방향과 성장 추이에 대해 언급합니다. 지원자의 요건과 지원 기업의 요건을 엮고, 전문성과 성장성을 목표로 기재하며 지원 동기의 큰 틀을 구성합니다. 열정은 행동 중심의 묘사를 통해 자연스럽게 보여 줄 수 있지만, 항목 요건을 확실히 충족하기 위해 열정을 어휘로 배치하는 것도 유용합니다. 다른 접근 방법은 기업에 대한 관심을 이야기의 시작점으로 삼는 것입니다. 다음 단계로 자신의 강점과 경험을 소개합니다. 마지막에는 기업 요건과 지원자의 요건을 합쳐 지원 동기를 기술합니다. 접근 순서에 차이가 있을 뿐, 내용 구성은 동일합니다. 첫 번째 접근 방법은 지원 직무와 확연히 연결되는 요소를 갖췄을 때 사용하면 효과적입니다. 두 번째 접근 방법은 경험은 있으나 지원 직무와 일치하는 요소가 부족할 때 사용할 수 있습니다. 정리하면 다음과 같습니다.

페르소나 설정

- ☑ 아르바이트
- ☑ 교육 봉사
- ☑ 물류 프로그램 수강 경험

페르소나는 직무와 전공 관련성이 높고, 다양한 경험을 갖췄습니다. 제한된 글자 수 내에 강점을 전부 표현하기 위해서는 기업 정보 비중을 줄여야 합니다. 페르소나의 열정은 다양한 경험에 적극적으로 임한 행적만으로도 전달이 가능합니다. 읽는 이가 열정 요소의 유무를 문제시할 수 있으므로 내용뿐만 아니라 어휘로도 열정을 언급합니다.

💡 물류 전문가를 꿈꾸다

'국제 물류와 무역' 수업을 통해 가상의 SCM 프로그램을 구축하며 물류 관리 체계를 배웠습니다. 이 수업을 통해 글로벌 환경에 맞는 유연한 전략으로 성장을 도모하는 물류의 매력을 확인했고, 관련 역량을 키우고자 다양한 활동에 참여했습니다.

➜ 물류를 전공으로 접해 본 내용을 강점으로 소개했습니다. 물류 관련 역량을 키우기 위해 다양한 활동에 참여했다고 의사를 밝히며, 이어질 내용이 지닌 의미를 물류 영역 내로 범주화합니다.

영어 발표 동아리에서 대중을 상대로 발표에 임해 담력을 강화했고, 레스토랑에서 서빙 아르바이트를 하며 고객 눈높이에 부응하는 소통 자세를 배웠습니다.

➜ 표면적으로는 물류와 연관성이 없는 경험이지만, 각 경험에서 배운 바를 소개하며 물류 직무에 활용할 수 있음을 나타냈습니다.

또한, 아이들을 위한 교육 봉사에 참여해 책임감과 배려의 자세를 내재했습니다.

➜ 페르소나의 경험을 간략하게 소개하며 직무 수행에 필요한 기본 자세와 소양을 드러내고 있습니다. 책임감과 배려는 모든 직무 영역에서 환영할 만한 요소입니다. 아울러, 열정과도 연결됩니다.

GS리테일은 영업과 물류를 효과적으로 연결해 꾸준히 성장하고 있습니다. 윤리 경영과 상생으로 시장의 건전성을 높여 왔고, 소비자들로부터 깊은 신뢰도 얻었습니다.

➜ 기업 관련 정보는 최소화하며 글자 수에 따라 비중을 조절했습니다. 윤리 경영, 상생, 건전, 신뢰를 어휘로 배치해 올바름을 중요시하는 페르소나의 모습을 소개했습니다.

현장에서 배우겠다는 열정으로 GS리테일에 지원하는 바이며, 물류 수업에서 시작된 열정을 현장으로 연결해 끊임없이 성장하겠습니다.

➜ 열정을 직접적으로 언급하며 항목 요건을 충족했고, 전공 관련성을 마지막 문장에서 강조하며 읽는 이가 열정의 근원을 페르소나의 실력에서 찾도록 안내했습니다.

☑ 편의점 아르바이트

페르소나 설정 내용이 풍부한 편은 아닙니다. 편의점 아르바이트로 이야기를 풀어 가기 위해서는 세부 경험을 강조하고, 기업 정보의 비중을 상대적으로 확대할 필요가 있습니다. 경험의 양이 많지 않을 때는 해당 내용을 구체화하고 상세화하는 방법을 통해 분량을 늘립니다. 열정적인 모습을 간접적으로 소개하고, 열정을 어휘로 배치해 재차 열정을 강조합니다.

💡 **수요에 맞춘 감각적 대응으로 유통 시장의 성장을 이끌다**

다양한 수요에 맞춰 상품 개발을 수행하고, 동반 성장의 가치를 시장 일선에서 실천 중인 GS리테일은 높은 만족도의 종합 유통 서비스업으로 현대인 생활의 질적 향상을 위해 꾸준히 노력하고 있습니다.

→ 일반적인 기업 정보를 소재로 삼아 GS리테일에 대한 관심을 드러냈습니다. 시장에서 수행하고 있는 내용을 언급했고, 동반 성장과 생활의 질적 향상을 문장 요소로 구성해 지원 동기의 발판을 마련했습니다.

편의점에서 다년간 근무하며 고객 수요의 형태와 흐름을 익혔고, 물품 관리와 고객 응대로 현장에서 요구되는 역량을 키울 수 있었습니다.

→ 페르소나의 경험이 등장합니다. 물품 관리, 고객 응대 등을 경험에서 추려 직무 적합성을 보였습니다.

밸런타인데이를 맞이해 매장에서 판매 중인 초콜릿의 특징을 전부 파악하고자 맛과 향 등을 직접 맛보며 숙지했습니다. 이를 바탕으로 고객에게 맞춤식으로 추천해 높은 매출을 기록할 수 있었습니다.

→ 경험을 세부적으로 분석해 항목 요구 조건인 열정을 담아냈습니다. 맞춤식 추천을 비롯해 직접 행동으로 옮겨 상품을 파악한 내용은 인상적입니다. 강점과 열정을 동시에 나타내는 전략입니다.

현장에서 제품과 서비스에 집중하며 GS리테일의 미래를 밝히고자 지원합니다.

→ 첫 문장에서 이미 성장과 질적 제고를 염두에 두었으므로 마지막 문장에서 미래를 밝히겠다는 포부는 거부감 없이 지원 동기로 연결됩니다.

SPC그룹에 지원한 동기는 무엇이며, 입사 후 어떻게 성장 및 발전해 나아갈 것인지 기술하시오. 1,000자

항목 분석

1. 기업의 생산 제품 외의 영역에서 지원 동기를 탐색
2. 직무에 맞춰 입사 후 포부 기술

식품 기업은 제품을 직접 경험한 내용이 지원 동기로 나타나는 것을 선호하지 않습니다. 제품 외의 영역에서 지원 동기로 사용할 수 있는 요소는 생각보다 많습니다. SPC그룹의 상미당 정신, 제빵 노하우, 글로벌 시장 진출, 매출 신장, 점포 증가 등이 그에 해당합니다. 입사 후 포부는 직무와 연결해 기술하세요. 직무 없이 성과 창출과 성장을 일궈 내는 모습은 상상하기 어렵습니다. 각 직무의 목표를 포부의 근본 방향으로 설정하고, 자신의 강점을 덧붙이며 소개합니다. 특별한 경험이 없을 때는 식상한 내용이 연이어질 수 있는데, 표현과 구조에 주의를 기울이며 반복을 최소화해야 합니다. 단계적인 발전 계획을 소개하는 것도 효과적입니다. 1,000자에 두 가지 요소를 배치할 때 비중은 6 : 4가 적절합니다. 내용의 중요도를 고려하면, 지원 동기를 입사 후 포부보다 더 많이 기술하는 게 타당합니다.

검색을 통해 수집한 기업 정보를 지원 동기로 활용합니다. 소비 경험은 진부하므로 기업 정보에서 글의 방향을 찾으세요. 입사 후 포부는 지원 동기 이후에 등장해야 합니다. 1,000자이므로 문단별로 제목을 붙이고, 자신의 경험을 내용에 접목해 강점을 부각하세요. 지원 동기에는 SPC그룹이 지향하는 바와 지원 직무에서 이루고 싶은 것을 포괄적으로 기술합니다. 입사 후 포부에는 지원 동기에 언급한 내용을 실행하는 방식으로 소개합니다. 유의할 사항은 400자에 가까운 포부가 표현의 반복과 내용의 중복으로 점철되지 않아야 한다는 점입니다. 관련 경험이 있다면, 포부를 뒷받침하는 요소로 활용하며 이야기의 다양성을 확대해 보세요.

페르소나 설정

☑ 특별한 경험이 없는 상황
☑ 영업 관리 지원

지원 동기와 입사 후 포부에 지원자의 강점을 사용할 수 있으나 지원자에게 특별한 경험이 없는 경우가 종종 있습니다. 이번 경우가 그에 해당합니다. 강점으로 소개할 만한 페르소나 설정 내용이 없습니다. 게다가 1,000자를 요구하는 항목이라 경험 소개 없이 기업에 집중해야 하는 상황입니다. 수집한 정보를 토대로 구성과 표현에 정성을 담아 페르소나의 경쟁력을 높이는 게 유일한 해결 방법입니다.

💡 **생활의 만족에 기여하는 영업 관리 전문가**

→ 식품 기업에 걸맞은 어휘를 선정해 제목에 배치했습니다. 생활의 만족이 이야기의 핵심이고, 지원 직무에서 이루고 싶은 목표는 영업 관리 전문가입니다.

맛과 서비스로 만족을 느끼는 경험은 생활의 소소한 행복입니다.

→ 페르소나가 SPC그룹에서 받은 인상을 소개하며 전체 흐름을 구성할 문장을 기술했습니다.

SPC그룹은 국내 시장의 성장 과정에 따라 새로운 상품을 출시하며 비약적인 성장을 일궈 냈습니다. 우리 밀로 제품을 만들기 시작해 건강과 맛을 모두 빵에 담아냈고, 건강과 글로벌이라는 패러다임에 맞춘 전략으로 브랜드 인지도를 높였습니다. 파리크라상 가맹점 수는 고객 만족에 대한 방증으로 해석할 수 있습니다.

→ 기업 정보를 소개하며 관심을 드러냈고, SPC그룹의 성장에 초점을 맞춰 사례를 제시했습니다. 시장에 존재하는 모든 정보를 기술하는 게 아니라 자신이 만든 글의 흐름에 맞게 내용을 선별해야 합니다.

이러한 성장세를 이어 가기 위해서는 직영점과 가맹점을 정밀하게 관리하며 SPC그룹의 제품과 고객의 결속력을 높여야 합니다. 또한, 다양한 브랜드의 품질 제고와 효과적인 비용 관리에 힘쓰며 소통 중심의 영업 관리 전략을 펼쳐야 합니다.

→ 영업 관리 직무로 글의 흐름을 이어 갔습니다. 항목 요구 사항인 입사 후 포부를 기술해야 하므로 직무에 대한 이해를 보여 줄 수 있는 내용을 서술합니다. 자연스러운 이야기를 위한 조치입니다.

SPC그룹은 소비 트렌드를 선도하며 국내 제빵 시장 점유율 80%에 이르는 성장을 보였지만, 최근에는 각종 규제 정책으로 인해 내적 성장에 어려움을 겪고 있습니다.

→ 이전 문장에서 현재까지의 SPC그룹을 다뤘다면, 이 문장부터는 미래에 관해 이야기합니다. 성장 방안에 대한 설명을 위해 위기 상황 설정은 필요합니다.

이를 극복하기 위해 SPC그룹은 미국, 중국, 베트남, 싱가포르 등의 잠재 성장력이 우수한 해외 시장으로 꾸준히 진출하고 있습니다. SPC는 글로벌 종합 식품 기업으로서 2030년 매출 20조 원을 목표로 합니다. SPC그룹의 핵심 경쟁력인 반죽 노하우와 장거리 배송 시스템을 토대로 글로벌 시장에 도전해 SPC그룹이 글로벌 제빵 그룹으로 거듭나는 데 기여하고 싶습니다.

→ 수집한 정보를 선별해 이와 같이 기술합니다. 기업의 강점과 시장 방향을 언급하며 페르소나가 기여할 부분을 간접적으로 소개하고 있습니다.

건강에 이로운 식품을 생산하는 SPC그룹의 상미당 정신을 본받아 영업 관리 전문가로서 글로벌 시장의 만족도를 높이고자 지원하는 바입니다. 시장 변화에 적극적으로 대응하며 세계로 뻗어나가는 SPC그룹의 경쟁력 강화에 앞장서겠습니다.

→ 소개한 내용을 바탕으로 지원 동기를 명확히 밝혔습니다. 이와 함께 직무 수행 의지를 피력하며 첫 문단을 마무리합니다.

💡 유연한 전략으로 미래에 대응하다

→ 두 번째 문단의 시작점으로 입사 후 포부를 포괄하는 제목입니다. 발전 지향적인 모습을 알리는 제목이면 충분합니다.

고객 만족도를 높일 가능성이 있다면, 고객 접점에서 개선을 이뤄 내기 위해 현장으로 향하겠습니다. 영어와 중국어를 꾸준히 학습해 외국인과 소통할 수 있는 능력을 배양하고, 국내외 시장 동향을 분석하며 영업 관리 노하우를 끊임없이 개발할 것입니다.

→ 입사 후에 페르소나는 단계적으로 직무 수행 방면을 확대하고, 그 수준을 높여 갈 것입니다. 영업 관리 직무이므로 첫 단계로 현장을 살피고, 배움에 임하는 모습을 소개했습니다.

SPC그룹의 시장에 대한 이해를 바탕으로 생산 및 마케팅 부서와 면밀히 소통하고, 넓은 시야로 SPC그룹의 글로벌 전략을 파악해 SPC그룹 전체의 성장을 이끌어 내겠습니다.

→ 두 번째 단계로 부서 간 소통, 직무 영역 확대 등을 제시하며 조직 내 영향력을 넓혔습니다.

중국, 베트남, 싱가포르 등에서 브랜드 성장에 걸맞은 현지 영업 관리 방안을 궁리하고, 장기적 관점에서 영업 관리 네트워크를 구성하며 시장 변동성에 대응할 것입니다. 또한, 각 국가의 문화와 트렌드를 분석한 후, 이를 SPC그룹의 영업 관리 전략에 반영해 경쟁력을 제고하겠습니다.

→ 첫 문단에서 언급한 글로벌 시장 진출을 소재로 삼아 문단 간 내용을 연결했습니다. 핵심 어휘는 영업 관리 네트워크, 시장 변동성 대응, 트렌드 분석입니다.

장기적 비전으로 SPC그룹이 식품 업계의 세계 1위로 도약할 수 있도록 변화와 혁신에 동력을 제공하고, 팀원들과 경험 및 지식을 공유하며 성장을 함께 일궈 낼 것입니다. 관계 지향적 자세와 경청으로 시장 상황을 꼼꼼히 살피고, 철저한 영업 관리로 SPC그룹의 발전에 이바지하며 자부심으로 SPC그룹의 미래를 밝히겠습니다.

→ 마지막 단계에서는 기업의 궁극적인 목표인 1위를 어휘로 배치하며 점층 구조를 완성했습니다. 경험과 지식의 공유, 관계 지향적 자세, 자부심을 핵심 어휘로 삽입해 최종 난세나운 모습을 선보였습니다.

롯데호텔에 지원한 동기와 희망하는 지원 분야에 대해 서술하시오.

500자

항목 분석

1. 기업에 대한 관심도를 보여 주는 동기
2. 지원 직무의 중요성
3. 의지 피력

호텔에 투숙했던 경험, 그에 대한 밝은 이미지 등은 현실적인 지원 동기가 될 수 있지만, 읽는 이는 내용의 진부함에 진저리를 칠 수 있습니다. 이에 따라 다른 접근 방법으로 지원 동기를 기술하는 전략이 필요합니다. 가장 합당한 방법은 기업 정보를 수집해 자신의 강점과 연결하며 진취적인 모습을 연출하는 것입니다. 동일한 소재라도 표현력에 따라 매력은 차이를 보입니다. 차별화가 어려운 지원 동기는 진부함 대신 정성을 보여 주는 게 더 효과적입니다. 기업 관련 정보와 자신의 강점을 연결하고, 표현에 유의하세요.

롯데호텔을 선택한 특별한 이유가 있다면 이를 소재로 삼습니다. 만약 그 내용이 직접 체험한 직원의 따뜻한 미소, 쾌적한 공간, 탁월한 서비스, 친절함 등이라면, 읽는 이에게는 지나칠 정도로 익숙한 내용인 탓에 매력적으로 비춰질 수 없습니다. 그 외의 내용에서 지원 동기를 찾아보는 것이 낫습니다. 기업에 대한 관심을 배경 요소로 제시한 후, 자신의 강점을 소개합니다. 그 강점이 지원 직무와 연결되도록 문장을 구성하세요. 타 항목에서 포부를 묻고 있지 않으므로 지원 직무에서 이루고 싶은 바를 소개합니다. 항목을 다시 살펴보면, 지원 분야에 대해 서술할 것을 요구하고 있는데, 여기에 포부와 목표를 제시하는 게 가능합니다.

페르소나 설정

☑ 경영학 전공
☑ 무역상사 인턴 경험

지원 동기와 지원 직무를 페르소나의 배경 스펙에 연결하는 방법을 알아보겠습니다. 경영학과 인턴 경험은 직접적인 지원 동기로 기능하기 어렵기 때문에 직무 수행을 뒷받침하는 용도로 활용할 수 있습니다. 롯데호텔이 나아갈 방향을 제시하고, 이를 보조하기 위해 지원자가 수행해야 할 직무를 언급합니다. 해당 직무의 중요성과 필요성을 토대로 지원자의 강점을 알리고, 포부로 전체 내용을 마무리합니다.

💡 다채로운 수요, 품격으로 견인하다

→ 제목은 호텔이 제공하는 서비스의 특징에서 착안했습니다. 제목은 이야기의 시작점이므로 인상적일 수록 효과적이나 수위는 반드시 조절해야 합니다. 지나치게 눈에 띄는 어휘 혹은 생소한 어휘는 이 어지는 내용과 맞닿을 경우 매력적일 수 있지만, 맥락에서 벗어난다면 자칫 부담스러운 상황을 초래 할 수 있습니다.

한국의 국제 영향력 신장은 자연스럽게 국제 행사 주최 기회 증가로 이어졌습니다. 해외 포럼부터 국제 연회가 끊임없이 호텔에서 진행되고, 글로벌 기업도 품격 있는 호텔 환경을 선호합니다. 다 국적 문화를 한 장소에서 수렴하는 활동은 체계적 관리 능력과 국제 감각이 필요합니다. 고객의 편의 증진을 위해서라도 엄정한 객실 관리는 중요하고, 이를 통해 롯데호텔을 구성하는 각 분야가 시너지 효과를 발휘할 수 있습니다.

→ 체계적 관리 능력과 국제 감각을 근무자의 필요 요건으로 제시했고, 롯데호텔의 시장 상황을 설명했 습니다. 호텔 업종은 비즈니스 구조가 명확해 정보를 수집해도 미시적인 범주에 지나지 않는 경우가 대부분입니다. 큰 틀에서 호텔의 경영 전략을 조망하고, 지원 직무인 객실 관리의 중요성을 언급했 습니다.

경영학을 전공하며 운영 철학을 학문적으로 다졌고, 상사 인턴 근무도 국제 감각 확대와 매너 습 득에 도움이 되었습니다.

→ 페르소나의 강점이 나타난 문장입니다. 경영학 전공과 인턴 경험은 각각 운영 관리 지식과 국제 감 각으로 연결됩니다. 두 가지 요소는 호텔 객실 관리에 적합한 강점입니다.

이를 바탕으로 롯데호텔의 브랜드 가치 제고와 장기 매출 성장에 기여하고자 객실 관리 부문에 지원합니다.

→ 브랜드 가치 제고와 매출 성장을 일궈 내며 롯데호텔과 함께 성장하고 싶은 것이 지원 동기에 해당 합니다. 지원 동기와 목표는 양면성을 띱니다. 기업에 지원하는 이유는 지원자와 기업의 동반 성장 을 모색하기 위함입니다.

다양한 호텔이 한국 시장에서 경쟁하는 가운데 호텔의 이용 범주도 변화하고 있습니다. 해외 문화 의 접점을 수용하며 다채로운 이벤트가 이어지고, 개인 휴양 공간으로도 활용됩니다. 이러한 다채 로움을 롯데호텔의 품격으로 채우겠습니다.

→ 마지막 문장에서는 목표를 구체화했습니다. 품격 신장을 목표로 변화하는 호텔 업계에 대응하겠다 는 의지를 피력하며 내용을 마쳤습니다.

안심Touch

한샘에 지원한 동기를 기술하시오.

500자

항목 분석

1. 지원 분야에서 기업이 추구하는 전략 파악
2. 지원자의 강점과 연결해 기술

기업 내용은 검색을 통해 획득할 수 있습니다. 그 범위는 한샘의 시장 전략뿐만 아니라 경쟁사의 동향까지 아우릅니다. 소비재를 다루는 기업인 만큼 감성적인 내용으로 접근하거나 정보 중심으로 접근해도 차이점이 크지는 않습니다. 채용 시기에 관련 정보를 면밀히 분석하면 소비재 유통 분야의 특별 이슈를 파악할 수 있습니다. 이슈와 직무, 강점을 고르게 연결해 전체 내용을 구성합니다.

페르소나 설정

✓ 영업 관리 지원
✓ 중국 대학교 졸업 후 현지 기업 근무 경험

중국 현지 경험을 갖춘 페르소나는 한샘이 시장 확대를 위해 진출한 중국 시장과 맞닿은 면이 있습니다. 지원 동기는 안락한 공간 조성에 이바지하는 한샘 제품을 소재로 삼았습니다. 중국어 능력을 비롯해 현지 기업에서 근무해 본 경험은 페르소나의 최대 강점입니다. 이러한 점이 제대로 드러나도록 작성해 보겠습니다.

💡 한샘과 함께 만들어 가는 행복한 미래

국내 주거 환경 부문 최고의 기업이자 글로벌 시장으로 영역을 넓히고 있는 한샘의 일원으로서 함께 만들어 갈 밝은 미래를 상상합니다. 10년 후 대한민국의 모든 가정에 한샘의 제품이 공존하는 장면을 떠올렸고, 그 속에서 한샘과 함께 삶을 영위하는 모습을 보며 푸근함을 느꼈습니다. 머물고 싶은 곳, 한샘에서 사회생활을 시작하고 싶습니다.

→ 일반적인 형식의 지원 동기입니다. 특별한 요소가 없지만, 페르소나의 강점이 이를 상쇄합니다. 주거 환경 부문과 글로벌 시장을 언급하며 넓은 범주로 이야기를 시작했습니다. 공간적 시야를 넓힌 후 10년으로 시간을 확장하며 페르소나의 지원 상황에 당위성을 더했습니다. 미래 지향적으로 성장하는 기업에서 근무하고 싶은 건 구직자로서 당연하다는 의미를 내포하고 있습니다. 푸근함을 어휘로 사용해 기업 이미지를 그려 내며 특별한 내용 없이 지원 동기를 작성했습니다. 다음 문장부터는 직무에 활용할 페르소나의 강점을 소개해야 합니다.

유학 및 조직 생활을 통해 영업 관리 직무에 맞는 역량을 함양해 왔습니다. 중국 유학 중 다양한 사람들과 교류하며 친화력과 소통 능력을 높였고, 현지 기업에서 다양한 직책과 경험을 다루며 관리 능력을 배양했습니다.

→ 중국 유학은 현지 문화 이해력뿐만 아니라 중국어 구사 능력까지 포함하고 있습니다. 다양한 사람들과 교류했다는 점은 인맥 확대에 힘썼음을 의미하고, 이는 사교성과 친화력을 방증하는 사례입니다. 현지 기업에서 근무한 점은 타 항목에서 상세히 소개할 내용이지만, 언급만으로도 경쟁력을 강화하는 효과를 기대할 수 있습니다. 관리 분야 경험은 지원하는 직무인 영업 관리와도 어울리므로 읽는 이로부터 우수한 평가를 받을 가능성도 높입니다. 다음은 지원 동기에 뒤따르는 의지 피력 단계입니다.

효과적 전략과 기획 수립으로 최상의 서비스를 제공할 수 있는 영업 관리자로 성장하겠습니다. 더 나아가 탁월한 판단력을 발휘하며 한샘의 핵심 인재로 거듭날 것입니다.

→ 전략과 기획, 서비스를 어휘로 배치해 영업 관리직에 임하는 자세를 직접적으로 표현했습니다. 마지막 문장은 글자 수 보충과 각오를 보여 주는 용도입니다. 500자 내 작성을 요구할 때는 최소 450자 이상은 기재해야 합니다. 글자 수 보충은 그런 차원에서 종종 시도하며, 마지막 문장이 이에 해당합니다.

지원 동기를 구체적으로 적으시오.

500자

항목 분석

1. 기업에 대한 관심
2. 자신의 강점 소개
3. 입사 후 목표 제시

지원 동기는 입사 후 포부와 자신의 강점까지 아우를 수 있는 항목입니다. 지원을 결심하는 과정에 자신의 역량과 목표가 영향을 미치기 때문입니다. 타 항목에서 입사 후 목표와 포부를 묻지 않는다면, 지원 동기에 이를 언급할 수 있습니다. 이랜드그룹의 다른 항목을 살펴보면 다음과 같습니다.

> Q. 삶을 통해 이루고 싶은 인생의 비전 또는 목표 3가지를 우선순위순으로 적으시오.
> Q. 자신이 다른 사람과 구별되는 능력이나 기질을 쓰시오.
> Q. 자신의 인생에 가장 영향을 끼친 사건 3가지를 쓰시오.
> Q. 살아오면서 자신이 성취한 것 중 자랑할 만한 것을 1, 2가지 소개하시오.
> Q. 후배에게 추천하고 싶은 책 3권을 중요한 순서대로 적으시오.
> Q. 즐겨 찾는 인터넷 사이트와 그 이유를 설명하시오.
> Q. 자신에게 있어서 직장 생활의 의미를 쓰시오.
> Q. 위에서 표현되지 못한 자기소개를 간단하게 적으시오.

마지막 항목에 목표를 구체화할 기회가 있지만, 지원 동기에 엮어서 기술하면 효과가 한층 커집니다. 이와 같이 타 항목을 고려해 작성 전략을 설정할 수 있습니다. 지원 동기 항목에는 이랜드그룹에 대한 관심, 자신의 강점, 입사 후 목표까지 담아 보겠습니다.

기업에 대한 관심을 공개 정보에 근거해 작성합니다. 과거 정보부터 미래에 시행할 기업의 비전까지 관심을 드러내는 용도로 넓게 활용합니다. 그러한 내용 중 지원자의 배경 스펙과 연결할 수 있는 사항을 선택해 자연스럽게 기술하세요. 다음으로 기업에서 활용할 수 있는 역량을 소개하며 지원 동기를 뒷받침하는 지원자의 준비 내용을 보여 줍니다. 이랜드그룹에서 이루고 싶은 목표 혹은 거시적 포부를 밝히며 지원하는 현재를 미래로 연결합니다. 설명한 내용을 정리하면 다음과 같습니다.

☑ 중국 유학으로 중국어 소통이 가능

현재는 중국 관련 경험을 연결할 수 있는 기업이 많은 상황입니다. 이랜드그룹도 마찬가지며, 페르소나 설정 내용대로 중국어 능력과 현지 경험을 이랜드그룹 지원 동기에 접목했습니다. 요구 글자 수가 많지 않을 때는 소제목을 생략하는 것도 괜찮은 전략입니다.

중국 유학 중 접한 이랜드에 친숙함을 느꼈고, 중국 시장에서 대한민국을 대표하는 기업으로 자리매김하고 있는 모습을 보며 자긍심도 커졌습니다. 수많은 중국인들이 상해 인민 광장에 위치한 티니위니, 후아유 등의 매장에서 줄을 서서 옷을 구매하고, 대한민국 브랜드 옷을 입고 있는 장면을 볼 때마다 내심 뿌듯했습니다.

➜ 도입부는 자신의 강점인 중국 유학으로 시작했습니다. 중국에서 겪은 내용을 토대로 이랜드그룹에 대한 관심과 자신의 강점인 중국 경험을 연결합니다. 중국과 이랜드그룹을 표면적으로 연결한 후, 이에 덧붙여 기업의 내적 요소를 언급하며 지원 동기의 진지함을 더했습니다.

또한, 사회 공헌을 많이 하는 대표 기업으로서 솔선수범하는 나눔 정신에도 깊은 인상을 받았습니다.

➜ 사회 공헌과 솔선수범과 같은 긍정적인 인상의 어휘를 사용해 기업에 대한 애정이 외적 요소뿐만 아니라 내적 요소에도 기인함을 밝혔습니다.

다양한 국적의 외국인들과 소통하며 친화력 및 글로벌 마인드를 함양했고, 중국인들과 소통할 수 있는 언어 능력을 유학 기간 동안 준비했습니다. 교내 학생회장으로 활동하며 계획 수립 및 추진 능력을 길렀고, 학우들의 애로 사항에 귀 기울이며 커뮤니케이션 역량 개발에도 집중했습니다. 학생들과 학교의 요구 사항을 직접 보고 들으며 끊임없는 소통 및 점검으로 개선을 이뤘습니다.

➜ 기업에 대한 관심 사항을 언급한 후, 자신의 강점을 소개하는 단계입니다. 중국 관련 경험을 종합적으로 보여 주며 역량을 각 상황에 맞춰 드러냅니다. 다양한 문화 체험, 중국어 소통 능력, 학생회장 경험 등으로 역량의 근거를 제시했습니다.

이를 바탕으로 이랜드그룹에서 B2B, B2C 시장을 아우를 수 있는 관리자로 성장하겠습니다.

➜ 미래를 향한 의지를 피력하는 표현이 마지막 문장으로 가장 적합합니다. 위 사례에서는 페르소나 설정을 중국에 맞췄지만, 소재가 달라도 작성 흐름은 근본적으로 유사합니다.

03

·

"인간은 오직 사고(思考)의 산물일 뿐이다.
생각하는 대로 되는 법!"

PART 03

직무 중심의
유형

작성 요령

기업 측에서는 지원자가 직무 수행에 적합한 인물인지 확인해야 할 명확한 유인이 있습니다. 서류 전형의 목적이기도 합니다. 지원 분야를 위해 준비해 온 내용을 소개하라는 항목에 직면했을 때, 전공부터 경험까지 고르게 활용해 설득력을 높여야 합니다. 본인이 갖춘 내용이 직무와 일치하는 면이 많다면 소개할 내용도 많습니다. 이러한 경우에는 자신의 강점을 확실히 드러내는 데 주력하고, 표현에 유의하며 읽는 이에게 매력을 발산해야 합니다. 그에 반해 지원 분야에서 사회생활을 시작하고 싶지만, 본인의 전공과 경험 내용이 전혀 일치하는 면이 없을 때는 작성이 쉽지 않습니다. 합격률을 높이기 위해서는 일반적인 수준에서 전공과 경험이 지원 직무와 연관성을 보여야 합니다. 제3자가 아무리 유연하게 내용을 해석해도 지원 분야와의 관련성을 찾아볼 수 없을 때는 전략을 수정하는 것이 현명한 결단입니다. 지원 자격에 조건을 붙이지 않았다는 이유로 생산 공정 설계 업무에 작곡 전공자가 지원하는 것처럼 상대 평가를 고려하지 않은 비현실적인 모습을 보일 수 있기 때문입니다. 하지만 경험과 전공 내용에서 지원 분야와 연결할 만한 요소가 있다면, 혹은 간접적인 내용을 가공해 직무에 접목할 수 있는 상황이라면 지원 전략을 소신껏 구성해 볼 수 있습니다.

⚲ 직무의 주요 특징은 알아 두자

직무에 대한 치밀한 분석까지는 전혀 필요하지 않습니다. 주요 특징을 숙지하는 것만으로도 직무 관련 내용을 기술하는 데 충분합니다. 직무 열람을 살펴보면 대부분의 내용을 알 수 있고, 그에 필요한 역량이 무엇인지도 파악이 가능합니다. 직감적으로 이해할 수 있는 직무는 그에 역행하는 모습을 보이지 않는 것으로 전략을 설정하는 것이 중요합니다. 가령 국내 영업을 지원하는 상황인데 대인 관계에 어려움을 겪은 경험 혹은 직무 능력과 무관한 역량 개발 내용을 소개하는 것은 매우 부적절합니다. 전공과 경험이 직무에 연결되도록 작성하고, 그 범위가 완벽히 일치하지 않더라도 연관성만 보인다면 강점으로서 충분히 그 기능을 합니다. 직무 중심의 유형은 직무에 대해 아는 만큼 기술해야 하는 항목이 아닙니다. 지원자가 준비해 온 내용을 토대로 지원 기업에서 직무를 효과적으로 수행할 수 있음을 보여 줘야 하는 항목입니다. 그런 까닭에 과도한 직무 분석은 자기소개서에서 불필요합니다. 직무의 주요 특징을 숙지하고, 기업에 대한 관심과 자신의 강점을 보여 주는 데 주력하세요.

전공 제한이 없는 직무에 지원할 때

전공 무관으로 지원서를 받는 직무가 있는데 이런 경우에는 경험이 더욱 중요한 요소로 결과에 영향을 미칩니다. 소위 낮은 스펙이 합격하는 분야가 대체로 전공 무관 직무에 해당하는데 그만큼 경험이 중요합니다. 타 항목과의 내용 중복을 최소화하고, 직무 중심의 유형 항목에는 경험에 근거한 자신의 강점을 집중적으로 표현합니다.

유관 전공의 직무에 지원할 때

동일 계열 전공의 지원자만 받는 상황에서는 전공 내용이 일반 사항이므로 특별한 내용 외에는 읽는 이의 주목을 받기 어렵습니다. 특별한 경험이 없는 지원자는 자격증, 토익 등의 정량적 요소가 합격에 미치는 영향이 큰 편이지만, 이와 달리 직무와 전공에 직접적인 연관성을 보이는 경험을 갖춘 지원자는 배경 스펙을 뛰어넘어 우수한 평가를 받을 수 있습니다. 기본 스펙과 경험을 모두 준비한 경우에는 적어도 서류 전형에서는 합격이 유력합니다. 이처럼 지원 자격에 제한이 있을 때는 해당 영역에 초점을 맞춰 치밀하게 준비한 지원자가 절대적으로 유리합니다. 하지만 아무리 뛰어난 경험 이력이 있어도 표현이 엉성하면 결코 우수한 평가로 이어지지 않습니다. 지원자의 조건에 따라 자기소개서가 중요한 이유를 다양하게 열거할 수 있지만, 준비 내용이 뛰어남에도 문장 기술과 표현이 미숙해 낙방하는 사례를 접할 때는 항상 안타까움을 느끼며 그 중요도를 다시금 실감합니다.

📍직무 정보는 홈페이지에서 얻는 것으로 충분하다

직무 내용은 입사하면 알려 줍니다. 서점가에 혹은 인터넷 카페에 범람하고 있는 직무 분석은 지나칠 정도로 과도한 수준이므로 가볍게 참고만 하세요. 적정량의 직무 정보는 지원 기업 홈페이지에 기재되어 있습니다. 그 정도만 숙지해도 자기소개서에 엉뚱한 역량을 소개할 일은 없을 것입니다.

Feed Sales & Consulting
CJ제일제당 〉 영업 & 마케팅

직무소개
"한 지역의 President라 할 수 있는 DM"

CJ제일제당의 Feed Sales & Consulting(이하 Feed S&C)는 자신이 담당하는 지역을 대상으로 거래처 발굴, 마케팅, 채권관리, 컨설팅 업무 등 광범위한 영역을 책임지고 수행한다는 점에서 해당 지역 사료영업을 대표하는 소사장과 같은 역할을 수행합니다. 이 때문에 다른 어떤 부문보다도 DM(District Manager)으로서 가지는 역할 및 책임 범위가 광범위하고 명확합니다. 또한 다른 부문에 비해 업무 수행상의 재량권이나 자율성이 많습니다.

"농가의 수익까지도 책임질 수 있는 Partnership을 유지"

기획/관리
CJ제일제당 〉 경영지원

ROLE
기업 운영의 場, 기획/관리

기획/관리는 사업 관점에서 기업 가치를 최대로 창출 할 수 있도록 각 사업부문 운영 파트너와 함께 전략 수립, 실행유무 등을 점검하고 검토하는 업무를 수행합니다.

기획팀과 관리팀은 R&R이 구분되는데, 기획팀은 중장기 사업을 기획하고, 실행하는 업무를 주로 하며, 시장 조사/경쟁사 분석/사업 모델 수립 등 신사업을 진행하는데 필요한 업무 전반을 진행합니다. 반면 사업관리팀은 연간 경영목표를 수립하고, 예산계획을 편성하며, 관리회계 업무를 수행합니다. 또한 사업 운영에 있어 이슈가 발생할 시 유관부서와 긴밀한 커뮤니케이션을 하여 의사결정을 하는

[CJ 홈페이지에서 살펴본 직무 소개]

간혹 현직자들의 직무 관련 이야기가 중요 사항인 양 둔갑하는 경우가 있는데, 그런 내용이 비공개 정보라면 상당히 위험하고, 공개 정보라면 특별할 것도 없습니다. 물론 직무에 따라 어떤 업무를 수행하는지 알아 두는 건 필요합니다. 이는 면접에서 실수를 범하지 않기 위함이지 자기소개서에 특색을 입히기 위함은 아닙니다. 직관적으로 직무에서 요구하는 바가 무엇일지는 직무 명칭에서 파악할 수 있고, 가장 중요한 점은 직관에 부합하는 모습으로 본인의 역량을 표현하는 것입니다. 전공 학습 및 각종 미디어 기사를 접하는 과정에서 본인이 지원할 수 있는 분야에 대한 이해의 바탕을 자연스럽게 마련하세요. 이를 확인하는 수순만 거치면 직무 분석은 완료라고 할 수 있습니다.

업계에 따라 강점을 다르게 표현할 수 있으나 기본적으로 활달한 모습과 적극적인 자세를 보여 주는 데 주력하세요. 지원자의 다양한 경험이 어울림과 적응력의 속성을 내포하고 있을수록 과열 경쟁이 펼쳐지고 있는 국내 영업 환경에서 지원자가 경쟁력을 발휘할 것이라는 기대감을 줄 수 있습니다.

〈자기소개서에 내보여야 할 핵심 요건〉
봉사부터 마라톤, 아르바이트까지 포괄하는 광범위의 다양한 경험, 활발함, 적극성, 도전 의지, 커뮤니케이션 능력

해외 영업은 역시 외국어 능력이 필수입니다. 채용 공고에서 지원 조건을 살펴보면 우대 외국어가 명시된 경우를 볼 수 있습니다. 해외 거주 경험이 있다거나 외국어 실력을 증명할 자격증이 있다면 조건에 부합하는 인물로 분류될 수 있습니다. 영업 능력은 국내 영업과 마찬가지로 경험이 많을수록 강점으로 보입니다. 특이한 점은 해외 대학 출신자일지라도 대학의 명성에 따라 대우가 다릅니다.

〈자기소개서에 내보여야 할 핵심 요건〉
영어, 중국어, 일본어, 스페인어, 아랍어, 포르투갈어, 프랑스어, 이탈리아어, 러시아어, 베트남어, 태국어 등 다국어 구사 능력, 해외 생활 경험, 문화 포용 능력, 기본 매너, 낯선 환경에서 적응에 성공한 경험, 외국어 자격증, 활발함, 적극성, 도전 의지, 커뮤니케이션 능력, 다양한 경험

상경 계열 전공자로 지원에 제약을 두지 않는 경우에는 트렌드 파악 능력과 시장 조사 경험을 보여 주세요. 영업 분야와 맞닿은 면도 많지만, 기획 역량과 시장 감각을 부각하는 게 더 효과적입니다.

〈자기소개서에 내보여야 할 핵심 요건〉
트렌드 감각, 시장 분석 경험, 홍보 활동, 미디어 활용 경험, 소통 능력, 적극성, 창의성, 협업 경험, 사회에 대한 관심, 열정적인 자세

재무, 회계 분야

관련 전공자로서 핵심 자격증과 적합도가 높은 인턴 경험을 갖춘 지원자가 유리합니다. 정확하고 신중한 면모를 지녔는데 심지어 유연한 사고까지 할 수 있다면 최적의 인물로 선정될 수 있습니다. CPA까지 취득했다면 회계 및 재무 분야로 진입하기가 쉽습니다. 고급 자격증을 취득할 시간이 충분하지 않거나 계획에 없다면, 취업을 위해 AICPA를 취득하는 것도 전략입니다.

〈자기소개서에 내보여야 할 핵심 요건〉
신중함, 정확함, 회계 및 재무 관련 자격증, 유관 분야 인턴 및 아르바이트, 융통성, 배움에 대한 열의, 소통 능력

생산 관리 분야

전공에 영향을 받는 분야입니다. 소통 능력과 성실한 자세로 현장을 관리할 수 있음을 보여 주고, 유관 경험을 소개하며 조건에 부합하는 지원자라는 사실을 전달하면 충분합니다.

〈자기소개서에 내보여야 할 핵심 요건〉
성실성, 팀 활동 경험, 꼼꼼함, 유연한 소통 자세, 관련 자격증, 학부 및 대학원에서 배운 내용으로 관리와 연관된 사항, 적극성, 도전 의지, 배움에 대한 열의

영업 관리 분야

정확한 의사 전달 능력과 상대방 입장에서 사안을 바라볼 수 있는 감각이 중요합니다. 통상적인 관리자의 모습을 표본으로 삼아 작성하면 충분합니다.

〈자기소개서에 내보여야 할 핵심 요건〉
전체적으로 사안을 조율하는 능력, 협업 경험, 원만한 대인 관계, 정확성, 성실성, 아르바이트 활동 중 매장 또는 인력을 관리한 경험, 교내 활동으로 의견 조율과 행사 관리 경험, 제너럴리스트 다운 면모

품질 관리 분야

품질 분야 자격증을 소지하거나 관련 경험, 전공 지식을 갖춰야 합니다. 산업 분야의 속성에 따라서는 특정 요건을 충족하지 않고 단순히 전공만 일치해도 기회를 얻을 수 있습니다. 관리 업무를 수행하는 만큼 꼼꼼한 자세와 원활한 소통 능력은 필수입니다.

〈자기소개서에 내보여야 할 핵심 요건〉
유관 자격증, 섬세함, 주도적인 자세, 신중함, 소통 능력, 협업 경험, 뚜렷한 목표 의식, 문제 해결을 이뤄 낸 경험, 현장에서 활동한 인턴 및 아르바이트 내용

유통 물류 분야

지원에 대해 특별한 제한은 없지만, 선호하는 전공과 자격증은 존재합니다. 어떤 분야든 마찬가지겠지만, 유통과 물류 업무로 분류할 수 있는 유사 경험이 있다면 더 나은 평가를 받을 수 있습니다. 영업만큼 채용에 열려 있는 분야입니다.

〈자기소개서에 내보여야 할 핵심 요건〉
활달함, 정확성, 소통 능력, 다양한 문화 이해력, 공감 능력, 성실성, 관련 자격증, 인턴 및 아르바이트 경험, 매대 관리, 재고 관리 등 넓은 범주로 유통 및 물류에 해당하는 경험, 강한 체력

전략 기획 분야

문자 그대로 전략과 기획을 다루는 분야이며, 문서 작성 능력과 정보 활용 능력이 필요합니다. 특정 전공에 치우친 분야가 아니므로 전공 제한 없이 지원할 수 있는 경우가 많습니다. 해당 분야에 대한 관심과 지식을 보여 주는 것이 중요합니다.

〈자기소개서에 내보여야 할 핵심 요건〉
문서 작성 경험, 시장 조사와 분석 능력, 조직 내에서 의사 결정 과정을 체험해 본 경험, 소통 능력, 발표 경험, 책임감, 성실성, 주도적 자세, 강한 정신력

안심Touch

포트폴리오와 현장 활동이 중요합니다. 지원에는 전공 제약이 따를 수밖에 없는 분야지만, 타 전공자일지라도 공모전 입상과 다양한 디자인 활동 경험이 있다면 얼마든지 경쟁력을 갖출 수 있습니다. 직무에 대한 이해보다는 자신이 활동해 온 내용을 정확하고 유연하게 표현하는 것이 중요합니다.

〈자기소개서에 내보여야 할 핵심 요건〉
창의력, 의사소통 능력, 배려, 협업 능력, 공감 능력, 도전 의지, 신중함, 성실성, 긍정적인 자세, 포트폴리오, 현장 활동 경험, 주도적 자세, 문제 해결 능력, 자신감, 강한 체력

다양성과 전문성이 공존하는 유형이 각광을 받으며, 시사와 트렌드 감각을 강점으로 제시해야 합니다. 다양한 경험을 소개함으로써 지원자가 다면적인 소양을 지녔음을 보여 주는 것이 효과적입니다. 일부 영역을 제외하고는 전공의 제약이 없어서 자신의 경험을 어떻게 표현하느냐가 관건으로 작용합니다.

〈자기소개서에 내보여야 할 핵심 요건〉
문서 작성 능력, 시사 감각, 트렌드 감각, 활동성, 다양한 경험, 외국어 능력, 자신감, 강한 체력, 도전 의지, 미디어 관련 동아리 혹은 대외 활동 경험, 사회 현상에 대한 관심, 호기심, 소통 능력

CHAPTER 02

기업별 예시

1. 한국수자원공사	p.76	6. 호텔롯데	p.92
2. 현대엘리베이터	p.78	7. 한샘	p.94
3. 현대자동차	p.80	8. SPC그룹	p.97
4. 샘표	p.87	9. BGF리테일	p.100
5. 현대건설	p.90		

직무에 대한 이해도, 직무 적합성, 준비 내용 등을 예시로 알아봅시다. 정성·정량 스펙을 직무에 연결하는 방법을 익힌다면, 항목이 요구하는 바에 얼마든지 대응할 수 있습니다. 예시를 통해 표현·구성·흐름을 살펴보며 올바른 방식으로 자신의 강점을 표출하세요.

(자기 개발 능력) 자신이 지원한 분야에서 뛰어난 전문가가 되기 위해 기울이고 있는 노력에 대해 구체적으로 서술하시오. 580자

항목 분석

1. 지원 직무 중심으로 기술
2. 지원 기업이 추구하는 목표를 고려
3. 노력의 미래 방향 제시

지원 분야는 자신의 전공과 연계해 선택하므로 노력한 내용은 해당 교육 과정, 교내외 활동, 인턴십 경험 등에서 찾을 수 있습니다. 지원자가 입사 후 직무 수행 능력을 개발해 나아갈 기본 소양과 열정을 갖췄는지 확인하기 위한 항목입니다. 한국수자원공사에서 수행할 내용을 파악하고, 노력한 내용을 그에 접목해 기술하는 방향으로 접근하세요.

작성 전 직무 요건을 살펴보며 관련성 있는 경험을 중요도에 따라 나열해 봅니다. 제한 글자 수 내 가장 먼저 등장할 경험을 선택하고, 그 경험으로 한국수자원공사에서 이뤄 낼 목표 방향을 설정합니다. 단순히 지원 분야에서 보편적으로 인정받는 전문가로 성장하는 게 아닌, 한국수자원공사의 기능과 목적에 부합하는 직무 전문가로 거듭나는 게 필요합니다. 한국수자원공사 정보가 등장하지 않는다면, 보편적인 모습밖에 드러나지 않으므로 준비한 내용이 지원 기업과 연결되도록 가다듬어야 합니다.

페르소나 설정

☑ 기계공학 전공
☑ 생산 현장 인턴 근무

페르소나는 한국수자원공사에서 시스템 제어로 관리 전문성을 배양하는 것이 목표입니다. 이는 한국수자원공사가 지향하는 바와 맞닿아 있어 노력 방향을 설정하는 데 유용합니다. 전공 과정으로 제어공학을 학습한 내용을 소개하며 노력을 구체화했습니다. 아울러, 인턴 경험을 더해 노력의 강도를 한층 높였습니다. 직무 요건을 충족한 페르소나의 준비 내용을 한국수자원공사에 맞춰 기술해 보겠습니다.

💡 제어공학으로 시스템을 탐구하다

→ 소제목에 전공 과목명을 배치했습니다. 페르소나는 기계직에 지원하고 있어 기계공학 과정에서 배운 제어공학 지식이 직무 수행에 유용합니다. 이처럼 능력을 직접 드러낼 수 있는 제목으로 뚜렷한 인상을 만듭니다.

국토 균형 개발의 필요성에 따라 수자원 관리의 중요성은 더욱 높아지고 있습니다. 도심을 중심으로 확산하는 형태의 수요에 대응하기 위해서는 전체 범위를 아우르는 수자원 체계를 갖춰야 합니다. 아울러, 장기적으로 수자원 부족을 겪을 우려가 높으므로 효율성을 높이는 방안도 강구해야 하는 상황입니다.

→ 도입부에 페르소나가 한국수자원공사에서 맞이할 문제와 해결 과제를 언급했습니다. 지원자가 기계직에서 해야 할 일을 알고 있다는 점은 자기 개발의 지속성을 높이고, 발전 방향을 그려 냅니다. 이와 같은 방식은 이어지는 준비 내용과 균형을 이룹니다.

이러한 수자원 체계는 전문적인 점검과 관리로 갖춰 나아갈 수 있습니다. 기계공학을 전공하며 전력 생산 시스템을 뒷받침하는 배경 지식을 익혔습니다.

→ 기계공학으로 배운 내용 중에서 전력과 제어에 밀접한 관련성을 띠는 부분을 선택했습니다. 페르소나에게는 학부 과정으로 익힌 지식이 전문가로 성장하기 위해 준비한 내용에 해당하므로 그에 맞춰 기술합니다.

대규모 설비를 관리하며 수자원의 원활한 순환을 도모하는 데 제어공학 지식을 활용하고, 자동화 기술로 수질과 수량 조절의 정확도를 높이고 싶습니다.

→ 한국수자원공사 관련 어휘를 삽입해 연관성을 돋보이게 만드는 것도 전략입니다. 위 문장에서는 수자원 체계 수량, 수질, 순환 등이 그에 해당하는 어휘입니다. 지원 직무와 제어공학을 연결할 수 있기 때문에 이와 같은 문장 삽입이 가능했습니다. 소재 선정이 중요한 이유입니다.

제어 시스템을 정밀하게 배우고자 생산 현장에서 인턴으로 근무했습니다. 기계 설계와 시스템 운영을 현장에서 체험하며 넓은 안목으로 목표에 이르는 방법을 탐구할 수 있었습니다. 또한, 다양한 기계의 생산 프로세스를 관찰하며 세밀하게 전공 지식을 활용하는 연습을 반복했습니다.

→ 인턴 근무 내용은 소제목으로 언급한 제어와 이어지게 표현했습니다. 인턴 경험에서 직무와 맞닿은 부분을 포착해 내는 것이 중요합니다. 넓은 시각으로 자신의 경험을 되짚어 보며 접점을 찾습니다.

수자원 관리와 점검으로 기계 제어역량을 개발할 계획입니다.

→ 자기 개발 능력을 보여 주는 항목이므로 미래 계획까지 제시하며 전문성 강화 방안을 소개합니다. 기계직에서 수행할 업무와 자신의 강점을 연결하며 마무리했습니다. 역량 소개로 내용을 마칠 경우, 지원 기업과 직접적인 관계를 그려 내기 어렵습니다. 마지막 포장 작업이라고 생각하며 자신과 기업의 관련성을 찾아 기술했습니다.

희망 직무에 대해 지원자는 어떠한 부가 가치를 가져올 수 있는지 서술하시오.

500자

항목 분석

1. 지원하는 직무에 대한 기본 이해
2. 부가 가치는 강점으로 해석
3. 자신의 강점을 경험으로 뒷받침

항목 간 내용이 겹치지 않도록 자신의 강점과 경험을 선정합니다. 이 항목의 목적은 지원자가 직무에 적합한 요건을 갖췄는지 스스로 자문하고, 실제로 업무에 임했을 때 능률적으로 근무할 수 있는지 알아보라는 것입니다. 부가 가치라는 용어가 굳이 필요한 상황은 아니지만, 이를 강점으로 해석하면 의도에서 벗어나지 않습니다. 직무 내용은 전공 혹은 핵심 경험에 따라 예측이 가능하고, 지원 동기에서 파악한 내용을 토대로 내용의 차별화를 모색할 수 있습니다. 대부분의 항목이 경험을 요구합니다. 경험에 바탕을 둔 자신의 강점은 직무와 연관해 기술합니다. 기업이 직면한 문제를 설정한 후, 강점을 활용해 개선을 모색하는 모습을 보여 주는 것도 적절합니다.

지원 직무를 이해하고, 그 직무를 수행하는 데 유용한 강점을 알아봅니다. 직무에 따라 다르겠지만, 영업은 시장 개척에 용이한 역량을 보여 주고, 법무는 계약, 소송 등에 대한 이해도를 보여 주는 데 주력합니다. 직무를 지나치게 심도 있게 분석할 필요는 없습니다. 현대엘리베이터에 대한 관심과 지원자의 강점을 연결하는 데 집중하면 충분합니다. 작성 흐름은 다음과 같습니다.

1. 직무 관련 강점을 소제목으로 설정한다.
2. 현대엘리베이터에서 개선하거나 발전에 기여할 사항을 언급한다.
3. 자신의 경험을 토대로 강점을 소개한다.
4. 2와 3을 연결해 의지를 표출한다.

페르소나 설정

- ☑ 법무 분야 지원하는 법학 전공자
- ☑ 모의 법정 경험과 변호사 사무실 아르바이트 경험

법무팀에서 수행할 내용은 기업마다 다르지만, 현대엘리베이터는 제조사이므로 계약 내용이 다양할 수밖에 없습니다. 특별한 이슈가 없는 상황이라면 보편적인 업무를 수행한다고 가정한 후, 자신의 강점을 경험 위주로 설명하세요.

💡 법무 감각을 토대로 넓고 정밀하게 기업의 미래 가치를 다루다

→ 소제목은 법학 전공으로 쌓은 역량을 핵심 어휘로 설정해 작성합니다. 변호사 사무실 경험과 모의 법정 경험을 아우르는 단어로 법무 감각 혹은 법무 역량을 선택할 수 있습니다.

법학 전공 과정으로 모의 법정을 체험하며 각 입장에 맞게 법률을 적용하는 방법을 연습했습니다. 기업 송사 관련 판례를 찾아보고, 대응 방안을 탐구하며 지식의 범위를 넓혔습니다. 이를 바탕으로 변호사 사무실에서 문서 검토 및 작성 아르바이트를 수행하며 현장에서 필요한 감각도 익힐 수 있었습니다.

→ 유관 경력이 있는 상황이므로 그에 대한 내용을 어휘로 담아냅니다. 학부 졸업생을 기준으로는 위의 내용 정도가 적절합니다. 보편적인 내용으로 기술했지만, 경험을 소개하며 자신의 강점을 알렸습니다. 직무 관련 역량을 보여 줄 수 있는 내용이 있다면 얼마든지 추가할 수 있습니다. 이러한 내용을 기업에서 활용하겠다는 의지를 피력하고, 그 방법을 서술할 차례입니다.

현대엘리베이터는 승강기를 비롯해 주차 설비, 스크린 도어 등으로 사업 영역을 넓혀 왔고, 이에 따라 법무 환경도 개별적 양상을 띠고 있는 상황입니다.

→ 기업에 대한 관심과 직무 분야에서 맞닥뜨릴 환경을 언급했습니다. 서두에는 자신에게 시점을 두었다가 중반에 이르러 시점을 기업으로 옮겨 왔습니다. 마지막은 두 가지 내용을 종합해 각오를 다지는 것입니다.

전공 과정으로 익힌 법무 감각을 활용해 현대엘리베이터의 도약에 이바지하겠습니다. 넓은 안목과 끊임없는 학습으로 새로운 환경을 법리적으로 분석해 성장의 토대를 단단히 다져 나아갈 것입니다.

→ 기업의 발전에 기여하는 것이 곧 부가 가치 창출이라고 할 수 있습니다. 간혹 송사 진행 속도를 20% 높이겠다거나 계약 관리의 정확도를 3배 높이겠다는 식의 우스운 구체화를 시도하는 경우가 있는데 이는 그릇된 조언에 기인한 표현입니다. 자기소개서 작성 방법의 일반화를 시도하다가 탄생한 숫자의 망령일 뿐입니다. 자신의 경험에서 얻은 수치(인턴 영업직 실적 상승, 고객 만족도 지표, 공모전 혹은 경쟁하는 분야에서 나온 결과 등)는 구체화의 표본이라 할 수 있지만, 자기소개서에서 계획 설정 시 사용하는 숫자는 입사 후 매해 목표를 수립할 때 사용해야 비로소 의미가 있습니다.

전체 흐름을 살펴봤습니다. 마땅한 경험이 없을 때는 직무와 기업의 연결 부문을 찾는 데 주력하세요. 기업이 주력하고 있는 새로운 사업, 업계 상황, 다가올 위기 대응 등 사례는 적지 않습니다. 이러한 내용에 이어 자신의 직무 수행 계획을 소개하는 것도 차선책이라 할 수 있습니다.

현대자동차 해당 직무 분야에 지원하게 된 이유와 선택 직무에 본인이 적합하다고 판단할 수 있는 이유 및 근거를 제시하시오.

1,000자

항목 분석

1. 직무를 선택한 이유
2. 지원자의 준비 내용
3. 경험 중심으로 강점 소개

직무 선택의 타당성을 지원자가 준비해 온 내용으로 설명하는 항목입니다. 전공과 경험이 지원 직무와 일치할 때는 강점을 최대한 매력적으로 표현하세요. 직무와 배경 스펙이 다소 어울리지 않는 상황일 때는 경험 중심으로 강점을 추려 내야 합니다. 이 항목에서 기업에 대한 관심 내용은 불필요하므로 직무 수행 능력을 기대할 수 있도록 경험에 근거해 설명합니다.

전공에 의해 지원 직무가 제약을 받을 수 있지만, 특정 분야는 전공과 무관하게 선택할 수 있습니다. 이 경우에는 경험 소개가 무엇보다 중요합니다. 경험의 범위는 지원 직무를 수행하는 데 도움이 되는 내용으로 한정해야 합니다. 물론 전공과 일치하는 직무에 지원해도 선택 사유는 본인의 일상 경험에서 찾아 기술할 수 있습니다. 지원 직무의 성격을 파악하고, 배경 스펙을 강점으로 표현합니다. 글자 수가 많아 제목은 붙이는 게 낫습니다. 문단을 나눠 내용을 소개할 때 소제목은 3개 이하로 설정하세요. 그 이상은 오히려 읽는 이의 집중을 방해하고, 각 내용의 설명 분량도 줄어들어 강점이 약화될 우려가 있기 때문입니다.

페르소나 설정

☑ 전자공학 전공 지식이 강점
☑ 현대자동차를 직접 주행하며 느낀 점

페르소나는 직무 선택의 타당성을 일상생활과 전공 학습에서 찾았습니다. 직접 차량을 운행해 보며 설계의 중요성과 필요성을 깨달았다는 이야기는 단순히 차량이 중요하다고 주장하는 것보다는 진중합니다. 생활 속에서 발굴한 직무 선택 사유는 읽는 이가 지원자의 인상을 가늠하는 데 효과적입니다. 전공 관련 경험만 나열하면, 자동차를 소재로 연결하기가 어려운 경우도 있습니다. 직무 선택 이전에 지원 기업이 자동차 제조사이므로 자동차에 지원자의 강점을 연결할 요소를 마련하는 게 필요합니다. 이럴 때 생활 소재가 유용합니다. 페르소나는 전자공학을 전공했고, 도로 주행으로 현대자동차 설계에 대해 깊이 있게 생각해 본 경험이 있습니다. 이를 소재로 삼아 직무 선택 이유와 타당성을 설명하겠습니다.

💡 **도로 주행을 통해 차량 설계 엔지니어의 중요성을 깨닫다**

→ 직접 경험보다 효과적인 학습은 없습니다. 현대인에게 도로 주행은 일상적인 내용이지만, 차량 설계 직무에 지원하는 상황에서는 필수에 가까운 체험입니다. 제목에 이와 관련된 어휘를 삽입했습니다.

자동차는 운송 수단이지만, 현대인에게 자유와 행복을 주는 역할도 수행합니다. 6만 킬로미터를 훌쩍 넘어 버린 그랜저를 직접 운전하고 관리하면서 느꼈던 점들을 차량 설계 분야로 연결하고, 이를 통해 엔지니어로서 성장하고자 차량 설계 직무를 선택했습니다.

→ 분명 차별화가 가능할 정도의 특별한 동기는 아닙니다. 그럴더라도 직무와는 명확한 연결성이 있어 다음 설명을 기대하게 만듭니다.

자동차를 운전하며 크고 작은 사고들을 마주했습니다. 범퍼와 휠에 긁힘이 만연해 연마제가 들어간 컴파운드로 지우기도 했고, 차량 정비소에서 수리를 받기도 했습니다. 운전 실력 부족이 사고의 원인이었지만, 자동차에 적응할 수 있는 시간도 필요했습니다.

→ 겸손한 어조로 차량 주행 중 겪은 내용을 소개했습니다. 대단한 사건은 없어도 페르소나의 차량에 대한 관심을 알 수 있는 대목입니다.

자동차의 전장과 폭에 대한 감을 비롯해 사이드미러의 시야각 등 여러 요소가 운전자에게 적응 기간을 요구합니다. 운전의 편의성을 고려해 적응도를 높이는 방법을 자동차에 적용한다면, 고객 만족도를 크게 높일 수 있다고 생각합니다.

→ 차량 설계에 시도해 볼 사항을 경험으로부터 얻었습니다. 이를 설명하며 직무를 선택한 배경을 소개했습니다.

업계에서도 이러한 상황에 부응해 여러 정보를 보여 주는 트립 컴퓨터와 전동 시트 같은 각종 편의 장치 발전에 힘쓰고 있습니다. 엔지니어로서 편의성을 갖춘 자동차 설계에 기여하고 싶습니다.

→ 전자공학 전공과 자동차 분야가 맞닿은 요소를 열거하고, 지원 직무인 차량 설계에서 이루고 싶은 목표를 언급하며 직무 선택 사유를 분명히 제시했습니다. 이 문단을 통해 직무 선택 이유는 설명한 셈입니다. 다음 문단부터는 직무 적합성을 보여 주는 페르소나의 강점을 소개합니다.

💡 전자공학도로서 새로운 차량 유저인터페이스에 도전하다

➔ 차량 설계 분야에서 도전하고 싶은 내용을 특정해 기술했습니다. 전공 학습 과정은 이러한 도전을 뒷받침해 줄 사례로 활용합니다.

대학교 3학년 때, 회로 설계 수업에서 구글 스피치를 이용해 음성 인식 개인 통장함을 만들었습니다.

➔ 페르소나의 경험 중 차량 설계에 접목할 수 있는 가장 유력한 경험을 선택했습니다. 직무 역량을 보여 줄 수 있는 사실뿐만 아니라 그 과정에서 체득한 자세와 지식을 포괄적으로 제시합니다. 이 문단의 목적은 직무 적합성을 드러내는 것이므로, 직무와 연관성을 띠는 사실 적시는 필수입니다. 강점은 정성적인 요소도 포함합니다. 가령 끈기 있는 태도, 주도적인 문제 해결 능력, 협업을 이끌어 내는 감각 등이 그에 해당합니다.

이 모듈은 관련 정보가 없고, 다루기 어렵다는 이유로 다른 팀이 선택하지 않았습니다. 저희 조는 음성만으로 신원 파악이 가능한 통장함을 목표로 모듈 제작에 도전했습니다.

➔ 높은 수준의 과제를 팀원들과 함께 도전한 모습을 통해 페르소나의 도전 정신을 엿볼 수 있습니다. 이와 같은 방식으로 사실에 근거해 페르소나의 정성적 강점을 소개해야 합니다.

시작부터 난관에 봉착했지만, 조장으로서 조원을 독려하며 며칠 동안 영어로 된 매뉴얼을 독해했습니다.

➔ 이 문장에서는 페르소나의 협업 능력과 리더십을 짐작할 수 있습니다. 아울러, 영어 실력과 끈기도 알 수 있습니다. 여기까지 소개한 강점만 세 가지입니다.

또한, 프로그램의 내부 코딩을 분석했습니다. 각고의 노력 끝에 특정 단어를 말하면, 개인 암호가 해제되는 개인 통장함을 완성했습니다.

➔ 결과를 언급하며 해당 과정에서 배운 점을 나타냈습니다.

인두기를 통한 납땜과 회로 설계에서도 꾸준히 실력을 키우고 있습니다. 인두기는 1학년 전기 공학 실험을 계기로 다루기 시작했습니다. 인두기와 납 흡입기를 실험 때마다 사용하며 능숙함을 더하고 있습니다.

➔ 차량 설계에 간접적으로 활용할 수 있는 능력을 짧은 내용으로 알렸습니다.

3학년 방학 중에는 전문 교육 기관을 통해 하드웨어 활용 방법을 배웠습니다. 마이크로 컨트롤러를 기반으로 다양한 회로들을 직접 만들고, 파이썬 소프트웨어로 소스를 코딩하며 하드웨어와 소프트웨어의 연결을 시도했습니다.

➔ 시간 순서에 따라 배운 내용을 소개합니다. 직무 교육에 적극적으로 참여한 모습을 보이며 네 번째 강점으로 적극성을 언급했습니다.

4학년 때는 회로 설계 과목을 수강했습니다. 특히, OR-CAD를 통해 간단한 회로를 구현하고 직접 하드웨어를 구성하며 실력을 키웠습니다.

→ 마찬가지로 짧은 내용을 시간 순서에 따라 기술했습니다. 위 문장에서 소프트웨어를 다뤘다면, 이 문장에서는 하드웨어를 다루며 내용 간 균형을 맞췄습니다.

소프트웨어와 하드웨어 역량을 바탕으로 전자 설계 및 IT설계 분야에 다양한 센서와 모듈, 첨단 기술을 적용하며 우수한 차량 유저인터페이스를 구축하겠습니다.

→ 전체 내용을 종합해 정리하는 단계입니다. 제목에 기재한 차량 유저인터페이스를 다시 한 번 언급하며 강조 효과를 이끌어 냈습니다.

페르소나 설정

- ☑ 상사 인턴 경험
- ☑ 프랑스어와 영어 소통 능력
- ☑ 무역학 전공

지원 직무가 전공에서 상대적으로 자유로운 해외 영업을 선택해 두 가지 항목 요건을 충족하는 과정을 살펴보겠습니다. 페르소나 설정 내용을 보면, 상사에서 인턴 경험을 한 점이 지원 직무와 연관성이 있음을 알 수 있습니다. 게다가 외국어 능력까지 갖춰 직무 적합성을 방증하기가 수월한 편입니다. 현대자동차의 해외 영업에 지원한 이유를 우선 서술한 후, 직무에 적용할 수 있는 페르소나의 강점을 소개합니다.

💡 **신뢰와 행복을 연결하는 영업에 무역 실무 경험과 소통 감각을 더하다**

→ 해외 환경에서 영업을 수행하는 데 필요한 기본 역량을 제목에 전부 담았습니다. 지원 직무에 직접적으로 연결할 수 있는 강점은 자신 있게 소개합니다.

글로벌 시장은 영업 기회가 무궁무진합니다. 현대자동차의 우수한 제품은 글로벌 고객의 만족을 이끌어 낼 수 있고, 이를 통해 행복 증진에도 이바지할 수 있습니다.

→ 직무의 근본 속성을 토대로 현대자동차의 미래 가치를 언급했습니다. 이는 지원 기업에 대한 호감과 열정을 담아내는 효과가 있습니다.

자동차는 고객의 안전과 편의를 담당하는 필수재이므로 제품 신뢰도가 무엇보다 중요합니다. 현대자동차는 우수한 기술력으로 시장의 믿음에 부응하며 고객 행복의 크기와 가치를 극대화하는 데 전념해 왔습니다.

→ 현대자동차의 기술력이 제품 신뢰도와 상호 보완적인 관계에 있음을 서술한 뒤, 해외 시장으로 뻗어 나가야 하는 당위성을 설명했습니다.

이와 같은 현대자동차에서 글로벌 시장을 대상으로 미래의 행복을 판매하고자 해외 영업 부문에 지원하는 바입니다.

→ '미래 행복 판매'라는 원대한 가치 실현을 직무 선택 이유로 제시했습니다. 표현의 자유도가 높은 항목이자 기업이므로 이러한 표현이 가능합니다.

해외 영업은 제조와 판매가 분할된 상황에서 진행되는 경우가 많습니다. 이에 따라 원활한 업무 수행을 위해서는 무역 관련 지식과 소통 감각이 필요합니다.

→ 직무 환경에 대한 일반 설명은 페르소나의 배경 스펙이 직무 수행에 유용함을 알리기 위한 수단입니다. 일반 내용을 담은 문장은 그 자체로 특별한 의미를 전달하지는 않지만, 글의 구조를 잡는 데는 효과적입니다.

무역 실무 경험을 쌓고자 무역 협회에서 교육을 받았고, 무역 협회가 주관한 무역 캠프에 참여하며 무역 업무 프로세스를 익혔습니다.

→ 첫 번째 강점이 등장합니다. 해외 영업과 직결되는 내용입니다.

또한, 포스코대우에서 인턴으로 근무하며 실무를 경험했습니다. 신용장, 선하증권 등의 서류 내용을 바탕으로 일정 관리에 집중했고, 판매 업체와 공급 업체 간의 신뢰를 유지할 수 있도록 끊임없이 주의를 기울였습니다.

→ 인턴 과정에서 수행한 업무를 구체적으로 기술하며 해외 영업에서 사용할 수 있는 직무 관련 경험을 소개했습니다. 이 문장에서 나타난 두 번째 강점은 실무 경험이라고 할 수 있습니다.

담당 아이템으로 자동차의 구동과 조향 부품을 다뤘고, 계약 과정에도 동참하며 무역으로 신뢰를 맺는 방법을 배웠습니다.

→ 자동차 핵심 부품을 다뤄 본 경험은 화룡정점 격으로 강렬한 인상을 읽는 이에게 전달합니다. 첫 번째 강점에서 시작해 단계적으로 직무 적합성을 높이며 소개한 후, 이 문장에서는 가장 특화된 경험을 언급하며 직무 수행 능력에 방점을 찍었습니다.

인턴 업무를 통해 낯선 환경에서 정보를 습득하며 소통하는 역량도 함양할 수 있었습니다.

→ 일반적인 내용이며, 이어서 소개할 내용의 구조를 잡기 위한 문장 배치입니다.

유선으로 고객사의 요구를 듣고, 해당 내용에 맞는 부서로 연결하며 프랑스어와 영어를 고르게 사용할 수 있었습니다. 이 과정은 회사 업무의 진척 상황을 파악하는 데 유용했고, 고객과 소통하며 빠르게 요점을 이해하는 감각도 키울 수 있었습니다. 아울러, 상사의 요청에 앞서 관련 자료를 준비함으로써 효율적인 업무 진행에도 기여했습니다.

→ 외국어 능력을 인턴 업무 환경과 함께 이야기하며 소통 역량을 드러냈습니다. 페르소나의 강점은 외국어 능력뿐만 아니라 조직 문화 이해까지 아우릅니다.

인턴 및 교육으로 가다듬은 무역 실무 지식과 소통 감각을 활용해 글로벌 시장에서 현대자동차의 신뢰를 행복으로 연결하며 성장하겠습니다.

→ 제목에서 페르소나의 강점으로 소개한 내용을 마지막 문장에서 한 번 더 강조했고, 뚜렷한 인상을 남기고자 의지 피력 형식으로 문장을 종결했습니다.

페르소나 설정

☑ 기계공학 석사
☑ 내연 기관 프로젝트 수행 경험

기계공학 학사와 석사 과정에서 익힌 지식은 페르소나의 지원 부문인 연구 개발과 일치합니다. 교내 활동이 전부인 까닭에 소개할 내용은 학습 과정이 대부분입니다. 연구 개발 직무 지원자는 관련 경험만 있다면 경쟁력을 갖춘 셈입니다. 페르소나의 경우, 대학원 프로젝트가 이러한 역할을 맡고 있습니다. 직무 선택 이유는 전공 선택 이유와 동일한 범주라 설명을 전공 선택에서 시작해도 무방합니다. 연구 개발 직무는 전공 제한이 있는 분야라 이와 같은 접근이 가능합니다.

💡 **기계공학 지식으로 연구 성과를 높이다**

→ 페르소나에게 핵심 경험이 없어 전공을 중심 어휘로 선택했습니다. 연구 개발 직무이므로 성과 창출로 방향을 잡았습니다.

유년기에 접한 그란 투리스모라는 게임을 통해 자동차의 매력을 발견했습니다. 자동차 부품을 교체하며 차량의 주행 성능을 높였고, 이 과정에서 자동차 전체 구조와 기능을 이해할 수 있었습니다.

→ 읽는 이가 해당 게임을 모른다면, 이야기 전개에 맥이 빠질 수 있습니다. 하지만 최근 게임을 즐기는 연령대가 넓어졌고, 게임에 대한 편견이 줄어든 상황이라 이와 같은 소재 선택은 적절합니다. 자동차 관련 게임이라 현대자동차와 연관성도 높습니다. 자신에게 의미 있는 경험이더라도 상대방이 동일하게 받아들일지 알 수 없을 때는 선택에 앞서 소재의 성격을 신중히 고려해야 합니다. 자동차의 기능과 구조를 이해한 점은 페르소나의 강점으로 작용합니다.

게임에 몰입해 수차례 차량을 바꿔 가며 레이싱을 즐겼고, 자연스럽게 기계에 관심을 갖기 시작했습니다

→ 위 문장은 레이싱 게임을 기계공학 선택으로 연결하기 위한 장치라고 할 수 있습니다.

기계의 구동 원리를 배우고자 기계공학 전공을 선택했고, 문명 부흥에 이바지한 핵심 학문을 배운다는 자부심으로 특정 분야에 치우치지 않고 통론과 각론을 넘나들며 학습에 집중했습니다. 기계공학의 다양한 응용 분야를 직접 다루고 싶어 다수의 수업을 들었습니다.

➜ 기계공학을 배우며 느낀 점과 학문에 대한 열정을 보였습니다. 대부분의 경험이 학교에서 발생한 까닭에 이와 같은 내용을 삽입했습니다.

기계공학을 통해 역학의 기본 지식을 쌓았고, 설계의 창의적 감각을 배양하며 광범위한 영역을 탐구했습니다. 또한, 실습 강의로 이론의 총체적 이해를 도모하며 흥미도 느꼈습니다.

➜ 일반적인 내용입니다. 학문에 열중한 모습을 보이고자 전공 과정을 소개했습니다.

학사 과정을 이수한 후, 전공 심화 지식을 배우고자 기계공학 석사 과정에 임했습니다. 기계 구동 원리를 특정 분야에 접목해 시야를 넓히며 논리적 사고를 가다듬었고, 다방면에서 문제를 해결하는 능력도 개발할 수 있었습니다.

➜ 페르소나의 강점은 기계공학 석사 과정을 통해 배양한 전문성입니다. 전공 과정에서 개발한 논리력과 문제 해결 능력을 추가로 언급했습니다.

대학원 과정 중 화학공학 분야의 연구원들과 함께 내연 기관 연료 효율 프로젝트를 진행했습니다.

➜ 현대자동차에서 진행하는 연구와 관련성이 있는 프로젝트입니다. 타 분야 연구원들과 협업하는 모습에서 페르소나의 소통 역량도 유추할 수 있습니다.

부속 실험을 진행하다가 기자재의 오작동으로 가정 검증에 어려움을 겪었습니다. 프로젝트 담당 교수님의 조언을 받으며 원인을 주변부에서부터 찾아 갔습니다. 문제 해결을 향한 열정과 책임감으로 기계공학 지식을 활용해 문제를 다각도로 분석했고 실험 기자재의 매뉴얼을 참고하며 장비 상태를 세세히 살폈습니다. 이와 같은 접근 방법으로 화학 성분 분석기의 불량 코드가 원인이었음을 파악할 수 있었습니다.

➜ 문제 해결 능력을 알리고자 상황 설명에 초점을 맞췄습니다. 주도적인 자세와 책임감이 행동 중심의 내용에서 나타납니다.

적극적인 자세로 문제를 해결해 연비 개선에 의미 있는 프로젝트 결과를 도출할 수 있었습니다.

➜ 연비 개선 프로젝트라고 명시해 지원 직무와 직접적인 연관이 있는 내용을 경험했음을 알렸습니다. 읽는 이 입장에서는 페르소나가 특정 분야의 연구에 관심과 열정이 많다는 신호로 해석할 수 있는 부분입니다.

석사 과정에서 익힌 전공 지식과 문제 해결 능력을 현대자동차의 연구 개발에 활용해 파워 트레인의 품질 향상을 이뤄 내겠습니다.

➜ 연비 개선은 파워 트레인 품질의 일부분입니다. 목표를 분명히 제시하며 경험과 직무를 연결했습니다.

선택한 직무에 지원하는 이유와 해당 직무에 필요한 역량을 키우기 위한 자신의 경험 및 노력을 기술하시오.

700자

항목 분석

1. 직무에 대한 설명
2. 직무 역량을 보여 주는 경험 소개
3. 직무를 통해 이루고 싶은 점 혹은 포부를 언급

직무에 지원하는 이유를 묻고 있지만, 일부 영역을 제외하고는 지원 시 전공 제한이 있어서 이유를 제시하더라도 그 내용이 창의적이거나 분야에서 자유롭지는 않습니다. 기업 지원 이전에 직무 관련 전공을 선택할 정도로 해당 분야에 흥미를 느꼈기 때문이라고 답변할 수 있지만, 지나치게 원초적이라 가공이 필요합니다. 전공과 직무의 관련성이 높다면 전공에 흥미를 느낀 이유를 답변으로 제시할 수 있겠습니다. 전공 과정으로 익힌 다양한 경험은 지원자의 역량으로 이어지고, 자격증은 직무 능력을 방증합니다. 반면에 전공 무관의 경우에는 선택 직무의 역량을 뒷받침할 경험이 있어야 적정한 평가를 받을 수 있습니다. 물론 전공 무관인 만큼 직무와 완벽한 연결성을 보이는 경험이 절대적으로 필요한 것은 아닙니다. 정성적 요소로 역량을 소개할 수 있으면 충분합니다. 대체로 영업 직무는 전공 무관이므로 대인 관계, 판촉 경험, 소통 능력, 외국어 능력, 도전 경험 등이 역량 요건을 충족하는 데 이바지합니다. 전공 제한 여부를 기준으로 삼아 지원 이유를 다른 각도에서 접근하세요.

전공과 직무의 일치 혹은 연관

1. 전공 과정에서 느낀 직무 분야에 대한 관심과 흥미가 직무 선택 이유
2. 지원 기업의 환경이 전공 지식을 토대로 직무 역량의 발전을 모색하는 데 유리
3. 소개할 경험은 전공과 관련성이 있어야 강점으로 인정

1. 직무, 지원 기업, 시장 분야 등에 대한 관심이 직무 선택 이유
2. 지원 기업의 환경이 직무를 수행하며 발전을 모색하는 데 유리
3. 직무 관련 경험을 비롯해 정성적 요소를 내포한 경험

직무를 선택할 때, 전공과 직무의 관계를 고려해야 합니다. 예를 들어, 건축 전공자는 샘표에서 전공 무관 직무밖에 지원할 수 없고, 때에 따라서는 아예 지원 가능한 직무가 없는 경우도 있습니다. 전공 무관 직무에 지원하는 이유로 샘표가 마주한 시장 현황, 제품과 브랜드의 이미지 및 품질 등을 다양하게 거론할 수 있고, 건축 현장에서 협업하거나 문제를 해결한 경험을 직무 역량의 근거로 제시할 수 있습니다. 전공 관련 직무는 전공 분야에 대한 흥미, 샘표의 직무 수행 환경 등을 이유로 선택할 수 있습니다. 배경 스펙을 역량의 근거로 제시하는 건 전공 제한 여부와 관계없이 동일합니다. 이 항목은 직무에 대한 이해, 직무 분야에 대한 흥미, 경험과 역량 소개, 직무 수행으로 이루고 싶은 목표를 순서 대로 작성합니다.

페르소나 설정

☑ SCM 직무 지원   ☑ 유통 및 물류 관리사 취득

☑ 경영학 전공   ☑ 외국계 기업 인턴 경험

페르소나는 경영학이 포함하는 SCM 직무에 지원하고 있습니다. 전공 유관 직무 지원이라 경험으로 기술할 내용은 직무와 연결성을 보여야 합니다. 물류 및 유통 관리사 자격증, SCM 강의 수강, 인턴으로 근무하며 배양한 영어 실력, 인턴을 통한 조직 경험이 직무 역량을 뒷받침합니다. 이를 토대로 작성해 보겠습니다.

💡 유통과 물류 지식을 영어 소통과 조직 감각으로 아우르다

➜ SCM 직무에 접목할 수 있는 유통과 물류 지식, 영어 소통 능력, 조직 경험을 제목에 담았습니다. 직무 관련 역량을 제목부터 선보이며 근거로 제시할 내용의 틀을 갖췄습니다.

경영학을 전공하며 시장의 빠른 변화에 흥미를 느꼈고, 유통과 물류가 시장에 연결을 이루며 효율적으로 구동되는 사례를 다수 접했습니다.

➜ 직무 선택의 근본 요소로 작용한 경영학 전공을 첫 문장에 배치해 지원의 타당성을 높였습니다. 아울러, 전공 과정에서 SCM 관련 사례를 다뤘다고 밝히며 직무 지식을 갖췄다는 사실을 간접적으로 알렸습니다.

SCM도 재무 관리와 조직 관리처럼 현상 분석 능력을 바탕으로 개선 계획을 수립합니다. 전략적 SCM 운영을 위해 재무 관리와 조직 관리 지식을 접목하며 시야를 넓혔습니다.

→ 전공 지식을 소재로 삼아 직무에 대한 이해도를 선보였고, 이를 직무 역량에 접목했습니다. 경영학은 세부 전공이 많아도 상호 연결되므로 폭넓게 역량을 가공할 수 있습니다.

아울러, 유통과 물류에 대한 전문적 지식이 영업과 시장의 연결을 강화할 수 있다고 판단해 유통관리사와 물류 관리사 자격을 취득했습니다. 이 과정에서 다양한 시장에 맞는 운송 수단, 효율성 제고 방안 등을 숙지했고, 행정 정책과 법률에 이러한 특징을 연결해 시장을 조망하는 역량도 배양했습니다.

→ 자격증이 직무 역량을 직접적으로 뒷받침합니다. 부연 설명을 통해 자격증 취득으로 배운 점을 소개했습니다.

실무 지식에 대한 호기심으로 물류 전문 교육을 수강하며 전문가로부터 다양한 실무 사례를 배웠습니다. 효율을 높이는 다수의 전략을 실무 상황에 접목해 이해하며 추가 학습 방향도 탐색할 수 있었습니다.

→ 물류 지식을 추가로 습득한 경험을 기술하며 직무 관심도와 역량을 알렸습니다. 자격증 취득보다 실무 교육이 더욱 강렬한 관심도를 반영하고, 그 과정에서 배우는 내용도 더 많습니다. 점층 구조로 소개해야 읽는 이의 집중도가 높아집니다.

SCM은 팀으로 운영되므로 소통 능력과 조직에 걸맞은 자세가 중요합니다.

→ 다른 역량을 소개하기 위해 직무 수행에 필요한 역량을 언급하며 새로운 흐름을 만들었습니다. 페르소나의 역량 소개에서 벗어나 직무 내용의 환기를 위한 문장입니다.

원자재 투자 기업 글렌코어에서 인턴으로 근무하며 전 부서와 소통했고, 이를 바탕으로 인턴 업무 가이드라인을 제작하며 조직 프로세스를 체감했습니다. 영문으로 인턴 업무를 정리하며 영어 실력을 가다듬었고, 조직 구성원과 영어로 소통하며 글로벌 매너도 익혔습니다. 아울러, 조직의 성장에 기여하는 자세를 각종 행사와 행정 업무 수행을 통해 배울 수 있었습니다.

→ 영어 실력과 조직 경험을 보여 주는 인턴 경험을 소재로 활용했습니다. 인턴 경험은 지원자의 강점으로 무척 유용합니다. 게다가 영어 실력 향상은 기업에서도 고양하고 있는 사항이라 외국계 기업에서 쌓은 영어 소통 감각은 직무 역량을 배가하는 효과가 있습니다.

이러한 경험을 SCM 전공 지식에 연결해 글로벌 시장과 효과적으로 소통하고, 물류와 유통 지식으로 업무 효율성을 높이며 전문가로 성장하겠습니다.

→ 마무리 문장에서는 전체 내용을 핵심 위주로 종합합니다. 전문가로 성장하겠다는 포부는 역량 개발의 의지를 뜻합니다. 성장에 대한 열정으로 항목을 마무리하며 미래 지향적인 모습을 남겼습니다.

현대건설과 해당 직무에 지원한 이유 및 본인이 적합하다고 판단할 수 있는 근거를 구체적으로 기술하시오. 700자

항목 분석

1. 직무 내용 확인
2. 전공 과정, 경험 내용 등을 근거로 활용
3. 의지 피력

직무 선택 이유는 지원 기업을 선택한 이유의 하위 내용이라고 할 수 있습니다. 기업을 선택한 사유에 직무 선택 사유가 자연스럽게 포함되기 때문입니다. 직무 수행 내용은 기업과 연관성을 띨 때 특색을 보이므로 현대건설의 시장 활동에 초점을 맞춥니다. 현대건설이 시장에서 일궈 내고 있는 사항을 지원 직무 수행으로 이바지하겠다는 구조로 접근하면, 한 차례의 정보 수집으로 항목 구성을 마칠 수 있습니다. 직무 적합성은 자신의 강점인 전공, 경험 등이 뒷받침합니다. 근거로 제시할 내용 자체가 직무와 연결되므로 직무에 대해서는 추가로 분석할 필요가 없습니다.

본인이 선택한 직무가 전공과 연결성이 확연하다면, 현대건설의 시장 정보 수집에 주력하세요. 전공에 따라 직무를 선택한 만큼 그 이유는 명확하므로 기업에 대한 관심을 보여 줘야 의미가 있습니다. 그와 달리 직무와 전공이 대략적인 연결을 보이는 경우에는 현대건설의 활약상을 참고하며 지원 직무로 이바지할 사항을 찾아 언급해 보세요. 사무직군이 이에 해당합니다. 항목에 두 가지 요건을 담아내야 요건을 충족합니다. 지원 이유와 직무 적합성을 순서대로 기재하는 게 가장 효율적입니다. 읽는 이의 입장에서도 그러한 기술 방법이 익숙할 것입니다. 건설업은 보수적인 경향을 띠므로 표현의 자유도는 낮게 잡아야 합니다. 지원에는 응당 각오가 따르기 마련입니다. 마지막 문장에는 의지를 피력하며 진취적인 인상을 남겨 보세요.

페르소나 설정

☑ 건축공학 전공
☑ 건설 현장 인턴 경험
☑ 건축시공 지원

건설사 지원에 걸맞은 배경 스펙을 갖춘 페르소나입니다. 현장 경험은 압도적인 영향력을 발휘할 수밖에 없어 핵심 요건 위주로 설명하는 것만으로 충분한 상태입니다. 현대건설 건축시공 직무에 어울리는 지원 동기는 정보 수집으로 준비합니다. 겸손한 표현에 유의하며 작성해 보겠습니다.

💡 현장에서 에너지와 열정을 결합하다

→ 직무 선택 이유는 목적으로도 연결됩니다. 간략한 표현으로 현장 근무에 대한 열정을 드러냈습니다. 건축시공 직무에 현장 선호만큼 중요한 요건은 없겠죠. 제목의 '현장'은 앞으로 소개할 인턴 경험의 배경을 의미하고, 에너지와 열정은 직무 수행에 임하는 자세를 뜻합니다.

현대건설의 카타르 국립 박물관 공사는 건축시공 엔지니어를 꿈꾸게 된 계기였습니다.

→ 정보 검색으로 찾아낸 내용을 직무와 연결해 첫 문장으로 기술합니다. 현대건설이 진행한 업무 내용은 대부분의 직무로 연결할 수 있습니다. 기획, 경영 지원, 시공, 영업 등이 모두 건설을 위한 직무라 어떤 식으로든 접점이 있기 마련이죠. 물론 특정 직무에만 국한된 업무가 있는데, 그 내용도 정보 수집으로 알아낼 수 있습니다. 가령 회계와 세법 개정, 안전 관리 정책 변경, 플랜트 관련 기술 등은 특정 직무에 적용할 수 있는 내용입니다.

현대건설의 진취적 에너지에 열정을 더해 더욱 큰 시너지 효과를 창출하고 싶습니다. 현대인으로서 어떤 현장에서든 성실히 뛰어다니며 최고 가치를 건설로 일궈 내겠습니다.

→ 목표와 동기를 동시에 기술한 문장입니다. 제목에서 언급한 열정과 에너지를 다시 사용해 환기했고, 현장에서 이루고 싶은 바를 구체적으로 적시했습니다.

현대의 건축시공 전문인으로 거듭나기 위해 건축시공, 건설 관리, 건축 적산 등 시공 분야를 중심으로 수강했고, 건축기사에 필요한 기초 지식도 학습했습니다.

→ 전공 과정으로 수강한 건축시공 관련 내용을 소개하며 직무 수행의 기본 요건을 갖췄음을 알리고 있습니다.

특히, 총 6개월간 두 차례 건설 현장 인턴으로 근무하며 건축 엔지니어가 되겠다는 확신을 얻었습니다. 조적 공사, 파일 항타, 타일 공사, 미장 공사 등을 현장에서 경험하며 무엇보다 소통이 중요하다는 사실을 깨달았습니다.

→ 페르소나의 최대 강점인 인턴 경험을 현장 중심의 활동 내역으로 소개했습니다. 이전 문장에서는 전공 지식을 이야기했고, 이 문장에서는 전공 지식을 활용한 인턴 경험을 이야기하며 페르소나의 역량 수준을 높였습니다.

현대건설에 입사해 맡은 업무를 능동적이고 구체적인 계획 아래 수행하며 현장 곳곳을 관리하는 건축기사로 성장하겠습니다.

→ 의지 피력으로 문단을 마무리합니다. 현장을 관리하는 건축기사를 목표로 설정해 뚜렷한 인상을 남겼습니다.

안심Touch

호텔리어가 되기 위해 특별히 준비한 내용에 대해 서술하시오. 500자

1. 호텔리어의 역할 이해
2. 준비한 내용 소개
3. 포부를 알리며 마무리

호텔리어에게 필요한 요건은 경영 지식, 관리 감각, 서비스 마인드 등이며, 이외에도 대인 관계 능력과 외국어 능력은 필수입니다. 호텔리어가 되기 위해 반드시 서비스업종에서 실무 경험을 쌓거나 호텔에서 근무했어야 하는 것은 아닙니다. 위에 설명한 요건을 갖추고자 노력한 모든 내용이 준비 사항에 해당합니다. 이러한 요건은 인턴, 아르바이트, 공모전 등을 비롯해 과제 수행과 팀 활동에서도 얼마든지 찾을 수 있습니다. 자신에게 마땅한 경험이 없을 때는 생활 주변에서 찾아보세요. 호텔리어에 부합하는 요건을 갖추기 위해 노력해 온 사항을 소개하고, 포부를 덧붙여 마무리합니다. 호텔리어를 정의하는 단계만 올바르게 거친다면 작성이 어렵지 않은 항목입니다.

지원 부문의 특징을 기술합니다. 호텔 경영 및 관리에 관여하는 직무는 모두 호텔리어에 해당한다고 전제하세요. 지원 직무 수행에 필요한 요건을 추려 보고, 자신이 준비해 온 내용과 연결합니다. 가령 호텔에서 정확한 스케줄 관리가 필요하다면, 공모전 마감 시일에 맞추고자 짜임새 있게 일정을 계획했다는 이야기를 소개할 수 있습니다. 이와 같은 방식으로 직무와 자신의 경험을 묶으며 직무 적합성을 보여 줍니다. 마지막에는 해당 직무에서 이루고 싶은 내용 혹은 포부를 언급하며 구성을 마칩니다.

☑ 호텔과는 무관한 상사 인턴 경험

호텔리어의 역할을 인턴 경험과 연결해 보겠습니다. 호텔에 지원하면서 서비스 분야 경험이 없는 경우에는 자신이 갖춘 경험에서 해답을 찾을 수 있습니다. 페르소나 설정 내용은 상사 인턴입니다. 관리 능력, 협업 자세, 문화 소양 등을 전체적으로 아우르며 인턴 경험을 호텔리어의 준비 요건으로 가공하겠습니다.

💡 인턴 근무를 통해 익힌 현장 중심의 협업 감각

호텔 객실 관리는 실시간으로 만족을 마주하는 업무입니다. 꼼꼼한 관리 체계를 내재해 현장에서 효율적 운영을 구체화하기 위해서는 현장 감각과 협업 태도가 필수입니다.

➔ 지원 직무인 객실 관리 분야에서 페르소나가 수행해야 하는 업무의 특징을 기술했습니다. 이를 큰 틀에서 호텔리어가 되기 위한 요건으로 해석하세요. 다음 문장에서는 상사 인턴을 통해 배운 내용을 소개합니다.

상사 부문에서 인턴으로 근무하며 조직 구조와 분위기를 익힐 수 있었고, 문서 작성부터 스케줄 관리까지 보조하며 현장 감각을 배양했습니다. 아울러, 해외 부서와의 화상 회의에도 참여해 업무상 소통의 자세와 방법도 보고 배울 수 있었습니다. 학교와는 전혀 다른 분위기에서 조직 문화를 학습하며 기업 구성원으로서의 마음가짐도 자리매김했습니다.

➔ 제목 다음에 등장하는 문장에서 현장 감각과 협업 태도가 직무에 필요하다고 이미 언급했습니다. 이 부분에서 소개할 내용은 그 요건에 부합하는 인턴 활동을 소개하는 것입니다. 비록 호텔과 무관한 영역에서 겪은 내용이지만, 객실 관리 직무에 필요한 요건과 어울립니다.

외국 고객의 이용 빈도가 높은 롯데호텔에서 상사 인턴으로 체험한 내용을 응용해 더욱 넓은 범주의 관리를 수행할 수 있도록 노력하겠습니다.

➔ 마지막 문장에서는 외국인으로 관리 영역을 넓히며 직무 역량을 개발하겠다는 의지를 피력했습니다.

지원한 직무에 대해 본인만의 경험 및 강점을 자세히 기술하시오.

500자

항목 분석

1. 직무의 특징 파악
2. 관련 경험 선정
3. 의지 피력

영업, 마케팅, 경영 지원 등 각 직무의 특징을 파악한 후, 자신이 겪은 경험 혹은 강점 관련 내용을 상호 연결해 기재합니다. 직무 특징은 개략적인 내용이면 충분합니다. 중요한 점은 경험과 강점이 지원 직무와 자연스럽게 연결되는 것입니다. 설령 완벽하게 일치하는 내용이 없더라도 본인의 경험과 직무의 유사성을 찾아 강조하는 방식으로 서술할 수 있습니다. 경영 지원은 인사, 총무 등 관리 영역을 포괄하므로 이와 연결할 수 있는 경험과 강점을 기술하고, 마케팅은 홍보와 판매 촉진, 고객 응대 등의 경험을 전체적으로 활용할 수 있습니다. 영업은 대인 관계, 적극성, 실제 판매 경험, 소통 등을 보여 주는 사례가 직무에 부합합니다.

표면적으로나마 지원 직무와 연결 요소가 있다면, 그 경험을 핵심 소재로 선정합니다. 그것마저도 어려울 때는 강점을 지정해 직무에 연결하는 방법이 있습니다. 경험과 강점을 동시에 기술할 것을 요구하고 있으므로 어떠한 경우에도 경험은 필요합니다. 다만, 경험이 상대적으로 빈약해 분량을 채우기 어려울 때는 강점을 보다 집약적으로 기술하는 게 해결 방안입니다. 우선, 직무에 어울리는 경험을 선택해 순차적으로 소개하고, 강점이 드러날 수 있도록 행동 중심의 묘사에 주의를 기울입니다. 문단의 후반부에는 설명한 내용을 직무와 연결해 읽는 이에게 지원자의 적합성을 알립니다. 그리고 의지를 피력하는 문장으로 마무리하세요.

☑ 마케팅 부문 지원
☑ 영화관 아르바이트 중 고객 입장에서 문제를 해결한 경험

영화관 아르바이트는 고객 응대 자세를 보여 주는 데 탁월합니다. 대중적인 아르바이트라 내용을 예상하기 쉽지만, 특별한 사연이 있다면 한층 높은 집중력을 이끌어 낼 수 있습니다. 서비스 과정을 표현하는 어휘는 경험의 다채로움만큼 중요합니다. 정중함과 정확함이 묻어나는 글이 서비스 경험을 더욱 인상적으로 만듭니다. 일반적인 내용이 표현력에 따라 다른 인상으로 거듭날 수 있으므로 항상 표현에 주의를 기울이세요. 페르소나 설정 내용에 따라 작성해 보겠습니다.

💡 **다수의 영업 현장에서 고객과 함께 호흡하며 마케팅의 효과를 체감하다**

→ 제목에서 마케팅을 언급하며 읽는 이에게 인지 신호를 보냈습니다. 영업 현장, 고객 호흡은 마케팅과 직결되는 요소입니다. 소개할 경험이 직무와 완벽하게 일치하지 않는다면, 표면적으로 연결하는 시도가 필요합니다. 물론 일치하는 경험도 제목에 그 내용을 직접 언급하는 건 유용합니다.

스마트폰이 대중적으로 활용되기 전에 영화관에서 티켓 발부와 고객 응대 업무에 임했습니다.

→ 오해를 빚지 않게 환경을 설명했습니다. 과정 설명에 앞서 페르소나가 어떤 역할을 맡았는지 소개합니다.

영화에 대한 관람평이 실시간으로 제공되지 않아 당일 관람할 영화를 선택하지 못한 고객이 티켓 판매대에서 시간을 지체하기 일쑤였습니다. 이에 비례해 고객 불만도 커져만 갔습니다.

→ 문제 발단을 다루고 있으며, 고객 불만으로 위기 상황을 고조했습니다. 철저히 과정 위주로 설명해야 읽는 이의 시선을 이끌 수 있습니다.

문제 해결을 위해 영화 관람을 마친 고객으로부터 관람평을 받아 추첨식으로 해당 내용을 공개했고, 누적 관객 수를 공고하며 고객 선택을 도왔습니다. 이런 노력 덕분에 고객 불만은 눈에 띄게 줄었고, 우수 사원으로 선정되는 영광도 누릴 수 있었습니다.

→ 문제 해결 과정을 소개하며, 그 상황에서 주체적으로 행동한 모습을 설명합니다. 고객 불만 해소로 우수 사원에 선정된 점을 마지막에 배치해 이야기의 집중도를 유지했습니다. 두괄식 구성으로 접근하면 결과를 두 번 언급할 우려가 있습니다. 글의 첫 부분에 핵심을 담고, 과정을 설명하다가 다시 한 번 핵심을 기술하기 때문입니다. 글자 수 제약과 경험의 특색을 고려해 글의 구조를 설정하는 게 필요합니다.

효과적인 마케팅은 고객의 입장을 헤아리는 자세에서 비롯됩니다. 영화관, 예식장 등에서 고객과 함께 호흡하며 마케팅의 방향과 효용을 비교 및 확인할 수 있었습니다.

→ 이 부분에서 직무 연결을 시도합니다. 페르소나가 수행한 내용이 마케팅 직무와 완벽하게 일치하지는 않지만, 누구나 수긍할 수 있는 문장을 삽입해 저항감을 누그러트립니다. '효과적인 마케팅은 고객의 입장을 헤아리는 자세에서 비롯된다'는 구문은 부인하기 어려운 사실입니다. 이런 방식으로 직무 정의를 포괄적으로 잡아 경험을 맞춰 가면, 어긋남 없이 경험을 직무에 연결할 수 있습니다. 물론 완벽하게 일치하는 경험보다는 효과가 다소 부족할 수밖에 없지만, 읽는 이의 해석에 따라 더 나은 평가로 이어질 수도 있으니 궁리를 거듭하세요. 고객과 호흡했던 현장 경험을 재차 강조하며 페르소나의 강점을 드러냈습니다.

한샘에서 고객 밀착 마케팅으로 경쟁이 치열한 인테리어 시장에서의 우위를 더욱 견고히 굳힐 수 있도록 조력하겠습니다.

→ 마지막 문장에서는 자신에게 맞춰 놓은 시야를 기업으로 전환합니다. 치열한 경쟁에 직면한 한샘에서 고객 밀착 마케팅으로 시장 우위를 굳히겠다는 의지를 피력했습니다.

자신이 보유한 핵심 역량과 회사에 기여할 수 있는 점을 기술하시오. 1,000자

1. 지원 직무를 토대로 핵심 역량 설정
2. 핵심 역량은 경험으로 뒷받침
3. 직무와 연결해 기여 방안 소개

식품 분야의 직무에 따라 핵심 역량은 차이를 보입니다. 자신의 주요 경험에서 지원 직무에 활용할 수 있는 역량을 추려 내는 과정이 필요합니다. 직무 선택은 유연하나 자신의 경험은 고정적이므로 일단 주어진 여건을 효율적으로 활용하는 데 주력해야 합니다. 경험과 역량을 엮어 소개한 후, 지원 직무 환경에 역량을 접목하세요.

우선, 타 항목에서 소개하지 않은 경험을 준비합니다. 글자 수가 많은 항목이라 지원자의 주요 경험을 소개해야 내용을 채울 수 있을 것입니다. 그 경험에서 지원 직무에 걸맞은 역량을 찾아냅니다. 바람직한 소양을 지원자의 역량으로 연출하거나 특별한 능력을 소개할 수도 있습니다. 경험을 구체적으로 설명하며 핵심 역량을 드러내는 것이 중요합니다. 예를 들어, 핵심 역량이 외국어 능력이라면, 학습 과정과 그 외국어를 사용해 이뤄 낸 성과 혹은 특별한 경험을 소개합니다. 다음으로 자신이 선택한 핵심 역량을 직무에 활용할 방법을 기술하며 항목 요구 조건을 전부 충족합니다.

페르소나 설정

☑ 한국식품연구원 아르바이트 경험
☑ 생산 관리 지원

페르소나는 자료 조사 과정에서 관찰력과 실행력을 선보이며 두드러진 성과를 거뒀습니다. 이 내용을 핵심 역량으로 연결하고자 핵심 어휘를 관찰과 실행으로 설정했습니다. 회사에 기여하는 방안은 직무 수행 능력을 높이는 것입니다. 페르소나의 강점을 경험으로 방증하고, 이를 생산 관리 직무에 연결하는 흐름으로 작성해 보겠습니다.

💡 관찰력과 실행력으로 현장의 문제를 해결하다

➜ 페르소나의 경험에서 관찰력과 실행력을 핵심 역량으로 추려 냈습니다. 생산 관리 직무에 맞춰 현장을 중시하는 모습을 연출했습니다.

한국식품연구원에서 3개월간 식품 인증 지원 조사에 참여해 관찰력과 실행력을 토대로 업무 효율을 높였습니다.

➜ 경험의 전체 윤곽을 제시하고, 제목에서 언급한 핵심 역량을 소개하며 내용을 시작합니다.

식품 조사 자료를 연구원들의 지시에 따라 분류해 데이터 베이스화하는 작업을 수행했습니다. 수백 건의 조사 자료를 반복적으로 입력하는 것은 결코 쉬운 일이 아니었습니다. 자료의 항목을 특성에 따라 분류하고, 영문과 국문으로 나눠 작성하는 데 많은 시간이 소요되었기 때문입니다.

➜ 구체적으로 수행한 내용을 설명하며 페르소나의 핵심 역량에 대한 공감대를 형성합니다.

하지만 업무를 반복적으로 수행하며 자료 입력 방식에 정해진 양식과 주기적인 형태가 있음을 발견했습니다.

➜ 페르소나의 핵심 역량인 관찰력과 실행력이 필요한 상황을 제시했습니다. 이러한 단계가 있어야 설명이 용이합니다.

패턴을 이용하면 분류 및 입력 작업 속도를 올릴 수 있다고 판단해 해당 내용을 담당 연구원에게 건의했습니다. 무작위로 나열한 정보를 순서대로 입력하는 것이 아니라 공통 항목은 문서 작성 전에 복사하고, 특이 항목만을 입력하는 방식을 제안했습니다.

➜ 조직 환경에서 소통한 경험을 소개하며 핵심 역량뿐만 아니라 기본 자세를 갖춘 지원자임을 알리고 있습니다.

주장을 뒷받침할 수 있도록 7일간 이와 같은 방식으로 거둔 성과를 함께 제시했습니다. 기존의 방식으로는 10시간 동안 집중해야 한 가지 영양소를 분류할 수 있었지만, 패턴을 이용한 방법으로는 5시간 만에 업무를 실수 없이 완료할 수 있었습니다. 50%의 시간 효율성을 근거로 담당자께 보고한 결과, 마침내 패턴을 활용한 입력 방식이 공개적으로 인정을 받았습니다.

➜ 숫자를 활용함으로써 읽는 이가 문제 해결의 효율성을 파악할 수 있도록 표현했습니다. 핵심 역량에 의한 성과가 숫자로 나타나 이해하기도 쉽습니다.

관련 직원과 빠른 속도로 반복 업무를 처리했고, 그 덕분에 세 달간의 예정 업무를 두 달 만에 마칠 수 있었습니다. 이와 같이 관찰력과 실행력으로 상황을 주시하며 문제 해결을 이뤄 냈습니다.

→ 성과 소개를 마무리하며 핵심 역량을 재차 강조했습니다. 이를 토대로 기여 방안에 내용을 연결합니다.

이와 같은 경험을 바탕으로 SPC그룹의 생산 현장에서 개선점을 찾아낼 수 있도록 넓은 안목으로 관찰에 힘쓰겠습니다. 아울러, 관찰한 내용을 구성원들과 함께 실행하며 생산 부문의 발전을 모색할 것입니다.

→ 생산 관리 직무 환경에 관찰력과 실행력을 접목하며 기여 방안을 서술했습니다. 제목에서 사용한 어휘를 다시 한 번 사용하며 내용의 연결성을 높였습니다.

본인이 선택한 직무에 대해 아래 내용을 포함해 기술하시오.

700자

① 지원 직무의 역할   ② 본인이 해당 직무에 적합한 근거   ③ 입사 후 경력 개발 계획

항목 분석

1. 직무 정보 확인
2. 직무와 경험을 연결
3. 세부 계획으로 미래 제시

세 가지 요건을 순서대로 기술하는 게 가장 무난합니다. 직무 역할을 인지하고 있는지 확인하려는 물음에는 사전식 개념 나열로 대응하지 말고, 유통 현장과 맞닿은 내용 중심으로 서술하세요. 직무 경험은 직무와 연결성을 갖춘 부분에 초점을 맞춰 소개하며, 지원자의 특색이 드러나는 부분인 만큼 가장 많은 비중을 할당합니다. 자신있게 표현하고 싶은 경험을 상위에 배치하고, 각 경험에서 직·간접적으로 직무 역할에 부합하는 요소를 추려냅니다. 입사 후 계획은 보편적인 내용에 해당하므로 지원자의 특색 강조보다는 방향을 설정하는 용도로 활용합니다. 세 요건을 순차적으로 기술하며 각 부분을 맥락에 맞게 연결하는 것이 중요합니다. 글의 흐름을 이어가는 데 핵심 어휘를 요소로 활용하고, 그 어휘가 직무 환경과 어울리도록 설명을 추가합니다. 편의점에서 수행할 업무가 무엇일지 체감이 가능하므로 직접 느낀 바를 토대로 방향과 소재를 선택해보세요.

페르소나 설정

- ☑ 컴퓨터공학 전공
- ☑ 인턴으로 데이터 분석 업무 수행
- ☑ 사회적 기업 서포터즈 활동

영업 관리 직무는 매출, 재고 등을 종합적으로 관리하므로 데이터 분석 능력이 필요하고, 다채로운 소통 경험도 직무 수행에 무척 유용합니다. 페르소나는 컴퓨터공학을 전공했으므로 데이터에 대한 설명을 전개하는 것이 자연스럽습니다. 게다가 인턴으로 근무하며 데이터 분석 경험을 쌓았기 때문에 구체적인 근거도 탄탄한 상황입니다. 영업 지원 직무와 현장을 포괄해 데이터 분석 및 소통 능력을 중심으로 이야기를 기술해보겠습니다.

💡 지속 성장의 핵심, 분석과 소통

영업 관리 직무는 담당 점포의 상권을 중심으로 고객 이용 시간 분포, 상품 판매 추세, 매장 환경 등을 종합적으로 관리 및 분석하는 역할을 수행합니다. 매출 향상을 위해서는 여러 분야의 데이터를 객관적으로 분석하며, 본사와 점주의 원활한 소통에도 이바지해야 합니다. 전공 과정과 인턴 활동으로 영업 관리에 필요한 분석 능력과 소통 감각을 내재하고자 노력했습니다.

→ 영업 관리에 대한 여러 직무 내용 중 분석과 소통에 초점을 맞춰 역할을 설명했습니다. 컴퓨터공학 전공과 인턴 경험을 종합적으로 활용하기 위해 설정한 구조입니다. 서포터즈 활동은 소통과 관련성이 높아 직무 내용과 어울립니다. 제목에 분석과 소통을 명시하며 전체 흐름을 일관성 있게 만들었습니다.

첫째, 컴퓨터공학 과정으로 데이터 구조 관련 과목을 수강해 데이터 분석 능력을 개발했습니다. 이를 바탕으로 IT기업에서 인턴으로 근무하며 매출 요인 분석 프로젝트에 참여할 수 있었습니다. 온라인 고객 유형, 상품 추천 시기 등을 면밀히 분석하고, 실제 데이터와 비교하며 상품 추천 알고리즘을 개선하는 데 일조했습니다. 다양한 데이터를 다루며 통찰력도 배양했습니다.

→ 영업 관리에 데이터 관리 능력은 필수입니다. 컴퓨터공학 과정으로 배운 지식과 인턴 경험으로 익힌 분석 능력을 업무와 연결할 수 있는 부분 위주로 소개했습니다. 아울러, 통찰력을 언급하며 관리에 적합한 인상을 강조했습니다.

둘째, 사회적 기업의 성장을 지원하는 서포터즈로 활동하며 1년간 다양한 업종의 사업자와 소통했습니다. 지원 방안과 혜택을 꼼꼼히 숙지한 후, 각종 문의에 정확하게 답변하고자 꾸준히 노력했습니다. 아울러, 원활한 소통을 위해 기업을 정기 방문해 현황 파악에도 힘썼습니다. 사회적 기업의 매출은 시장 수요와 연결할 때 비로소 발생했습니다. 이에 서포터즈 구성원들과 함께 홍보에 앞장서며 트렌드에 맞는 SNS 마케팅도 진행했습니다.

→ 영업 관리 담당자는 여러 업주와 소통하며 문제를 해결해야 합니다. 그에 맞는 소통 능력은 업무 수행을 위해 반드시 필요합니다. 이에 대한 경험을 서포터즈 활동에서 추려내 소개했습니다. 편의점 매출 현황을 살펴보며 상품 기획 및 홍보 방안도 궁리할 수 있습니다. SNS 마케팅 경험이 이러한 활동을 뒷받침합니다.

입사 후, 분석력과 소통 감각을 토대로 데이터와 트렌드를 종합해 관리 능력 향상을 이뤄내겠습니다. 데이터 분석으로 시장 트렌드를 통찰하고, 점주와 소통하며 각 점포의 특성을 고려한 프로모션 방안을 제시할 것입니다. 고객 만족을 목표로 끊임없이 배우겠습니다.

→ 계획은 직무 역할과 능력을 아우르며 미래를 제시하는 내용으로 기술해야 합니다. 제목에 이어 데이터 분석과 소통 능력을 재차 기재해 통일성을 강화했습니다. 거창한 목표 제시보다 주어진 업무에 최선을 나하는 모습을 나타내는 것이 유통 분야에 직합합니다.

04

·

"자신감은 위대한 과업의 첫째 요건이다."

PART 04

입사 후 포부 중심의 유형

작성 요령

기업 측은 항목마다 특정 목적을 염두에 두고 지원자의 의중을 묻고 있습니다. 예전에는 정형적인 질문들이 대부분이었고, 입사 후 포부도 그중 하나였는데 최근 들어 입사 후 포부가 여러 형태로 변화하고 있습니다. 입사 전이라 아직은 무엇을 할지도 모르는 판국에 포부를 묻는 것이 다소 이치에 맞지 않아 보이기도 합니다. 그러나 기업 공개 정보가 넘쳐 나는 요즘과 같은 시대에는 입사 후 포부에 필요한 자료 수집이 어렵지 않습니다. 입사 후 포부에는 지원 직무에 대한 이해, 기업이 처한 환경과 나아갈 방향 숙지, 인재상과 비전에 수렴하는 업무 자세 등의 내용을 고르게 기술하면 충분합니다. '합격한다면 무엇이든 하겠다'는 식의 열정 표출은 문장 낭비이자 성의가 부족한 지원자로 분류될 가능성만 높이니 감성보다는 이성으로 작성해야 합니다. 포부를 적어야 하는 항목인 만큼 '하겠습니다'로 종결하는 표현이 자주 등장하기 쉽습니다. 동일한 어휘가 연속적으로 등장하면 역시나 성의가 없어 보이고, 진부한 느낌마저 들어 타 항목에서 얻어 낸 좋은 인상을 잃어버릴 수 있습니다. 당연히 퇴고의 과정을 거치며 반복 표현을 걸러 내야 하고, 글을 쓰기 전에 3가지 정도로 포부 내용의 개요를 잡아 보는 것도 효율적입니다.

◉ 호흡에 유의하며 문장 흐름을 이어 가자

읽는 사람의 이해와 감정을 고려하며 표현과 내용의 조화를 추구하는 데 주력하는 것이 중요합니다. 다부진 각오가 내용과 표현으로 드러날 수 있도록 정리하는 느낌으로 작성하는 항목이라고 할 수 있습니다. 호흡을 자연스럽게 이어 가는 방법은 정말 다양합니다. 우선, 타 항목과의 내용 비율을 고려하고, 배경 스펙의 유무와 해당 내용의 반복적 사용을 점검하며 글의 틀을 잡습니다. 글자 수 대비 기재할 내용이 적을 때는 예상이 가능한 내용이 등장할 수 있지만 식상한 표현도 맥락에 따라서는 전혀 진부하지 않은 인상을 줄 수 있어 괜찮습니다. 본인이 갖춘 배경 스펙을 밑그림으로 삼아 기업 내에서 지원 직무로 보여 줄 모습을 소개합니다. 입사 후 맞닥뜨릴 환경은 조직 생활이라는 점을 핵심 사항으로 상기하며 성실과 열정을 내용에 담아냅니다. 타 항목에 기재한 내용을 재차 언급할 때는 이를 문장의 부분 요소로 삼아 해당 문장을 통해 말하고자 하는 바를 뒷받침하는 용도로 활용합니다. 이미 소개한 내용이니까 다시 쓰지 않는다는 제약은 과도한 자기 검열에 지나지 않습니다. 반대로 여러 차례 동일한 내용을 남발하는 것도 경험 및 성의 부족으로 비춰질 수 있으니 요약 정도로 접근하는 것이 적절합니다.

가장 대표적으로 흐름을 끊는 표현이 '하겠습니다'입니다. 포부를 보여 주는 데 '하겠습니다'보다 적절한 표현이 한국어에는 많지 않습니다. 물론 '할 것입니다', '하고 싶습니다' 등도 있지만, '하겠습니다'가 목적을 그대로 담아내기에 안성맞춤인 표현입니다. 입사 후 포부를 온통 '하겠습니다'라는 표현으로 채우면 어색해 읽기가 상당히 거북합니다. 이로 인해 호흡이 끊길 뿐만 아니라 '하겠습니다' 형태의 종결 어미가 전달할 수 있는 내용에도 한계가 있어 결과적으로 내용이 없는 포부가 됩니다. 동일한 종결 표현이 특정 문장의 앞뒤로 반복해 등장하지 않도록 점검하는 과정이 필요합니다. '하겠습니다'로 끝나는 문장이 세 번 연속 등장하지 않도록 중간에 변화를 줍니다.

> **3번 연속해서 동일한 종결 어미를 사용한 사례**
>
> 학창 시절에 최우수 성적을 거뒀던 것처럼 열정을 갖고 직무에 임하겠습니다. 변화하는 시장에 기민하게 대응하며 기회를 발굴할 수 있도록 노력하겠습니다. GS칼텍스 구성원들과 협업에 힘쓰며 더 나은 미래를 위해 항상 배움의 자세를 유지하겠습니다.
>
> → 위의 문장을 따라 읽어 가면 동일한 형식이 연이어져 단조롭고 숨이 가쁜 듯한 느낌도 듭니다. 읽는 이의 입장에서 3번 연속으로 이어지는 '하겠습니다' 표현은 식상 그 자체일 수밖에 없습니다. 입사 후 포부의 특선상 이와 같은 실수를 간과할 여지가 있으니 문장 종결에 주의를 기울이며 작성하고, 점검해야 합니다.

⚲ 숫자에 집착하지 말자

언론 기사는 통계 자료가 그 내용을 뒷받침해야 신뢰를 받습니다. 활자로 가득한 기사를 보면 지루하기도 하고, 주장에 대한 근거가 없는 듯해 기사의 격에 맞지 않는 면도 있습니다. 기사뿐만 아니라 학창 시절에 흔히 작성하는 보고서나 발표 자료에도 통계를 포함한 각종 숫자 자료는 빠지지 않습니다. 이러한 접근 방식이 자기소개서 작성 방법에 영향을 미쳤던 것일까요? 자기소개서에 숫자 기입을 권장하는 상황에 이르렀습니다. 입사 후 포부 항목에 숫자를 기재해 신뢰도를 높이려 하거나 차별화를 시도하는 사례가 자주 보입니다. 숫자가 자신의 주장을 뒷받침하는 용도라면 글의 흐름과 항목의 취지에 부합하겠지만, 대개 자신이 설정한 목표 수치를 언급하는 수준에서 숫자를 사용하고 있습니다. 이는 상당히 작위적이며 엉성함이 묻어나는 경우가 많습니다.

작위적인 인상을 주는 숫자 사용 사례

현대자동차에 입사 후 3가지를 반드시 완수하겠습니다. 매월 과년도 업무 수행 결과와 비교해 30% 이상의 업무 효율성을 이뤄 낼 것입니다. 메모를 통해 주기적으로 업무의 개선 방안을 연구함으로써 이와 같은 발전을 도모하겠습니다. 또한, 5년 내 마케팅 기획에 필요한 핵심 아이디어를 총 100가지 이상 제시하며 창의력을 높일 계획입니다. 시장 흐름을 분석하며 현대자동차 브랜드의 프리미엄을 한층 제고할 수 있도록 노력하겠습니다. 남미 시장에 생산 공장을 건립한 현대자동차는 현지 문화와 언어 능력을 갖춘 구성원이 필요한 상황입니다. 영어를 비롯해 스페인어까지 총 2가지 언어를 완벽히 구사하는 것이 목표입니다. 500시간의 학습을 통해 비즈니스 기회를 창출할 수 있는 소통 능력을 갖추겠습니다.

입사 후 포부 항목에서는 숫자에 집착할 때 단순 목표 설정에 지나지 않는 숫자를 기재하는 경우가 많습니다. 타 항목에서는 자신의 배경 스펙 소개와 기업 선택 사유 설명을 통해 자연스러운 숫자 활용이 가능합니다. 입사 후 포부 항목에서는 목표를 제시하는 용도로 숫자를 사용하기 쉬운데, 이보다는 타당한 근거를 보여 주는 용도로 숫자를 쓰는 편이 낫습니다.

공개 정보로 파악한 신뢰할 수 있는 숫자를 기반으로 그 이상의 수준을 일궈 내는 데 앞장서겠다는 식의 표현이 대표 예시라고 할 수 있습니다. 예를 들어, 지원 기업의 생산 공정 불량률이 0.2%라는 기사 내용을 접했고, 마침 지원 직무가 생산 관리라면, 업무 개선에 주력해 생산 공정 불량률을 0.1% 이하로 낮추겠다는 식으로 숫자를 활용합니다. 이러한 방식은 기업에 대한 관심까지 반영하므로 일거 양득입니다. 숫자를 사용하기에 적절한 상황이 아니라면, 굳이 작위적인 모습을 연출할 이유는 없습니다. 숫자를 반드시 사용하라는 조언은 유연하게 받아들여야 합니다. 필요할 때만 숫자를 사용한다고 생각하세요.

♀ 포부는 계획을 바탕으로 한다

입사 후 포부에 기재할 수 있는 내용이 제한적일 때는 자신의 발전 계획을 언급하며 구체화하는 것도 하나의 작성 전략입니다. 조직에서 무엇을 하겠다고 구호만 외치다 보면, 실상 내용이 없어 공허한 인상을 남길 수 있습니다. 이럴 때 계획 수립과 실천 방안을 소개하며 항목의 요건을 충족합니다. 아울러, 계획과 실천 내용은 글자 수를 늘리는 데 용이하므로 작성할 사항이 극히 부족할 때 활용이 가능합니다. 현실에 입각해 계획을 수립하는 것을 잊지 말아야 하며, 자신의 배경 스펙과 기업이 나아갈 방향을 참고해 작성할수록 효과적입니다.

♀ 기업이 지향하고 있는 사항을 확인한다

본인만을 위한 계획이 아닌, 기업과 함께 성장하는 데 유용한 계획이어야 타당성을 띱니다. 그러한 계획은 기업이 현재 추구하고 있는 발전 전략과 시장 입지에 연관성을 보이므로 기업 홈페이지와 언론 보도 자료 및 공개시장 정보를 바탕으로 수립합니다. 비상장사라도 유사 업종의 업태와 시황을 참고해 관련 내용을 수집할 수 있습니다.

기업이 내걸고 있는 비전, 인재상, 성장 전략 등도 계획 수립에 유용하지만, 대부분 시장 상황과는 관련 없이 고정적인 내용이라 역동적인 모습을 보여 주기 어렵습니다. 이보다는 지원 시점에 공개된 언론 보도 자료와 공개시장 정보를 활용하는 편이 낫고, 계획에 연결하기도 쉽습니다.

♀ 자신의 배경 스펙을 계획에 연결한다

기업에서 실행할 계획 사항을 한층 돋보이게 만드는 자신의 배경 스펙을 언급합니다. 전공, 언어, 해외 경험 등 관련 사항은 개인에 따라 다르겠지만, 그 내용은 활용하기 나름이므로 작성하기 전에 자신의 강점을 확인합니다. 배경 스펙에 더해 역량을 높일 수 있는 계획이라면 아직 지원자가 갖춘 능력이 아님에도 불구하고 마치 그러한 능력을 지닌 듯한 인상을 남길 수 있어 이로운 점이 적지 않습니다. 가령 태국어를 구사하는 지원자가 베트남 시장 진입을 시도하는 기업에 지원했을 때, 베트남어를 배워 시장 개척에 이바지하겠다는 취지로 계획을 언급하면, 태국어 능력뿐만 아니라 베트남어까지 구사할 것이라는 기대감을 줄 수 있습니다. 태국과 베트남의 지리적 인접성과 해당 언어 구사자의 필요성이 맞물려 지원자의 현재보다 미래를 보도록 유도하는 효과를 이끌어 냅니다. 공모전 혹은 팀 과제에서 접한 협업 경험도 유사한 방식으로 활용이 가능합니다. 기입이 목표를 달성히는 데 조직 구성원 간의 협업은 필수입니다. 입사 전에 쌓은 협업 경험을 조직에서 직무를 수행하는 데 연결하며 계획의 현실성과 가능성을 부각할 수 있습니다.

포부와 계획을 명확히 구분해 기술할 필요까지는 없습니다. 계획은 포부의 일부이며, 항목 요구 글자 수를 적정 수준 이상으로 채우기 위해 활용하는 방법 중 하나일 뿐입니다. 항목 내용으로 기업과 직무에 대한 비중을 높이거나 배경 스펙의 발전 방안에 중심을 두는 것도 전혀 틀리지 않습니다. 자기소개서는 네거티브 규제에 대응하는 방식(하지 말아야 할 것들만 피하면 되는 전략)으로 접근해도 무방할 만큼 자유도가 높습니다. 물론 한국어 표현의 용인 범주는 반드시 확인해야겠으나, 입사 후 포부에 가장 효과적이고 적절한 내용은 배경 스펙에 토대를 둔 자기 계발 전략과 기업이 나아갈 방향 숙지임은 틀림이 없습니다.

CHAPTER 02

<u>기업별 예시</u>

1. 한국수자원공사   p.110   6. YTN   p.125

2. 삼성SDI   p.113   7. 현대종합상사   p.128

3. 삼성카드   p.116   8. GS리테일   p.131

4. 한국전력공사   p.119   9. 아시아나항공   p.133

5. 현대건설   p.122

기업 정보 없이 자신의 포부만 나열하면, 허무맹랑한 느낌이 듭니다. 지원 기업의 시장 상황과 지원 직무의 특성을 고려해 작성하는 전략이 필요합니다. 예시에 등장한 페르소나의 설정 내용을 자신의 스펙에 대입해 보며 포부 항목의 구성 방법을 익혀 보세요!

> (조직 이해 능력) K-Water에 입사 지원한 동기 및 입사 후 실천하고자 하는 목표를 K-Water 인재상(내실, 혁신, 신뢰) 중 자신과 가장 잘 부합하는 역량과 결부시켜 작성하시오.
>
> 580자

항목 분석

1. 기술 경험과 인재상의 연결
2. 지원 직무를 고려한 지원 동기 기술
3. 명확한 목표 기재

인재상만 언급해서는 자신의 강점을 나타낼 수 없습니다. 경험을 소재로 활용하며 한국수자원공사에 부합한다는 점을 보여 주어야 합니다. 지원 동기와 입사 후 포부는 분량을 고려하면 단락의 앞부분과 뒷부분에 배치하는 구성이 필요합니다. 전체 흐름을 이어 가며 중간에 인재상 관련 경험을 삽입하고, 직무와도 매끄럽게 부분 내용을 연결해야 합니다. 기본적으로 한국수자원공사의 역할은 인지하고 작성해야 올바르게 방향을 설정할 수 있습니다.

목표와 인재상을 연결하는 부분은 자신의 경험 속성을 기반으로 합니다. 한국수자원공사에서 실현할 목표는 직무와 맞닿아 있고, 그 직무는 입사를 위해 준비한 사항과 연결 고리를 형성합니다. 본인이 선택할 인재상은 경험으로 근거를 뒷받침할 수 있어야 합니다. 한국수자원공사에서 특별히 선호하는 인재상이 존재하는 것은 아니므로 자신의 경험에서 인재상 탐색을 시작하세요. 아울러, 인재상 어휘가 내용에 등장해야 읽는 이가 선택 내용을 인지할 수 있습니다.

페르소나 설정

☑ 기계직 지원
☑ 생산 현장 인턴 경험

시설 관리를 담당하는 직무이므로 그에 대한 이해를 내용으로 언급해야 합니다. 지원 직무를 기반으로 지원 동기를 기술하는 접근 방법이 적절합니다. 관리와 점검에 힘쓰는 직무 성격에 맞춰 내실을 인재상으로 선택했습니다. 생산 현장 인턴은 인재상을 뒷받침하는 용도로 활용합니다.

💡 내실로 이끌어 가는 국토 균형 발전

→ 소제목에 페르소나가 선택한 인재상을 언급했습니다. 읽는 이는 이야기의 방향을 감지하고, 지원 동기 부분으로 넘어갈 것입니다. 공기업에서 달성할 목표는 명확하고 가시적이므로 국토 균형 발전을 페르소나의 목표로 제시했습니다. 소제목에 항목 요구 조건을 충족하는 내용이 2가지 담겼습니다. 본문에서는 역량 관련 경험 요소를 추가로 소개합니다.

수자원은 사회의 건강한 성장을 위해 끊임없는 관리가 필요합니다. 다양한 활동에 용수를 공급하고, 여러 분야에서 물을 다채롭게 활용할 수 있도록 환경을 정비하며 사회 안정을 강화할 수 있습니다.

→ 기계직 지원이므로 정비와 관리를 핵심 어휘로 사용했습니다. 지원 동기에 직무 내용을 접목하며 특색을 나타내는 것이 가능합니다. 기업 정보를 배경으로 삼아 국토 균형 발전에 어울리는 내용으로 방향을 설정했습니다.

전 국토에 물이 원활히 순환하고, 도심과 지방에서 안정적으로 물을 사용하는 환경을 일궈 내고자 지원합니다.

→ 지원 동기는 한국수자원공사의 역할에서 찾아 기술합니다. 공공의 이익을 위한 업무를 수행하므로 마땅한 이야기를 담담하게 전달하는 것으로 충분합니다.

기계공학으로 수자원 인프라를 구성하는 기계 설비에 대한 지식을 습득했습니다. 한국수자원공사는 국내 수자원 시설의 안정적 운영을 목표로 투자를 거듭하고 있습니다.

→ 직무 수행에 필요한 배경을 언급하며 자연스럽게 포부를 나타냈습니다. 이러한 문장은 전체 내용의 맥락을 잇는 역할을 맡습니다.

우수한 시설 관리로 안정성을 높이고, 이를 바탕으로 더 나은 환경을 만들며 K-Water의 신뢰도 향상을 이뤄 내고 싶습니다.

→ 한국수자원공사에서 달성하고 싶은 목표입니다. 시설 관리로 안정성을 높이는 게 인재상인 내실과 연결을 이룹니다.

전체적인 시각으로 수자원 시설의 관리 및 점검을 수행하기 위해서는 현장 조사와 탐구를 병행해야 합니다. 생산 현장 인턴으로 문제점을 짚어 내는 작업은 기초에 충실해야 가능하다는 것을 확인했습니다. 이러한 경험을 업무에 연결해 한국수자원공사의 성장을 이끌겠습니다.

→ 관리와 점검은 기계직에서 수행할 업무 내용입니다. 페르소나의 인턴 경험과 연결해 업무 수행 능력을 보여 주고, 이전 항목에서 언급했던 기초 중심의 자세를 재차 소개하며 일관성 있는 페르소나의 모습을 선보였습니다.

수변 사업 확대와 해외 기술 수출은 내실 제고에서 시작합니다. 전공 지식을 바탕으로 시스템에 입각해 수자원 관리 역량을 높이며 미래에 걸맞은 수자원 환경을 조성할 것입니다. 한국수자원공사가 전 국토의 균형 발전에 이바지할 수 있도록 내실을 다지는 데 주력하겠습니다.

→ 인재상을 따로 언급하기에는 허용 분량이 많지 않습니다. 이에 인재상으로 내실을 선택한 후, 문장에 해당 어휘를 반복 나열하며 조건에 맞춰 기술했음을 읽는 이에게 알렸습니다. 아울러, 한국수자원공사의 사업 내역을 참고하며 업무에 대한 관심을 드러냈습니다. 수변 사업과 해외 기술 수출이 그에 해당합니다. 정보를 탐색해야 알 수 있는 내용이므로 정성을 보여 주는 방법이기도 합니다. 마지막 문장은 포부를 나타내고 있습니다.

삼성SDI를 지원한 이유와 입사 후 회사에서 이루고 싶은 꿈을 기술하시오.

700자

항목 분석

1. 지원 동기와 직무 연결
2. 직무에서 목표 탐색
3. 동기와 포부의 비율 조절

제조품의 특징을 파악하는 작업을 선행하고, 지원 직무에 따라 강점에 변화를 주는 방식으로 접근합니다. 삼성 계열사 관련 정보는 워낙 풍부해 노력을 기울인다면, 상당한 정보를 쉽게 얻을 수 있습니다. 자기소개서에 사용할 내용은 기업보다는 지원자에게 초점을 맞추므로 기업 정보를 과도하게 사용하지 않도록 조율하는 것도 필요합니다.

삼성SDI 제품의 사용처가 다변화하고 있고, 기술이 혁신을 내재하고 있어 응용할 부분도 무척 넓습니다. 이러한 점을 토대로 직무 요건에 맞춰 이야기를 새롭게 전개할 수 있습니다. 자신이 준비한 내용이 변화하는 시장과 제품에 어울리도록 표현하는 것이 핵심입니다.

기업이 주도하고 있는 사업을 알아야 포부를 밝힐 수 있습니다. 지원 직무가 기술과 시장을 다룬다면 대상을 설정하기가 쉽습니다. 그와 달리 경영 지원처럼 사무 영역의 효율성과 정확성을 다루는 직무는 동기와 포부를 사업과 직접적으로 연결해 표현하기가 어렵습니다. 이 경우에는 주력 사업을 지원해야 하는 이유와 그 사업의 중요도를 언급하며 지원 동기에 고유 색채를 입힐 수 있습니다.

직무마다 차이는 있을지라도 동기와 포부의 중심은 지원 기업의 사업입니다. 700자의 분량에는 동기가 먼저 등장하고, 그 후 언급한 부분을 토대로 목표를 설정해 포부로 담아내는 구성이 적절합니다. 비율은 4 : 3 정도가 적당하며, 현실적인 범위에서 포부를 밝히는 것이 더욱 진솔해 보입니다.

- ☑ 영업 마케팅 지원
- ☑ 금융 협회 인턴
- ☑ 브랜드 디자인 경험

마케팅 분야는 관련 경험이 있어야 지원 동기의 설득력을 높일 수 있습니다. 페르소나는 경영학을 전공하며 마케팅 기본 지식을 익혔고, 중소기업에서 브랜드 디자인 작업으로 마케팅 실무 경험도 쌓았습니다. 금융 협회에서는 인턴으로서 상품 설명 역량을 배양하며 영업에 부합하는 면모도 갖췄습니다. 두 가지 사항을 핵심으로 삼아 페르소나의 직무 수행 능력을 소개하겠습니다.

💡 혁신을 디자인하는 기술 트렌드 마케터

→ 직무 내용이 드러나는 소제목입니다. 기술, 디자인, 혁신, 트렌드, 마케터가 전체적으로 어우러지며 지원 직무 속성인 마케팅과도 어울립니다. 글자 수가 많은 항목은 소제목을 반드시 기재해야 합니다. 읽는 이가 편안하게 읽을 수 있도록 배려하려는 취지며, 지원자가 원하는 방향으로 의미를 전달하기 위한 목적도 동반합니다.

혁신은 새로운 기술을 창출하며 더욱 효율적인 미래를 만듭니다. 삼성SDI는 에너지 저장 기술로 새로운 전력 환경을 조성했고, 이를 바탕으로 전 세계에 더 나은 미래를 제시하고 있습니다. EV와 ESS는 혁신이 가득한 영역이며, 삼성SDI가 에너지 저장 기술로 가치를 증대하고 있는 분야입니다. 단속적인 에너지 생산과 소비의 제약을 극복한 ESS는 미래 주요 기술로 자리매김했습니다.

→ 페르소나는 마케팅과 영업 분야에 지원하고 있으므로 삼성SDI의 제품을 반드시 숙지해야 매력을 드러낼 수 있습니다. 기술은 혁신을 지향합니다. 삼성SDI는 에너지 저장 기술을 핵심 기술로 삼아 새로운 영역을 개척하고 있는 중입니다. 그러한 상황을 배경으로 설정하면, 자연스럽게 마케팅 직무에서 수행할 내용을 기술할 수 있습니다. 위 내용에서는 직무의 기본 요건을 사업 국면에 맞춰 서술했습니다.

삼성SDI가 개척할 시장 규모는 방대합니다. 친환경을 지향하는 ESS와 EV는 연관 분야로 영역을 확대하며 지속적으로 발전할 수 있습니다. 잠재력이 무궁무진한 에너지 저장 기술을 시장에 알리고 적용하며 더욱 효율적인 미래를 그리는 데 이바지하고자 지원합니다.

→ 생산 제품의 주축인 ESS와 관련 부분인 EV는 삼성SDI를 떠올리면 반드시 뒤따르는 소재입니다. 제품을 알리고, 시장을 개척하는 마케터에게 이러한 요소는 필수며, 지원 동기로도 손색이 없습니다. 효율성 제고를 목표로 제시하며 진취적인 이미지를 그려 냈습니다.

영업과 마케팅은 기술 트렌드와 시장 상황을 중심으로 전략을 수행합니다.

→ 소제목과 연결할 수 있는 문장이며, 꿈을 실현하는 데 필요한 역량을 소개하기 위한 문장이기도 합니다. 흐름을 자연스럽게 이어가는 데 이러한 문장은 감초 이상의 효과를 발휘합니다.

교내에서 재무 관리 강의를 수강하며 지표 분석에 필요한 지식을 습득했고, 재능 기부로 중소기업의 브랜드 디자인을 진행하며 마케팅 관련 지식을 활용했습니다. 아울러, 금융 협회에서 인턴으로 근무할 때는 상품에 따라 유의 사항을 정리하며 설득력을 높이는 표현 방법을 익혔습니다.

➜ 단순히 포부만 나열한다면, 지원자가 그것을 이뤄 낼 수 있다는 근거를 제시할 수 없습니다. 자신이 준비한 내용과 직무 관련 경험을 소개하며 입사 후 해당 포부를 실현할 수 있음을 드러내야 합니다. 제조업에서 실현해야 할 꿈은 일반적입니다. 매출 확대와 기술 혁신이 그 내용에 해당합니다. 숫자와 기간을 삽입해 포부를 구체적으로 꾸미는 것만이 능사가 아닙니다. 어떻게 포부를 실현할 수 있을지 보여 주는 데 주의를 기울여야 합니다. 페르소나는 금융 협회 인턴, 브랜드 디자인 등의 마케팅 관련 경험을 보유하고 있습니다. 이를 맥락에 따라 소개하며 포부 실현에 현실성을 부여했습니다.

삼성SDI에서 트렌드 감각을 발휘해 ESS와 EV의 시장 흐름을 정확히 읽어 내고, 잠재 고객에게 다가설 수 있는 전략을 적극적으로 궁리할 것입니다. 기술 혁신이 전후방 산업에 영향을 미칠 수 있도록 삼성SDI의 매출 신장에 힘쓰겠습니다.

➜ 목표를 구체화하려는 목적으로 매출 200% 향상, 비용 50% 절감 등의 표현을 사용하는 경우가 있습니다. 전혀 근거가 없는 목표 제시는 읽는 이에게 성의가 없다는 느낌을 줄 수 있습니다. 그보다는 지원 기업 관련 핵심 어휘를 다시 언급하며 목적 의식을 강조하는 편이 낫습니다. ESS, EV, 기술 혁신, 시장 흐름 등으로 관련성 있는 목표를 기술했습니다.

삼성카드를 지원한 이유와 입사 후 회사에서 이루고 싶은 꿈을 기술하시오. 700자 (영문 작성 시 1,400자)

항목 분석

1. 카드사의 시장 상황 파악
2. 지원 직무 특징 분석
3. 실현 가능성 높은 직무 목표 구상
4. 삼성카드를 선택한 이유 기술

카드 업계의 동향을 큰 틀에서 파악한 후, 삼성카드에 해당 사항을 적용해 기술합니다. 다음 단계로 삼성카드만의 전략과 서비스 내역을 살펴보며 자신의 직무에 연결할 수 있는 요건을 발굴합니다. 시장 변화에 대응하며 성장을 모색하는 분야에서는 지원 시기에 따라 중심 소재가 바뀝니다. 카드사가 그에 해당합니다. 삼성카드의 강점 위주로 정보를 수집하고, 트렌드를 토대로 경험을 가다듬으며 기술해 보세요.

작성 전 당면 과제가 무엇인지 생각해야 합니다. 직무마다 해결 과제의 특징이 다르므로 카드사의 넓은 범위에서 현황을 파악한 후, 세부 요건으로 방향을 잡아 지원 동기를 기술하세요. 다음 사례의 페르소나는 디자인 부문에 지원하므로 상품 구성보다는 심미적인 방면에 집중해 기술하는 것이 적합합니다.

지원 기업만의 특색이 경쟁사와 비교해 뚜렷하지 않을 때는 직무에 주력하는 것이 해결 방법입니다. 특히, 신용카드는 중복 소지가 가능하고, 카드사가 제시하는 혜택과 편의도 대체로 유사합니다. 삼성카드가 최근에 진행하고 있는 서비스, 우수한 실적을 보인 도전 사례 등을 일부 기술하며 지원자로서 정성을 보여 주고, 그 외의 부분은 직무 내용에 맞춰 지원 동기를 구성합니다. 직무 수행으로 이뤄낼 내용을 포부이자 꿈으로 담아내면 전체 균형을 맞출 수 있습니다. 영문 작성도 시도해 볼 만합니다.

페르소나 설정

☑ 디자인직 지원
☑ 프랑스 10년 거주

산업디자인 전공으로 지원 요건을 충족했습니다. 프랑스 생활 경험은 삼성카드의 브랜드 영향력과 인지도를 나타내는 용도로 활용합니다. 디자이너는 경험이 풍부할수록 창의성이 더욱 뛰어나다고 평가받을 수 있습니다. 이러한 일반 평가에 부응하고자 해외 경험을 삼성카드와 연결해 소개합니다. 디자인 부문뿐만 아니라 대부분의 기업에서 다채로운 해외 경험에 관심을 보입니다. 전략적 활용도가 높은 경험에 해당합니다.

💡 **교류를 이끌어 내는 디자인으로 세상을 연결하다**

→ 페르소나의 경험이 인적 교류를 내포하고 있습니다. 이를 소제목에 언급하며 삼성카드를 선택한 이유에 특별함을 더했습니다. 카드 상품에서 특별함을 찾을 수도 있지만, 자신의 경험보다 효과가 높지는 않습니다. 삼성카드의 디자인 직무를 세상과 연결하는 업무로 표현하며 애정과 관심을 드러냈습니다. 읽는 이의 입장에서는 교류와 디자인의 관계가 궁금해질 수 있습니다.

네트워크와 스마트폰 기술의 발전으로 소지가 필요 없는 신용카드가 주류를 이룬 시대입니다. 하지만, 심미성을 충족하는 데는 실물 카드가 유용하며 종이책처럼 카드에 대한 수요는 끊이지 않고 있습니다.

→ 카드 업계가 공통적으로 겪고 있는 상황을 서술했습니다. 해당 시장을 넓게 펼쳐 놓고 디자인 직무로 해야 할 일을 추려 나가는 전략이 집중 효과를 이뤄 냅니다.

소유 욕구를 일으키는 카드를 제작하기 위해서는 콘셉트와 브랜드 메시지를 시각적으로 담아내고, 트렌드를 토대로 개인 기호까지 반영하는 노력이 필요합니다.

→ 디자이너로서 카드를 제작할 때 고려할 요소가 고르게 나타났습니다. 카드사의 성장 방향에 대해 정확히 인지하고 있음을 전달하는 기능도 합니다.

삼성카드는 실용을 주요 콘셉트로 삼아 깔끔한 디자인으로 소유자의 품격을 높이고 있습니다. 실용성을 강조한 디자인으로 삼성카드의 브랜드 가치를 제고하고, 라이프 스타일에 어울리는 색채로 소유자의 개성을 확립하는 것이 가능합니다. 삼성카드에서 심미성과 실용성을 결합한 디자인으로 시대를 선도하고자 지원합니다.

→ 카드 디자인이 중요한 이유를 설명하며 지원 동기의 타당성을 부각했습니다. 트렌드를 반영하며 직무 요건에 맞게 어휘를 사용했습니다. 핵심은 심미성과 실용성입니다. 적절한 어휘 사용은 강렬한 인상과 내용 정리 효과를 내재합니다.

안심Touch

삼성카드의 상징성은 낯선 사람들과 어울릴 때 소통의 기회로 다가왔습니다. 삼성카드로 자신의 문화 소양을 드러냈고, 격식 있는 모습을 보이며 자연스럽게 주변 사람들과 대화를 나눌 수 있었습니다. 해외에서 10년간 생활하며 삼성카드로 만든 인적 관계는 적지 않습니다.

→ 페르소나의 문화 다양성과 소통 능력을 엿볼 수 있는 경험 요소가 나타났습니다. 삼성카드가 매개한 인적 관계는 카드사 마케팅과도 연결할 수 있어 소재로 적절합니다. 소제목에서 언급한 교류에 대한 궁금증을 해소할 수 있는 부분입니다. 10년의 해외 생활을 구체적으로 소개하기에는 지원 동기와 연결할 만한 내용이 명확하지 않습니다.

입사 후, 삼성카드를 다채롭게 디자인하며 이웃을 만드는 효과를 전 세계에 선보이도록 노력하겠습니다. 삼성카드가 대체하기 어려운 실물 카드로 자리매김하는 데 이바지하는 것이 목표입니다. 실용을 콘셉트로 다방면의 교류가 가능한 카드를 만들기 위해 끊임없이 생각하겠습니다.

→ 포부로 마무리했습니다. 디자인 콘셉트와 시장 상황까지 전체적으로 다루며 진취적인 모습으로 여운을 남겼습니다. 소제목에 사용한 어휘를 마지막에 배치해 단락의 완결성을 높였습니다.

> 한국전력공사에 지원하게 된 동기, 희망 직무를 선택한 이유, 그리고 입사 후 어떤 업무를 하고 싶은지를 본인의 교육, 경험, 경력 사항 등과 연계해 구체적으로 기술하시오.
>
> 600자

항목 분석

1. 지원 동기와 직무 연결
2. 정보를 활용해 입사 후 수행 내용 기술
3. 직무 역량이 드러나는 경험 소개
4. 분량에 맞게 비율 조절

허용 분량 대비 요구 사항은 많습니다. 각 요소를 분할해 작성하기보다는 흐름에 따라 전체 요소를 엮는 방식이 적합합니다. 한국전력공사의 주요 역할에서 지원 동기를 찾고, 직무 수행으로 기여할 수 있는 방안을 언급하며 직무 선택 이유를 포괄적으로 서술합니다. 그 이후 역량을 뒷받침하는 소재로 경험과 교육 내용을 소개합니다. 맥락을 유지하며 항목 조건의 균형을 맞추는 게 중요합니다.

직무 선택 이유와 지원 동기는 서로 연관되도록 작성하는 게 수월합니다. 지원 동기는 목적이 주요 사항이므로 그 수단인 직무를 엮어서 기술하는 것이 흐름에 부합합니다. 특별한 이유를 찾기 어려울 때는 한국전력공사의 역할에 초점을 맞춰 준비 내용을 강조하는 방식으로 구성하세요. 직무 역량의 근거로 제시할 수 있는 경험이 많다면, 그 비중을 늘려 대응할 수 있습니다. 경험과 교육 내용은 직무와 관련성이 높을수록 유효합니다. 안정성을 중시하는 공기업에서 잠재력만 보여 주는 접근으로는 매력을 발산하기 어렵습니다. 지원자가 직무 요건에 부합한다는 것이 구체적으로 드러날 수 있도록 경험과 교육 내용의 핵심을 확실히 소개해야 합니다. 다양하게 경험을 기술하는 것보다는 핵심을 짚어 내는 전략으로 이야기를 전개하세요. 도입부는 지원 동기로 채우는 것이 가장 무난하고, 입사 후 직무 수행에 활용할 교육과 경험 내용으로 분량을 조절합니다.

페르소나 설정

- ☑ 전기공학 전공
- ☑ 스마트그리드 사업 보조
- ☑ 대학원 전력 실험 보조

한국전력공사의 전력 공급 부문에 걸맞은 경험이 풍부합니다. 스마트그리드처럼 전력 효율화에 이바지하는 기술은 직무 수행에 유용할 수 있습니다. 대학원 실험 활동도 전력의 안정적 공급에 대한 내용이므로 직무 연관성이 무척 높습니다. 이러한 경험이 제대로 드러나도록 항목 요건에 맞춰 기술해야 합니다. 다소 많은 요구 사항을 600자에 담아낼 수 있도록 흐름에 유의하며 작성하겠습니다.

💡 전력 공급의 안정화로 산업 발전을 이끌다

→ 한국전력공사의 궁극적인 목표를 지원 동기로 선택했습니다. 산업 발전은 공기업이 추구하는 방향이기도 합니다.

데이터로 전력 시스템의 균형을 찾아내는 현재 기술 체계에서는 안정적인 전력 관리가 무엇보다 중요합니다. 전력망이 지역의 특수성을 뒷받침하며 안정적으로 기능할 수 있도록 이바지하고자 전기직에 지원합니다.

→ 지원 동기와 직무 선택 이유를 압축해 기술했습니다. 사업 목적이 분명한 한국전력공사에 지원하며 특별한 이유를 거론하는 것이 오히려 더 부자연스럽습니다. 목적 의식이 드러나도록 표현하면 충분합니다.

4차 산업혁명으로 정보와 전력 중심의 기술 체계가 자리매김했습니다. 전력 시스템의 안정적인 운영은 의료, 산업, 서비스 등의 발전을 포괄하는 핵심 사안입니다.

→ 지원 동기를 강조하고자 직무의 중요성을 기본 사례로 언급했습니다. 이전 항목에서 ICT 분야 경험을 쌓았다고 밝혔습니다. 이러한 요소를 배경으로 활용해 4차 산업혁명과 전력 시스템을 한층 자연스럽게 내용과 연결했습니다.

한국전력공사에서 전력 네트워크의 안정적인 운영에 힘쓰며 새로운 기술 체계의 끊임없는 발전을 모색하겠습니다.

→ 하고 싶은 업무를 구체화할 수 있지만, 페르소나는 전력망 네트워크 운영이라고 표현하며 관련 분야를 포괄했습니다. 이는 배선, 송전, 변압 등 한국전력공사에서 다루는 업무를 망라해 수행하고 싶다는 의지로 해석할 수 있습니다.

전력망에 대한 이해도를 높이려는 취지로 교내 스마트그리드 사업 진행 보조 활동에 참여했습니다. 중앙 시스템이 건물의 내외부 전력 소모량을 분석하고, 효율적인 방식으로 에너지 저장과 소비를 변환하는 프로세스를 직접 경험했습니다. 아울러, 송전 과정에서 발생하는 에너지 소모량을 최소화하기 위해 배선을 재배치하며 노후 시설도 교체했습니다.

→ 중심 경험을 구체적으로 기술하며 직무 요건에 맞게 내용을 소개했습니다. 스마트그리드는 전력 시스템을 다루는 분야이므로 한국전력공사와 어울리는 내용입니다. 전력 소모량, 에너지 소비, 송전 등의 어휘로 경험의 직무 적합도를 유추할 수 있습니다.

대학원 실험실에서는 소형 전력 저장 시스템을 가동하며 생화학 실험실에 안정적으로 전력을 공급했습니다.

→ 부차적인 경험으로 저장 시스템 소재를 활용했습니다. 안정성과 맞닿은 기술이므로 준비 내용에 해당하고, 다양한 배경이 직무 현장과 어우러집니다.

이처럼 현장에서 전력 시스템을 관찰하며 근무에 필요한 자세를 배웠습니다. 한국전력공사에서 안정적인 전력 공급을 다루며 전문성을 배양할 것입니다.

→ 경험과 교육 내용을 순차적으로 소개했습니다. 각 경험은 단일 항목으로 기술할 수 있을 만큼 의미 있는 내용이 풍부하지만, 분량에 맞춰 핵심만 기술했습니다. 전기 분야에 지원하므로 그에 부합하는 내용을 집중적으로 기술하는 것이 당연합니다.

안심Touch

10년 내 현대건설에서 이루고 싶은 목표는 무엇이며, 향후 예상되는 어려움과 극복 방안에 대해 직무 위주로 기술하시오. 700자

항목 분석

1. 목표의 현실성 고려
2. 공감을 위해 직무에서 통상적으로 예상되는 어려움 선정
3. 극복 방안은 개인 의견도 가능
4. 직무 위주로 기술

다양한 내용을 묻고 있지만, 핵심 목적은 두 가지입니다. 현대건설에 대한 관심 여부, 건설 시장과 지원 직무의 연관성 파악 정도를 확인하기 위함입니다. 기업 정보를 수집하고, 이를 직무로 연결해 보는 과정이 필요합니다. 직무 위주로 기술할 때는 넓게 접근하세요. 재경 부문에 지원하는데 마땅한 이슈가 없다면, 시장 리스크 관리와 같은 일반 내용을 기술할 수 있습니다. 물론 그 내용에 건설 관련 어휘를 삽입해 건설 부문의 색채를 더해야 합니다. 10년이라는 숫자에 얽매일 필요는 없습니다. 이 기간은 중기적 관점으로 바라본 건설 시장이며, 현재 미디어에서 거론되는 이슈로 충분합니다.

항목이 요구하는 바는 총 세 가지입니다. 이루고 싶은 목표, 그 목표를 이루는 데 방해가 되는 점, 방해를 극복할 수 있는 방법으로 항목을 구성합니다. 목표는 실현 가능성만 내포한다면, 다소 일반적인 내용이라도 무방합니다. 기업에서 이뤄야 할 목표는 성장과 발전에서 동떨어질 수 없습니다. 직무마다 기업의 성장에 이바지하는 방법은 다르므로 직무 범주에서 차별화를 시도합니다. 작성 흐름은 다음과 같습니다.

1. 현대건설이 마주한 업계 상황을 언급한다.
2. 어렵거나 불안한 상황을 소개한다.
3. 극복 방안을 제시한다.
4. 극복을 통해 달성할 목표를 제시한다.

☑ 기획 부문 지원
☑ 법학 전공자

기획 부문의 어려움을 특정하기가 쉽지 않아 소재 영역을 수주와 시스템 분야로 확장했습니다. 직무 내용과 연관성이 있어 기술이 가능합니다. 전공과 직무가 완벽히 일치하는 상황은 아니므로 현대건설 기획 부문에 집중했습니다.

💡 글로벌 EPC로 패러다임을 바꾸다

→ 건축 사업 형태로 전문 용어에 해당합니다. 정보 검색으로 기획 영역에서 다룰 수 있는 부문을 찾아 기술했습니다. 페르소나의 사견이어도 문제는 전혀 없습니다. 다만, 현실적인 사고가 전제되어야 합니다.

현대건설은 2009년부터 2013년까지 5년 연속으로 시평액 1위를 차지하며 건설 분야 전문성을 입증했습니다. 또한, 세계 무대에서 상승하는 순위로 기술력을 인정받았고, 세계 건설 시장을 주도할 수 있는 다방면의 역할도 수행했습니다.

→ 지원 기업의 상황 설명에 해당하며 도입부를 이와 같이 시작해야 문제 제기가 가능합니다. 현대건설이 마주할 미래의 어려움을 언급하기에 앞서 현재 상황을 설명해야 미래를 다루는 게 자연스럽습니다. 정보 수집을 위해 기업 홈페이지부터 언론 기사까지 다채롭게 접근할 수 있습니다.

하지만 2014년을 기점으로 국내 시평액 순위가 바뀌고, 그 이후로 현재까지 시평액 2위를 유지하고 있습니다.

→ 위기를 언급하며 페르소나의 해결 방안이 필요한 이유로 넘어갑니다. 당면한 문제는 채용 시기마다 다른 성격을 띱니다. 전체 흐름에 역행하지 않는 선에서 위기를 제시하세요.

IT 기술의 발달에 맞춰 건설 시장에도 IT 기술을 활용한 IT 융합 건설 관리 시스템 도입이 필요한 시점입니다.

→ 정보 검색으로 알아낸 시스템 도입 내용을 해결 방안으로 소개합니다. 글의 흐름은 현재 기업의 상황, 미래에 직면할 위기 현상, 이에 대한 대응 방안 순서입니다.

안심Touch

이에 따라 빅데이터를 기반으로 리스크를 관리하고, 효율적 현장 관리를 위해 앱 개발이 이루어져야 합니다. 아울러, 현대만의 진취적인 정신력에 독자적인 IT 기술을 융합해 글로벌 EPC 환경에서도 이윤 창출을 위해 노력해야 합니다.

→ 페르소나는 기획 분야 지원이고, 법학 전공이라 기술적 전문성은 부족한 상태입니다. 보편적인 사항일지라도 문제 개선을 위한 방안으로 타당성을 띤다면, 표현에 유의하며 작성하는 것으로 충분합니다. 기업에 관심을 갖고 전문 용어부터 미래 문제 상황까지 살펴봤다는 사실이 강점으로 작용하기 때문입니다.

기획 분야에서 다양한 부문의 업무 공조를 이뤄 낼 수 있는 현장 환경 조성에 힘쓰겠습니다. IT 기술의 접목을 위해 시장 상황을 면밀히 살피고, 철저한 시장 조사를 바탕으로 패러다임 전환에 이바지하며 현대건설과 함께 도약할 것입니다.

→ 제목에서 언급한 패러다임을 마지막 문장에 다시 기재했습니다. 직무 분야에서 선보일 모습을 행동 중심의 어휘로 표현했습니다.

지원 동기 및 입사 후 장래 포부에 대해 기술하시오.

500자

항목 분석

1. 기업에 대한 관심보다는 직무를 선택한 동기 위주로 설명
2. 강점을 언급
3. 포부는 지나친 이상향 대신 현실에 입각해 기술

언론사 자기소개서에서는 기업에 대한 관심도를 보여 주는 것이 중요하지 않습니다. 기자와 아나운서의 역할이 워낙 분명해서 여타의 사항을 길게 나열할 필요가 없습니다. 직무 능력을 보여 줄 수 있는 사항 위주로 지원 동기를 풀어 보세요. 장래 포부도 과도한 이상향을 제시할 것 없이 마땅히 해야 할 일에 최선을 다하는 수준으로 정리해 기술합니다. 바람직한 언론 환경 조성, 사회와 면밀한 소통 등을 포부의 요건으로 삼아도 충분합니다. 언론 분야와 관련해 특별한 경험이 없어도 사회 전반에 관심을 기울이고 있음을 보여 주는 것만으로도 지원 동기를 의미 있게 만들 수 있습니다. 전공 제한이 없는 지원 조건 자체가 이와 같은 유연함을 제공합니다.

기자를 희망하는 마음은 자연스럽게 발생했을 수도 있고, 특정 사건에서 연유했을 수도 있습니다. 개인마다 구체적인 사실은 다르지만, 사회 문제 해결에 조력하고 싶다는 것이 기자직을 희망하는 공통사항입니다. 이러한 점이 드러나도록 경험과 사회 현상에 근거해 동기를 작성합니다. 본인이 마음속에 그리고 있는 기자상은 포부로 연결합니다. 동기와 포부를 확연히 구분하는 것도 가능하지만, 두 가지를 맥락으로만 구분하고 내용은 동질적으로 구성할 수 있습니다. 어떤 이유로 기자직을 희망하기 시작했다면 그 내용이 지원 동기이고, 그 이유가 된 배경 요소를 해결하거나 증진하는 데 힘쓰겠다고 의지를 피력하는 것은 포부입니다. 물론 지원 동기가 먼저 나타나야 포부를 자연스럽게 언급할 수 있습니다. 다음의 순서대로 기술하면 항목 요건을 충족하며 전체 내용을 연결할 수 있습니다.

1. 왜 기자가 되고 싶어졌는가? ➔ 지원 동기
2. 어떤 기자가 되고 싶은가? ➔ 장래 포부

안심Touch

☑ 인물 인터뷰를 계기로 사회 문제 해결에 이바지하겠다는 각오

아나운서를 지망하던 페르소나가 희망 직무를 기자직으로 전환한 이유를 설명하고, 전환 이유를 동기로 연결했습니다. 상호 연관성이 높은 분야라 전환을 해도 전혀 의아하지 않으며, 풍성한 경험은 강점으로 작용할 수 있습니다.

💡 현장 소통으로 사회 개선에 기여하다

→ 직무 역할이 분명한 까닭에 특별한 내용으로 주목을 끌 필요는 없습니다. 직무 수행에 필요한 기본 요건이 드러나는 방향으로 작성하면 충분합니다. 기자에게 소통과 사회 개선은 직무 수행의 방법과 목적에 해당합니다. 정치, 종교 등의 편 가르기 성향이 다분한 분야를 거론하지 않는 이상 어휘에 제약 없이 자유롭게 표현해도 무방합니다.

많은 사람들과 소통하는 아나운서를 꿈꾸며 노력하던 중, 뉴스 공모전에서 접한 현장에 매료돼 기자직으로 진로를 변경했습니다.

→ 상호 연관된 분야이므로 직무 전환 사유를 기재했습니다. 공모전에서 현장을 접했던 것이 직접적인 지원 동기로 작용했음을 알 수 있습니다. 아울러, 이와 같은 활동으로 페르소나의 열정도 짐작할 수 있습니다.

20XX년 국제 포럼 관련 뉴스 공모전에 참여해 녹음기를 들고 각 국가의 대표 부서를 방문하며 현장을 분석했고, 관련 인사들과도 직접 대면했습니다. 국내 신재생 에너지 학회 대표를 맡고 있는 정승재 회장과의 인터뷰를 통해 기자의 역할은 사회 문제의 반복성 해결이라는 사실을 알 수 있었습니다.

→ 경험을 소개하며 기자의 소명 의식과 현장 경험을 동시에 담아냈습니다. 지원 동기는 사회 문제 해결로 요약할 수 있고, 이를 뒷받침하는 경험을 통해 페르소나의 열정도 전달합니다.

일부 국민들은 직접 여론을 형성해 사회 문제점을 지적합니다. 하지만 대부분 피상적인 수준에 머무를 뿐, 원활한 논의로 이어지지 않고 있습니다.

→ 해결이 필요한 현상에 대해 기술하며 포부로 이어지는 구조를 만듭니다.

언론은 이러한 여론의 논의에 귀를 기울이고, 이 사항들을 좀 더 구체화해야 한다고 생각합니다.

→ 페르소나의 생각이 곧 포부입니다. 위 문장에서는 '구체화해야 한다'고 언급하고 있으나 이는 '구체
화하는 데 앞장서겠다'는 의미로 자신의 의중을 드러낸 표현입니다.

현장에서 국민과 함께 나아갈 방향을 파악해 올바른 여론 형성을 돕고, 현장 중심의 소통으로 뉴
스의 정확성을 제고하고 싶습니다. 이를 실현하고자 YTN에 지원합니다.

→ 앞 문장에서 이야기한 '논의의 구체화'를 이뤄 낼 방법에 대해 서술합니다. 마무리 문장에 '지원한다'
는 표현을 배치해 동기와 포부를 엮었습니다.

안심Touch

지원한 분야의 직무를 잘 할 수 있다고 생각하는 이유와 그 직무를 통해 달성하려는 목표를 기술하시오.　500자

항목 분석

1. 지원한 분야의 직무에 대한 이해
2. 직무를 통해 달성하고 싶은 목표

1과 2를 완벽하게 분할해 언급하는 형태로 표현하면 다소 어색합니다. 문장을 항목 내용에 따라 '무엇을 했기 때문에 직무를 잘 할 수 있다고 생각합니다'에 이어 '무엇이 목표입니다'로 마무리하기보다는 잘 할 수 있음을 보여 주고, 목표 설명에 이은 의지 표명으로 종결하는 편이 더 자연스럽습니다. 게다가 500자 내에 1과 2의 내용을 담아야 하므로 분할보다는 연결하는 방식이 필요합니다.

지원자가 기업 내부에서 맡을 직무는 저마다 특징이 다를 수밖에 없지만, 큰 틀에서 바라보면 종합상사의 역할을 뒷받침하거나 시장 개척 업무와 연관된 일을 합니다. 상사의 성격을 토대로 직무 내용에 접근하는 방식이 유용합니다. 직무의 각 특징을 고려해 준비해 온 배경 스펙을 서술하세요. 잘 할 수 있음을 보여 주는 것이 중요하므로 직무와 직간접적으로 연결되는 경험과 전공 관련 내용을 소개합니다. 직무 목표를 설정하기 위해서는 기업 정보가 필요하므로 인터넷 검색을 통해 현대종합상사가 지향하고 있는 내용과 현재 기업이 맞닥뜨리고 있는 상황을 확인합니다. 현실성과 진취성이 담긴 목표를 설정하고, 그 목표를 달성하기 위한 방안까지 설명하면 완성입니다.

지원 직무와 밀접한 연관성을 보이는 자신의 배경 스펙을 선정합니다. 어학 능력, 인턴 경험, 전공 학습 수준, 공모전 등 본인이 학창 시절에 경험한 내용을 직무에 연결합니다. 소소한 활동밖에 없다면, 그 내용에서 직무 수행에 필요한 특정 가치를 발굴해 보세요. 첫 문장을 작성할 때 어떤 내용과 표현으로 시작할지 상당히 막막할 수 있으나, 일단 과감하게 자랑하고 싶은 내용을 먼저 기술한다고 생각하고 작성해 봅니다. 지원 전까지는 언제든 수정할 수 있으니 개요만 잡지 말고 써 봐야 합니다.

- ☑ 영문학 전공
- ☑ 영국 교환학생 경험
- ☑ 밴드 동아리 활동
- ☑ 무역 영어 자격증

위의 인물이 해외 영업 부문에 지원할 때, 문장의 시작은 영어 능력을 강점으로 드러내는 것이 가장 유리합니다. 교환학생과 전공까지 강점을 뒷받침하는 소재로 사용할 수 있기 때문입니다. 간략하게 문장을 작성해 보겠습니다.

💡 유럽 시장에서 문화와 언어로 시장 가치 확산을 일궈 내다

→ 영국에서 체류한 내용이 페르소나의 핵심 강점이라 이를 제목에 담았습니다. 영문학 전공을 문화에 연결했고, 해외 영업 활동을 가치 확산으로 표현했습니다.

영미 문학 작품을 읽으며 사고의 폭을 넓혔고, 영국 교환학생을 거치며 현지에서 문화 소양과 소통 능력을 배양할 수 있었습니다. 영국 학생들과 시장과 문화에 대해 토론하기를 즐겼고, 함께 길거리에서 정기적으로 공연하며 자신감도 얻었습니다.

→ 페르소나의 대표 강점을 나열하며 해외 경험과 외국어 능력을 선보였습니다. 여기에 이어질 내용은 해당 배경 스펙을 직무에 연결하는 것인데, 그에 앞서 직무에 대한 소개가 필요합니다.

해외 영업은 영어 능력이 무엇보다 중요합니다. 비즈니스 거래는 정확성과 지속성을 바탕으로 하기 때문에 상대방의 표현을 제대로 파악하는 감각도 필요하다고 생각합니다.

→ 해외 영업 직무 내용을 언급하며 지원자의 경험이 유용함을 보여 줄 맥락을 형성했습니다.

다양한 환경에서 전문적으로 익힌 영어 실력을 활용해 현대종합상사의 시장 확대에 이바지하겠습니다.

→ 항목 분석의 1에 해당하는 일반적 내용입니다. 항목 분석의 2에 해당하는 내용은 어떻게 연결할까요? 기업 정보와 시장 상황을 이용해 문장을 자연스럽게 이끌어 갑니다.

현대종합상사는 유럽 시장을 거점으로 주변 국가에 투자를 확대하며 미래를 준비하고 있습니다. 최근에는 독일 기업과 계약을 체결하며 방향성을 마련했습니다.

→ 작성 방식을 소개하기 위해 시장 정보는 각색했습니다. 이처럼 시장 정보를 바탕으로 기업이 나아가고 있는 방향을 언급하세요.

현대종합상사가 독일 부문에서 영향력을 강화하는 데 기여하며 거래 확대를 이뤄 낼 수 있도록 최선을 다하겠습니다.

➔ 목표를 설정할 때 반드시 숫자를 쓰거나 지나치게 구체화할 필요는 없습니다. 의지를 피력하는 데 초점을 맞추도록 합니다. 마지막으로 목표 달성에 필요한 역량 개발 계획을 추가로 언급하면 균형이 맞습니다.

이를 위해 독일 시장의 미디어를 주의 깊게 살펴보며 동향을 분석하고, 영어뿐만 아니라 독일어를 지속적으로 학습해 소통 역량을 높이겠습니다.

➔ 이와 같이 목표 달성 방안까지 기술하며 지원자의 미래상을 제시했습니다.

입사 후 포부에 대해 기술하시오.

400자

항목 분석

1. 기업의 영업 분야 특징을 고려
2. 직무 내용 파악

성실함과 서비스 마인드가 중요한 업무 환경에서 지원자가 주도적으로 역량을 개발하는 모습이 필요합니다. 상황 순응적인 성격이 있는 성실함과 서비스 마인드에 역동성을 부여하기 위함입니다. 분량이 적어 다양한 내용을 구체적으로 소개할 수는 없지만, 새로운 도전에 임하는 진취적인 자세를 내용에 담아낼 수는 있습니다. GS리테일이 마주한 시장 상황에 대응하며 관리 직무에서 이루고 싶은 목표를 제시합니다.

400자 내에 강점과 역량 개발 계획을 기술해야 하므로 불필요한 수식어는 생략합니다. 자신의 강점을 활용해 더 발전하는 모습을 보여 주는 것이 효과적입니다. 직무에 따라 목표와 실현 계획은 다르겠지만, 시장 상황을 전제하는 건 동일합니다. 시장 상황에 대응할 수 있도록 자신의 강점을 활용하고, 미래 지향적인 자세로 새로운 노하우를 익힌다는 순서로 기술하면 흐름이 자연스럽습니다.

페르소나 설정

☑ 편의점 아르바이트 근무 경험

페르소나는 편의점에서 아르바이트를 하며 외국인 고객이 늘어나는 추세를 확인했고, 이에 착안해 새로운 대응 방안을 제시했습니다. 실제 편의점 근무 경험을 강점으로 삼아 현장에서 고객 만족을 이뤄내겠다는 목표도 설정했습니다. 지원 기업과 일치하는 경험이 있을 때는 중심 소재로 활용해야 합니다.

안심Touch

💡 영업 현장의 서비스 품질을 제고하다

→ 목표를 제목에 배치했습니다. 요구 글자 수가 적더라도 제목을 삽입하는 게 더 낫습니다. 일반적인 내용을 기술할 수밖에 없는 업계 구조상 읽는 이가 지원자의 정성을 체감할 수 있도록 표현에 유의하는 것이 필요하기 때문입니다.

시장은 포화에 다다르고 있으므로 차별화를 통한 고객 유인이 필요한 상황입니다.

→ 편의점 시장 상황을 전제하는 문장입니다. 고객 유인의 필요성을 언급했으니 이어지는 내용으로 이에 대한 대응 방안이 나옵니다.

입사 후, 편의점에서 근무하며 체감을 통해 발견한 고객 수요의 대응 방식 및 접근법을 현장에 적용해 보다 우수한 서비스로 고객 만족도 신장을 이끌어 내겠습니다.

→ 편의점에서 쌓은 경험을 강점으로 제시하며 고객 만족을 이끌어 내는 데 적합한 역량을 갖췄음을 알립니다. 목표를 소개하는 문장이기도 합니다.

고객 수요의 다양성과 더불어 외국인 고객도 늘어나고 있습니다. 중국어, 일본어 등을 연습해 불특정 고객의 만족 실현에도 소홀히 임하지 않고, 글로벌 시장과 국내 시장의 연결성을 높인다는 각오로 고객에 대한 이해와 배려의 자세를 한층 강화하겠습니다.

→ 외국어 학습을 통한 역량 개발 계획을 기술하며, 편의점 관리 활동에 필요한 품성인 배려와 이해도 강조했습니다. 이는 지원자의 인상을 만들어 가는 과정입니다.

GS리테일 구성원과 관리 노하우 개발에 주의를 기울이며, 지속 발전하는 GS리테일을 만들어 가겠습니다.

→ 소통과 협업의 자세를 추가해 직무에 어울리는 모습을 연출했습니다. 매듭 문장은 의지 피력 형태로 표현하는 게 인상을 남기는 데도 효과적입니다.

본인이 생각하는 바람직한 캐빈 승무원에 대해 기술하시오.

800자

항목 분석

1. 승무원의 역할 숙지
2. 기본 소양을 보여 주는 경험 소개
3. 승무원으로서 각오와 자세 언급

승무원 상에 대해 기술할 때, 자신과 관계없이 승무원의 이상적 모습만을 나열해서는 안 됩니다. 항목의 성격을 잘못 해석하면, '올바른 승무원은 어떤 모습인가?'에 대한 답변을 기술할 수 있습니다. 물론 이에 대한 소재로 이야기를 구성하는 것이 가능하지만, 그 경우 지원자의 경험을 삽입하기가 어렵습니다. 예를 들어, 비행기 불시착 시 승무원들의 책임감 있는 자세로 승객이 무사할 수 있었다는 이야기는 언론 기사로 종종 등장합니다. 이를 소재로 삼아 승무원의 안전 의식을 강조할 수 있지만, 지원자에게 타인의 안전을 먼저 고려했던 경험이 없을 경우에는 유사 범주로 이야기를 개인화할 수가 없습니다.

'승무원이 기내에서 고객의 안전을 우선시했다'라는 이야기는 결국 '입사 후 승무원으로서 이와 같은 모범을 보이겠다'로 귀결됩니다. 이 과정에 개인 경험이 들어간다면, '승무원이 기내에서 고객의 안전을 우선시했다'에 이어 '지원자도 유치원에서 실습할 때 지진이 발생해 아이들을 먼저 대피시켰다'와 같은 유형의 내용이 나타나야 합니다. 결론은 관련 경험이 없을 때와 마찬가지로 '입사 후 승무원으로서 이와 같은 모습을 보이겠다'로 종결합니다. 하지만 경험의 유무가 빚는 차이는 큽니다. 경험이 없는 상황에서는 일반적인 서술에 그치지만, 경험이 담긴 상황에서는 자신만의 내용으로 인상을 남길 수 있기 때문입니다. 승무원에게 필요한 덕목은 누구나 익히 알고 있습니다. 자신의 경험에서 이와 맞닿은 소재를 찾고, 승무원의 바람직한 모습에 연결합니다. 일반 내용 서술로 800자를 채우기는 상당히 부담스럽습니다. 자기소개서이므로 경험 소개를 통해 자신의 강점을 알리는 데 초점을 맞춰야 합니다. 바람직한 승무원으로 성장하겠다는 각오와 포부를 드러내며 자신의 이야기로 연출하도록 합니다. 승무원의 올바른 행동 양식 혹은 매뉴얼을 기술하는 항목이 아닙니다.

이 항목의 본질은 입사 후 포부를 밝히는 것이라고 할 수 있습니다. 바람직한 승무원의 덕목을 살펴보고, 이를 자신의 경험에 연결해 관련 역량을 갖췄다는 점을 알리며 승무원으로서의 포부를 기술합니다. 작성 방법은 두 가지가 대표적입니다.

안심Touch

1. 바람직한 승무원을 정의한 후, 제목에 해당 내용을 표현합니다.
2. 정의 내용에 부합하는 개인 경험을 소개합니다.
3. 경험을 바탕으로 자신이 정의한 승무원의 모습을 실천하려는 자세와 각오를 언급합니다.

1. 바람직한 승무원을 정의한 후, 제목에 해당 내용을 표현합니다.
2. 정의한 내용을 일반적으로 서술합니다. 개인 외의 사례를 소재로 사용할 수 있습니다.
3. 바람직한 모습을 실천하는 노력과 자세를 언급합니다.

페르소나 설정

☑ 영국 교환학생

페르소나는 교환학생으로 영어 실력을 갖췄고, 추억을 만들어 내는 섬세한 자세를 강점으로 지녔습니다. 바람직한 승무원의 모습은 추억을 선사하는 역할로 정의했습니다. 개인 경험을 활용해 정의에 부합하는 면모를 드러내고, 입사 후 포부를 서술해 보겠습니다.

💡 추억을 선사하는 따뜻한 서비스 마인드

→ 소개할 경험에서 추억을 소재로 추려내 바람직한 승무원 상에 적용했습니다. 부수 요건으로 서비스 마인드를 덧붙여 승무원에게 어울리는 종합적인 모습을 완성했습니다.

교환학생으로 방문한 영국에서 새로운 학생들과 어울리며 소중한 순간을 활자로 남겼습니다. 사진으로는 다양한 감정을 전부 담아낼 수 없다고 판단해 글로 상황을 정밀하게 묘사했습니다.

→ 페르소나는 영국에서 영어 실력뿐만 아니라 교우 관계를 확대하며 문화 감각도 배양했음을 알 수 있습니다. 글로 상황을 묘사하는 대목에서는 섬세함이 느껴집니다. 소개할 경험에서 추억을 중심 소재로 설정했기 때문에 이야기의 시작점을 기록 남기기로 잡을 수 있는 것입니다.

첫 해외 생활이었던 까닭에 현지 환경이 낯설었지만, 다국적의 학생들과 활발하게 이야기를 나누며 적응에 힘썼고, 영어로 상황을 표현하기가 어려운 경우에는 그림을 활용했습니다. 일상에서 겪는 사소한 일들은 특징을 살려 꼼꼼히 정리했고, 기억하기 쉽도록 인물별 에피소드를 책으로 엮어 함께 어울린 학생들에게 나눠 주었습니다.

→ 추억을 강조하기 위한 상황 설명입니다. 페르소나의 적응력과 섬세함이 돋보입니다. 승무원의 필요 역량에도 부합하는 모습이라고 할 수 있습니다.

영국에서 만든 추억은 책의 형태로 모두의 기억 속에 남았고, 오래도록 감동의 여운을 전달하는 매개체로 거듭났습니다.

→ 경험을 마무리하는 문장으로 아시아나항공에 추억을 접목할 수 있도록 돕는 기능을 합니다. 표현의 자유도를 높여 서비스 부문에 어울리는 모습을 연출했습니다.

아시아나 항공을 이용하는 고객에게 기내에서의 경험이 소중한 추억입니다. 승무원은 고객의 안전과 편의를 책임지며 고객을 위한 추억으로 자리매김합니다.

→ 추억과 승무원의 역할을 연결했습니다. 안전과 편의를 어휘로 삽입해 직무 관련성도 높였습니다.

더 나은 서비스로 고객의 기억을 만족으로 채우고, 기내 환경을 꼼꼼히 관리하며 고객의 만족도를 높이겠습니다. 또한, 고객이 아시아나 항공에서 따뜻한 추억을 만들 수 있도록 적극적으로 노력할 것입니다.

만족을 이끌어 내는 서비스와 변함없는 미소는 승무원의 필수 요건입니다. 아시아나 항공에서의 체험이 기억하고 싶은 순간이 될 수 있도록 따뜻한 서비스로 고객 만족에 최선을 다하겠습니다.

→ 추억을 중심으로 고객 만족도 신장을 입사 후 목표로 제시했습니다. 서비스 마인드와 기내 관리, 미소를 언급하며 승무원의 필수 역할도 잊지 않고 기재했습니다. 아울러, 제목에서 사용한 따뜻한 서비스를 재차 강조하며 전체 내용의 결속을 강화했습니다.

영국에서 일상의 기억들이 모여 소중한 추억이 되었듯이 아시아나항공에서 책임감과 따뜻함으로 고객에게 새로운 추억을 선사하겠습니다.

→ 마지막 문장에서는 페르소나 경험의 연장선을 아시아나항공 고객에 두고, 두 가지 핵심 요소를 실천하겠다는 각오를 다졌습니다.

05

·

"도전은 인생을 흥미롭게 만들며,
도전의 극복이 인생을 의미 있게 한다."

PART 05

경험 속성 중심의 유형

작성 요령

주변 환경과 대응 방식에 따라 경험은 다른 특성을 띱니다. 대표적으로 문제 해결 상황, 협업에 동참한 상황, 창의력을 발휘한 상황, 열정을 쏟은 상황에서 시작해 세부적인 내용으로 파생합니다. 인적 관계에서 갈등을 해결한 사례, 새로운 관점으로 문제를 해결한 사례, 위기를 극복하고 성취에 이른 사례 등 파생 유형은 상당히 많습니다. 대표 4가지 상황의 주안점만 숙지하면, 4가지 상황 간 결합 또는 4가지 상황에 특수 조건을 부가한 형태에 대응할 수 있습니다. 경험이 다양할수록 작성의 수월함은 경험 속성을 묻는 항목에서 더욱 두드러집니다.

경험의 목적은 해석하기 나름입니다. 항목과 직접적인 연관성을 띠는 경험이 없을 때는 경험이 지닌 환경 요소와 작성자의 행동에서 소재를 발굴합니다. 유의미한 경험으로 공모전 사례만 있다고 가정하면, 공모전의 일반 속성에 따라 해당 경험을 협업과 도전, 더 나아가 성취를 묻는 항목에 사용할 수 있습니다. 하지만 협업, 도전, 성취 외의 내용을 요구하는 항목에 맞닥뜨려서는 관점을 바꿔 대응해야 합니다. 예를 들어, 그 항목이 창의력을 묻고 있다면, 공모전에서 주제를 설정하거나 해결 방법을 모색할 때 보였던 새로운 사고와 행동에 초점을 맞출 수 있습니다. 물론 실제 공모전 준비 과정에서 창의력이라고 할 수 있을 정도로 실력을 발휘한 경우가 아니더라도 내용의 연출과 각색으로 항목 요구 사항에 부합할 수 있습니다. 한 기업의 자기소개서에서 열정부터 도전, 성취감, 협업, 문제 해결에 이르기까지 개인 경험을 전부 묻는 기업은 SK와 일부 공기업을 제외하고는 대체로 2~3개 정도를 넘지 않습니다. 이는 한 가지 경험을 2~3가지 내용으로 연출 및 각색할 수 있는 여지를 제공하는 셈입니다.

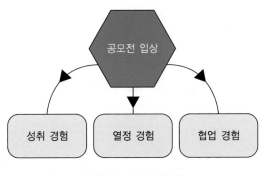

[경험의 다면적 활용]

특정 경험을 한 가지의 속성으로만 소개해야 한다면, 경험이 부족한 지원자는 경험과 관련 없는 항목에는 의미 없는 내용을 기술해야 할 수밖에 없습니다. 심지어 어떻게도 이야기를 항목 요건에 적용할 수 없을 때는 만들기도 합니다. 아예 없는 이야기를 만들어 내는 게 가장 안타까운 상황입니다. 경험이 많을수록 유리한 건 당연하지만, 설령 부족하더라도 특별히 불리한 상황에 처해서는 안 됩니다. 경험을 새로운 관점으로 해석하는 접근 방법이 필요합니다.

경험은 배경을 소개하며 읽는 이에게 상황을 알려야 합니다. 이야기 소개의 일반 흐름을 유지하며 지원자의 강점이 드러나는 요령을 보여야 합니다. 과정만 나열해서는 그 경험의 주인임을 증명할 뿐, 역량을 갖춘 지원자임을 알리기가 어렵습니다. 자신의 강점은 이야기를 소개하며 적절한 위치에서 설명합니다. 단, 자신에 대한 평가가 드러나는 표현은 사용하지 않습니다. '확신합니다', '역할을 잘 할 자신이 있습니다', '믿습니다' 등으로 문장을 종결하는 게 자기 스스로 평가하는 표현에 해당합니다. 강점을 소개하는 것과 자신을 평가하는 것은 전혀 다릅니다.

◉ 대표 4가지 경험 속성 - 문제 해결 능력

문제 해결 능력을 요구하는 항목은 핵심 위주로 상황을 설명해 읽는 이가 그 상황에 공감할 수 있어야 합니다. 읽는 입장에서 전혀 문제 같지 않다고 느낄 경우에는 아무리 강점을 강조해도 뚜렷한 인상을 남길 수 없을 것입니다. 상황 설정과 배경 설명에 주의를 기울이고, 해결 과정을 주체적인 관점에서 기술합니다.

문제 상황을 설정할 때 지나치게 사변적인 내용은 지양합니다. 가령 친구들과의 감정 다툼을 해결하는 데 기여하는 모습, 남자 혹은 여자 친구와 있었던 문제를 이벤트로 해결하는 모습, 민감한 사안으로 해석될 여지가 있는 금전 문제 등은 일반 상식에 따라 소재로 선택하지 않습니다. 소개할 내용이 지나치게 없는 상황에서 자신에게는 분명 대단한 일이라고 판단해 위와 같은 유형의 내용을 자기소개서에 기술하는 경우가 간혹 있습니다. 문제 해결로 지원자의 강점을 선보여야 하는 상황인데 개인적인 이야기로는 공감대를 형성할 수 없고, 항목의 요구 조건을 충족할 수도 없습니다.

문제 해결의 배경으로 등장하는 경험은 대체로 인턴, 봉사, 서포터즈, 과제 수행, 아르바이트, 기자단 등 입니다. 공통점은 지원자의 강점을 보여 줄 수 있는 내용이 있다는 점입니다. 그 강점을 상황과 엮어 항목 요구 조건에 맞춰 기술하는 게 관건입니다. 상황 설명과 함께 강점을 기술하는 첫 문장이 중요합니다.

---

① 삼성전자 모바일 사업부 인턴으로 근무하며 낯선 전문 용어와 기술을 빠르게 배우고자 노력했습니다.

② 대학교 축제 공연을 기획하며 예산 부족으로 어려움을 겪었습니다.

③ 카페 아르바이트를 수업과 병행하며 효율적으로 시간을 활용해야 했습니다.

④ 체력 강화를 목적으로 국토 대장정에 도전했습니다.

→ 전체 상황을 첫 문장에서 보여 준 후, 세부 내용을 이어 가며 문제 설명과 해결 과정을 기술합니다. 경험의 목적을 어휘로 삽입하거나 그 경험에서 배양한 역량을 핵심으로 소개합니다. ①은 낯선 전문 용어와 기술을 빠르게 배운다고 설명하며 지원자의 적응력과 적극성을 보여 줍니다. 후속 내용에는 그 과정에서 맞닥뜨리는 어려움이 나타나는 게 일반적인 흐름입니다. ②는 첫 문장에 핵심 문제가 등장합니다. 대학 축제가 특별한 상황 설명이 필요한 경험이 아니라서 문제의 핵심인 예산 부족의 어려움을 도입부에 언급했습니다. ③은 카페에서 벌어질 문제를 암시하는 내용이며, 그와 동시에 지원자가 시간을 효율적으로 활용하는 역량을 갖췄음을 알립니다. 첫 문장으로 추론하면, 수업과 아르바이트를 병행하며 겪는 문제가 등장할 것으로 예상할 수 있습니다. ④는 자발적으로 도전한 경험이므로 목적을 명시했습니다. 그 이후에 내용으로 나타날 문제 상황은 이러한 목적과 관계가 없을 수도 있지만, 첫 문장을 토대로 과정 설명은 자연스럽게 이어 갈 수 있습니다.

⚲ 대표 4가지 경험 속성 - 협업 능력

단체 활동에서 배려와 존중의 태도로 함께 성취를 일궈 내거나 갈등을 해결한 사례에 해당합니다. 협업의 근본 자세와 마음가짐은 대개 동일합니다. 상대방의 입장을 깊이 있게 헤아리는 모습을 담아내고, 경청과 소통으로 화합에 다가서는 과정을 서술합니다. 경쟁 상황에서 단결력을 발휘하는 경우도 협업 능력을 보여 주는 데 적절합니다. 상호 협조 체제로 효율성을 높이는 부분을 강조해 협업 자세를 한층 극대화할 수 있습니다.

협력은 다수의 사람들과 어울리는 과정에서 나타나는 속성이므로 이야기의 배경 설명은 필수입니다. 하지만 협력을 방해하는 내용과 위기를 극복하는 과정은 배경만 다를 뿐 넓은 범주에서는 대체로 유사합니다. 타인의 입장을 헤아리고, 자신이 솔선수범하고, 융통성과 원칙 준수의 균형을 찾는 것이 일반적인 해결 방법입니다. 읽는 이가 해당 상황에서 지원자가 협력했음을 공감할 수 있게 표현하는 것이 중요합니다. 설령 내용이 일반적일지라도 과정만 섬세하게 다룬다면, 단체로 진행하는 경우는 대개 협업 능력을 보여 줄 수 있는 소재라고 할 수 있습니다.

협력 속성의 첫 문장은 상황 제시로 시작하는 게 낫습니다. 협력이 필요한 상황을 먼저 소개해야 이야기를 전개할 수 있기 때문입니다.

① 단체가 공동 목표를 달성하기 위해서는 원활한 소통이 필수입니다.

② 대학교 밴드 동아리에서 악기를 배우며 구성원들과 함께 호흡하고자 노력했습니다.

③ 군대에서 작전 수행 평가를 진행하던 중 각자의 역할 분담에 대한 이견으로 갈등이 발생했습니다.

④ 대학 진학과 동시에 교내 방송부 활동에 매력을 느껴 가입했고, 매일 방송에 참여하며 스튜디오를 방문했습니다.

➔ ①은 일반적인 내용으로 단체 활동에서 지원자가 보인 소통 능력을 제시했습니다. 소통 능력이 필수라고 주장하며 자연스럽게 지원자가 단체에서 소통하는 환경을 만들었음을 예상할 수 있습니다. 이를 통해 지원자의 강점인 소통 능력도 알립니다. ②의 밴드 동아리는 다수의 참여자가 협업 환경을 조성합니다. 상황 제시만으로도 협업이 필요한 환경임을 알 수 있습니다. 이어질 내용은 함께 노력하는 과정에서 지원자가 섬부인 능력입니다. ③은 군대에서 역할을 수행하며 마주한 의견 갈등을 첫 문장에 담았습니다. 군 복무는 의무 이행이라 특별한 설명 없이도 상황을 전개할 수 있습니다. 이야기의 속도를 한층 높일 수 있는 소재지만, 내용이 부실하면 식상함을 피할 수 없습니다. ④는 방송부에 지원한 이유를 설명하고, 성실한 자세로 활동에 임하면서 겪은 협업 경험을 소개합니다. 다수의 관계자가 함께 활동하는 상황을 소개하는 것으로 협업 환경 조건을 갖추는 셈입니다. 협업 속성은 전개 방식이 일반적이라 상황 선택과 표현이 다른 속성에 비해 중요합니다.

📍 대표 4가지 경험 속성 - 창의력

새로운 관점으로 문제를 해결할 때 그 경험을 창의력으로 해석할 수 있습니다. 자기소개서에서 요구하는 창의력은 특수한 환경과 특별한 결과로만 발현하는 성격의 것은 아닙니다. 일반 수업 과제 수행 중에도 얼마든지 창의력을 경험 속성으로 추려 낼 수 있습니다. 관행에 대한 도전, 발상의 전환, 문제 해결 과정에서의 번뜩임 등 그 범주는 상당히 넓고, 주장하기 나름입니다. 공감대를 형성할 수 있는 소재 선택이 무엇보다 중요하고, 과정을 묘사하는 과정에서는 약간이라도 특별한 해결 능력을 선보이는 데 주력합니다. 맥락에 따라서는 문제 해결 능력과 큰 차이를 보이지 않는 경험을 창의력으로 각색할 수 있습니다.

틈새시장을 발견하고 직접 창업까지 주도한 경험, 논문 작성 중 알아낸 내용을 실험에 적용해 연구 성과를 이끌어 낸 경험, 특허 출원 경험 등은 내용 자체로도 창의력이 묻어납니다. 하지만 일반적인 상황은 아니므로 이와 같은 경험이 없는 상황에서는 창의력에 대한 정의를 다소 느슨하게 풀어 자신의 경험에서 새롭게 발굴해야 합니다. 특별한 상황을 제시한 후 일반적이지 않은 해결 방법을 소개하거나 자신만의 역량을 발휘해 우수한 성과를 이끌어 내는 모습도 창의력에 해당합니다. 성취에 이른 결과에서 창의력을 역방향으로 찾아내는 방법도 효과적입니다. 새로움이 전혀 없이 열정만 가득한 내용은 설령 성취 결과가 있더라도 창의 속성에 부합하지 않습니다. 상대적 기준으로 경험을 바라봤을 때 특별함이 있는 경우는 창의력으로 고려할 수 있습니다. 예를 들어, 중국어 사료를 조사하는 과정에서 새로운 시각을 찾아내고자 일본어 사료와 영어 사료를 번역하며 범위를 넓혔다면, 그 접근 방법은 해당 과제 수행자들 간의 비교로는 특별함을 띱니다. 다국어 번역은 자료 조사 방법으로 일반적이지만, 과제 수행자들 간의 비교로 범위를 축소하면 이야기는 창의력을 부각하는 방향을 보일 수 있습니다. 각 상황에 맞게 관점을 달리하며 창의력의 일반 특질인 새로움을 해당 경험에서 찾아내도록 합니다.

① 건축 분야에 대한 이론을 실무에 복합적으로 연결하고자 현장 중심의 활동에 주력했습니다.

② 동남아시아 시장의 비약적인 성장을 주도하고 있는 베트남에 흥미를 느껴 교환학생 국가로 베트남을 선택했습니다.

③ 중국어 전공 과제로 청나라 시대를 다룬 소설의 번역 프로젝트를 담당했습니다.

④ 일본 기업 인턴으로 미용 기기 시장을 경험한 후, 새로운 아이템 발굴을 위해 시장 조사를 시작했습니다.

➔ ①에서 지원자는 건축 전공 지식을 현장에 접목하며 경험을 쌓았음을 알 수 있습니다. 첫 문장에 강점을 나타냈고, 창의력은 현장에서 새로운 문제 해결 방법을 보여 주며 드러냅니다. 기존 방법을 약간만 다르게 처리해도 창의 속성을 띨 수 있습니다. 지원자는 현장 상황을 통달한 전문가가 아니므로 업계 통

념을 뒤엎는 혁신까지 이뤄 내기는 어렵습니다. 소소한 사항에서 새로움을 찾아냅니다. ②는 베트남 현지에서 시장 상황을 바라보며 특별한 경험을 쌓는 게 가능한 조건입니다. 이야기 배경이 특수하므로 내용이 일반적이어도 상대적인 효과에 의해 특별함을 갖출 수 있습니다. ③은 대학 과제 프로젝트를 소재로 선택했고, 번역 능력을 통해 중국어 실력도 선보였습니다. 평범한 과제 수행 중에도 일반적인 방법에서 벗어난 시도로 창의 속성을 내용으로 구현할 수 있습니다. 아울러, 중국 문화와 어학 지식까지 겸비한 모습을 보이며 경쟁력을 높이는 것이 가능합니다. ④는 일본 시장에서 진행한 새로운 아이템 발굴 작업을 핵심 내용으로 제시했습니다. 이어지는 내용에는 틈새시장을 탐색하고, 현지 시장에 적용하는 과정이 나타날 것입니다. 첫 문장을 통해 지원자가 일본 기업 인턴으로 조직 문화를 체감했고, 미용 기기 시장 지식과 일본어 실력을 갖췄다는 사실을 알 수 있습니다. 뚜렷한 목적을 갖고 문제를 해결하는 과정에는 창의력이 다양한 형태로 존재합니다.

⊙ 대표 4가지 경험 속성 - 열정

열정의 대상이 현재 진행형이 아니더라도 무관합니다. 과거에 열정을 쏟았던 경험 내용을 바탕으로 읽는 이는 지원자의 집중력과 업무 자세를 유추할 수 있기 때문입니다. 이야기의 시점은 크게 유의할 부분이 아니지만, 대학생 시기에 겪은 내용이 아무래도 의미가 있습니다. 고등학생 때 열정을 쏟았던 내용을 소개한다면, 그 열정이 현재의 상황에 영향을 미친 경우에 해당해야 합니다. 가령 고등학생 때 전자 제품을 분해하고 직접 조립하는 열정을 보인 덕분에 대학교 전공을 전자전기공학을 선택할 수 있었다는 내용은 과거와 현재를 명확히 연결합니다. 특별한 사례가 아니라면 대체적으로 열정 관련 이야기의 시점은 대학생 때로 설정합니다.

열정을 쏟으며 얻는 새로운 경험과 지식은 자기소개서에서 지원자의 경쟁력으로 거듭나고, 강점 소개의 기회도 제공합니다. 열정과 문제 해결이 연결된 경우도 많습니다. 공모전에 열정을 다해 매진한 결과, 입상에 이른 경우는 관점에 따라 경험 속성이 열정 혹은 문제 해결에도 해당할 수 있습니다. 다만, 열정 대상이 물건 수집과 지극히 일반적인 자격시험이라면 소재를 달리해야 합니다. 피규어 수집, 음반 수집, 우표 수집 등도 분명 건전한 취미 생활이자 열정을 투영할 수 있는 대상이지만, 수집 다음 단계로 이야기를 전개할 수 없다면 전달하는 바가 없습니다. 만약 피규어 수집으로 전시회를 열거나 직접 피규어를 제작해 판매한다면 그 열정은 자기소개서의 속성에 부합합니다. 수집과 같은 단순한 과정을 넘어서는 다음 단계가 있기 때문입니다. 마찬가지로 자격증 취득을 위한 학습은 일반적인 모습을 띱니다. 학습 시간을 늘리고, 효율적으로 배우는 내용 외에는 보여 줄 모습이 없으며, 게다가 최종 단계가 자격증 취득이므로 자기소개서의 열정 속성에는 적합하지 않습니다. 자기소개서에서는 열정의 대상이 지원자의 역량을 배양하거나 그 과정을 충분히 설명할 수 있을 정도로 내용이 있어야 합니다.

문단의 첫 문장에서 열정의 대상과 지원자의 역량을 소개하는 방법을 예시로 알아보겠습니다. 대상의 특수성에 따라 첫 문장의 일반화 수준이 다른 모습을 보입니다. 열정과 목표 달성의 관계는 수단과 목적의 관계와도 유사합니다. 목적 달성을 위해 수단 활용에 집중하는 모습이 열정이라고 할 수 있습니다.

① 2017년 대학교 학년 대표로서 신입생 환영회를 기획하며 예산의 효과적인 활용을 위해 비용 절감에 노력을 기울였습니다.

② 대학교 진학 전에는 첼리스트를 꿈꾸며 열정을 다해 연습에 임했습니다.

③ 교환학생 중 한국 문화를 알리는 프로그램에 참가했습니다.

④ 국제경영론 수업에서 한국 기업의 글로벌화를 주제로 도쿄 올림픽과 연관해 일본 시장에 현대자동차를 소개하는 발표를 준비했습니다.

➜ ①은 대학생이라면 누구든 한 번쯤은 참여하는 신입생 환영회를 대상으로 삼아 비용 절감을 목표로 설정했습니다. 비용 절감의 과정에서 지원자가 보여 줄 열정은 효과적인 예산 분배와 행사 기획 내용에 수익 창출 방법을 제시하는 것일 수 있습니다. 이 문장으로 지원자의 강점이 계획적인 자세임을 알립니다. ②의 첼로 연습으로 익힌 실력은 사라지지 않습니다. 현재 진행형에 해당하며 노력 과정은 특수할 수 있습니다. 게다가 그 자세는 기업의 업무 수행에도 접목이 가능해 열정의 대상으로 적절합니다. 악기 자체로는 특수성이 없어 일반적인 내용으로 첫 문장을 기술했습니다. ③에서는 한국 문화 소개 프로그램에 참여한 배경만 설명하고 있습니다. 열정의 대상은 한국, 배경은 외국입니다. 과정에서 열정이 등장하면 충분합니다. 이 사례에서는 첫 문장이 전체 윤곽만 제시하는 기능을 합니다. ④는 구체적인 상황 설명으로 목표를 명확하게 제시했습니다. 열정의 대상은 일본 자동차 시장을 개척하는 발표이고, 이 과정에서 열정뿐만 아니라 자동차 시장에 대한 지식, 국제경영학 지식, 발표 능력까지 강점으로 알릴 수 있습니다.

CHAPTER 02

기업별 예시

1. 한국수자원공사	p.146		8. SK네트웍스	p.165
2. SK하이닉스	p.149		9. GS리테일	p.168
3. 포스코	p.152		10. 현대카드	p.171
4. 현대엘리베이터	p.154		11. 현대건설	p.174
5. CJ E&M	p.156		12. 제주관광공사	p.177
6. E1	p.159		13. 현대자동차	p.180
7. 현대종합상사	p.162			

문제 해결 능력, 협업 능력, 창의력, 열정은 자기소개서 항목에서 요구하는 대표 속성입니다. 일반적인 경험과 특별한 경험을 항목의 요구 조건에 맞게 기술하는 방법을 예시로 알아봅시다. 경험 내용이 유사해도 관점을 바꿔 강조 부분에 변화를 주면, 새로운 속성으로 항목 요구 조건을 충족할 수 있습니다. 다양한 예시를 참고해 경험의 다면성을 확대해 보세요!

> (대인 관계 능력) 다른 사람들과 함께 일을 했던 경험에 대해 설명하고, 그 경험 속에서 팀워크 형성과 협업을 이루기 위해 구체적으로 어떠한 노력을 했는지 서술하시오. 580자

항목 분석

1. 공기업의 조직 문화 고려
2. 소통과 경청이 담긴 협업 경험 선택
3. 공감 가능한 상황 설명

조직은 구성원에게 협업과 소통을 요구하므로 이와 같은 항목은 무척 자주 등장합니다. 추상적인 이야기보다는 구체적인 사례로 지원자가 대인 관계 능력이 우수함을 보여 주는 게 필요합니다. 타인과 어울릴 때는 배려와 존중의 자세가 빠질 수 없으므로 자신의 경험에서 일반 덕목에 부합하는 모습을 찾아 부각해 보세요.

협력 과정에는 리더십, 꼼꼼함, 정확함 등이 함께 나타날 수 있습니다. 내용과 배경에 맞게 소양을 다양하게 보여 주는 게 필요합니다. 협력의 구심점을 설정하는 것도 유용합니다. 타인과 협력하기가 어려운 상황과 조건을 삽입해 결과를 더욱 돋보이게 만들 수도 있습니다. 반드시 협력의 주인공으로 자신을 묘사할 필요는 없습니다. 리더가 아닌, 관계를 조율하는 역할을 맡아도 얼마든지 협력에 이바지할 수 있습니다. 관건은 협력 자세의 유무입니다.

공기업은 표현에 대한 평가가 보수적인 편입니다. 색다른 감각으로 자신을 돋보이고 싶은 욕구는 자제해야 합니다. 다소 평이한 어휘로 문장을 구성하고, 문어체로 읽기 쉽게 작성하는 전략이 필요합니다. 뜻밖의 전개나 과도한 시선몰이는 지양하도록 합니다.

페르소나 설정

☑ 학생회 활동

10명의 인원을 제시해 협업 가능 환경을 조성했고, 페르소나의 역할을 명시하며 소통과 경청의 모습을 나타냈습니다. 숫자를 삽입해 활동상을 구체화하고, 우수한 결과를 소개하며 협업의 의미를 긍정적으로 그려 냅니다. 학생회 활동 중 등장한 위기가 페르소나의 협업 능력을 돋보이게 만드는 역할을 담당하고 있습니다.

💡 정보 조합과 협의로 일궈 낸 학생회 기획

➜ 학생회 활동으로 협업을 경험하며 정보 활용 능력과 기획 능력까지 갖췄음을 보여 주는 소제목입니다.

학생회 일원으로서 신입생에게 학부 활동을 소개하는 역할을 맡아 매년 10명의 팀원들과 새로운 기획을 이끌어 내고자 노력했습니다.

➜ 이야기의 구체화를 위해 10명의 팀원이라고 숫자를 언급했습니다. 구성원의 수가 많을수록 실제 조직과 유사한 환경을 조성하므로 소수보다는 다수가 더 낫습니다.

예산 내에서 다양한 활동을 기획하기 위해서는 정보 탐색과 협업이 필요했습니다.

➜ 통상적으로 제한 요소는 능력을 발휘할 조건을 이뤄 냅니다. 예산, 시간, 인원 등을 제약할 때 비로소 능력을 드러낼 수 있기 때문입니다. 위의 문장에서는 예산을 그 조건으로 활용했습니다. 정보 탐색, 활동 기획 등은 협업 활동뿐만 아니라 일반 직무 수행에도 유효한 능력에 해당하므로 간접적으로 능력을 보여 주는 효과가 있습니다.

과년 활동 내용과 신입생들의 반응을 토대로 철저하게 기획의 단점을 보완했고, 구성원의 전공을 활용해 탐색 시간을 최소화하며 협력했습니다.

➜ 문제를 다루는 자세가 소양으로 나타났습니다. 과거 자료를 이용해 시행착오를 줄였고, 구성원의 전공을 내부 조건으로 사용해 효율성을 높였습니다. 협력을 구성하는 일반 덕목이 페르소나의 행동으로 등장한 문장입니다. 이처럼 우회적으로 자신의 강점을 소개하는 게 필요합니다.

학생들의 요구를 바탕으로 학과별 교수님과 만남의 시간을 갖고자 협의에 총력을 기울였습니다. 2명으로 구성한 팀을 5개 만든 후, 25개 학과의 교수님을 방문해 대화를 나눴습니다.

➜ 협업이 필요한 상황임을 알리며 읽는 이의 공감을 얻어 내는 게 중요합니다. 구체적인 숫자를 기재해 신빙성을 높였고, 페르소나의 리더십을 보여 주며 협업과 책임이라는 일반 덕목을 적절히 조합했습니다.

시간이 맞지 않는 교수님은 영상 촬영으로 면담을 대체했고, 대학원 박사 과정 학생에게 참여를 요청했습니다.

➜ 위기에 해당하는 내용입니다. 결속력을 높이는 계기를 마련해 협력의 강도를 높였고, 현실적인 상황까지 고려하며 소재를 다양하게 활용했습니다. 등장인물이 많을수록 이야기가 풍성해지듯이 동일한 내용이라도 어휘를 늘리면 흥미를 더할 수 있습니다.

자료를 토대로 10명의 팀원들과 협력한 덕분에 25개 학과를 3일 과정으로 전부 다룰 수 있었습니다.

→ 짧은 시간에 난이도 높은 업무를 구성원들과 함께 마무리했다는 점에서 협력의 효과를 엿볼 수 있습니다. 숫자는 글자와 조화를 이룰 때 환기 효과를 자아냅니다. 아울러, 내용의 구체적인 근거로도 기능합니다.

신입생들의 만족도가 무척 높아 교수님 참여 활동은 학생회의 정규 활동으로 자리매김했습니다. 이는 팀원들의 전공 정보를 적극적으로 활용하고, 경청에 힘써 이뤄 낸 결실입니다. 아울러, 공정한 방식으로 업무를 분배하고, 책임감으로 자신의 역할을 수행하며 팀의 화합을 이끌어 냈습니다.

→ 결실로 이야기를 마무리해야 협업의 효과를 나타낼 수 있습니다. 경청, 공정, 책임, 화합을 문장에 녹여 내며 협업을 뒷받침하는 요소도 제시했습니다. 어휘를 남발하지 않고, 적절한 위치에 사용해야 효과를 높일 수 있습니다.

자발적으로 최고 수준의 목표를 세우고 끈질기게 성취한 경험에 대해 서술하시오(본인이 설정한 목표/목표의 수립 과정/처음에 생각했던 목표 달성 가능성/수행 과정에서 부딪힌 장애물 및 그때의 감정, 생각/목표 달성을 위한 구체적 노력/실제 결과/경험의 진실성을 증명할 수 있는 근거가 잘 드러나도록 기술).　　1,000자

항목 분석

1. 목표 성취 경험 소개
2. 위기가 등장하는 경험이 필요
3. 과정을 상세히 기술
4. 기업 정보는 불필요

지원 기업과는 특별한 관련성을 보이지 않는 항목입니다. 오롯이 경험 소개에만 주의를 기울이세요. 목표 달성을 위해 노력하는 과정을 1,000자에 담아내야 하므로 경험 선택이 중요합니다. 단순한 경험으로는 1,000자를 채우기 어렵습니다. 과정을 치밀하게 묘사할 수 있고, 목표를 성취한 내용이어야 요건에 부합하는 경험입니다. 행동의 자발성은 이야기를 가공하기 나름이므로 목표를 성취한 경험을 선택하는 게 우선입니다. 예를 들어, 편의점 아르바이트는 내부 정리를 의무 사항으로 규정합니다. 설령 의무 사항을 이행하더라도 필요 이상으로 관심을 기울일 수는 있습니다. 내부 시설에 고객이 넘어진다거나 고객 입장에서 불편이 느껴지는 요소가 있다면, 응당 그럴 수 있다고 생각하며 해당 현상을 묵과하는 게 아르바이트생의 입장입니다. 하지만 의무 이상으로 책임감을 갖고 개선에 총력을 기울였다면, 결과적으로 의무를 이행한 것에 지나지 않지만 자발적으로 노력한 건 사실입니다. 이 경우에 자발적인 목표 설정 내용은 고객 만족이라고 할 수 있습니다. 성취 경험에서 자발성을 연출하는 것은 어렵지 않습니다. 진실성을 높이기 위해서는 이야기의 구체화가 필요합니다. 숫자를 적극적으로 활용하고, 공감할 수 있는 상황을 전개합니다. 순차적으로 이야기를 풀어 가고, 항목의 마지막 부분에서는 해당 경험에서 배운 점 혹은 느낀 점을 덧붙입니다.

경험이 전부인 항목입니다. SK계열사 자기소개시는 공통적으로 경험을 묻는 항목이 많습니다. 타 항목에서 경험을 중복 소개하지 않도록 항목의 요건에 맞춰 경험을 배분합니다. 성취 효과가 가장 두드러진 경험을 선택하고, 시간 순서대로 과정을 상세히 서술합니다. 기업 정보는 전혀 고려할 필요가 없으므로 자발적인 목표 설정 모습은 경험의 결과에서 추려 냅니다. 가령 공모전에 입상하는 성취를

일궜다면, 자발적인 목표 설정 내용은 대상 혹은 입상 정도가 될 수 있습니다. 실제로는 참가에 의의를 둔 경우일지라도 결과에서 시작해 이야기에 자발성을 부여합니다. 성취 내용은 사실이므로 심적 요소인 자발성은 가공해도 무방합니다.

두드러진 성과는 제목에 반드시 언급합니다. 진행 과정에는 위기가 있기 마련인데, 이 부분에서 자신의 강점을 드러낼 수 있습니다. 위기를 극복한 후에는 목표 달성 모습을 소개하고, 마지막에 느낀 점과 배운 점을 덧붙입니다. 위기 상황에 느낀 감정을 소개한다고 독백을 사용하지는 않습니다. 개연성 있게 판단 과정을 서술하고, 공감대 형성에 주의를 기울이세요.

> 1. 성취 결과에서 자발적인 목표 설정 내용을 찾아내거나 가공한다.
> 2. 위기 극복 과정에서 지원자의 강점을 드러낸다.

페르소나 설정

☑ 제과점 아르바이트 경험
☑ 매출 신장을 위한 자발적 노력과 그 과정에서 반대 의견을 극복함

아르바이트 경험으로 매출 신장에 이바지한 사례입니다. 페르소나의 목표가 제과점의 매출 신장이었을 수 있지만, 단순히 마주한 문제 해결에 총력을 기울여 얻어 낸 뜻밖의 결과일 수도 있습니다. 결과에서 시작해 목표를 만들어 내므로 페르소나의 경우에는 매출 신장이 자발적인 목표 설정 내용에 해당합니다. 목표 달성 과정에서 부딪힌 위기 상황을 소개하며 1,000자 분량의 항목을 작성해 보겠습니다.

💡 **제과점 평균 매출을 30% 높이다**

→ 숫자로 목표 성취를 드러냈고, 제과점 활동 배경을 설정했습니다. 항목 요구 사항에 따라 제목을 기술해야 읽는 이가 기대감을 가질 수 있습니다.

영업 현장에서 고객을 응대하며 직접 배워 보고자 주거지 근방의 제과점에서 8개월간 아르바이트로 근무했습니다.

→ 행동에는 동기가 있기 마련입니다. 제목에서 이미 경험의 핵심을 언급했으므로 첫 문장에 동일 내용을 반복하지 않습니다. 그 대신 동기를 서술하며 이야기 흐름을 자연스럽게 만듭니다. 이 부분에서 나타나는 페르소나의 강점은 고객 응대 경험입니다.

서비스 직무의 어려움을 체험하는 데 그치지 않고, 8개월의 시간을 제과점의 성장으로 연결하고자 매출액 상승을 목표로 설정했습니다.

➔ 자발적으로 목표를 설정한 단계입니다. 8개월은 구체화를 위해 삽입했습니다.

고객들의 기호는 무척 다양했습니다. 맛이 없다고 핀잔을 주는 고객에게 만족감을 드리고자 공손한 자세로 응대했습니다. 불만 사항은 반드시 귀 기울여 듣고, 의견을 주신 고객에게 감사의 말씀을 전하며 슬기롭게 상황을 극복했습니다.

➔ 첫 번째 위기 상황과 그 위기를 극복한 내용입니다. 예상이 가능한 내용이라 분량을 늘리지는 않았습니다. 강점은 고객의 눈높이에 맞추는 자세입니다.

케이크는 딱딱한 포장 용기에 둘러싸여 있어서 맛을 확인하기가 어려웠습니다. 이런 점은 맛에 대한 우려감을 자아내며 고객이 케이크 구매를 망설이는 주요 이유로 작용했습니다. 개선 방안으로 포장 용기에 담기 전, 고객들이 시식할 수 있는 분량을 따로 확보해 놓았습니다. 시식 기회를 대폭 확대해 맛에 대한 자신감과 믿음을 고객에게 선보였습니다.

➔ 두 번째 위기 상황입니다. 매출 신장에 직접적으로 기여한 내용이라 자세히 설명했습니다. 페르소나가 문제를 관찰해 해결 방안을 만들어 내는 모습을 알 수 있습니다.

선물용으로 구입하는 케이크의 맛을 즉석에서 확인할 수 있자 구매하는 고객의 수가 급격히 상승했습니다. 개선으로 말미암아 일평균 매출액이 200만 원 가까이 늘었고, 이는 하루 매출액의 30%에 이르는 높은 수치였습니다. 사소한 변화만으로 잠재 수요를 확보해 이룬 결실이라 의의가 컸습니다.

➔ 성취한 목표를 구체적으로 기술했습니다. 여기까지 내용으로 항목 요구 조건을 모두 충족한 셈입니다.

기존의 틀을 개선할 때는 일반적으로 반대 의견에 부딪힙니다. 포장 용기에 케이크를 담는 순서를 바꾸면, 위생적으로 문제가 될 것이라는 반대 의견이 가장 강력했습니다. 고객 입장에서 설득을 거듭한 덕분에 개선안을 실천으로 옮길 수 있었습니다.

➔ 위기에 대응해 판단하는 모습을 드러내며 노력의 정도를 한층 높였습니다. 두 번째 위기에서 겪은 갈등을 소개하며 성취에 이른 과정에 또 다른 의미를 부여했습니다.

옳은 의견이라도 탄탄한 근거를 마련해야 실행 가능하다는 점을 깨달았습니다.

➔ 마지막으로 경험에서 배운 점을 기술했습니다.

예상하지 못한 어려움을 만났을 때 효과적으로 해결했던 경험과 이를 통해 배운 점을 기술하시오. 800자

항목 분석

1. 누구나 공감할 수 있는 어려운 상황 선택
2. 해결 과정을 서술
3. 배운 점

해당 경험이 당황스럽고 낯설었을 뿐, 그 과정에서 배운 바가 없다면 소개할 가치는 없습니다. 이 항목에서 어려움이란 자신의 발전을 이뤄 내는 데 필요한 장애 요소입니다. 공감할 수 있는 소재는 상당히 많습니다. 학교생활, 아르바이트, 동아리, 공모전 등에서 소재를 찾을 수 있고, 그 소재가 반드시 역량의 신장에 이르는 과정을 내포하고 있어야 유용합니다.

800자 내에 상황 설명과 생각의 추이를 보여 줘야 합니다. 행동의 결과는 마지막에 배치합니다. 상황 설명은 읽는 이가 결과를 이해할 수 있도록 돕는 기능을 하므로 비중을 250자 정도로 합니다. 다음으로 과정을 서술하며 400자 정도 사용하고, 결과를 비롯해 배운 점은 150자 정도 할당합니다. 단계마다 표현에 주의를 기울이고, 제목을 붙여 글의 전체 윤곽을 제시합니다.

페르소나 설정

☑ 캐나다 어학연수 과정 중 영어 발표 수행 경험

한국인에게 영어 발표는 익숙하지 않은 상황이고, 영어 실력이 뛰어나지 않을 때는 긴장하기 일쑤입니다. 페르소나 설정 내용은 대다수가 공감할 수 있는 상황입니다. 영어 발표 과정에서 겪은 어려움을 극복하고 영어 실력을 한층 높인 모습을 소개합니다.

💡 망각과 긴장의 대치 상황 속에 수행한 영어 프레젠테이션

→ 소제목은 영어 프레젠테이션, 망각, 긴장을 엮어 누구나 예상할 수 있도록 작성했습니다.

20××년 여름방학을 활용해 한 달간 캐나다에서 어학연수 과정을 거쳤습니다. 한 달은 분명 짧은 시간이었으므로 효과적으로 영어 실력을 다지기 위해서는 적극적으로 배움에 임해야 했습니다. 다행히 한국 학생이 세 명밖에 없었고, 서로 멀리하며 오로지 영어로 대화하고자 온 신경을 집중했습니다.

→ 상황 설명 단계입니다. 영어 실력 향상을 위해 최선을 다하려는 모습을 그려 냈고, 짧은 연수 과정을 유인으로 활용했습니다. 이 대목을 통해 페르소나가 영어 실력이 다소 부족함을 알 수 있고, 그와 함께 발전 후의 상황에 기대감을 가질 수 있습니다.

캐나다로 온 여러 문화권의 학생들 틈에서 열정적으로 영어 실력을 가다듬었고, 자신감도 점차 붙기 시작했습니다. 3주차의 학습 과정으로 계획된 영어 프레젠테이션은 경연 형식이었습니다. 많은 학생들 앞에서 영어로 자신의 의견을 피력할 기회였기 때문에 자청해 발표자로서 강단에 섰습니다.

→ 본격적으로 어려운 상황을 소개합니다. 3주간 노력해서 얻은 영어 실력을 발휘할 기회이기도 합니다. 위 문장 중에서 발표자로 자청했다는 점이 핵심입니다. 강점을 드러내는 용도로 이와 같은 내용 소개는 무척 적절합니다.

고요한 강단에서 부족한 영어에 쏠릴 청중의 시선이 긴장되리라 예상은 했지만, 망각까지는 전혀 고려하지 못했습니다. 순간 아무 내용도 기억이 나질 않아 잠시 침묵의 시간이 흘렀고, 몹시 당황스러웠습니다. 할 수 있다는 의지로 평정심을 되찾았고, 호흡을 정리해 망각의 늪에서 간신히 빠져나왔습니다.

→ 상황 묘사로 무대 위에서 페르소나가 겪은 어려움을 강조하고 있습니다. 망각, 침묵, 당황의 단계를 다루며 심리 상태를 나타냈고, 자신감과 평정심으로 문제 해결을 이뤄 내는 모습까지 소개했습니다.

비록 더듬거렸지만 발표를 완수했습니다. 영어 프레젠테이션은 긴장에서 벗어나는 지혜를 얻은 소중한 경험이었습니다.

→ 결과와 배운 점을 언급하며 마무리합니다. 경험 소개는 구조가 단순한 편이라 작성이 어렵지는 않습니다.

문제에 직면했을 때 그것을 어떻게 극복했는지 서술하시오.

500자

1. 문제 설정
2. 해결 과정 기술

통상적인 문제 해결 능력을 확인하려는 항목입니다. 이러한 항목은 일반적인 내용이라 자기소개서 작성의 수고로움을 덜어 주는 역할도 합니다. 글자 수의 변동 폭이 크지 않다면, 다른 항목에 겹치지 않는 선에서 내용을 재활용할 수 있기 때문입니다. 자기소개서 항목이 늘 변화하고, 매번 창의적인 답변을 요구한다면 지원자에게 상당한 부담으로 다가올 수 있는데 위의 경우처럼 다소 형식적인 물음에는 익숙한 덕분에 대처가 용이하고 시간 절약마저 가능합니다. 자신의 경험이 기업에 따라 전혀 다른 내용을 띨 수는 없으므로 작성한 내용을 재활용하거나 글자 수에 맞춰 다시 작성하는 것이 쉬운 편입니다.

500자에 맞춰 문제를 설정하고, 다음과 같은 구성으로 해결 과정을 기술해 봅니다.

1. 소제목: 핵심 어휘로 읽는 이에게 방향을 안내한다.
2. 문제 상황 설명: 과도한 설명보다는 해결 과정으로 자연스럽게 이어질 수 있게 바탕 구조를 만든다.
3. 문제 해결 과정: 글자 수를 고려해 자신이 문제 해결에 이바지한 부분에 초점을 맞춰 기술한다.
4. 느낀 점: 문제 극복을 통해 느낀 점을 언급하며 해당 경험에 의미를 부여한다.

페르소나 설정

☑ 캄보디아 해외 봉사 활동에서 의사소통의 제약을 극복한 경험

대학생은 대외 활동으로 해외 봉사를 상당히 많이 하고 있습니다. 경험으로서 보편성은 다소 부족해도 합격자들이 보유한 스펙으로는 높은 빈도를 보여 해외 봉사를 페르소나로 설정했습니다. 문장을 만들어 가는 방법을 알아보겠습니다.

💡 캄보디아에서 그림으로 소통하다

→ 우선 소제목에는 주요 배경 요소인 캄보디아가 들어가야 합니다. '소통하다'처럼 핵심 활동을 개략적으로 보여 주는 표현을 사용합니다.

교내 봉사 동아리 일원으로서 캄보디아 바탐방에 위치한 마을을 방문했습니다. 30명의 학우들과 함께 현장에서 아이들에게 교육 자료를 전달하고 각종 놀이 활동을 진행하며 소통에 힘썼습니다.

→ 문제가 발생한 상황을 설명하기 위해 범위를 좁혀 가며 흐름을 만들었습니다. 봉사 활동의 취지와 규모를 언급했고, 현지 아이들을 대상으로 교육 봉사를 진행하고 있음을 알 수 있습니다. 신뢰도를 높이고자 지역명과 참여 인원을 밝혔습니다.

다음으로 의사소통에 제약을 받는 문제 상황이 등장해야 합니다. 극적인 상황 연출과 자유도가 높은 표현은 삼가야 하는데 지원하는 기업의 성향에 맞춰야 하기 때문입니다. 업계 환경, 시장 구조의 경직도, 시장 특징, 기업 문화 등을 고려해 표현의 자유도를 조절할 수 있는데 엘리베이터 분야는 국내에서 보수 경향성을 보입니다. 이에 부응하는 표현으로 작성하세요.

하지만 언어 장벽으로 인해 아이들과 깊이 있는 대화는 어려웠습니다. 국내에서 준비한 교육 활동이 순차적인 이해를 바탕으로 하고 있어 전체 내용을 온전히 전달하기 위해서는 소통의 정확도를 높여야 했습니다.

→ 문제 상황을 설명했습니다. 현대엘리베이터 항목에서는 문제 상황과 해결을 묻지만, 다른 기업의 자기소개서를 작성할 때는 동일한 문제를 다른 방식으로 접근해 새로운 이야기를 만들 수 있습니다. 언어 장벽 외에 현지의 열악한 환경에 주목하며 공감하는 모습을 보여 줄 수 있고, 낯선 문화를 포용하는 자세도 언급할 여지가 있습니다. 자기소개서에서는 경험이 그만큼 활용도가 높습니다. 자격증 취득과 학력은 자기소개서에 기술할 내용으로는 활용의 제약이 있습니다. 경험은 3,000자의 자기소개서를 너끈히 채우고도 남을 핵심 자산인 셈입니다. 다음으로 문제 해결 내용을 기술하겠습니다.

현지 언어를 배울 시간이 부족했기 때문에 아이들과 소통하는 방법으로 그림을 활용했습니다. 학창시절에 그리기 실력을 다져 온 덕분에 각 상황을 빠르게 묘사해 아이들에게 보여 줄 수 있었습니다. 큰 도화지를 칠판으로 삼아 교육 내용을 설명했고, 그 과정을 통해 아이들과 함께 놀이 활동을 완수했습니다.

→ 문제 해결 과정에 자신의 강점을 보여 줄 수 있다면, 더없이 훌륭한 항목 활용이라고 할 수 있습니다. 그림으로 소통하는 데 자신의 그리기 능력을 도구로 사용했다는 사실에서 지원자의 문제 해결 능력과 특기까지 알 수 있습니다. 놀이 활동을 구체화하면 더욱 신뢰도가 높아질 것입니다. 마무리 부분에는 문제 해결에서 얻은 바를 서술합니다.

캄보디아에서 아이들의 눈높이로 소통하고자 그림을 활용했고, 이를 통해 적극적인 자세와 소통에 필요한 기본 감각을 내재할 수 있었습니다.

→ 경험에서 배운 점 혹은 느낀 점을 소개하며 문단 구성을 마쳤습니다. 300~500자를 요구하는 항목의 경우에는 굳이 작성 내용에 지원 기업 내용을 연결할 필요는 없습니다. 800~1,000자 이상의 항목을 채울 마땅한 내용이 없을 때는 지원 기업을 언급하는 것이 전략적으로 효과적입니다.

자신에게 주어졌던 일 중 가장 어려웠던 경험은 무엇이었는가? 진행하면서 가장 어려웠던 점과 그것을 극복하기 위해 했던 행동과 생각, 결과에 대해 최대한 구체적으로 작성하시오. **1,000자**

항목 분석

1. 문제 해결 과정에서 마주한 난이도 높은 장애를 기술
2. 1,000자이므로 과정 설명에 집중
3. 행동과 생각의 변화 모습을 묘사

경험을 선택하는 것이 어렵지는 않지만, 그 과정에서 부딪힌 어려움을 의미 있게 표현하는 데는 섬세한 주의가 필요합니다. 경험 내용이 직무 혹은 지원 기업의 산업 분야와 연결성이 있다면, 읽는 이에게 전달하는 바가 증가할 수 있습니다. 연결성이 없는 경험이라도 문제 해결 과정을 상세히 기술함으로써 직무 수행 능력을 간접적으로 내보일 수 있으므로 경험 선택 자체는 어려운 게 아닙니다. 미디어 분야인 만큼 표현의 자유도가 다소 높다고 할 수 있습니다. 순차적으로 설명하는 구성이 문제 해결을 드러내는 데 가장 적합합니다.

기업 관련 내용으로 활용할 수 있는 범위는 산업 분야와 직무 정도입니다. 이것마저도 간접적으로 드러내기 보다는 온전히 이야기 구성에만 심혈을 기울이는 것이 낫습니다. 1,000자에 맞게 소제목을 설정하고, 문제 발생 상황과 그에 부합하는 개연성 있는 해결 과정을 시간 순서에 따라 기술합니다. 구체화는 이야기의 신뢰도를 높이는 최선책입니다. 갑작스럽게 이야기를 건너뛰거나 이해하기 어렵게 마무리 짓는 경우에는 퇴고를 통해 해당 부분을 수정합니다. 매력적인 소재가 없더라도 이야기의 표현 능력을 보여 주는 방식으로 지원자의 강점을 드러낼 수 있습니다. 경험에 관한 항목에서는 구성과 표현에 주력하세요.

페르소나 설정

☑ 워킹 홀리데이 자금 마련을 위한 온라인 마케터 활동 경험

어려웠던 경험으로 해외에서 온라인 마케터로 활동한 상황을 상정했습니다. 거절을 수반하는 마케팅 업무 환경에서 좌절하지 않고 실적을 달성하는 과정을 기술하며 적극성과 문제 해결 능력을 표현했습니다.

💡 온라인 마케팅, 냉대를 극복하다

➔ 소제목은 높은 자유도를 감안해 행위와 감정을 배합한 어휘를 사용했습니다. 자기소개서에서 자주 사용하지 않는 어휘를 적재적소에 배치했을 경우 신선한 효과를 기대할 수 있습니다. 페르소나가 체험한 내용을 냉대로 포괄해 이와 같은 효과를 만들었습니다.

아일랜드 워킹 홀리데이를 위한 자금 마련 방도로 교육 업체의 영업을 돕는 텔레마케터로 근무했습니다. 출국까지 시일이 충분치 않았던 까닭에 상당한 수준의 인센티브가 보장되는 텔레마케팅 업무를 선택했습니다.

➔ 소제목에 이어 해당 경험을 선택한 배경을 설명했습니다. 이야기 도입부로는 반드시 필요한 내용입니다. '무엇'과 '왜'에 대한 설명이라고 할 수 있습니다. 온라인 마케팅이 경험 대상이고, 자금 마련의 필요성이 선택 유인입니다.

전혀 모르는 분들에게 전화를 걸어 상담을 시도했지만, 돌아오는 냉대는 견디기 쉽지 않았습니다. 하지만 확실한 목표를 달성하고자 텔레마케팅 환경에 적응해 갔습니다. 그럼에도 정작 가장 중요한 실적은 부진했습니다. 함께 근무했던 분들은 대부분 학부모였고, 교육 업체가 제공하는 상품 정보를 고객의 입장에서 다루며 빠르게 실적을 만들었습니다. 명확한 대조가 10일간 지속되자 회사에서도 분발을 촉구했습니다.

➔ 문제 발생 상황이 등장합니다. 구체적인 설명이 가능한 글자 수이므로 주변 환경까지 포함해 문제 상황을 묘사할 수 있는 소재는 다채롭게 활용합니다. 구체화를 돕고자 숫자 10일을 삽입했습니다.

전화상으로는 신뢰를 형성하기 어렵다고 판단해 다급한 마음을 추스르고 초등학교로 향했습니다. 초등학생을 대상으로 설문 조사를 계획해 집중적으로 학생과 대화를 이어 가던 중 내성적인 성격 탓에 학원을 다니지 못하는 학생을 만났습니다. 마침 해당 학생도 성적 향상을 절실히 원하던 상황이었으므로 학부모와 통화할 수 있었습니다. 텔레마케팅은 일단 거절을 마주하게 됩니다. 이를 원만한 대화로 이끌기 위해서는 강약을 조절해 고객의 수요를 단번에 파악해야 했습니다.

➔ 문제 해결 과정을 서술하는 단계입니다. 행동 중심으로 문제를 다루는 모습을 보였고, 구체적인 사실을 언급하며 신뢰를 유지했습니다. 이처럼 상황을 상세하게 설명함으로써 읽는 이가 과정에 몰입할 수 있는 여건을 마련합니다.

10일간 습득한 거절 극복 요령을 발휘해 온라인 교육의 장점과 성적 향상 사례를 소개했습니다. 아울러, 무료 자기주도학습 테스트를 통해 비용 발생의 저항감을 완화했고, 학생의 성격과 현 상황을 중심으로 학습 계획안을 설명했습니다.

➔ 해결 과정의 막바지 단계로 지원자의 역량이 드러나는 부분입니다. 직무 환경에서 파악한 상황 파악 능력을 토대로 다양한 문제 접근 방식을 소개했습니다.

그 결과, 다년 계약을 체결하며 최초 실적을 거뒀고, 자신감을 바탕으로 학생의 눈높이에서 학부모를 설득해 추가 실적을 올릴 수 있었습니다.

→ 마침내 문제를 해결했고, 구체적인 숫자를 언급해 이야기의 신빙성을 더했습니다. 자신감이라는 어휘로 지원자의 현 상태까지 추측할 수 있도록 내용을 만들었습니다.

텔레마케팅 경험은 설득의 전략이 단순한 열정보다 중요함을 깨닫는 기회였습니다. 또한, 자신의 강점과 약점을 분석해 개선을 이끌어 내는 방법을 익혔고, 중도에 포기하지 않는 끈기와 의지를 강화할 수 있었습니다. 소통은 적극적으로 다가가야 비로소 관계로 이어짐을 체감했습니다.

→ 경험을 기술하는 항목에서는 깨달은 바를 반드시 언급해야 합니다. 경험을 통해 더 나은 모습으로 발전했음을 긍정적인 어휘로 표현합니다. 끈기, 의지, 소통, 관계 등이 이에 해당합니다.

독특한 경험에 해당하는 페르소나로 지원자의 적극적인 자세, 문제 해결 능력, 소통 감각 등을 선보였습니다. 어려웠던 경험을 설명하며 자신의 강점까지 아울러야 높은 효과를 이끌어 낼 수 있습니다.

어떤 사안에 대해 이해관계자들과 우호적 관계를 형성해 본 경험을 작성하시오. 1,000자

항목 분석

1. 이해가 얽힌 상황을 선택
2. 문제 해결 과정에 관계 개선 혹은 조성 경험을 삽입
3. 1,000자에 해당하는 구체화가 필요

조직 생활에서는 어떤 형식이든 관계 확장이 필요하고, 그러한 상황에서 원치 않는 충돌을 빚기도 합니다. 항목이 요구하는 바는 유사한 상황에 제대로 대처했는지 여부입니다. 특별히 상정하기 어려운 상황은 아니지만, 학창 시절에 겪는 경험으로는 자기소개서에 활용할 만큼 내용이 특별하지 않을 수 있습니다. 동기들과 감정 대립이 있거나 동아리 일원과 의견 충돌이 있었고, 이를 해결했지만 관계 형성이라는 틀에서 설명하기에는 그 내용이 다소 가벼운 경우가 많기 때문입니다. 그럼에도 충분히 이야기는 만들어 낼 수 있습니다. 1,000자가 제공하는 설명의 자유로움이 그 해답의 출발점입니다. 결론 예상이 쉽고, 그 과정마저 보편적인 내용일지라도 얼마나 표현에 유의하느냐에 따라 읽는 이가 받는 인상은 다른 양상을 띨 수 있습니다. 타인의 감정을 배려하고 존중하는 접근 방식, 의견을 중재하고 새로운 역할에 적응하는 감각 등이 드러나는 경험이라면 아무리 사소한 내용일지라도 소재로는 충분합니다. 물론 올바른 표현도 중요합니다.

도입부에는 설명할 대상을 언급하며 이야기의 발단을 만듭니다. 자신의 경험만 나열하는 항목이므로 문제 상황과 극복 과정을 상세히 그려 내는 데 초점을 맞추는 것이 중요합니다. 발단 부분만 길게 나열하다가 갑자기 이야기를 마무리하는 식의 기술은 기피해야 합니다. 중심 부분은 위기 극복 내용입니다. 위기 상황과 극복 과정을 상세히 설명한 후, 경험에서 얻은 바를 소개하며 마무리합니다. 지원자의 경험을 기술하는 항목은 대체로 틀이 유사합니다. 일반적인 글쓰기라고 해도 무방하나 다른 점이라면 표현의 수위 조절입니다. 내용과 표현이 어우러져야 읽는 이에게 더 나은 인상을 줄 수 있습니다.

페르소나 설정

☑ 학회 활동 중 내부 갈등 경험

안심Touch

페르소나 설정이 독특하지 않습니다. 이와 같은 항목은 일반적인 내용으로도 충분히 기술할 수 있기 때문입니다. 학회, 동아리, 대내외 활동 중 겪은 갈등을 중심 소재로 활용해 봅니다. 반드시 대단한 사건일 필요는 없습니다. 가벼운 소재라도 관계 개선을 담고 있다면 적합한 소재입니다.

💡 믿음과 신뢰로 학회의 위기를 극복하다

→ 소제목은 과장 없이 결론만 제시했습니다. 특별한 경험은 어휘 자체에 특색이 있어 독특한 인상을 줄 수 있지만, 일반적인 소재에서 비롯된 내용은 굳이 과장할 이유는 없습니다.

끈끈한 관계의 학회원들은 친목 활동으로 더욱 단결이 잘 이루어졌고, 교내에서도 그 강한 유대 관계로 명성이 자자했습니다. 때때로 유대 관계가 강의실로 이어져 자리가 부족한 강의실 자리 선점으로 서로 혜택을 주고받았습니다. 자리 선점은 회원들이 서로 친하다는 이유로 자연스럽게 이뤄졌습니다.

→ 이야기의 발단 부분을 소개하는 단계입니다. 요구 글자 수가 1,000자이므로 상세한 설명이 가능합니다. 주어진 조건을 설명한 후, 문제의 발단인 자리 선점을 어휘로 제시해 전개 방향을 만들었습니다. 위 내용만으로도 페르소나의 원만한 관계 능력을 알 수 있습니다. 이런 방식으로 장점을 드러내며 추가적으로 위기 극복 능력까지 보여 주는 것이 전략의 핵심입니다.

하지만 상호 협력이란 자리 선점이 다른 학우들에게 피해를 준다는 교내 비판이 점차 퍼졌고, 결국 학회에 사과를 요구하는 대자보가 학교에 붙기까지 했습니다. 심지어 학회원 중 한 명이 공개적으로 인신공격을 당하는 사태도 발발해 위기감은 상당히 고조되었습니다.

→ 현 단계에서 위기 상황을 서술했습니다. 상세한 묘사로 극복해야 할 어려움을 강조했습니다. 문제가 어려울수록 극복에 따른 성취감은 큽니다. 극적인 효과를 배가하는 작업이지만, 지나치게 과장하는 것은 올바르지 않습니다.

이러한 상황에서 저는 학회의 잘못을 솔직히 시인하고 사과했고, 지나친 비판 및 학회원 인신공격은 삼가 달라고 부탁하자는 의견을 제시했습니다. 일부 학회원들은 적극적 대응이 오히려 문제를 확대할 수 있다는 이유로 반대 의사를 표현했습니다. 결국 특별한 대책도 없이 외부 비판에 직면했고, 그 기세는 잦아들지 않고 계속 커져만 갔습니다. 마침내 공개 사과 의견에 반대하던 학회원들도 상황의 심각성을 파악했습니다. 지속적인 설득 끝에 학회원 모두가 사과와 재발 방지 약속에 동참함으로써 거센 비난을 잠재울 수 있었습니다. 대자보 형식을 통해 공개적으로 사과했고, 자리 선점 문화를 없애자는 활동도 병행했습니다.

→ 학회 내부에서 의견 규합과 갈등 해결에 앞장서는 모습을 소개하며 항목의 핵심 요건인 우호적 관계 형성에 이르는 모습을 보였습니다. 순차적으로 문제 해결 과정을 기술했고, 자신뿐만 아니라 단체가 함께 동참한 내용으로 이야기를 마무리했습니다. 다음으로는 경험에서 얻은 바를 언급합니다.

이 경험을 통해 조직의 다양한 구성원들은 어려움에 맞닥뜨렸을 때, 의견 통일에 힘써야 함을 깨달았습니다. 의견 합일의 과정에서 가장 중요한 점은 구성원들 간의 신뢰와 믿음이었습니다. 강한 유대 관계로 빚어진 상호 신뢰는 마찰을 완화함으로써 빠른 의사 결정에 큰 도움을 주었습니다. 아울러, 객관적으로 상황을 빠르게 파악해 서로의 의견을 존중하며 문제에 유연히 대응해야 조직의 발전도 기대할 수 있음을 확인했습니다.

➜ 페르소나마다 내용은 상이하겠지만, 경험을 통해 느낀 점과 깨달은 점은 반드시 언급해야 합니다. 더 넓은 시야로 경험의 의미를 확대하는 것도 유용합니다. 소제목에서 사용했던 어휘로 전체 내용을 아우르며 핵심을 강조했습니다. 일반 경험도 적절한 기술 방식에 의해 효과적인 소개가 될 수 있습니다.

안심Touch

타인과 함께 어렵거나 불리한 상황을 극복한 경험과 당시 애로 사항 해결을 위해 노력했던 내용을 기술하시오.

500자

항목 분석

1. 협업 능력
2. 문제 해결 능력

지원자에 따라서는 해당 사항을 찾기 어려운 경우도 있겠지만, 과제 수행이든 봉사 활동이든 2인 이상이 함께 문제 해결을 위해 노력했던 경험을 샅샅이 찾아보면 유사 사례라도 나올 수 있습니다. 그와 반대로 협업 경험이 풍부하다면, 문제 상황이 특별하거나 문제 해결에 기여한 바가 큰 사례를 선택합니다. 소재의 범주는 사실 엄청나게 넓습니다. 국내외 여행, 봉사 활동, 팀 과제, 공모전, 체육 대회, 축제 준비 및 진행, 동아리 활동, 군대 등으로 사람들과 함께 문제를 해결한 상황은 전부 해당합니다. 1과 2가 고르게 드러나고, 협업에 열린 자세와 문제 해결에 적극적인 모습을 보여 주는 것이 중요합니다. 상황에 비약이 없는지, 과도한 과장이 눈에 거슬리지 않는지 등은 작성 후 점검해 봐야 합니다. 500자는 보편적인 요구 글자 수입니다. 상황 설명에 이어 자신의 입장과 해결에 앞장선 모습을 소개하면 완결입니다.

자신이 선택한 상황을 설명하고, 순차적으로 문제에 이르는 과정을 서술합니다. 특정 문제에 대한 자신의 생각을 알리는 것이 아니라 본인이 경험한 내용을 소개하는 것이므로 작성에 큰 부담은 없습니다. 내용만큼 표현이 중요한 항목입니다. 동일한 내용이라도 표현하는 방식에 따라 전혀 다른 느낌을 만들 수 있기 때문입니다. 상황을 전개할 때 이야기의 중심은 문제 해결과 협업에 두고, 상황 설명의 비중을 조율하세요. 지나친 상황 설명으로 중심 내용을 소개할 글자 수가 부족해질 수 있습니다. 문제 해결 과정을 소개할 때는 설령 독자적으로 문제를 해결했더라도 책임과 배려의 자세를 바탕으로 노력한 모습을 보여야 합니다. 다른 사람들을 다독여 끝까지 함께 문제를 해결한 것은 리더십을 드러내는 방식일 수 있습니다. 협업 능력과 문제 해결 능력을 읽는 이에게 사례로 보여 주는 동시에 상황에 따라 리더십, 책임감, 배려, 설득력, 인내력 등을 지원자의 강점으로 드러낼 수 있습니다. 문제 해결 내용에 이어 그러한 경험을 통해 배운 점을 마무리로 덧붙이며 항목을 마무리합니다.

☑ 팀 과제 수행 중 팀원 간 의견 충돌 경험

전공 혹은 교양 수업과 관련 없이 팀원들과 함께 의견을 교류하고 결정해야 하는 상황을 가정합니다. 첫 문장은 상황 설명으로 시작하세요. 굳이 두괄식으로 작성하고 싶다면, 소제목에 결론을 작성하는 것이 표현 중복을 피하는 방법입니다. 미괄식으로 접근해도 소제목에 핵심을 담아내는 것은 동일합니다. 어느 방식이든 첫 문장은 상황 설명이 가장 효율적입니다.

💡 **객관적 자료와 면밀한 소통을 갈등 중재에 사용하다**

→ 팀원 간 의견 차이를 줄이기 위해 페르소나가 사용한 방법을 제목에 기재했습니다. 사실에 입각한 소통으로 갈등을 극복했다는 것이 이야기의 핵심입니다.

마케팅 조사론 수업으로 4명이 팀을 이뤄 과제를 수행했습니다. 시장 조사를 토대로 현장 탐사를 거치며 과제 내용을 실증해야 했기 때문에 전략이 중요한 상황이었습니다.

→ 팀을 구성해 수행해야 하는 과제의 특성을 언급하며 간략하게 상황을 제시했습니다. 상황 설명은 분량이 많을 필요가 없고, 해당 상황에 다수가 동참하고 있음을 알리면 충분합니다. 현장 탐사에 대한 내용은 자세히 다루지 않지만, 상황의 구체화로 신뢰도를 높일 수 있습니다.

하지만 팀원들의 의견이 극명히 나뉘었습니다. 과제 완수를 위해서는 무엇보다 소통과 설득이 필요했습니다.

→ 문제 발생 상황을 묘사하고, 해결을 위해 필요한 내용까지 언급하며 다음 문장 내용을 예상할 수 있게 이끌었습니다. 자연스러운 흐름을 형성하는 것이 읽는 이의 이해를 도울 수 있습니다.

이에 팀원 간 의견 마찰을 중재하고자 각 팀원과 대화를 시도하며 입장 전달과 설명을 반복했습니다. 데이터를 기반으로 상호 협조하는 분위기를 조성했고, 과제 수행 단계도 발표로 소개하며 양측의 의견 교류에 힘썼습니다.

→ 지원자가 문제 해결에 영향을 미친 모습을 설명하기 시작했습니다. 상황 설명, 문제 발생, 문제 해결을 순서에 따라 기술하며 팀 활동에서 자신의 역할을 소개했고, 간접적으로 장점도 서술했습니다. 위 내용에서 핵심 어휘는 중재, 협조, 발표, 교류이며, 이를 통해 협업과 문제 해결 능력뿐만 아니라 적극적인 자세도 알리는 효과가 있습니다.

그 결과, 의견 일치에 이를 수 있었고, 제한 시간 내 과제를 완수해 우수한 성적을 거둘 수 있었습니다.

➜ 원만한 문제 해결로 갈등을 해소하고, 이야기를 종결합니다. 성취 수준이 높을수록 이야기의 여운은 보다 강렬할 수 있지만, 그렇다고 억지스럽게 내용을 각색할 필요는 없습니다.

이러한 경험을 통해 상대방의 이야기를 들으며 원활히 소통하는 자세를 익혔고, 설득에는 이성과 감성의 조화에 바탕을 둔 전략이 필요함을 확인했습니다.

➜ 마지막으로 경험을 통해 얻은 바를 소개하며 해당 경험으로 지원자가 한층 성장할 수 있었다는 사실을 전달합니다.

새로운 것을 접목하거나 남다른 아이디어를 통해 문제를 개선했던 경험에 대해 서술하시오(기존 방식과 본인이 시도한 방식의 차이/새로운 시도를 하게 된 계기/새로운 시도를 했을 때의 주변 반응/새로운 시도를 위해 감수해야 했던 점/구체적인 실행 과정 및 결과/경험의 진실성을 증명할 수 있는 근거가 잘 드러나도록 기술).

1,000자

항목 분석

1. 창의적인 도전 경험
2. 문제를 해결하거나 개선한 결말
3. 과정을 상세히 묘사
4. 의사 결정 단계를 서술
5. 경험에서 배운 점 소개

창의적으로 문제를 해결하거나 개선한 경험을 묻는 항목입니다. 창의적이라고 생각하는 이유는 직간접 비교를 통해 나타냅니다. 경험을 직무와 반드시 연결할 이유는 없습니다. 자신의 경험 중 새로운 아이디어를 제시하며 능동적으로 문제 해결에 이른 내용을 선택합니다. 주변 상황을 면밀히 관찰해 개선안을 도출하기, 적극적인 자세로 문제에 관심을 기울여 돌파구 마련하기, 역발상으로 문제 자체를 재설정하기, 아이디어로 경쟁하는 공모전 입상하기, 시장 기회를 발견하고 창업하기 등이 창의적 경험에 해당합니다. 범위와 소재는 무궁무진하지만, 순수 발명이 아닌 이상 위의 내용처럼 학생 신분으로 경험이 가능한 영역에서 관련 경험을 찾아야 합니다. 창의적인 도전 경험이 없는 경우에는 일상에서 소재를 발굴합니다. 비용 절감, 학습 분량 증대, 시간 엄수, 과제 수행을 위한 협업 등을 내용으로 주체적인 개선을 이뤄 낸 사례를 찾아보세요. 1,000자를 한 가지 사례로 채우기 어려울 때는 창의적인 도전으로 묶을 수 있는 경험을 세 가지 이하로 설명합니다. 그 이상으로 경험을 소개하면 이야기 흐름이 분산돼 뚜렷한 인상을 남기기 어렵습니다.

이 항목을 기술하기 위해서는 창의의 범위를 넓혀야 합니다. 본인이 시도한 내용이 이미 세상에 존재할지라도 자신이 당면했던 상황에서 그 방법이 자신과 주변 사람들에게 새롭다는 인상을 남겼다면, 창의적인 경험이라고 할 수 있습니다. 소개하는 내용이 창의적인 개선안을 담고 있는가에 대해 스스로 의구심을 품기보다는 상황 설명을 통해 읽는 이에게 창의적인 개선안이라고 설득해야 합니다. 물론 특별한 경험이 있을 때는 군이 이와 같은 방식으로 이야기를 풀어낼 이유가 없습니다. 관련 내용이 없을 때는 더 나은 변화를 이끌어 냈던 경험을 소재로 활용합니다. 경험과 함께 지원자의 강점을 드러 내야 합니다. 두 가지 이상의 사례를 언급하는 경우에는 마지막 부분에 개별 경험을 공통 속성으로 연 결하는 작업이 필요합니다. 또한, 배운 점과 느낀 점을 덧붙이며 경험 소개의 원칙을 지켜야 합니다.

페르소나 설정

☑ 편의점 아르바이트 경험
☑ 롯데마트 인턴 근무 경험

관찰과 도전을 연결하며 페르소나의 설정 내용에서 창의적인 면모를 추려 냈습니다. 편의점과 이마트 는 시장 접점에서 문제 해결을 이뤄 내기에 적합한 장소입니다. 개선 내용을 소개하고, 그 방법을 창 의적인 시도와 관점으로 연출합니다. 두 가지 경험은 성격이 유사합니다. 고객 중심에서 상황을 바라 보며 새로운 기회를 만들어 냈기 때문입니다. 각 경험을 구체적으로 서술하고, 항목의 요건에 부합하 도록 창의성을 강조하며 작성하겠습니다.

💡 **시장 접점에서 관점을 뒤집는 창의성으로 성장 기회를 만들다**

→ 두 가지 경험을 통합해 기술하는 방법은 내용의 일반화입니다. 제목을 통해 이야기의 방향을 제시하 고, 내용에 따라 이야기를 구체화하며 일반화한 제목에 특별함을 더합니다.

이태원 편의점에서 유통 접점을 체험하며 시장 수요와 관리 방안을 학습했습니다.

→ 시장 접점에서 맞이한 경험의 기본 방향입니다. 두 가지 경험을 분할해 소개할 것이므로 첫 문장에 방향을 안내해야 작성이 수월합니다.

아르바이트 근무하던 지역에 경쟁 편의점이 들어서면서 고객 유입이 줄어들었습니다. 위기를 극 복하고자 해결 방법 마련에 집중했고, 진열대 위치 변경과 상품 할인 홍보를 여러 차례 시도했습 니다.

→ 새로운 시도가 필요한 상황을 소개합니다. 다양한 시도를 펼친 모습은 페르소나의 적극성을 드러냅 니다.

하지만 한정된 수요를 새로운 편의점과 나누는 상황에서 매출액을 높이기는 쉽지 않았습니다. 기 존 고객을 유지하는 방향으로 전략을 선회해 새롭게 방법을 모색하기 시작했습니다. 그 과정에서 이태원이라는 특징을 간과하고 있었음을 알 수 있었습니다.

→ 관찰을 토대로 도출한 개선안이 등장합니다. 페르소나가 기존 관점에서 탈피해 새로운 시각으로 사 안을 조망하고 있습니다.

이태원에는 단기 체류하는 관광객보다 장기 체류하는 근로 외국인이 많습니다. 이러한 점을 고객 유지 전략에 접목해 외국인 전용 스탬프 카드를 제작했습니다.

→ 상황 분석에 이어 페르소나가 시도한 스탬프 카드가 편의점 경험의 핵심입니다. 스탬프 카드가 기존에 없던 창조적인 발상은 아니지만, 주어진 상황에서는 충분히 새롭다고 평가할 수 있습니다. 이 항목에서 창의성은 넓은 범주로 융통성 있게 해석합니다. 기술한 경험에 개선 결과만 있다면, 과정은 창의성을 피력하는 도구인 셈입니다.

편의점 이용 시 스탬프를 통해 할인 혜택을 부여함으로써 단골 고객을 확보했고, 친근한 자세로 대화를 나누며 편의점 이용률을 높였습니다. 그 결과, 외국인 매출 비중이 늘었고, 매출 총액도 회복 기조를 보였습니다.

→ 개선에 따른 결과가 나타나는 단계입니다. 이를 통해 항목 요건을 충족했습니다. 또한, 친근한 자세를 강점으로 소개하며 조직 적합성을 한층 높였습니다.

외국인은 타국에서 서로 의존하는 경향을 보이므로 새로운 인력이 이태원에 유입될 때마다 소개를 통해 고객 확대가 이뤄지는 선순환이 일어납니다. 현장 상황을 바탕으로 장기적 안목의 해결 방안을 마련하며 효율과 편의 신장 관련 경험을 쌓았습니다.

→ 내용을 추가해 페르소나의 관찰과 분석 능력을 선보였습니다. 이러한 태도에서 현상을 더욱 깊게 바라보는 페르소나의 창의력도 추론이 가능합니다.

또한, 롯데마트 수입품 관리팀에서 영업 관리 인턴으로 근무하며 영어 전용 계산대와 영문 안내 문구 아이디어로 우수한 평가를 받았습니다.

→ 두 번째 경험이 등장합니다. 첫 번째 경험과 마찬가지로 핵심 사항을 언급하며 방향을 안내합니다.

매장에서 외국인에게 다가가 이용상의 문제점을 묻자 영문 안내가 없어 불편하다는 답변을 들었습니다. 이를 토대로 영문 전용 계산대 아이디어를 보고서로 제출해 매장 환경 개선을 이뤄 냈습니다.

→ 적극적인 자세로 문제 해결에 앞장선 모습이 보입니다. 영문 안내가 없다는 사실에서 영문 전용 계산대 아이디어를 떠올렸다는 점은 창의성으로 연출할 수 있는 요소입니다.

관점의 변화로 매장 수요를 높일 수 있다는 사실도 확인할 수 있었습니다.

→ 경험에서 배운 점을 언급합니다.

이태원 편의점과 롯데마트 인턴 근무에서 익힌 시장 접근법을 활용해 새로운 관점으로 보다 많은 기회를 창출하겠습니다.

→ 마지막 분상에서는 두 가지 경험을 조합했습니다. 새로운 관점과 기회 창출을 어휘로 배치해 제목과 연결했습니다.

안심Touch

남들과 다른 새로운 관점으로 변화 혁신을 추구한 경험과 그를 통해 배운 점이 무엇인지 기술하시오. <small>800자</small>

항목 분석

1. 상대적으로 새로움을 띤 경험을 선정
2. 경험 과정을 서술
3. 변화와 혁신의 속성을 부각하며 배운 점 언급

창의, 혁신, 변화를 부분적으로나마 속성으로 내재하고 있는 경험을 선정합니다. 새로운 관점이 지극히 보편적인 게 아니라면, 경험의 배경에서 상대적으로 새로운 내용만 있어도 항목 요건에 부합합니다. 가령 대학 팀 과제 수행 중에는 팀원 간 역할 분배로 형평성을 유지합니다. 이와 같은 상황에서 역할 분배 없이 전원이 각 역할에 동참하는 건 충분히 가능합니다. 물론 타당한 이유를 설명해야 합니다. 보편적인 상황에서는 상대적으로 덜 보편적인 변화도 새로운 관점에 해당하므로 절대적인 새로움을 찾기보다는 자신의 경험을 그에 맞게 연출합니다. 경험 과정을 800자에 맞게 구체적으로 소개하고, 배운 점을 언급하며 항목을 완성하세요.

이 항목의 주안점은 경험의 구체적인 서술과 변화를 이끌어 내는 도전적인 자세입니다. 변화가 필요한 상황을 제시하고, 직면한 문제를 해결하며 그 과정에서 자신이 수행한 새로운 시도를 소개합니다. 이 항목은 GS리테일 인재상 중 하나인 창의 역량을 지원자에게 묻고 있는 까닭에 GS리테일 관련 정보는 필요 없습니다. 강점이 드러나도록 표현에 유의하세요.

페르소나 설정

☑ 의류 수입업 경험

페르소나는 수입업을 운영하다가 환율 위기를 겪었습니다. 수입은 환율에 지대한 영향을 받으므로 누구나 공감할 수 있는 위기 상황입니다. 혁신을 추구한 모습은 환율 상승을 이점으로 사용한 부분에서 등장합니다. 수입업을 운영했다는 사실에서는 페르소나의 도전적인 자세를 알 수 있습니다. 과정을 서술하며 항목 요구 조건에 부합하도록 내용을 구성합니다.

💡 **의류 재판매 사업으로 유연한 영업 전략을 익히다**

→ 재판매 사업과 유연한 영업 전략이 핵심 어휘입니다. 제목을 기술할 때는 해당 경험에서 가장 대표적인 어휘를 추려 내는 것이 중요합니다.

대학 시절, 패션에 남다른 관심을 갖고 의류 수입 시장에 뛰어들었습니다.

→ 첫 문장에서 경험의 동기를 간략하게 소개하고, 주요 내용인 의류 수입 시장을 언급하며 글의 흐름에 속도감을 부여했습니다. 동기 자체가 중요한 경우에는 과정 소개만큼 동기를 설명하는 데 노력을 기울여야 합니다. 의류 판매업은 특별한 동기가 있기보다는 관심에서 시작하는 활동이므로 동기를 간략하게 언급했습니다.

초반 전략은 단순했습니다. 트렌드를 짚어 내는 감각을 활용해 해외 사이트에서 의류를 구매한 후, 국내에서 판매하는 방식이었습니다. 이를 위해 의류 매장과 웹사이트를 철저히 분석하며 판매 확률이 높아 보이는 의류 위주로 수입했습니다.

→ 사업 운영 전략을 소개하는 단계입니다. 트렌드 감각, 분석력이 페르소나의 강점으로 나타납니다. 앞으로 소개할 변화와 혁신 내용이 공감대를 형성하기 위해서는 이와 같은 상황 설명이 필요합니다.

구매한 의류를 소비자들이 선택할 때마다 성취감을 느꼈습니다.

→ 이야기의 전반부는 도전과 성취로 채웠습니다. 경험에서 느낀 점을 이야기의 중반부에 삽입해 후반부에 소개할 위기 상황의 극적 효과를 높였습니다.

하지만 급작스럽게 환율이 강세를 보이며 수입만으로는 영업 이익을 창출할 수 없는 상황을 맞이했습니다. 또한, 국내 명품 시장이 활성화되며 대형 수입 업체가 가격 경쟁력을 갖춘 까닭에 수입 판매 전략으로는 승산이 없었습니다.

→ 위기 상황을 서술하는 단계며, 이러한 상황이 있어야 혁신의 당위성을 강화할 수 있습니다.

언론 기사를 통해 해외에서 수입해 국내가 아닌, 해외 시장에 되팔아 성공한 영업 사례를 접했습니다. 이에 판매 전략을 바꿔 수입 상품을 중국과 일본 시장에 되팔기로 결정했습니다.

→ 위 문장은 문제 해결 과정을 다루고 있으며 이야기의 흐름과 자연스럽게 어울립니다. 국내 시장에 판매하고자 시작한 사업은 환율 위기를 통해 판매 장소를 해외 시장으로 변경하며 항목 요구 조건인 변화를 담아내는 형태로 거듭났습니다.

정식 수입 업체는 사전 대량 주문을 통해 계약 체결 당시의 환율로 수입하므로 상승한 환율을 경쟁 요소로 활용할 수 있다는 점이 핵심이었습니다. 이러한 발상의 전환으로 환율 위기를 극복하고 목표 이익을 달성할 수 있었습니다.

→ 부연 설명을 더해 경험을 구체적으로 서술했습니다. 발상의 전환을 어휘로 삽입해 항목 요구 조건과의 연결 고리를 강화했습니다. 페르소나의 경험 내용이 혁신과 변화를 다루고 있음을 읽는 이에게 확실히 알리고자 어휘로 '발상의 전환'을 사용했습니다. 이와 같은 조치는 경험의 다면적 속성에 의해 소개하는 경험이 항목 요구 조건과 완벽하게 일치하지 않을 때 유용합니다. 물론 내용이 전혀 관련이 없을 때는 효과가 없습니다. 소개하는 내용은 창의 상황을 담고 있는데 항목 요구 조건이 소통일 때는 이러한 조치가 효과를 발휘하지 못하므로 적어도 내용상 항목 요구 조건과 연결성은 보여야 합니다.

본인의 특별한 경험, 성취에 대해 자유롭게 기술하시오 (어학, 운동 등은 제외). 1,200자

항목 분석

1. 성취한 경험을 선택
2. 다량의 글자 수에 맞춰 구체화 진행
3. 유연한 표현 가능

요구 글자 수가 많아 내용을 구체적으로 기술해야 합니다. 특별하거나 성공한 경험이 적지 않다면, 2가지 정도로 추린 후 분할해 소개할 수 있습니다. 자유로운 기술인 만큼 문장 표현력이 중요합니다. 시간 순서에 따라 자연스럽게 서술하고, 그 경험에 의미를 부여하는 것을 잊지 마세요. 경험만 덩그러니 소개하고 그친다면, 항목의 숨은 의도를 놓치는 셈입니다.

기술 전략의 요점은 1,200자에 얼마나 효과적으로 대응하느냐 입니다. 1,200자를 충족하기 위해서는 과정 설명에 대한 비중을 늘리고, 문제 직면 상황과 극복에 이르는 모습을 보여 주는 것이 적절합니다.

1. 소제목을 설정한다.
2. 경험의 동기를 소개하며 이야기를 시작한다.
3. 경험 내용을 구체적으로 기술한다. 위기와 극복 과정을 보여야 흥미가 배가 된다.
4. 경험에서 배운 바를 기재한다.

페르소나 설정

☑ 디자인 분야 구매 대행업으로 성공을 경험한 후, 시장 상황에 대응해 사업을 접은 경험

직무와 연관성을 보이는 경험이 아닐지라도 기업이 추구하는 역량과 직간접적으로 연결된다면 선택은 적절합니다. 페르소나가 보이는 디자인 분야에 대한 관심은 창의적 기획과 서비스를 구현하는 현대카드와 연결성이 있습니다.

💡 시장의 틈새, 그 속에서 찾은 사업 기회

→ 현대카드가 마주한 카드사 간 경쟁을 페르소나에 대입하며 유사한 상황에서 해결책을 모색했음을 간접적으로 알렸습니다. 글자 수가 1,200자이므로 초반부터 흥미를 유발하는 문구로 시작합니다.

의류와 액세서리는 변화 주기가 빨라 관찰의 묘미가 상당합니다. 색채와 디자인에 관심이 많아 지속적으로 패션 트렌드를 파악해 오던 중, 해외 구매에 대한 일반인의 수요를 발견했습니다.

→ 페르소나의 관심사를 드러냈고, 동기를 소개하며 앞으로 펼쳐질 이야기의 범위를 확정했습니다. 변화 주기, 관찰, 디자인, 색채, 패션 트렌드, 수요 등으로 이어지는 어휘는 시장 감각을 키워 갈 수 있는 소양을 보여 주는 역할을 합니다.

2005년에는 온라인 쇼핑몰이 지금처럼 성업하던 시기가 아니었습니다. 브랜드와 상품의 가치를 남들보다 빨리 알아챈 수요자들이 해외 구매를 시도하고 있었고, 이런 현상에 동참해 대행 수수료로 이익을 볼 수 있겠다는 판단이 들었습니다. 친구와 함께 해외 구매 대행 사업을 시작하며 온라인상으로 구매자들과 의견을 나눴고, 대량 주문으로 할인 폭을 늘려 이익 증대를 시도했습니다. 예상보다 많은 수의 구매 희망자가 몰려 상대적으로 낮은 가격에 구매할 수 있었고, 시중 가격보다 20% 이상 낮은 가격으로 경쟁력을 높였습니다. 해외 구매 대행업은 성황리에 성공을 이어 갔고, 이익금도 빠른 속도로 계좌에 쌓여 갔습니다.

→ 구체적인 과정을 기술하며 경험의 신뢰도를 높였고, 성공에 이르는 방법을 언급함으로써 항목의 목적도 담아냈습니다. 과정을 살펴보면, 페르소나의 소통 능력과 상황 판단력을 알 수 있습니다.

하지만 진입 장벽이 없던 구매 대행 시장에 대규모 자본력을 지닌 기업이 등장하자 소규모의 해외 구매 대행사는 점차 시장 지위를 잃어 갔습니다. 그런 흐름에 휩쓸려 시장 경쟁력을 잃을 수 없다고 판단해 친구와 함께 그 동안 모아 둔 이익금을 투자에 사용했습니다. 대기업의 규모에 의한 상품 공급 속도에 필적하고자 구매 희망자로부터 주문을 받기도 전에 대량으로 상품을 구매했습니다. 트렌드 방향을 적절히 읽어 냈을 경우에는 대기업보다 빠르게 시장에 반응할 수 있었지만, 방향을 잘못 읽으면 회복할 수 없는 상황에 빠질 우려가 있었습니다. 결국, 우려대로 트렌드는 바뀌었고, 시장 반응을 이끌어 내지 못한 상품은 재고로 쌓여 자금난에 처할 위기에 놓였습니다.

→ 성공으로 이야기를 마무리할 수 있지만, 위기 대처 능력을 보여 주고자 사업 퇴각까지 내용으로 다뤘습니다. 글자 수가 많더라도 표현을 무작정 늘어만 놓아서는 안 됩니다. 흐름에 따라 표현을 수정하세요.

친구와 상의 끝에 남은 재고를 처분하고 사업을 정리하기로 결정했습니다. 시장의 틈새를 읽고 재빠르게 사업으로 연결해 성공의 문턱에 이르렀으나 경쟁에서 살아남기 위한 무모한 결단으로 도전을 멈춰야 했습니다.

→ 소통을 통해 사업을 정리하는 과정을 기술했습니다. 소제목에서 표현했던 시장의 틈새를 다시 한 번 언급하며 처음과 끝을 아울렀습니다.

해외 구매 대행의 사업적 특성을 보다 현실적 감각으로 마주했다면, 사업의 시작점을 포착하듯 적절한 사업 정리 시기도 주체적으로 결정할 수 있었을 것입니다. 직접 사업을 운영한 경험을 통해 매 순간 결정을 준비하고, 엄정한 분석으로 시장과 자신의 차이점을 파악해야 한다는 점을 깨달았습니다.

→ 마지막으로 경험에서 얻은 바를 소개하며 전체 이야기를 종결합니다. 관련 어휘 사용을 통해 현대카드에서 업무를 수행하는 데 필요한 역량을 우회적으로 드러냈습니다. 위의 사례처럼 자신의 경험을 기업의 지향점과 조직 문화에 접목해 표현할 수 있습니다. 항목의 요구에 문자 그대로 대응하는 데 그칠 것이 아니라 함의까지 담아내며 기술해야 이야기의 매력도를 높일 수 있습니다.

살아오면서 가장 힘들었던 일과 이를 극복했던 경험, 또는 도전 정신, 끈기, 헌신으로 남들과 차별화된 성과를 낸 사례를 기술하시오.

700자

항목 분석

1. 성과 혹은 극복 과정이 두드러진 경험을 선택
2. 결과가 긍정적인 내용
3. 강점을 강조

갈등과 어려움을 내포한 경험은 항목에서 언급한 헌신, 끈기, 도전 등이 과정에 있기 마련입니다. 이에 위 항목을 단순하게 성과 창출 경험을 소개하는 것으로 해석해도 무방합니다. 과정에서 겪는 어려움은 표현하기 나름이고, 도전과 끈기 없이 결실을 이뤄 내는 건 어렵기 때문에 가장 자신 있게 소개하고 싶은 경험을 선택하는 것으로 요건을 충족할 수 있습니다. 건설사의 조직 문화를 고려해 표현의 자유도는 다소 낮추고, 겸손함과 정확함이 드러나도록 작성합니다. 형용사, 부사의 사용 빈도를 최소화하는 게 그 방법 중 하나입니다.

경험의 범위는 제약이 없습니다. 공사장 용역, 자전거 국토 종주, 공모전 도전, 다양한 아르바이트, 해외 봉사 등의 경험에서 얼마든지 극복과 성과를 담아낼 수 있습니다. 내용의 핵심을 전달할 수 있도록 제목을 설정하고, 과정에서 직면한 문제와 환경을 설명합니다. 시간 순서에 따라 작성하고, 문맥에 맞게 자신의 정성적 강점을 소개합니다. 지원자의 도전, 끈기, 헌신 등의 자세가 돋보이도록 관련 어휘를 문단 내부에 배치하세요. 배운 점과 느낀 점을 언급하고, 이를 토대로 현대건설에서 보여 줄 모습을 강한 의지와 함께 소개하며 문단을 마칩니다.

페르소나 설정

- ✅ 설계 공모전 입상
- ✅ 건축시공 지원
- ✅ 협업과 도전 자세가 강점으로 작용

페르소나 설정 내용 중 설계 공모전 입상이 가장 인상적입니다. 지원 기업 분야와 맞닿은 경험이자 입상에 성공한 결실까지 갖췄기 때문입니다. 공모전 준비 과정에 팀원 간 협업, 도전 정신, 끈기가 요소로 들어갈 수 있고, 배운 점과 느낀 점도 충분히 이끌어 낼 수 있습니다. 소재 선택이 적절할 때 지원자의 매력도는 높아지고, 작성도 무척 수월해집니다. 직무 적합성을 드러내는 공모전 경험을 토대로 페르소나의 강점을 표현해 보겠습니다.

💡 2억 원을 절감하다

→ 적지 않은 금액을 절감했다고 선포하며 궁금증을 자아냈습니다. 그 대상은 이어지는 문장에서 설명합니다. 이처럼 생략을 통해 동일한 주어가 제목 바로 밑에 반복 등장하지 않도록 구조를 잡았습니다. 근접한 위치에서 동일 어휘를 반복하는 것은 정성 부족으로 비춰질 수 있습니다.

제목을 '대학생 설계 VE 공모전에서 2억 원을 절감하다'로 설정하면, 다음 등장하는 첫 문장인 '대학생 설계 VE 공모전에 참가해 절감한 LCC 금액은 2억 원에 달합니다'와 중복됩니다. 이런 형식이 틀렸다기보다는 반복의 부정적인 효과를 굳이 감수할 필요가 없다는 것입니다. 문장 구성 요소의 생략이 혼돈을 야기하는 것이 아니라, 호기심을 자극하는 정도라면 표현 전략이라고 할 수 있습니다.

대학생 설계 VE 공모전에 참가해 절감한 LCC 금액은 2억 원에 달합니다.

→ 제목에서 생략한 대상을 언급하며 구체화했습니다. 이 문장에서 경험의 요체는 전부 드러납니다. 게다가 건축 분야 공모전이라 읽는 이의 기대감을 충족하는 효과도 있습니다.

팀원들과 함께 입상을 목표로 공모전 준비를 시작했지만, 처음 접해 보는 분야였기 때문에 접근 방법조차 몰라 시간이 지날수록 팀 내 분위기도 가라앉았습니다.

→ 성과 창출을 위해 도전하는 과정에서 마주한 첫 번째 위기입니다. 팀으로 활동한 사실과 낯선 분야에 도전한 정황을 간략하게 설명했습니다.

이를 개선하고자 대화를 통해 부족한 부분을 파악했고, 해당 내용을 정리해 팀원들에게 나눠 줬습니다.

→ 소통을 통해 문제 해결을 시도한 모습입니다. 협업에 임하는 페르소나의 적극적인 자세를 알 수 있습니다.

VE 공모전 수상 작품, 기능 분석 방법, LCC 분석 방법까지 발표하며 설명에 힘썼습니다.

→ 낯선 분야를 팀원들과 함께 이해하고자 헌신한 모습입니다. 발표, 분석 등의 어휘를 적용해 페르소나의 강점을 간접적으로 표현했습니다.

안심Touch

그 결과, 팀원들은 적극적으로 준비에 임했고, 총 공사비 40억원 중 2억 원을 절감하며 입상에 성공했습니다.

→ 공모전의 결과로 성과를 의미합니다. 어려운 과정을 극복해 위 결과에 이르렀고, 여기까지 내용으로 항목 요건을 전부 충족했습니다.

공모전 경험을 통해 다수의 사람들과 프로젝트를 완수하기 위해서는 솔선수범의 준비 자세가 필요하다는 사실을 알았습니다.

→ 솔선수범을 언급하며 페르소나의 강점을 강조했습니다. 이는 항목 요건인 헌신과 관련성을 띠고, 경험에서 배운 점도 의미합니다.

건축시공 엔지니어로서 업무 수행 중 협력 업체 간 간섭 상황에 놓이더라도 준비된 자세와 통찰력 있는 판단으로 목표를 실현하겠습니다.

→ 문단의 마무리는 의지 피력 형식이 가장 무난합니다. 유용한 어휘인 통찰력을 덧붙이며 내용을 마무리했습니다.

가장 도전적인 목표를 세우고 성취해 낸 구체적인 경험, 자신의 행동, 결과 등을 기술하시오. 1,000자

항목 분석

1. 도전의 속성을 갖춘 경험을 핵심 소재로 설정
2. 순차적으로 자신의 역할을 소개

지역 중심의 관광공사라는 점을 고려해 경험 내용으로 소통 능력, 기획력, 책임감, 협업 능력 등을 보여 주는 데 초점을 맞춥니다. 경험을 임의적으로 만들 수는 없으므로 이미 겪은 경험에서 위의 속성을 부각할 수 있도록 표현에 유의합니다. 글자 수가 많은 편이라 상세한 설명이 가능하고, 기술할 만한 내용이 많다면 단락을 나눠 두 가지 정도로 나눠 소개할 수 있습니다. 또한, 한 가지 경험 내용으로 1,000자 분량을 채울 수 없을 때도 두 가지 경험으로 나눠 소개하는 것이 가능합니다. 물론 이런 경우에도 소제목은 필수겠지요? 내용이 많을 때는 읽는 이가 전체 윤곽을 파악할 수 있게 제목을 붙이는 것이 더 나은 인상을 주는 방법입니다. 상세한 서술로 경험 내용을 구체화해 신뢰도를 높이고, 시간 순서대로 자신의 결단과 행동, 그에 따른 결과를 기술하며 항목의 요구 사항을 충족합니다. 도전 대상이 발전 과정을 내포해야 글의 구조를 설정할 수 있습니다. 자신이 생각하기에 분명 대단한 도전이 아니었을지라도 자기소개서를 완성하기 위해서는 도전으로 설정해야 합니다. 목표 달성에 이르기까지 어떠한 형태든 장애물이 있고, 노력이 필요한 모든 활동이 도전 대상입니다. 해당 경험이 전무하다 해도 수업 내 과제 수행, 단점 극복 노력 등에서 소재를 찾아봅니다.

1,000자를 채우기 위해 소개할 내용의 비율을 조절합니다. 30%는 상세한 상황 설명과 도전에 임하게 된 이유를 도입부에 소개하고, 다음으로 40%는 갈등과 위기를 내포하고 있는 과정을 서술합니다. 나머지 30%에는 자신이 문제를 극복해 얻은 결실을 알리고, 제주관광공사에서 이를 활용해 발전하겠다는 포부를 밝힙니다. 소제목을 설정할 때는 경험의 핵심 어휘를 활용합니다. 두 가지 내용으로 경험을 소개할 때도 비율은 동일합니다. 소제목은 두 가지를 설정하고, 각 경험을 30 : 40 : 30 비율로 작성합니다. 이 비율은 유연하게 조율할 수 있으나 도입부를 지나치게 늘리면, 핵심에 이르기 전에 읽는 이가 포기할 수 있습니다. 거듭 이야기하지만, 읽는 이는 사람이므로 사람의 감성과 인지 특징을 감안해 작성해야 합니다. 각 구간의 비율 조절이 필요한 것이지 두 개의 구성이 필요한 게 아닙니다. 문장 표현에 주의를 기울여 유기적으로 1,000자를 연결하세요.

☑ 팀을 이뤄 자전거 국토 종주에 도전한 사례

역경 극복 의지와 동료애를 보여 주는 자전거 국토 종주를 사례로 설정했습니다. 다양한 경험 사례 중 유독 빈번히 등장하는 보편적인 사례입니다. 자전거 사용 편의가 높아진 환경이 이와 같은 경험 증가에 영향을 미친 듯합니다. 경험이 보편적이라 해도 의미가 퇴색되는 것은 아닙니다. 활동 내용이 다소 거칠고 위험한 까닭에 여성보다는 남성 경험자가 압도적으로 많습니다. 소제목에 자전거 국토 종주를 언급하며 전체 내용을 알리고, 첫 문장에는 도전을 결심한 정황을 소개하세요. 간략하게 전체 흐름을 살펴보겠습니다.

💡 협력의 가치를 확인한 자전거 국토 종주

체력 강화를 위해 세 명의 친구들과 함께 자전거 국토 종주에 도전했습니다.

➔ 거창한 동기가 필요하지는 않습니다. 체력 강화, 순수한 도전, 기부 목적 등 본인이 결심한 이유를 소개하세요. 동기보다는 과정이 더 중요한 활동이므로 준비 내용까지 기술해야 합니다. 전 과정이 예상되는 보편적 경험에서는 그 과정을 통해 자신의 강점을 보여 주는 데 유의합니다.

3일간의 종주 일정 계획을 수립했고, 각 구간마다 숙박업소를 미리 지정해 반드시 목표를 달성해 야 하는 환경을 조성했습니다. 상비약을 팀원과 나눠 구비했고, 만일의 사태에 대비해 자전거 교체와 수리를 위해 이용할 수 있는 인근 업체 정보를 확보했습니다. 또한, 날씨 변화에 대응하고자 기능성 의류 위주로 의상을 갖췄고, 차량을 소지한 지인들에게 상황을 미리 알려 긴급할 때 여유 롭게 대처할 수 있도록 준비했습니다. 아울러, 자전거 국토 종주를 마치기 위해 한 달 전부터 체력 훈련을 반복했습니다.

➔ 보편적인 내용으로 1,000자를 채우려면 해당 경험에서 장점이 될 만한 사항을 빠짐없이 추출해야 합니다. 준비 과정을 보여 줌으로써 지원자가 계획성 있는 자세를 갖췄다는 사실을 전달했습니다.

악천후가 연이어져 예상보다 1일 목표 달성이 쉽지 않았습니다. 한 친구가 발바닥에 물집이 잡혀 점차 뒤처졌고, 호흡을 맞추기 위해 속도를 조절하며 서로 응원했습니다. 늦은 시간에 숙소에 도 착했지만, 다음날 주행을 위해 자전거를 상세히 정비했습니다. 또한, 주행 중 겪었던 내용을 친구 들과 공유하며 개선점을 함께 숙고했고, 상호 협의를 거쳐 상황에 맞게 계획을 수정했습니다.

➔ 도전 과정에서는 응당 역경과 갈등이 등장하기 마련입니다. 그 수위는 본인이 경험한 바에 따라 다 르겠지만, 각 상황에서 주체적으로 대응하는 모습을 보여 주는 것이 중요합니다. 홀로 의견을 결정 하는 독단적인 모습, 팀원과의 다툼으로 인한 의기소침한 모습, 계획만 고집하는 답답한 모습 등은

설령 본인이 그 과정에서 실제로 보여 준 행동이라고 해도 자기소개서에 그대로 적어서는 안 됩니다. 앞의 내용에서는 지원자의 장점을 확인할 수 있습니다. 팀원을 배려하고, 목표를 달성하기 위해 준비에 힘쓰고, 소통하는 자세로 상황에 유연히 대처하는 모습을 고르게 볼 수 있습니다. 이처럼 도전 과정에서 지원자의 강점을 보여 주며 항목을 효율적으로 활용하세요. 역경 내용 소개와 극복 과정을 다룬 후에는 결과를 언급합니다.

친구들과 함께 국토 종주를 계획대로 마쳤을 때는 성취감을 느끼며 할 수 있다는 자신감도 한층 커졌습니다. 자전거 국토 종주를 통해 현실에 입각해 계획을 수립하는 방법을 익혔고, 동료들과 소통하는 감각을 내재할 수 있었습니다. 이러한 경험을 토대로 교내 마라톤에 참가해 우수한 성적을 거뒀습니다. 제주관광공사에서 계획성 있는 업무 자세로 제주도의 특색을 살려내는 데 이바지하겠습니다.

➜ 국토 종주로 얻은 바를 언급하며 이야기의 범위를 확장했습니다. 경험의 성격에 따라 덧붙일 내용은 다른 모습을 띨 수 있습니다. 위의 사례에서 지원자가 자전거 국토 종주를 결심한 이유는 체력 강화였습니다. 이에 체력과 관련된 마라톤으로 경험에서 얻은 바를 연결했습니다. 제주관광공사에서 수행할 직무 혹은 역할을 전반적으로 그려 내는 문장을 삽입하며 무게 중심을 제주관광공사로 옮겼습니다. 도전 내용이 보편적일지라도 지원자의 강점과 결과를 보여 주는 데 초점을 맞추면 훌륭하게 항목을 완성할 수 있습니다.

안심Touch

What makes you move? 무엇이 당신을 움직이게 하는지 기술하시오. 1,000자

항목 분석

1. What makes you move? = 열정을 쏟는 분야가 무엇인가?
2. 열정을 보여 줄 수 있는 경험을 소재로 선택
3. 경험에서 느낀 바를 언급
4. 현대자동차에서 그 열정을 어떻게 활용할지 기술

차라리 영문으로 기재하는 편이 나을 듯한 항목입니다. 이는 현대자동차가 밀어붙이고 있는 항목인데, 의미를 살펴보면 일반적인 유형의 항목임을 알 수 있습니다. 이와 같이 본질은 기존의 항목과 동일하나 표현만 변형한 항목이 여러 기업에서 빈번히 등장하고 있습니다. 낯선 질문이라고 당황하거나 혼동할 이유가 없습니다. 기업이 지원자로부터 알고 싶은 내용은 미래에도 변함이 없을 것입니다. 기업은 지원자의 글쓰기 능력을 확인하려는 의도로 새로운 항목을 시도할 수 있겠지만, 그 외의 경우는 이미 존재하는 자기소개서 항목에서 크게 벗어날 수 없습니다. 찬찬히 항목을 읽어 보면 단순히 표현만 바꾼 경우가 대부분입니다. 다소 낯선 현대자동차의 첫 항목은 열정이 담긴 경험을 중심 소재로 삼아 행동 위주로 설명하고, 그 경험에서 깨달은 바를 반드시 표현하세요. 자연스럽게 지원자를 움직이는 실체가 드러날 것입니다.

열정은 도전, 경쟁, 목표 등의 성격을 포함하므로 대부분의 경험 영역과 범주를 공유합니다. 폭넓은 선택지에서 1,000자 분량으로 과정을 서술할 수 있는 내용을 선택합니다. 이야기가 단순할수록 1,000자를 고유한 내용으로 채우기 어렵고, 중언부언하거나 불필요한 표현을 열거하기 십상입니다. 경험을 선택한 후에는 자유롭게 과정을 표현합니다. 1,000자가 제공하는 이점은 표현의 자유도가 높다는 점입니다. 형용사, 부사를 적절한 위치에 제약 없이 사용하고, 읽는 이가 정확히 이해할 수 있게 작성해야 합니다. 또한, 그 경험에서 느낀 점을 기술하는 건 필수입니다. 지원자의 열정이 현대자동차에서 어떤 형태로 활용될지 포부 형태로 작성하며 항목을 마무리합니다.

☑ 도전을 열정 요소로 선택
☑ 자전거 국토 종주 경험

자전거 국토 종주는 열정을 담아내기에 적합하고, 과정도 상당히 길어 1,000자 분량을 충족하는 데 어려움이 없습니다. 열정의 대상이 현대자동차와 직접적인 연관을 보이는 사례는 무척 드뭅니다. 자동차 관련 공모전, 마케팅, 투자, 튜닝 등을 제외하고는 표면적으로 열정 대상을 현대자동차와 연결할 수는 없습니다. 설령 연관성이 있다고 해도 작위적인 느낌이 강할 수 있으므로 경험 선택 시 순수한 열정을 최우선 순위로 설정하세요. 문단을 마무리할 때는 해당 경험에서 보여 준 열정과 느낀 점을 현대자동차에서 활용할 방안을 설명합니다. 이 과정에서 자연스럽게 현대자동차와 열정의 접점이 생겨납니다.

💡 **자전거 국토 종주, 불가능을 극복하고자 도전하다**

→ 열정과 연결된 경험으로 자전거 국토 종주를 선택했으므로 제목에 이를 언급했습니다. 불가능에 도전해 성장을 도모하는 것이 페르소나를 움직이는 힘이라고 할 수 있습니다.

자신의 한계에 도전해 성장하는 과정을 즐깁니다.

→ 제목에 기재한 도전의 궁극적인 목적을 성장이라고 명시하며 항목 요건에 맞게 부연 설명했습니다.

대학교 3학년 여름방학 때 자전거 국토 종주는 불가능한 목표였습니다. 서울에서 부산까지 자전거로 여행하기는 결코 쉬운 일이 아니었습니다. 여행을 결심했을 때 주변 사람들은 일반 자전거로 부산까지 종주하기는 것은 무리라고 충고했지만, 체력만큼은 강하다고 자부했기 때문에 도전을 감행했습니다.

→ 자전거 국토 종주를 결정한 이유를 소개하며 페르소나의 마음가짐을 표현합니다.

사전 준비 없이 여행을 떠나자 사소한 상황에도 어려움을 겪기 일쑤였습니다. 자전거 타이어는 펑크가 나 주변 사람들의 도움을 받아야 했고, 주행 도중 비가 내려 홀딱 젖기도 했습니다. 또한, 일반 자전거로는 올라가기 힘든 고갯길을 힘으로 극복하려다 엉덩이에 멍도 들었고, 심지어 안장에 앉을 수 없는 상황에 처했습니다.

→ 다양한 위기를 소개하며 도전을 더욱 도전답게 연출했습니다. 시간 순서에 따라 기술해야 읽는 이가 쉽게 이해합니다.

부산까지 도달하겠다는 의지로 엉덩이에 파스를 겹겹이 붙이고 페달을 연신 밟았습니다. 고생 끝에 부산시에 진입했고, 체력적 부담을 이겨 내며 간신히 부산 낙동강 하굿둑에 도달했습니다. 말로 표현할 수 없을 만큼 기뻤고, 아직도 당시 기억이 생생합니다.

→ 위기를 극복한 후의 소회를 밝히며 경험 소개를 마무리했습니다. 1,000자를 기입할 수 있어 상세한 묘사가 가능합니다.

그 이후 불가능은 성취감을 만끽하기 위해 겪어야 하는 극적인 요소라고 생각하기 시작했습니다. 어려움이 있어야 그에 따른 즐거움이 더욱 커지기 때문입니다.

→ 경험을 통해 느낀 점을 이야기하며, 열정이 부여한 결실을 언급합니다.

이와 같은 경험을 통해 불가능에 도전해 자기 의지로 원하는 결과를 만들어 가는 자세를 익힐 수 있었습니다.

→ 자전거 국토 종주에서 배운 점을 정리하는 문장입니다. 호흡으로 비유하자면, 가쁘게 내쉬던 숨이 시간이 지남에 따라 안정적인 숨으로 바뀌는 것과 같습니다.

현실에 안주하지 않고 끊임없이 도전하며 발전하는 것이 목표입니다. 현대자동차에서 자전거 국토 종주로 마음에 담은 도전 자세를 업무에 연결해 단계별 목표를 철저히 완수해 나아가겠습니다.

→ 마지막으로 현대자동차에서 페르소나의 열정을 업무에 적용할 방법을 포부 형식으로 밝힙니다.

 **MEMO**

06

·

"자신을 내보여라.
그러면 재능이 드러날 것이다."

PART 06

성장 과정 중심의 유형

작성 요령

조직에 융화할 수 있는 사람이라는 점을 알리는 데 필요한 항목입니다. 성장 과정의 출발 시점은 과도하게 과거로 잡아서는 안 되겠지요? 유년기의 이야기를 들려주고 싶다면, 현재 내용과 연결되는 점이 있어야 합니다. 그 내용은 길지 않아야 하며, 특수성에 바탕을 둔 경우에는 이야기의 시작점으로 유용합니다. 대표적인 사례가 유년기에 겪은 해외 생활 경험입니다. 타국에서 현지 문화와 언어를 익혔다는 점이 적응력과 적극성을 방증하는 역할을 합니다. 유년기에 체험한 특별한 경험이 성장에 미친 영향이 두드러진다면, 이야기로서 가치가 충분합니다. 성장 과정의 시작점이 유년기가 아니라면, 경험으로 소개할 만한 내용이 등장하는 시점을 기준으로 삼아 기술합니다. 가족 구성원의 애정과 관심, 친지들과의 화목한 관계 유지 등 성장 과정에서 일반적으로 일어나는 사항은 소개 내용 중 나중으로 미뤄 둡니다. 가급적 일반화할 수 있는 내용은 기피하는 것이 항목을 효과적으로 활용하는 방법입니다. 누구에게나 해당하는 사항은 기업 측에서 기대한 내용이 아닙니다. 성장 과정에서 조직 적합성과 잠재성을 보여 줄 수 있는 사례 위주로 추려 내는 과정이 필요한 이유입니다. 성장 과정 항목은 개인의 역사를 기술하는 항목이 아니라 지원자가 기업이 신뢰할 만한 개인이라는 점을 알리는 게 핵심인 항목입니다. 이 항목에서는 기업에 대한 언급이 불필요합니다. 성장 과정을 통해 지원자가 기업의 인재상에 부합함을 우회적으로 보여 주는 것이 관건이며, 설령 그에 맞는 내용이 없더라도 도전과 발전을 포괄하는 경험을 소개해 성장 과정에 뒤따르는 항목을 관계자가 제대로 읽도록 유도합니다.

개인이 쌓아 온 경험을 상세하게 소개하기보다는 시간에 따라 핵심 내용을 간략하게 언급해야 타 항목과의 내용 중복을 피할 수 있습니다. 자기소개서의 타 항목을 살펴본 후, 성장 과정 외에는 특정 배경 스펙을 설명할 기회가 없다면, 그 내용을 전부 기술합니다. 하지만 자기소개서 요구 글자 수가 평균 3,000자에 가까우므로 성장 과정 외의 항목에서 경험을 언급할 기회는 많습니다. 상세한 내용은 타 항목에서 활용해야 하므로 성장 과정 항목에서는 핵심만 소개합니다.

⊙ 정상 범주의 사람입니다

성장 과정 항목에서 다채로운 경험을 소개하며 매력을 발산할 수 있는 지원자도 적지 않겠지만, 대체로 소소한 성장 과정을 소개하는 지원자들이 많은 것이 사실입니다. 초등학교부터 대학교까지 거쳐오며 겪었던 일들을 이야기하거나 가족 소개와 가족 구성원과의 관계를 넌지시 알려 주는 사례도 자주봅니다. 초반부터 강렬한 인상을 주고자 특별한 경험을 나열할 수도 있지만, 강약을 조절하는 방법으로 일반적인 내용을 소개하는 것도 안정적인 인상을 주는 방면으로는 효과가 있습니다.

지원자가 조직에서 인간관계를 유지할 수 있고, 새로운 환경에 통상적인 수준의 적응력을 보일 수 있음을 보여 주는 게 성장 과정의 핵심입니다. 그 위에 특별한 내용을 얹어 뚜렷한 인상을 남기는 것입니다. 우선, 지원자가 정상 범주의 사회성을 지녔음을 보여 주고, 이를 바탕으로 배경 스펙을 소개하며 학창 시절에 발전을 위해 노력해 왔음을 알려 주면 성장 과정의 항목을 적절히 활용한 셈입니다.

하지만 정상 범주의 모습을 보여 주는 데 집착한 나머지, 지나치게 진부한 이야기만으로 소개를 마친다면 분명 읽는 이가 지루함을 느끼겠지요?

누차 강조하지만, 자기소개서를 수학적 논리로 정밀하게 분석할 수는 없습니다. 지원 기업에서 선호할 만한 어휘의 유무가 자기소개서 평가 요소로 설정될지는 상황과 시기마다 다른 까닭에 알기 어렵지만, 읽는 이가 사람인 만큼 자기소개서를 보며 지원자에 대한 주관적 인상을 가질 수밖에 없습니다. 좋은 인상을 줄 수 없는 내용과 과도한 진부함은 반드시 피해야 합니다. 진부한 소재와 본인에게 유리하지 않은 경험은 스스로 소개하지 않는 한 지원 기업 측에서 알 길이 없습니다.

그렇다면 진부함과 지원자에게 불리한 내용이 무엇인지 살펴보겠습니다.

📍 가족 관련 내용에서 특이점을 찾아보자

굳이 가족 구성원과 가족 관계를 소개하지 않아도 될 만큼 성장 과정 항목에 기재할 내용이 많은 지원자는 해당 사항이 없으나 요구 글자 수가 과도하게 많은 자기소개서를 작성할 때는 종종 활용할 여지가 있습니다.

부모님, 조부모님, 형제, 자매, 남매 등의 관계에서도 얼마든지 이야깃거리가 있습니다. 대가족 환경에서는 배려, 공손, 예의, 존중 등의 자세를 배울 수 있습니다. 따라서 이러한 내용을 본인의 성품으로 자연스럽게 소개합니다.

조부모님과 함께 거주하는 경우, 단순히 대가족 환경에서 자랐다고 언급하는 데 그칠 것이 아니라 할아버지와 할머니를 위해 배려하며 느낀 점과 깨달은 사항을 이야기하면 지원 기업의 직무 혹은 환경에 연결할 내용을 발굴할 수 있습니다. 예시로 살펴보겠습니다.

편찮은 할머니의 건강 회복을 돕고자 저녁마다 함께 산책을 하며 말동무가 되어 드렸고, 할머니의 걸음걸이에 맞추기 위해 항상 느긋한 속도를 유지했습니다. 비록 산책은 오랜 시간이 걸렸지만, 할머니의 눈높이에서 매번 화제를 바꿔 가며 배려의 자세를 익힐 수 있었습니다.

일상 속 지원자의 모습을 성장 과정에 담아내 조직 체계에 순응할 수 있는 모습을 간접적으로 보여 줬습니다. 이러한 방식으로 글자 수에 따라 가족 내용을 삽입하거나 제외할 수 있습니다.

터울이 많이 나는 동생을 보살피는 경우에는 책임감을 보여 주는 게 용이하고, 자영업을 하시거나 맞벌이는 하시는 부모님을 도와 자신의 일과를 스스로 해결한 내용으로는 자립심을 보여 주는 것이 가능합니다. 또한, 경우에 따라서는 편부모 환경에서 자라 온 과정을 소개하며 강한 생활력과 주도적인 모습을 전달할 수 있습니다.

가족 환경에서 본인이 체득한 내용과 깨달은 사항을 소개하는 것이 중요합니다.

반면, 가족 내용을 진부하게 활용한 사례는 다음과 같습니다.

> • 화목한 가정에서 애정을 듬뿍 받으며 성장했습니다.
> • 오빠와 남동생과 어울리며 우애를 다졌습니다.
> • 아버지는 엄격하셨고, 어머니는 자애로우셨습니다.
> • 원하는 모든 것을 해 주신 부모님께 감사함을 느낍니다.

위의 문장을 보면, 가족에 대한 일반적인 내용임을 알 수 있습니다. 이렇게 진부한 내용을 활용해 지원자의 특징을 소개하거나 조직 적응력과 사회성을 보여 주는 것이 쉽지는 않겠지요? 그렇더라도 진부함에서 답을 찾아내는 방법은 있고, 심지어 다양합니다.

부모님의 교육 방침을 토대로 자유롭게 새로운 경험을 쌓았다거나 부모님이 설정한 원칙에 따라 성장한 이야기, 넓은 범주의 성격 스펙트럼을 체험한 내용 등을 진부한 소재에 덧입힐 수 있습니다.

가족 관련 내용은 소재가 부족할 때와 본인의 성품을 소개할 필요가 있을 때 활용하면 글자 수 충족과 좋은 인상 제시에 효과적입니다.

♥ 성장 과정에서 불리한 내용은 빼자

자신만 알고 있어도 괜찮은 어두운 개인사는 자기소개서에서 굳이 알릴 이유가 없습니다. 이러한 내용은 직감적으로 파악할 수 있지만, 반전 요소로 활용하고자 사용할 때가 있습니다. 가령 학창 시절에는 매번 늦잠을 자서 지각하기 일쑤였으나 군 복무 후에는 성실한 모습으로 거듭났다고 본인을 소개하면 현재에 가까운 사실을 통해 자신의 장점을 부각하는 듯하지만, 결국 약간의 흠을 남기는 셈입니다. 지각이라는 단어가 읽는 이의 뇌리에 남을 수 있기 때문입니다. 분명 문장 내용으로는 지원자가 성실해졌음을 알리고 있지만, 읽는 이의 성향에 따라서는 지각이라는 단어가 더 강렬하게 다가올 수 있습니다. 지원자가 자칫 인상을 원치 않는 방향으로 이끌어 버릴 위험을 감수할 이유는 전혀 없습니다.

방법은 과거 사실을 빼는 것입니다. 과거에 지각했다는 사실을 알리지 않고, 군 복무를 통해 성실한 자세의 중요성을 알았으며, 이를 생활 자세의 근간으로 삼았다는 정도로 소개하면 충분합니다.

유사 사례는 상당히 많습니다. 기업에 지원하며 실패한 재수 혹은 삼수 경험을 이야기해 득을 볼 여지는 거의 없는 게 사실입니다. 자책과 후회가 들어가는 성장 과정보다는 진취와 도전이 담긴 성장 과정이 더 나은 인상을 줍니다.

게으름과 방관적 생활 자세처럼 성격에 연유한 태생적인 특징은 근본부터 옳고 그름에 대한 판단이 개입하므로 소개하지 않는 것이 해답입니다. 반면, 소극적인 자세와 내향적인 성격과 같은 일반 유형은 그 자체로 장점이 있으므로 부정적 판단으로 이어지지는 않습니다. 지원 직무가 영업이라면, 이러한 성격은 개선이 필요할 것입니다. 이에 지원자가 개선에 노력을 기울여 일부 성과를 거뒀다면, 그러한 내용을 과정으로 담아 표현합니다. 부정적인 판단이 개입할 여지가 없는 특징은 반전 요소로 매우 효과적일 수 있습니다.

반전 요소로 읽는 이에게 부정적 인상을 줄 여지가 있는 내용은 과감히 생략하고, 변화한 모습을 중심으로 서술하세요. 누구나 조금씩은 게으르고, 그런 탓에 실패한 경험도 있으니 읽는 이가 인간미를 느낄 수 있도록 사실대로 소개해 진솔함을 전달하고 싶다는 생각은 위험합니다. 타인에게 자신을 소개할 때 일부 이야기는 걸러야 합니다. 특히, 첫인상을 좌우할 만한 사항은 더욱 유의해야겠죠. 성장 과정 항목의 목적은 지원자의 안정감과 특이점을 소개하는 것인데, 사실 그대로 자신을 알려 안정감을 훼손할 필요는 없습니다.

📍 전공 학습으로 얻은 바를 설명하자

대학 생활 동안에 다양한 경험을 쌓는 것은 성장을 위해 반드시 필요하고, 학생의 본분인 전공 학습은 대내외 경험과 함께 성장에 필요한 과정의 일부입니다. 성장 과정 외에 전공 학습을 언급할 기회는 있지만, 성장 과정에 학창 시절의 모습을 보여 주는 게 순서상 자연스럽습니다. 대학교 혹은 고등학교에서 이수한 과목을 상세히 기술하는 항목은 결코 아닙니다. 전공 과정이 지원 직무 내용과 연결되거나 성실한 자세를 강점으로 보여 줄 수 있을 때 해당 내용을 기술하는 것이 가장 적절합니다. 지원 직무와 외적으로 관련성이 없을 때는 전공 내용을 소개하기가 부자연스럽습니다. 예를 들어, 롯데호텔 홍보팀에 지원하는데 본인의 전공이 기계공학이면 성장 과정 항목에 전공으로 배운 내용을 기술할 하등의 이유가 없겠지요. 이럴 때는 군이 전공 내용을 언급하기보다는 배경 스펙과 학창 시절 활동을 이야기하는 편이 낫겠지만, 글자 수가 부족하거나 내용이 특정 시점과 특정 분야에만 치우칠 때는 전공 과정에서 익힌 강점 사항을 소재로 활용할 수 있습니다. 위의 사례에 이를 적용해 보면, 기계공학 전공 수업에서 팀 과제와 정밀한 실험을 반복적으로 수행하며 정확한 의사소통과 협력 자세를 익힐 수 있었다고 표현할 수 있습니다.

지원 직무의 특징은 직감적으로 파악이 가능한 내용 외에는 검색을 통해 필요한 내용을 확인합니다. 직무 특징에 입각해 전공 학습 과정에서 습득한 자세와 지식을 서술하고, 전체 내용에서 전공 관련 내용이 차지하는 비중은 크지 않아야 합니다. 성장 과정에서 전공 내용이 과대한 비중을 차지할 경우, 지원자에 대한 안정감을 전달하기 어렵기 때문입니다. 성장 과정 항목은 내용의 균형이 중요합니다. 지원 직무가 전공과 명확히 연결될 때는 학습 내용을 언급하는 게 강점으로 드러날 수 있지만, 설사 그렇더라도 비중은 크지 않은 것이 낫습니다. 지원 직무와 전공이 뚜렷한 관련성을 보일 때는 다른 모습을 보여 주며 기대감을 높이는 게 필요하고, 동일한 조건의 지원자들과 비교해 차별화를 이루기 위해서라도 전공 외의 배경 스펙과 교내외 경험을 소개해 보세요.

◉ 시간 순서에 따르면 읽기가 수월하다

과정의 속성이 시간의 흐름을 바탕으로 삼고 있어서 자신의 성장에 대해 이야기할 때는 순서에 따르는 게 자연스럽고, 기술하기도 한결 쉽습니다. 세세한 부분까지 이야기의 흐름에 넣지 말고, 본인의 장점을 보여 주는 데 필요한 시점 위주로 이야기를 이어 갑니다. 유년기를 시작으로 초등학교, 중학교, 고등학교, 대학교까지 매 사건을 시간에 따라 서술한다면, 심각한 수준의 지루함을 첫 항목에 선사하게 되므로 임의로 시작 시점을 선택할 수 있습니다. 대학교부터 이야기를 시작해도 전혀 이상할 것이 없습니다. 특이 사항이 있을 때는 시점을 과거로 잡아 서술해도 흥미를 유지할 수 있습니다. 가령, 유년기에 부모님의 영향으로 해외 생활을 했을 때는 그런 경험이 지원 직무와도 연결성이 있어서 시점을 과거로 설정해도 전달하는 바가 많습니다. 특별히 표현할 내용이 없더라도 가족 구성원과 가족 관계를 서술할 수 있어 시점은 요구 글자 수와 소재의 총량에 따라 변화합니다. 하지만 어떠한 경우에도 시간 순서에 따라 기술하는 것이 수월하다는 점은 잊지 말아야 합니다. 작성자뿐만 아니라 읽는 이도 시간 순서가 익숙하기 때문입니다. 역순이 초래하는 작성의 불편함을 예를 들어 비교해 보겠습니다.

대학에서는 정치외교학을 전공하며 다양한 과목을 수강했습니다. 정치 토론 동아리에서 활동하며 전공 지식의 깊이를 더했고, 사회 현안을 복합적으로 바라보는 안목도 갖추고자 노력했습니다. 유년기부터 정당인으로 활동해 오신 아버지를 보며 정치에 흥미를 느꼈고, 이러한 영향으로 자연스럽게 정치를 배우겠다고 결심했습니다. 선거철에는 집안 분위기도 항상 긴장 상태였고, 아버지를 통해 정치의 순기능에 대한 설명을 들으며 정치적 사안을 바라보는 자세를 익혔습니다.

➔ 대학생의 성숙한 모습으로 이야기를 시작하고 있으나 유년기 이야기가 이어지며 순서가 바뀐 듯한 인상을 남깁니다. 원인과 결과의 순서를 바꿔 작성하는 것은 강조를 위한 방법일 수 있지만, 자기소개서의 성장 과정 항목은 읽는 이를 고려해야 하므로 시간 순서가 보다 적합합니다. 이를 수정해 작성하면 다음과 같습니다.

정당인으로 활동해 오신 아버지를 바라보며 정치의 순기능에 대해 생각할 수 있었고, 이를 통해 정치를 자세히 배우고 싶다는 열망을 마음에 담았습니다. 선거철마다 집안에 감도는 긴장감에 익숙해졌고, 아버지께 정치에 대해 질문하며 정치의 사회적 역할을 알아볼 수 있었습니다. 정치외교학과에 진학해 다양한 강의를 수강하며 배움에 집중했고, 사회 현안을 다양한 시각으로 분석하고자 노력했습니다.

위의 예시는 완결 내용이 아니지만, 순서에 따라 작성할 경우 후속 내용을 이어 가기가 한결 수월합니다. 시간 순서대로 작성해야 읽는 이의 기대감을 충족감으로 연결할 수 있고, 이러한 과정은 다음 항목으로 이어져 지원자의 전체 인상을 형성하는 데 영향을 미칩니다.

안심Touch

기업별 예시

1. 삼성SDI	p.193	5. 신한은행	p.203
2. GS리테일	p.196	6. 아시아나항공	p.207
3. YTN	p.198	7. 현대종합상사	p.210
4. 한진	p.201		

자기소개서 항목 중 오롯이 자신의 이야기만 기술하는 항목이라 가볍게 다루기 쉽습니다. 반드시 주의 사항을 확인해야 실수를 피할 수 있습니다. 정상적인 사람이라는 신호를 보내는 데 초점을 맞추고, 자기소개서에 어울리는 표현을 사용하면 매력 발산에 걸림돌은 없습니다. 예시를 통해 성장 과정으로 소개해도 무방한 내용을 추려 내는 감각을 익혀 보세요!

> 본인의 성장 과정을 간략히 기술하되 현재의 자신에게 가장 큰 영향을 끼친 사건, 인물 등을 포함해 기술하시오.
>
> 1,500자

항목 분석

1. 핵심사건 중심의 성장 과정
2. 인적 역량이 엿보이는 소재 선택
3. 현재와 연결 가능한 내용으로 구성

자신의 성장 과정에서 직무 역량에 간접적으로나마 연결할 수 있는 소재를 선택해 기술합니다. 무턱대고 시간 순서대로 성장 과정을 간략하게 소개할 필요는 없습니다. 자신에게 영향을 미친 사건과 인물은 소재의 범위가 상당히 넓습니다. 지원자가 느낀 점이 결과의 전부인 소재보다는 역량 개발에 긍정적인 영향을 미친 내용을 선택해 기술하세요. 이 항목에서는 자신의 핵심 경험이 등장하는 게 가장 적절합니다.

사건과 인물을 소개할 때, 자신의 성장 과정이 자연스럽게 들어갈 수 있도록 배경 설명에 유의합니다. 각 요소에서 지원자의 역량을 짐작할 수 있게 내용을 표현하는 전략이 필요합니다. 자신에게 미친 영향이 역량 개발에 이바지했음을 간접적으로 보여 주면 충분합니다. 글자 수 분량이 넉넉한 편이므로 중심 이야기는 3가지 정도로 구성합니다. 중요도가 높은 이야기를 먼저 소개하고, 개별 이야기가 지원 직무에 맞닿을 수 있도록 짜임새를 잡아 주세요.

페르소나 설정

- ☑ 사회학과 심리학 전공
- ☑ 연극 공연회 활동
- ☑ 전자 제품 블로거 활동
- ☑ 영화 홍보 아르바이트

개인의 성장 과정에서 소개할 내용은 이보다 더 많겠지만, 지원 직무가 영업 마케팅이므로 관련성 있는 사건 위주로 선택했습니다. 사회학과 심리학 지식은 대중 심리와 사회 현상을 이해하는 데 유용하고, 연극 공연회에서 맡은 홍보 역할은 마케팅과 직접적인 연관성을 띕니다. 전자 제품 블로거 활동은 삼성

SDI의 제조품과 밀접한 분야이고, 영화 홍보 아르바이트도 마케팅과 관련성이 뚜렷합니다. 이와 같이 지원 기업과 직무 요건에 부합하는 요소 중심으로 성장 과정을 기술하는 게 전달하는 바가 많습니다.

💡 조직과 시장에 대한 호기심, 경험에서 해답을 찾다

사회 문화와 개인 기호에서 나타나는 다양한 욕구를 각종 현상에 비춰 보며 변화 양상을 탐구하고자 사회학과에 진학했습니다. 심리학과 병행해 탐구 대상을 넓혀 가며 열정적으로 국내외 현상을 분석했습니다.

➜ 마케팅 직무는 시장과 사회를 다각적으로 연구하므로 페르소나의 전공인 사회학과 심리학이 무척 유용합니다. 성장 과정에서 직무와 연결할 수 있는 요소를 찾아 소개하는 게 필요합니다. 막연히 유년기부터 이야기를 시작해서는 이야기의 초점을 확실하게 잡을 수 없습니다. 대체로 대학교 시기에 활용 가능한 소재가 풍부합니다.

직접 집단의 특성을 체감하며 시야를 확대하고 싶어 연극 공연회에서 홍보 업무를 담당했습니다. 당시 연극 공연은 일부 학생들만의 문화 행사로 분류되는 경우가 많았습니다. 이러한 상황에서 벗어나기 위해서는 다양한 취향을 반영해 연극을 기획하는 것이 필요했고, 관람객의 범위도 학생뿐만 아니라 일반인까지 포함해야 했습니다.

➜ 동아리 경험은 풍성한 이야깃거리의 보고입니다. 동아리에서는 다수의 인원이 협력하며 문제 해결을 도모하고, 자신의 역할에 책임감을 갖고 수행하기 때문입니다. 페르소나는 연극 공연회 동아리에서 홍보를 맡았습니다. 이는 마케팅과 직접적으로 연결할 수 있습니다. 활동상을 소개하며 성장 과정과 사건을 아울렀습니다.

인기가 높은 연극을 직접 관람하고, 관객들의 반응을 조사해 연극 기획 방향을 정리했습니다. 이를 학우들에게 제의해 다각적인 논의를 거쳤고, 대중 장르로 내용을 가다듬으며 변화를 시도했습니다.

➜ 마케팅 분야에서는 경쟁사의 홍보 전략을 분석합니다. 이에 대응하는 작업이 내용에 나타납니다. 고객 반응도를 조사하고, 더 나은 성과를 창출하고자 해당 내용을 토의한 모습은 마케팅 직무 환경과 유사합니다.

홍보 부장으로서 학생들 간의 소통에 주의를 기울이며 연습에 참여할 수 있도록 꾸준히 노력했고, 해당 내용을 소재로 삼아 연극을 홍보했습니다. 아울러, SNS로 인근 대학교 및 기업에 연극을 알리며 의견을 수렴했고, 관람평을 피드백으로 사용하며 홍보 전략도 수정했습니다.

➜ SNS 채널 활용과 다방면의 소통도 홍보 업무와 맞닿아 있습니다. 이와 같이 경험에서 직무 능력을 뒷받침하는 요소를 추려 내 기술합니다. 홍보 전략 수정은 기획과 연계해 진행하는 연속성을 띱니다. 이는 마케팅의 계절적 특성을 감안할 때 직무와 관련성이 높은 경험에 해당합니다.

흥미 요소를 연극에 담아내자 연극 공연회를 방문하는 학생들이 늘어났고, 회비를 바탕으로 관람료를 낮춰 관객 수 증가도 모색할 수 있었습니다. 아울러, 공연 시간을 축소해 관람에 따른 부담감을 줄였습니다. 변화한 요소를 집중적으로 홍보하며 다양한 채널을 경험했고, 대중을 마주하는 감각도 함양했습니다. 설문 조사를 통해 학우들의 관심사를 면밀히 살피며 교내 행사에 연극을 접목할 기회도 탐색했습니다.

→ 구체적인 활동 내용이 직무 능력을 방증하고 있습니다. 각 상황을 올바르게 분별하고, 개별 문제에 유연하게 대처하며 해결을 이뤄 낸 것이 인상적입니다. 무엇보다 내용이 풍성해 흥미를 자아내는 효과도 기대할 수 있습니다.

이와 같은 노력으로 연극 공연회의 활동 범위를 넓힐 수 있었고, 구성원의 참여율도 높일 수 있었습니다. 연극 공연회에서 홍보를 목표로 관련 요소를 개선하며 소통하는 자세를 배웠습니다.

→ 긍정적인 결과를 소개하며 홍보 능력을 간접적으로 증명했습니다. 상황 변화에 능동적으로 대응하는 모습도 엿볼 수 있습니다. 이처럼 동아리 활동은 페르소나의 성장에 영향을 미쳤기 때문에 항목 조건에도 부합합니다.

시장은 개인의 다양한 요구를 총체적으로 다뤄 볼 수 있는 학습 터전입니다. 마케팅의 효과를 높이기 위해서는 소비자의 관점에서 홍보 전략을 다뤄야 하고, 무엇보다 영업 현장에서 관련 경험을 쌓아야 합니다. 이에 전자 제품의 장단점을 소개하는 블로거 활동에 도전했습니다.

→ 한 가지 사례로 1,500자 분량을 채우기 어려울 때는 부수 경험을 활용합니다. 페르소나는 블로거 활동 경험이 있습니다. 전자 제품을 다룬 까닭에 제조사인 삼성SDI와도 연관성이 높습니다. 연극 공연회 활동과 비교해 블로거 활동은 소개할 내용이 상대적으로 적습니다. 이럴 때는 보조 경험으로 활용하는 게 적절합니다.

신제품 정보를 소개하며 고객 유입을 이끌어 내는 것을 목표로 삼았습니다. 온라인 설문 조사로 구매 유형을 분석했고, 이를 토대로 제품을 직접 사용해 보며 꾸준히 사용 후기를 제공했습니다. 아울러, 유통사와 협력 계약을 맺고, 온라인 몰과 연계해 홍보를 진행했습니다. 제품의 단점은 해당 브랜드의 담당자에게 건네며 신뢰를 쌓았습니다.

→ 마케팅 직무 환경을 떠올리며 경험과 지원 직무의 유사점을 찾아낼 수 있습니다. 신제품 소개, 유통사 협력, 온라인 연계 등은 영업과 마케팅 직무에서 빠지지 않는 업무입니다. 경험이 풍부하면, 이와 같이 항목을 자유롭게 활용할 수 있습니다.

다양한 연령대의 고객을 중심으로 마케팅을 펼치며 시장 분석 능력을 배양할 수 있었습니다. 전자 제품 마케팅 활동은 우수 블로거로 선정되는 결실로 이어졌습니다.

→ 경험에는 결과가 따르기 마련입니다. 구체적인 실적은 우수 블로거 선정입니다. 문제 해결에 어떤 방식으로 기여했는지 서술해야 직무 역량을 보여 줄 수 있습니다.

온라인 마케팅을 연습하려는 취지로 영화 홍보 아르바이트에 참여했습니다. 타 팀들과 협력해 오프라인 이벤트를 알리며 온라인과 오프라인의 연결에 힘썼습니다. 다양한 활동으로 시장에서 다양한 경험을 쌓으며 다채로운 마케팅에 매력을 느꼈습니다. 항상 경험으로 시야를 넓히며 대중에게 다가가는 방법을 탐구하고 있습니다.

→ 마지막에는 성장 과정이 일부이자 마케팅 활동에 포함할 수 있는 영화 홍보 아르바이트를 소개했습니다. 세세하게 과정을 소개해도 의미가 없는 활동은 위의 내용처럼 간략히 언급하는 것으로 충분합니다.

안심Touch

성장 과정 및 학교생활에 대해 기술하시오. 400자

1. 성실한 성품이 드러나는 성장 과정 서술
2. 바람직한 학교생활 모습 소개

유통 분야에 필요한 성품을 고려해 자신의 성장 과정을 소개합니다. 성실함이 묻어나는 내용을 비롯해 관계 형성과 유지 능력을 보여 주는 경험도 우회적으로 서술할 수 있습니다. 기업 정보가 필요한 항목은 아니므로 작성자의 정성적인 역량을 보여 주는 데 주력합니다. 학교생활을 항목에서 명시했으므로 이야기의 시작점은 자유롭게 설정할 수 있습니다. 어떠한 시점이라도 성장 과정에서 일반적으로 기업이 선호할 만한 모습이 드러나면 충분합니다.

400자는 많은 양이 아니므로 반드시 소개해야 할 내용을 선별하는 과정이 필요합니다. 학교생활 위주로 작성해도 충분히 분량을 채울 수 있는 항목입니다. 성장 과정은 대외 활동도 포함하므로 인상 깊은 활동을 성장 과정에 기술하고 싶다면, 상대적으로 중요도가 떨어지는 내용은 과감히 정리해야 합니다. 물론 정리한 내용은 타 항목에서 더욱 상세히 소개할 수 있습니다.

☑ 일본 고등학교 졸업 후, 일본과 미국 대학교를 다닌 경험

독특한 성장 환경입니다. 큰 틀에서 두 가지 영역을 다뤘고, 세부 경험을 글자 수에 맞춰 조율했습니다. 성장 과정 자체에 적응과 도전이 배어 있어 시간 순서대로 소개하는 것만으로도 성실함과 소통 능력을 알릴 수 있습니다.

💡 일본과 미국에서 적응하며 관계를 강화하다

→ 핵심 사항인 일본과 미국을 제목의 중심 어휘로 사용했습니다. 내용의 방향을 제시할 뿐만 아니라 읽는 이의 기대감도 높일 수 있습니다.

중학교 2학년을 맞이해 일본으로 유학을 떠났고, 새로운 환경에 적응하며 자립심을 길렀습니다.

→ 중학생 때를 시작점으로 설정했는데, 이는 유학이라는 전환기가 있었기 때문입니다. 400자를 효율적으로 사용할 수 있는 발판을 마련한 셈입니다. 무턱대고 유년기부터 이야기를 시작해서는 안 됩니다. 분별력을 발휘해 이야기의 시작점을 선택해야 합니다.

일어 실력이 부족함에도 주변 사람들과 적극적으로 어울리고자 야구, 축구팀에 가입했고, 몸으로 부딪히며 관계를 확장할 수 있었습니다. 일어 실력이 늘어남에 따라 친구들도 많아지며 새로운 환경 적응에 성공했습니다.

→ 페르소나의 일본어 실력을 알 수 있는 내용입니다. 적극적으로 주변 학우들과 어울리는 모습은 활동성을 필요로 하는 물류 환경과도 어우러집니다.

일본 대학교에 진학해 2년 과정을 이수한 후 미국 대학교로 학적을 옮겼습니다. 또 다시 환경에 적응하며 미국 생활을 시작했고, 영어 실력 향상을 위해 다각적으로 노력했습니다. 대학교에서 다양한 사람들을 만나 소통에 힘썼고, 야구 선수로 활동하며 돈독한 유대 관계도 형성했습니다.

→ 환경 적응을 두 차례 거듭했습니다. 전혀 상반되는 환경에 적응했다는 점에서 친근한 자세와 유연한 마음가짐을 유추할 수 있습니다. 일본과 미국 생활을 야구로 연결하고 있어 페르소나가 면접에 임한다면 야구가 대화의 소재로 기능할 것입니다.

적응력과 친화력을 바탕으로 삼아 GS리테일의 물류와 영업 환경에서 효과적으로 업무 연결을 이뤄 내겠습니다. 항상 먼저 다가가는 태도로 관계망을 넓혀 고객 만족도 이뤄 낼 것입니다.

→ 페르소나가 성장 과정에서 강점으로 습득한 역량이 적응력과 친화력입니다. 물류와 영업을 연결하는 데 이와 같은 강점은 분명 도움이 될 것입니다. 고객 만족까지 염두에 둔 모습을 내비치며 읽는 이에게 성실한 인상도 남겼습니다.

안심Touch

성장 과정 및 학창 시절에 대해 기술하시오. 500자

1. 성장 과정에서 강점이 드러나는 부분 위주로 소개
2. 언론 분야와 연결할 수 있는 요소 탐색
3. 학창 시절은 대학교에 초점을 맞춤
4. 자신감 있는 모습을 강조

준비해 온 내용을 성장 과정부터 적극적으로 소개합니다. 언론 분야는 자신감을 중시하는 듯하므로 경험의 색채에 관계없이 다양성과 특수성을 두루 갖춘 내용을 소재로 삼아 기술하는 것이 가능합니다. 풍부한 경험은 대부분의 기업 자기소개서에서 유용성을 띠지만, 지원 직무와 전공에 따라 영향력이 다른 경향을 보입니다. 언론 분야는 모든 전공 분야를 포괄하고, 특정 분야에서 쌓은 경험일지라도 의미를 부여합니다. 산업, 경제, 정치, 사회, 문화 등 전 영역을 다루는 업계 특성이 전공과 경험에 대한 평가에 영향을 미치기 때문입니다. 경험을 선별하는 과정을 거칠 것 없이 과감하게 다양성과 그에 따른 강점이 드러나는 내용을 소개하세요.

성장 과정과 학창 시절이라고 범위를 넓게 열어 두고 있지만, 일반적으로 강점은 대학교 생활 중에 발현합니다. 유년기에 특별한 내용이 있다면, 가볍게 언급하고 대학생 때 겪은 이야기에 초점을 맞추세요. 언론사인 만큼 표현의 자유도는 높습니다. 다만, 글을 다루는 기업이므로 표현과 의미 전달의 정확성은 적정 수준 이상이어야 합니다. 퇴고를 통해 표현을 가다듬는 과정이 필수입니다.
작성 순서는 다음과 같습니다.

1. 이야기의 시점은 대학생 시기로 접근하되, 초·중·고등학교 때 특별한 내용이 있다면 가볍게 언급한다.
2. 경험을 순서에 따라 열거하고, 역량이 드러나는 요소 위주로 내용을 배치한다.
3. 열정 혹은 의지를 피력하며 마무리한다.

☑ 번역 아르바이트 경험을 역량의 강점으로 선택

글을 다루는 번역 아르바이트는 기자 직무와 연관성이 무척 높습니다. 이를 통해 영어 실력과 한국어 실력까지 보여 줄 수 있기 때문입니다. 첫 항목에 일반적인 성장 과정을 기술하기보다 직무 능력을 뒷받침하는 경험을 소개하는 게 효과적입니다. 번역 대상은 외국어 능력과 함께 경험의 확장까지 아우릅니다. 번역을 하며 새롭게 습득한 지식마저도 역량으로 인정받을 수 있습니다. 신문방송학을 전공하는 지원자가 번역 대상으로 전자 분야를 맡았다면, 지식의 영역은 당연히 넓어집니다. 한 가지 경험이 두 가지 이상의 강점을 내포할 때 읽는 이에게 더욱 매력적으로 보일 수밖에 없습니다. 글자 수 제약을 넘어서는 효과도 기대할 수 있습니다. 번역 아르바이트를 소재로 페르소나의 자기소개서를 작성해 보겠습니다.

💡 **영문 번역, 시간 관리의 기틀이 되다**

→ 제목부터 강점을 나타냈습니다. 성장 과정이라고 진부한 제목으로 시작할 이유는 없습니다. 자신감을 중요시하는 언론사에 맞게 첫 항목부터 강점을 소개합니다. 시간 관리는 생활 습관을 의미하며, 기자 직무 수행에 반드시 필요한 자세입니다. 학창 시절에서 이를 뒷받침하는 사례를 찾아 항목 내부에 배치합니다.

대학 시절 외국어에 대한 관심을 특기로 활용하기 위해 영문 비즈니스 메일 작성, 화장품 관련 번역 등의 아르바이트를 수행했습니다.

→ 페르소나의 핵심 사항입니다. 제목에 이어 강점을 고르게 표현했습니다. 영문 비즈니스와 화장품은 번역의 대상으로서 지식 범위를 확장하는 효과를 포함합니다. 이는 성격상 기자 직무에도 부합합니다.

시간을 효율적으로 사용해 아르바이트와 학업을 병행하고자 주 단위로 계획을 세웠습니다.

→ 제목에서 소개한 시간 관리를 뒷받침하는 이야기의 시작 부분입니다. 비록 일상적인 소재지만, 세부적인 요건이 행동의 근거로 작용하면 신뢰도는 급격히 상승합니다.

시간이 상대적으로 적게 드는 학업을 가장 먼저 처리하고, 그 이후에는 완료까지 장시간을 필요로 하는 업무에 집중하는 방식으로 순위를 배열했습니다. 이러한 배열을 통해 시간을 탄력적으로 사용할 수 있었고, 차 순위 업무도 순조롭게 다룰 수 있었습니다.

→ 위 문장과 마찬가지로 내용이 보편적이라 대부분의 페르소나에게 적용이 가능합니다. 보편적이라서 의미가 없다는 뜻은 아닙니다. 표현으로 차별화를 시도할 수 있기 때문입니다. '탄력적'이라는 표현이 적절한 위치에서 이와 같은 효과를 이뤄 내고 있습니다.

시간 관리 역량을 활용해 매월 음성 인식 전자 제품 관련 영문 기사 600여 개를 빠르게 읽고 번역하는 업무를 수행하면서도 4점대 학점을 유지했습니다.

→ 600여 개의 외신 기사 번역과 4학점 유지라는 사실이 보편적인 내용이 주는 진부함을 단박에 넘어섭니다. 이 단계에서 번역 경험은 시간 관리 능력뿐만 아니라 성실성까지 방증하는 경험으로 격상합니다.

YTN에서 영문 기사에 대한 빠른 이해와 시간 관리 역량을 바탕으로 업무를 배우고 익히겠습니다.

→ 마지막으로 YTN에서 페르소나가 보여 줄 자세를 언급합니다. 이러한 의지 피력 외에도 자연스러운 문단 종결 유형으로 현재 진행 중인 성장 모습을 소개하는 방법이 있습니다. 뚜렷한 인상을 전달하고 싶을 때는 의지 피력을 선택합니다.

한진

성장 과정에 대해 기술하시오.

600자

항목 분석

1. 항목 수가 많지 않으므로 강점이 드러나는 내용 선정
2. 시간 순서대로 기술

표준 항목입니다. 타 항목과 내용이 중복되지 않도록 작성합니다. 물류 분야는 직무 구조가 보수적이라 지나치게 발랄한 느낌은 지양하는 편이 나으므로 이러한 점을 고려해 표현에 유의하고, 시간 순서에 따라 기술합니다.

성장 과정은 가장 일반적인 항목이라 특별한 작성 전략을 구사할 필요는 없습니다. 그 대신 지양해야 하는 사항은 반드시 숙지하고 작성에 임해야 합니다. 기업 이미지를 고려해 표현 수위를 조절하고, 시간 순서에 따라 내용을 소개하세요. 성장 과정에서 배경 스펙이 고르게 드러나는 구성이 짜임새 있게 느껴집니다. 우선 제목을 설정한 후, 소개할 내용의 여러 속성 중 제목과 연관성을 보이는 부분을 선택해 기술합니다. 가령 편의점 아르바이트 중 고객을 배려한 경험은 바라보는 각도에 따라 고객 만족을 위한 적극적인 영업 자세 혹은 고객 입장에서 상황을 살펴본 넓은 안목으로 각색이 가능합니다. 이러한 점을 감안해 제목에 가장 어울리는 모습으로 각 경험을 표현해 봅니다. 경험뿐만 아니라 배경 스펙 내용을 적절한 위치에 배치해 지원자의 강점을 알립니다. 문단의 마지막 부분에서는 제목에 소개한 내용을 다시 한 번 강조하며 마무리합니다.

페르소나 설정

☑ 동아리 활동과 아르바이트 활동으로 상대방을 배려하는 감각 함양
☑ 영어 소통 능력
☑ KT 인턴 근무
☑ 영문학과 경영학 전공

💡 신뢰와 배려로 밝은 에너지를 나누다

→ 소개할 내용은 신뢰와 배려를 중심으로 합니다. 제목은 글의 방향과 지원자의 인상을 담당하므로 핵심 어휘를 활용해 함축적인 의미를 전달해야 합니다.

약속 시간을 강조하며 신뢰의 중요성을 깨우쳐 주신 부모님의 영향으로 항상 상대방을 먼저 배려합니다. 또한, 성실한 자세로 함께 노력하는 과정을 소중히 생각합니다.

→ 첫 문장은 일반적인 내용을 소개하는 기능을 합니다. 이를 바탕으로 구체적인 사례를 언급합니다. 서두부터 경험이 등장할 수도 있지만, 글의 방향을 제시해야 읽는 이가 그 경험을 해당 요건에 입각해 바라볼 수 있습니다.

대학교 풍물패 활동 중에는 연습을 위해 자취방을 내어 주며 공연의 질적 제고에 힘썼고, 호흡을 맞춰야 하는 연습 시간에는 한 차례도 빠지지 않고 참석했습니다. 현대백화점에서 아르바이트 근무에 임했을 때는 외국인 고객의 편의를 고려해 영문으로 상품 소개를 연습했고, 이를 통해 고객 만족도를 높였습니다.

→ 페르소나의 책임감과 성실함이 풍물패 활동에서 묻어납니다. 백화점 아르바이트로는 적극성과 배려의 자세를 알 수 있습니다. 성장 과정을 다루는 항목이라 각 경험을 깊이 있게 서술하지는 않습니다. 경험은 지원자의 강점을 드러내는 도구라는 것을 명심합니다.

KT 영업 인턴으로 근무하며 지역 대리점을 방문해 판매 프로세스를 배웠습니다. 고객의 요구 사항을 살펴보며 개선점을 찾고자 노력했습니다. 외국인 고객이 늘어나는 추세를 반영해 대리점 내부에 상품별 영문 설명을 비치했습니다. 상품을 영문으로 설명하며 영업에 필요한 지식을 습득했고, 외국인 고객을 응대하는 방법도 익힐 수 있었습니다.

→ 영업 인턴은 풍물패와 백화점 아르바이트보다 실무 환경에 한층 더 가까운 경험입니다. 점층식 소개로 효과를 키워 갑니다. 이 부분에서는 현장 경험과 영어 실력이 페르소나의 강점으로 나타났습니다.

이처럼 항상 주변을 살피며 상대방과 입장을 달리해 더 나은 상황을 만들고자 노력합니다.

→ 세 가지 경험을 추려서 나온 문장이며, 제목과도 연결됩니다.

다양한 경험으로 시장 수요의 일반적 형태를 익힐 수 있었고, 영문학과 경영학 전공 지식을 활용해 의사소통에 원활함을 더했습니다. 신뢰와 배려로 주변 에너지를 밝음으로 채우며 성장을 나눕니다.

→ 물류 기업 지원임을 고려해 시장 수요를 어휘로 삽입했고, 영문학과 경영학 전공을 언급하며 직무에 적합함을 보였습니다. 아울러, 제목을 재차 기술해 내용의 연결성을 강조했습니다.

> 신한은행을 지원한 동기와 포부 그리고 본인의 성장 과정(가족, 학교생활, 성격의 장단점, 가치관)에 대해 기술하시오.　1,000자

항목 분석

1. 기업 정보를 활용한 지원 동기
2. 경험을 토대로 성장 과정 소개
3. 강점 위주로 기술

대형 은행이 마주한 이슈는 대부분 유사합니다. 지원 동기에 특색을 담아내기가 어려울 때는 지원 기업이 전략적으로 추구하고 있는 사안을 소재로 활용합니다. 수집한 정보를 강점과 연결하고, 포부로 확대하세요. 이 항목은 다양한 내용을 요구하고 있으므로 순서대로 작성해야 읽기가 수월합니다. 요구 내용을 전부 상세하게 기술하기에 1,000자는 충분하지 않습니다. 강점 위주로 기술해야 1,000자를 효과적으로 활용할 수 있고, 뚜렷한 인상도 읽는 이에게 남길 수 있습니다. 은행 지원 시에는 관련 경험이 많을수록 유리합니다.

성장 과정을 먼저 다룹니다. 가족과 학교생활은 언급하는 정도로 충분하며, 성격의 장단점과 가치관은 경험을 소개하며 간접적으로 설명합니다. 경험이 많을 때는 해당 경험에 성격과 가치관을 포괄적으로 담아 설명하지만, 경험이 부족할 때는 가치관을 보여 주는 경험과 성격의 장단점을 뒷받침하는 경험으로 분할해 기술합니다. 지원 동기와 포부는 한 문단으로 묶어, 지원 동기와 포부보다 성장 과정에 더 많은 비중을 할애하도록 합니다. 성장 과정에서는 지원자의 강점을 선보이며 역량을 소개할 수 있습니다. 역량은 채용 결과에 미치는 영향력이 큽니다. 반면에 지원 동기와 포부는 지원자의 정성과 관심 수준을 보여 주는 게 목적입니다. 은행업에서 지원 동기와 포부는 대단한 수준의 차별화가 가능한 영역이 아니므로 두 가지를 동시에 요구하는 항목에서는 비중을 축소하는 게 낫습니다. 또 1,000자의 글에는 제목을 붙여야 하며, 문단 수는 3개를 넘지 않아야 균형 있어 보입니다.

작성 순서는 다음과 같습니다.

1. 성장 과정: 가족과 학교생활 소개를 포함하되, 경험 위주로 서술한다.
2. 성격의 장단점과 가치관
   ① 경험이 많을 때는 은행업과 관련된 경험을 소개하며 성격과 가치관을 간접적으로 언급한다.
   ② 경험이 적을 때는 성격의 장단점과 가치관을 개별 경험으로 뒷받침하며 기술한다.
3. 지원 동기와 포부: 기업 정보와 개인 경험을 동기로 엮고, 마지막 부분에 포부를 소개한다.

페르소나 설정

☑ 경제학 전공
☑ 동부화재와 국민은행 인턴 경험
☑ 다양한 영업 경험
☑ AFPK 자격증 취득

신한은행을 지원하기에 더없이 완벽한 조건을 갖춘 페르소나입니다. 금융 관련 인턴을 두 차례 경험했고, 전공도 경제학입니다. 자격증은 과정을 포함한 경험에 해당하지 않아 가볍게 기술하지만, 적절한 위치에 배치했을 경우 글의 흐름에 따라 신뢰도 증대 효과를 기대할 수 있습니다. 경험이 많은 페르소나의 설정 내용을 토대로 항목 요건에 맞게 작성해 보겠습니다.

💡 **실천하며 배우다**

→ 성장 과정인 만큼 경험의 핵심 사항을 제목으로 언급하는 게 적합하지 않습니다. 통상적인 표현이지만 실천과 배움은 성장 과정의 이상적인 속성에 해당합니다. 때로는 수식어가 없는 제목이 더욱 인상적입니다. 앞으로 소개할 내용이 제목의 의미를 환기할 것입니다.

성실과 정직의 가치를 30년간 은행원으로 근무하시며 보여 주신 어머니를 통해 배울 수 있었고, 다양한 사회 경험을 수행하며 이와 같은 가치를 근면의 자세로 연결했습니다.

→ 은행업은 성실과 정직이 필수 덕목이라 첫 문장에 언급했고, 가족 구성원을 소재로 삼아 페르소나의 강점인 근면의 자세를 소개했습니다. 이와 같은 형식으로 항목 요구 조건에 맞춰 나아갑니다.

경제학을 전공하며 시장을 구성하는 거래 과정을 직접 체험해 보고자 부동산 중개 영업에도 임했습니다. 고객의 요구 사항을 꼼꼼히 파악하고, 이에 맞는 부동산을 찾아내기 위해 빠짐없이 지역 일대를 탐방했습니다. 무엇보다 고객과의 거래 성사만을 목적으로 삼지 않고, 진정으로 고객이 만족할 수 있는 부동산을 소개 및 추천하기 위해 어머니로부터 배운 정직의 마음가짐을 실천으로 옮겼습니다. 그 결과, 고객과 상호 만족할 수 있는 거래를 이뤄 내며 영업 실적도 높였습니다.

→ 부동산 중개 영업과 경제학을 연결하며 두 가지를 소개했습니다. 학교생활 중 다양한 외부 경험을 쌓은 페르소나는 전공 학습 외에는 학교생활에 대해 언급할 사항이 없습니다. 진부한 학교생활 이야 기를 서술하는 것보다 교외 활동에서 체험한 내용을 소개하는 것이 더욱 효과적입니다. 영업 실적을 높였다는 대목에서 페르소나의 영업 능력도 알 수 있습니다.

💡 금융 현장에서 익힌 기본기

→ 두 번의 인턴 경험을 개별적으로 서술하기에는 분량이 충분하지 않습니다. 인턴 경험의 공통점을 찾아 제목으로 기술했고, 첫 문단의 제목을 동사로 종결했으므로 변화를 주고자 두 번째 문단은 명 사로 마무리했습니다.

금융 환경에서 경영학 지식을 활용하며 성장하기 위해 동부화재에서 인턴으로 근무했고, 국민은 행에서는 수신팀 일원으로서 현장 중심의 업무를 배우며 보험 영업에도 주력했습니다. 보험 및 은행의 업무 프로세스를 접하며 금융의 주요 특징을 숙지할 수 있었고, 업무 전문성을 키우며 영업 실력도 쌓았습니다.

→ 분량을 고려해 핵심 내용을 서두에 배치했습니다. 보험과 은행에서 현장 경험을 쌓았다는 사실이 경쟁력의 주축을 이룹니다. 금융 업무 프로세스를 익혔다고 언급하며 강점을 소개했습니다. 이 단계 에 이어 세부 경험을 서술해야 내용의 균형을 맞출 수 있습니다.

특히, 국민은행에서 근무 중 보험 영업을 51건 달성하며 상품을 설명하는 방법을 익혔고, 설득 요령을 체득하며 더 잘 할 수 있다는 자신감도 내재했습니다. 무엇보다 고객의 외관을 통한 선입 견에서 벗어나고자 노력하며 유연한 사고를 직무 수행으로 발전시킬 수 있었습니다.

→ 국민은행에서 영업 실적을 올린 사실은 페르소나의 영업 능력을 입증합니다. 창구에서 대면 서비스 로 영업을 시도해야 하는 은행원에게 이와 같은 능력은 무척 유효합니다. 유연한 사고는 경험에서 배운 점에 해당합니다. 경험 소개에 으레 따르기 마련인 내용입니다.

아울러, 대학교 홍보 아이디어 공모전에 참가해 지역의 주요 동선과 가치 흐름 분석을 바탕으로 카페 입점을 제시함으로써 최우수상을 받았습니다. AFPK 자격도 취득하며 경제학과 금융을 효과 적으로 연결하는 바탕을 마련했습니다.

→ 공모전 수상 경험도 우수하지만, 은행 관련 경험으로는 인턴 활동이 더욱 밀접한 특징을 보입니다. 이러한 판단을 거쳐 소개 순서를 결정합니다. 자격증 취득 내용이 인턴과 공모전에 이어 등장하며 전공 역량을 보충했습니다. 자격증은 대표성을 띤 경험이 아니므로 이와 같은 위치에 배치하는 게 가장 적합합니다. 다음 문단은 지원 동기와 포부입니다.

안심Touch

💡 시장 변화를 주도하며 가치를 창출하는 비전에 동참하다

→ 세 번째 문단입니다. 수집한 정보를 활용해 지원 동기와 포부를 작성합니다. 새로운 환경에 대응하는 신한은행의 전략을 제목의 소재로 삼았습니다.

신한은행은 디지털과 금융의 조우를 발전 기회로 활용하며 새로운 변화를 주도하고 있습니다.

→ 일반적인 내용이지만, 방향성을 내재하고 있어 구조를 잡는 데 용이합니다. 첫 문장부터 세세한 사항을 기술하면 기업 소개를 나열하는 인상을 줄 수 있습니다. 우선 방향을 제시하고, 그에 대한 내용을 소개하는 순서로 접근해야 합니다.

O2O 프로세스를 적용한 상품을 출시하고, '써니뱅크'로 국내 최초 비대면 실명 확인 시스템을 도입하며 금융의 미래를 밝혀 왔습니다. 디지털 기술에 익숙한 20대와 30대를 디지털 접목 상품과 시스템을 통해 신한은행의 장기 고객으로 유치하고, 기존 접근법을 아우르며 전 세대와 변화를 통한 가치 증대를 도모하고 있습니다. 이러한 변화에 앞장서고 있는 신한은행에서 디지털 융합으로 비전을 함께 실현하고자 지원하는 바입니다.

→ 기업 정보를 토대로 세부 내용을 기술한 후, 지원 동기를 밝혔습니다. 신한은행을 선택한 자신만의 특별한 이유를 찾고자 골몰하면, 친절한 서비스, 기업 이미지, 특정 상품으로 얻은 혜택 등의 일반적인 내용만 떠오릅니다. 이는 진부한 내용이자 읽는 이에게 전달하는 바도 없습니다. 기업 정보를 근거로 지원 동기를 기술하며 관심과 정성을 보이는 편이 더 효과적입니다.

입사 후 신한은행의 따뜻한 금융을 신한WAY를 통해 배우겠습니다. 은행 업무 프로세스를 익히며 기업 금융 전문 역량을 갖출 수 있도록 지식과 시야의 경계를 넓히고, 금융과 기업의 상생을 추구하며 끊임없이 발전을 모색하겠습니다.

→ 포부로 항목 작성을 마무리합니다. 순서상 포부가 마지막에 위치하는 게 직관에도 부합하고, 인상의 여운을 남기기에도 적절합니다. 포부는 대체로 일반적인 내용일 수밖에 없지만, 표현에 유의하면 정성과 열정을 전달할 수 있습니다.

본인의 특성과 성장 배경에 대해 기술하시오. 800자

항목 분석

1. 자신의 강점 언급
2. 시간 순서대로 성장 과정을 소개

성장 과정에서 나타나는 두드러진 요소를 지원자의 특성으로 설정하고 순차적으로 내용을 소개합니다. 특성은 승무원에게 필요한 품성 위주로 서술하는 게 적절하며, 직무 내용을 고려하면 표현의 자유도는 높습니다. 800자는 구체적으로 이야기를 기술하는 데 충분한 분량입니다. 다양한 경험을 강점과 함께 제시하세요.

이 항목은 성장 과정에 대한 소개로 해석해도 무방합니다. 본인의 특성은 성장 과정에 등장하는 개별 경험에서 얻은 강점을 언급하며 충족할 수 있습니다. 예를 들어, 교환학생 기간 중 다양한 문화권 학생들과 어울렸다는 이야기를 소개한 후, 이를 바탕으로 타 문화 이해 감각과 소통 자세를 익혔다고 표현하는 것입니다. 세세하게 모든 경험을 다루지는 말고, 특별한 경험의 설명 비중을 높이는 전략으로 강약을 조율합니다.

페르소나 설정

- ☑ 중어중문학 전공
- ☑ 일본 교환학생
- ☑ 공모전 입상
- ☑ 경영대학원 진학

페르소나는 경험이 많고, 외국어 능력을 갖춰 승무원에 부합하는 모습을 보입니다. 각 경험의 강점이 드러날 수 있게 표현해야 합니다. 승무원에게 필요한 요건은 비중을 높여 기술하겠습니다.

🔦 새로움에 열정을 얹다

→ 다수의 경험을 새로움이란 특징에 연결하고, 열정을 페르소나의 특성으로 설정했습니다. 특정 내용만 제목에 담기가 어려울 때는 간결한 형태로 전체를 포괄합니다.

광대한 시장과 유구한 역사를 품은 중국에 이끌려 중어중문학을 전공으로 선택했습니다. 학습에 흥미를 느끼며 자기 계발에 힘썼고, 다양한 경험을 통해 지식과 지혜를 쌓고자 노력했습니다.

→ 중국어 전공이 페르소나의 주력 강점이므로 해당 내용을 도입부에 배치합니다. 800자의 상황에 맞춰 부연 설명을 추가했습니다.

중국어뿐만 아니라 일본어 실력도 배양하고 싶어 일본 교환학생 과정을 거쳤습니다. 중국, 일본, 미국 등의 문화를 여행으로 체감하며 다양성을 마주했고, 현장에서 언어 실력을 키우며 소통 능력을 가다듬었습니다.

→ 위 문단 내용만으로도 페르소나의 어학 능력을 예상할 수 있습니다. 다문화 체험과 소통 능력을 교환학생 및 여행에서 얻은 강점으로 제시했습니다. 이와 같은 형식으로 경험과 강점을 묶어 소개합니다.

노인 복지관에서는 웃어른을 공경하고 배려하는 자세로 대화를 나누며 3개월간 봉사에 임했습니다.

→ 봉사 활동은 서비스 마인드와 연계되므로 짧은 내용이라도 소개하는 게 낫습니다. 물론 사실을 근거로 언급해야 합니다.

새로운 활동에 도전해 사고의 틀을 확장하는 연습도 꾸준히 병행했습니다. 중국어 연극 학회에서 배우로 활동하며 감정 표현 방법을 익혔습니다. 딸, 어머니, 신여성 등의 다양한 역할을 맡아 연기했고, 발음과 발성, 표정 등에 주의를 기울이며 실수 없이 배역을 소화했습니다. 무대 위에서 공연한 덕분에 청중 앞에서 긴장하는 모습을 극복할 수 있었습니다.

→ 제목에서 언급한 '새로움'을 경험 소개에 사용했습니다. 중국어 연극 학회 활동으로 페르소나가 보여 주는 강점은 표현력과 여유 있는 태도라고 할 수 있습니다.

기업 주최 아이디어 공모전에도 도전했습니다. 고등 수학 자가 학습 앱을 주제로 팀을 이뤄 참가했습니다. 사업 계획서 쓰는 방법을 경영 서적을 통해 배우며 팀원들과 함께 아이템을 구체화했고, 발표를 맡아 안정적으로 아이디어를 소개했습니다. 노력의 결과는 입상으로 이어졌습니다.

→ 인상 깊은 경험이라 비중을 늘렸습니다. 열정과 도전을 드러내는 경험입니다.

학부 과정을 마치고, 경영학을 더욱 깊이 있게 배우고 싶어 대학원에 진학했습니다. 배움에 대한 열정으로 마케팅 분야를 집중적으로 학습하며 사고의 폭과 깊이를 넓혔습니다.

➜ 순차적인 소개에 따라 경영대학원 이수 내용을 마지막에 배치했습니다. 위의 공모전 내용과는 열정으로 내용이 엮입니다.

항상 할 수 있다는 의지로 자신의 한계를 뛰어넘고자 열정을 발휘합니다. 새로운 도전을 향한 열정으로 아시아나항공에서 끊임없이 성장을 이어 가겠습니다.

➜ 새로움과 열정을 언급하며 제목과 연결했고, 자연스럽게 의지를 피력하며 마무리했습니다. 성장 과정 항목은 경험의 의미를 전달하는 것이 중요하고, 자신의 이야기만 등장하므로 표현과 구성에 주의를 기울이면 작성에 대체로 큰 어려움은 없습니다.

지금까지 성장 과정에서 가장 열정적으로 임한 활동과 그렇게 생각한 이유를 기술하시오. 500자

항목 분석

1. 성공 경험 또는 실패라도 의미 있는 경험
2. 그 경험으로 배운 점

열정적인 자세로 노력했던 경험 중 한 가지를 선택합니다. 열정의 결과가 성공으로 이어졌다면 더없이 적절한 사례겠지만, 과정에서 특별함을 찾을 수 있을 때는 결과가 실패라도 소개할 가치가 충분합니다. 결과에 연연하지 말고, 읽는 이에게 의미를 전달할 수 있는 소재를 선택하세요. 그 경험으로 얻은 바를 소개하며 문장을 마무리하면, 해당 항목이 요구하는 요건을 전부 충족하는 셈입니다. 이 항목은 경험의 유무가 서술 난이도를 책정합니다. 열정을 다해 도전한 경험이 있을 때는 표현에 유의하고, 마땅한 경험이 없을 때는 과제 수행부터 개인 목표 달성 내용까지 활용할 수 있습니다.

경험의 배경과 깨달은 내용을 담은 소제목을 작성합니다. 이 내용을 순차적으로 설명합니다. 우선 열정을 담아 활동한 배경을 핵심 위주로 이야기하고, 열정을 느낀 이유를 덧붙입니다. 매력적인 인상을 남길 수 있도록 표현에 유의해야 합니다. 취미 생활도 발전적 양상을 띠는 경우에는 소재로 활용할 수 있습니다. 다소 작위적인 선택일 수 있으나 상사 업무에 접목할 내용의 속성을 찾아내는 것도 전략입니다. 외국어 학습, 판매 아르바이트 등은 상사 직무 환경에 연결할 수 있는 경험입니다. 전체 구조는 다음과 같습니다. 열정 대상을 알리고, 그 열정이 연유한 점을 설명한 후, 과정 소개로 이어 갑니다. 마지막에는 그 경험에서 배운 점 혹은 느낀 점을 언급하며 문단을 마무리합니다.

페르소나 설정

☑ 보험 상품을 개발하는 공모전에 도전해 대상 수상

열정은 경쟁 요소가 바탕으로 작용할 때 효과가 더욱 커 보일 수 있습니다. 종합상사에서 시장 개척은 열정을 집약해야 하는 업무이고, 페르소나 내용이 이를 다루는 데 적합한 모습을 띱니다. 보험 상품을 개발하는 과정에서 지원자의 정확한 판단력과 적극성을 표현하는 것이 필요합니다. 경쟁 요소를 내포한 경험으로 열정의 대상을 국한할 이유는 없지만, 지원 기업의 시장 내 역할과 부합하는 역량을 직·

간접적으로 드러내기 위해서는 경쟁 요소가 효과적인 것이 사실입니다. 페르소나 설정에 따라 작성 방법을 알아보겠습니다.

💡 보험 상품 스타트업으로 공모전 1위를 달성하다

한국생명이 주최한 보험 상품 개발 공모전에 도전해 스타트업을 소재로 새로운 가치를 창출했습니다.

→ 소제목을 타 항목에서 설정했다면, 통일성을 유지하기 위해 전체 항목에 제목을 붙입니다. 상황을 설명하며 이야기를 시작합니다. 핵심 어휘는 반드시 삽입해야 합니다. 이 문장에서는 보험 상품 개발 공모전과 스타트업이 핵심 어휘에 해당합니다.

스타트업이 증가하는 현상에 착안해 자금 여력이 없는 스타트업을 대상으로 4대 보험의 혜택을 보조하는 보험 상품을 기획했습니다.

→ 열정을 쏟은 내용을 소개하는 단계이며, 순차적으로 핵심 사항을 기술합니다. 4대 보험 혜택 보조를 시작으로 공모전의 전체 윤곽을 그려 나갑니다.

스타트업이 성과를 창출할 때까지 보험료율을 낮춰 보험 가입의 어려움을 줄이고, 성과 발생 시기에 맞춰 정상 보험료로 회귀하는 방안을 제시했습니다. 스타트업에 투자한 벤처 캐피탈 혹은 사모펀드와 정보 협약을 맺고, 위험도를 정기적으로 점검하며 시장성을 확보하는 전략을 마련했습니다.

→ 공모전에서 경쟁 우위를 차지할 수 있었던 대표 내용입니다. 구체적으로 상황을 설명하고, 표현을 정리합니다. 다음과 같은 얼개로 내용을 다루면 작성이 수월합니다.
  1. 핵심 사항을 도입부에 설명
  2. 해당 내용을 단계에 따라 소개
  3. 경험의 결실을 포함한 맺음말

팀원들과 스타트업의 현황을 파악하기 위해 BT부터 IT까지 아우르며 시장 조사에 힘썼고, 보험 상품 사례를 면밀히 분석하며 보완점을 구상했습니다. 해외 스타트업의 우수 사례와 비교하며 보험 상품의 영역을 넓히는 데 주력했고, 이를 토대로 1위에 이를 수 있었습니다.

→ 다양한 영역을 포괄적으로 다뤄 본 경험은 종합상사에 가장 부합하는 역량입니다. 해외 사례를 살펴봤다는 점에서 지원자의 외국어 능력을 유추할 수 있습니다. 경험의 결과는 이야기를 마치기 위해 필요한 내용입니다. 공모전 1위를 차지한 결실을 마지막 내용으로 소개하며 이야기를 인상적으로 종결했습니다.

공모전을 준비하며 주변 현상에 집중해 새로운 가치를 발굴하는 방법을 배웠고, 적극적으로 의견을 교류하는 자세도 익혔습니다.

→ 열정을 다해 얻은 내용을 소개했습니다. 경험은 느낀 바가 있어야 의미를 띨 수 있습니다.

안심Touch

07

.

"흠집 없는 조약돌보다는 흠집 있는
다이아몬드가 낫다."

PART 07

성격 장단점 중심의 유형

CHAPTER 01

<u>작성 요령</u>

과거에 수시로 등장했던 항목이나 최근에는 기업 측에서 자기소개서에 변화를 주면서 점차 사라지고 있는 항목이기도 합니다. 지원자의 성격은 조직 적응력과 근속의 장기화를 추측할 수 있는 용도라고 할 수 있습니다. 무턱대고 소신껏 작성하기보다는 조직에 유용한 장점과 개선 가능한 단점 위주로 나열해 보는 것이 중요합니다. 다수의 자기소개서를 몰아서 작성하다 보면, 이와 같은 항목을 만날 때 다소간의 감사함을 느낄지 모릅니다. 재활용이 가능하기 때문입니다. 물론 내용을 변경해야 할 때도 있습니다. 시장을 발굴하고 콘텐츠를 만드는 기업은 당연히 창의성을 중요 요소로 다룰 테고, 그에 반해 시장 내 구조가 확고히 잡혀 유지와 점진적 발전이 필요한 기업에는 아무래도 순응하는 자세가 효과적입니다. 이러한 차이점을 고려해 다시 작성해야 할 때도 있지만, 대체적으로 전공에 따라 유사한 분야에 지원하므로 기업에 적합한 성격은 크게 다르지 않을 것입니다. 미리 준비하기에는 이보다 더 감사한 항목도 없습니다. 그런 의미에서 성격의 장단점은 타 항목보다 작성이 용이한 편이라고 생각합니다. 쉽다고 해도, 쓰지 말아야 할 내용을 적는다면, 게다가 그 내용을 반복해서 다른 기업 지원서에도 남발한다면, 끔찍한 결과가 연쇄적으로 이어지겠지요? 쉬운 항목에서 부정적으로 평가 받는다면, 한정된 채용 기회를 놓칠 수 있어 너무나도 안타깝습니다.

일반적으로 가장 듣기 좋은 장점은 성실함입니다. 공교육 현장에서는 출결을 중요 내용으로 다루고 있고, 군대부터 대학까지 고른 출석을 요구하지 않는 분야는 없기 때문입니다. 본인의 장점은 어찌 보면 익숙한 일상에 숨어 있는지도 모릅니다. 주변 사람들도 전부 똑같이 출석하니 성실함이 더 대단한 무엇이라고 생각할 수 있습니다. 일단 장점을 찾아야 하니 규칙적으로 활동한 건 무엇이든 성실함이라고 봅시다. 실제로 한 번도 결석하지 않고 출석한 학생들이 적지 않습니다. 출석에 자신 있는 분들은 식상하지 않은 주변 소재를 덧붙여 성실함을 본인의 장점으로 기술해 보세요. 식상하지 않은 주변 소재는 사실에 근거한 내용으로, 엄청난 통학 거리를 매일 왕복하거나 버스를 놓치지 않으려고 일찍 일어나고 귀가하는 경우를 예로 들 수 있습니다. 상황은 생각하기 나름입니다. 다른 지원자들과 겹치지 않는 내용일수록 창의적이지 않을까요? 그러나 지나치게 내용을 각색하기보다는 차라리 식상하더라도 진중한 모습을 보여 주는 것이 낫습니다.

스스로 단점이 없다고 생각하는 경우도 있을 수 있습니다. 그런 경우 본인의 단점이 아니라고 애써 부인해서라도 장점만큼 우수한 단점을 서술할 수 있다면, 그것으로 충분합니다. 장점만큼 우수한 단점이란, 분명 내용은 단점인데 읽고 나면 우회적으로 자신의 장점을 드러내는 경우를 의미합니다.

> 완벽을 추구하는 까닭에 종종 해야 할 과제가 쌓여 어려움을 겪는 경우가 있습니다.
>
> → 위의 문장을 통해 지원자는 완벽을 추구해서 좀처럼 큰 실수는 하지 않으리라고 짐작할 수 있습니다. 스스로 우선순위를 슬기롭게 설정하는 지혜는 직무 경험으로 얼마든지 얻을 수 있어서 전혀 단점으로 느껴지지 않으나, 분명 단점은 단점입니다. 양면성을 지닌 요소를 단점으로 선택하면 이처럼 단점 아닌 단점으로 본인의 자존감을 보호했다는 위안과 함께 항목에 최적화한 내용을 기술했다는 만족감도 느낄 수 있습니다.

누구나 단점은 있게 마련입니다. 그중에는 자기소개서에서 인정해도 괜찮은 단점이 있고, 결코 언급해서는 안 되는 단점도 있습니다. 설령 살아오면서 본인의 단점을 고치지 못해 누구에게나 자신의 단점으로 공인하고 다니는 내용이 있더라도 그것이 누구의 눈에도 부정적으로 보인다면 이 항목에서 만큼은 반드시 머리에서 잊어야 합니다.

'게으름'을 예로 들어 보겠습니다. 개선의 여지는 있는 단점이나 게으르다고 스스로 인정해서 얻는 바가 무엇일까요? 없습니다. 게으름이 나쁘다는 뜻이 아닙니다. 게으름도 보는 관점에 따라 여유로움, 자기 충전의 능숙함 등으로 재탄생할 수 있고, 창의적인 위인들에게서 간혹 보이는 모습인 탓에 다소 비약이긴 하나 창의적이라고 억지를 부릴 여지도 있긴 합니다. 게으름을 인정하는 대담함이 미약한 확률로 솔직하다는 평가로 이어질 수 있지만, 굳이 많고 많은 단점 가운데 반전 요소가 거의 없는 게으름을 선택하는 자충수를 둘 이유는 없겠지요. 여기에서는 대표 예시로 게으름을 선택했을 뿐입니다. 첫인상마저 훼손해 버리는 단점은 적지 않습니다. 그런 까닭에 이 항목에서 지원자들이 기술할 수 있는 장점과 단점은 제한적일 수밖에 없습니다.

그렇다면 이제는 기업의 특징에 맞춰 성격의 장단점을 선택하는 요령을 알아봅니다. 성격을 작위적으로 만들어 내는 것도 사실 달가운 일은 아니므로 기업의 특징에만 맞춰 본인의 성격을 일률적으로 정의하는 것은 지양해야 합니다. 본인에 대한 평가, 그에 따른 인상을 훼손하지 않는 장단점의 경우에는 기업이 속한 시장과 직무의 특성에 관계없이 그대로 기술하세요.

📍 바꿔 생각해 보자

성격이 좋다는 이야기를 듣는 것이 나쁘다는 이야기를 듣는 것보다는 낫습니다. 조직에서도 마찬가지이지만, 다만 조직에서 바라보는 좋은 성격 유형이 응당 있기는 합니다. 조직 구성원의 관점에서 좋다고 생각할 수 있는 성격의 장점을 나열해 보겠습니다.

> - 상대방 이야기를 경청한다.
> - 매사 주의력이 깊다.
> - 관찰력이 우수해서 핵심을 찾아내는 데 능숙하다.
> - 성실해서 약속을 어기거나 상대방을 기만하지 않는다.
> - 어떠한 상황에서도 신뢰를 우선시한다.
> - 사교적이라 관계를 만들고 유지하는 데 탁월하다.
> - 호기심이 많아 배우려는 의지가 남다르다.
> - 갈등을 중재하고 조율하는 공감 능력이 우수하다.
> - 단체 생활 경험이 많아 마찰 없이 항상 협업을 즐긴다.
> - 계획을 수립하고, 그에 따라 생활한다. 항상 시간을 효율적으로 활용한다.
> - 늘 배려하는 이타심을 갖고 있다.
> - 평상심으로 감정 기복을 조율하고, 차분한 자세로 사안을 분명하게 판단한다.
> - 신중한 언사로 문제 발생을 미연에 예방한다.
> - 새로운 도전을 즐겨 낯선 환경과 경험에 열린 자세를 유지한다.
> - 교내외 활동으로 리더 역할을 다수 수행했다. 주도적으로 문제를 해결하는 데 익숙하다.

위 내용 외에도 조직에 적합한 성격의 장점은 더 생각해 볼 수 있지만, 핵심은 지원자가 조직 환경에 어울릴 수 있는지 여부입니다.

'저는 좋은 사람입니다'라고 아무리 외친들 읽는 이가 주안점을 갖고 있는 내용을 다루는 게 아니라면 사실상 의미가 없습니다. '그냥 좋은 사람은 주변에 널리고 널렸다'라는 씁쓸한 평가만 받을 뿐이죠. '조직'을 핵심에 놓고 성격의 장점을 찾아내는 것이 중요한 이유입니다.

성격의 장점을 선택했다면, 판단의 근거를 제시해야 합니다. 본인이 본인의 장점을 설정하는 것은 지극히 자유이나 이를 뒷받침하는 경험 내용이 없이는 단순 구호에 지나지 않습니다. 명백한 경험 내용이 있다면, 글자 수를 충족하기가 수월하고 글의 균형도 맞습니다. 교내외 활동, 학급 활동, 동아리 활동, 여행, 인턴, 봉사 활동 등 글감으로 활용할 수 있는 내용 범위는 무척 넓습니다. 때로는 장점을 드러낼 수 있는 경험 내용이 아예 없는 경우도 있는데, 일상적인 내용에서 유사한 사례를 발굴해 기술하는 것도 방법입니다. 이미 타 항목에서 해당 내용을 상세하게 언급해 재차 장점으로 거론하기가 마땅치 않을 때도 일상 경험을 소재로 활용할 수 있습니다. 과도하게 보편적이라 누구에게나 해당되는 내용일지라도 본인에게 정녕 관련 내용이 없을 때는 표현에 유의해 작성합니다. 동일 내용이라도 어떻게 표현하느냐에 따라 글의 느낌은 달라집니다. 정성과 진솔함이 묻어나도록 장점을 표현해 보세요.

뒷받침 내용이 충분한 경우

[사례 1]

💡 어울림을 향해 열린 자세로 소통하다

상황에 맞는 형태로 상대방과 어울리고자 노력합니다. 또한, 서로 다른 가치관과 성장 배경을 배려하며 다름을 인정하는 자세로 소통에 힘씁니다. 이러한 마음가짐은 주변 사람들과 갈등이나 마찰 없이 조화를 이루는 데 긍정적인 영향을 미쳤습니다. 프랑스에서 교환학생으로 학업을 이어 갈 때 현지 학생들과 함께 마케팅 과제를 수행했습니다. 캠퍼스 인근에 위치한 포도 농장을 마케팅 대상으로 삼았고, 현지 방문으로 전략을 구체화하며 팀원들과 협업 방법을 논의했습니다. 하지만 팀원들이 과제에 집중하기보다는 포도 농장 환경에만 관심을 기울인 까닭에 과제 진행이 매끄럽지 않았습니다. 이에 중심적 역할을 자처하며 협의 방안을 마련하고자 상호 경청에 주력했고, 현지 학생이 지닌 정보력의 우위를 활용해 서로 어울리는 분위기를 만들고자 노력했습니다. 다양한 마케팅 전략을 준비해 팀원들에게 다가갔고, 배려와 이해의 자세로 성실하게 대화를 이끌며 팀원 간 연결 고리를 만들었습니다. 그 결과, 마케팅 전략에 대한 다양한 의견을 수렴할 수 있었고, 팀 내 갈등을 경험하지 않으며 유기적으로 과제를 수행할 수 있었습니다. 아울러, 어울림을 중심으로 학생들과 소통하자 다른 팀에 비해 빠른 속도로 과제를 제출할 수 있었습니다.

[사례 2]

💡 관계의 깊이와 넓이를 더하는 배려의 자세

학창 시절 한 살 어린 학우들과 어울리며 배려가 관계 형성에 큰 도움을 준다는 사실을 체감한 이후로 줄곧 상대방 입장을 먼저 고려합니다. 부산 국제 영화제 자원봉사 중에는 영화표 매진 상황을 외국인에게 알리는 카탈로그 안내 작업을 맡았고, 미소로 안내 업무를 충실히 수행했습니다. 밴드 동아리에서 활동할 때는 화음의 조화가 연주 수준을 결정짓는 관건이었습니다. 수없이 연습을 해도 큰 무대 위에서는 간혹 실수가 발생합니다. 실수를 저지른 팀원이 위축되지 않도록 끊임없이 자신감을 북돋아 주고, 함께 발전 의지를 다지며 기운을 불어넣었습니다. 3년간 피아노 연주를 맡아 팀원들의 고충에 동감하며 경청하는 자세를 익힐 수 있었습니다. 항상 배려가 깃든 행동과 말씨로 관계를 유지합니다.

[사례 1]

💡 **완성의 만족감을 위한 끊임없는 노력**

완성을 목표로 업무에 집중하다 보니 간혹 융통성이 부족하다는 평가를 듣습니다. 따스한 환경에서 자랐지만, 학습 동기로 익숙해진 목표 지향적 자세는 자신에게 한없이 엄정한 태도를 요구하며, 이는 종종 타인에게도 영향을 미칩니다. 함께 협업해야 완성이 가능한 일은 서로 목표를 공유하며 노력하지 않으면, 결코 만족스러운 결과를 맞이할 수 없습니다. 개인이 홀로 역량을 발휘해 완성에 이른다 해도 업무 과중으로 인해 연이은 생산성을 보장할 수 없다면 조직의 발전을 약속하기 어려워집니다. 구성원 모두가 역량을 발휘할 수 있는 협조적 분위기를 조성해 완벽을 향한 부담감을 도전으로 승화할 수 있도록 노력하고 있습니다.

[사례 2]

💡 **소통과 열정의 균형점을 찾다**

주변 사람들과 쉽게 어울리며 폭넓은 관계를 형성합니다. 이러한 친화력을 바탕으로 아르바이트 근무에 임해 긍정적인 피드백을 받을 수 있었습니다. 또한, 밝은 분위기의 업무 환경을 조성하는 데 노력하며 직원들의 업무 능률 향상과 협력 증대 효과를 이끌어 냈습니다. 친화력을 통해 아시아나항공 고객과 깊이 있는 소통을 이어 나가겠습니다.

자기 계발에 대한 열정이 강한 편입니다. 열정에 이끌려 주변에서 우려할 정도로 다수의 업무를 병행하는 경우도 있습니다. 체력 유지와 업무 완성도를 높이고자 실행에 앞서 우선순위에 따라 현실에 부합하는 계획을 수립하고 있습니다. 계획한 순서대로 목표를 달성하며 열정을 가치 있게 활용하는 것이 목표입니다.

◉ 스스로 인정해도 괜찮은 성격의 단점은 무엇일까요?

지나치게 솔직히 본인의 단점을 드러내는 게 긍정적인 평가로 이어질 가능성은 희박합니다. 단점의 속성이 개선 가능성과 개선을 위한 노력을 포함하고 있어야 인정해도 괜찮은 단점이라고 할 수 있습니다. 단점의 수준이 '그 정도는 누구나 있는 단점' 정도에 그친다면, 진부한 인상을 남기지 않게 표현하는 것이 중요합니다. 동일한 내용이라도 어휘와 맥락에 따라 다른 느낌을 줄 수 있기 때문입니다. 작성 후 해당 내용을 다시 읽어 봤을 때 지루함이 묻어난다면 어휘와 나열 순서에 변화를 주는 시도가 필요합니다. 일단 인정해도 괜찮은 단점을 나열해 보고, 효과적인 표현으로 진부한 단점에 생기를 불어 넣어 보겠습니다.

- 지나치게 약속 시간을 엄수해 상대방이 부담을 느낀다.
- 맡은 일의 경중을 고려하지 않고, 계획을 수립해 순서대로 업무를 수행한다.
- 목표 설정 후, 달성까지 자신에게 전혀 관대하지 않아 심리 및 신체적으로 어려움을 겪는다.
- 일상적인 배려로 인해 피해를 입는 사례가 종종 있다.
- 문서를 읽고 분석하는 활동에 흥미를 느껴 운동이 부족하다. 이러한 영향으로 체력이 다소 약하다.
- 긍정적이고 낙관적인 사고로 긴박한 상황에서도 여유를 잃지 않는 편이다.
- 동료 의식이 강해 교우 관계에 다소 많은 시간을 할애하고 있다.
- 주변을 항상 깨끗하게 정리해야 마음이 놓인다. 이에 대해 함께 생활하는 사람들이 불만을 토로할 때가 있다.
- 주도적으로 문제를 해결해 스스로 피로감을 느끼거나 해결 속도가 늦어지는 경우를 간혹 마주한다.
- 숫기가 없어 많은 사람들 앞에서 자기주장을 펼치는 데 어려움을 느낀다.

단점 사례는 얼마든지 추가할 수 있으나 그 핵심은 개선 가능성, 장점까지 아우르는 양면성, 개선 방법의 명확성입니다. 단순히 떠오르는 자신의 단점이 위의 내용과 결부된다면 경험을 덧붙여 성격의 단점을 완성할 수 있습니다. 하지만 위의 내용과는 관계가 없는 단점만 떠오른다면, 그 내용에서 개선 가능성과 양면적 특징, 개선 방법의 제시까지 포괄한 내용을 선별해 봅니다. 그래도 없다면, 위의 내용에 해당하는 모습은 누구에게서나 엿볼 수 있으니 본인의 경험을 연결하며 단점을 창조하세요. 3가지 사항(개선 가능성, 장점도 지닌 양면성, 개선 방법의 명확성)을 명심하고 단점 창조 과정을 거쳐야 합니다.

진부한 내용을 표현으로 다듬어 자신만의 단점처럼 기술하는 방법도 때에 따라서는 아주 유용합니다. 자기소개시 항목마다 경험을 소개해야 하는데, 개인이 겪은 경험담이 무제한적이라면 관계없으나 대부분의 지원자가 경험이 넘쳐 나는 상황은 아닙니다. 결국, 동일한 내용을 빈번히 언급할 수밖에 없는 경우도 있습니다. 진부한 내용을 표현으로 다듬어 의미 있어 보이도록 만드는 과정이 바로 이런 경우에 효과적입니다.

'여유로운 성격 탓에 잠이 상대적으로 많다'는 지극히 진부한 내용을 일상 경험담으로 엮어 표현하면 내용의 중복 없이 성격의 단점 항목을 완결할 수 있습니다.

> 수면 시간이 길어 등교 시간마다 바빴습니다. 버스를 놓치지 않으려고 필사적으로 뛰어야 했고, 움직이며 아침밥을 먹거나 옷매무새를 가다듬었습니다. 그런 상황이 졸업까지 이어졌지만, 충분한 수면 덕분인지 한 차례도 지각하지 않았습니다. 또한, 시험 기간에는 쏟아지는 잠을 참기가 너무 힘들었습니다. 밤잠이 없는 학우들에 비해 절대적인 학습 시간이 부족할 수밖에 없는 상황이었지만, 이를 보완하고자 수업 시간에는 배움에만 열중했습니다. 이처럼 여유로운 성격이 수면 시간의 연장에 영향을 미쳐 생활 자세가 변화했습니다. 만일의 상황에도 주변 사람들의 신뢰를 잃지 않기 위해 꾸준히 자신에게 적합한 수면 시간을 알아내는 데 노력을 기울이고, 더욱 규칙적인 생활로 효율성을 높이고 있습니다.

위의 내용을 보면, 누구에게나 일어났을 법한 일들을 나열하며 여유로운 성격의 단점을 부각했습니다. 그와 함께 개선 가능성과 양면성, 개선 방법의 명확성까지 아울렀습니다. 특별한 경험으로 자신의 단점을 보여 주기가 어려울 때는 표현에 주의를 기울이며 내용을 기술하도록 합니다.

CHAPTER 02

기업별 예시

1. YTN   p.222
2. 이스타항공   p.224
3. GS리테일   p.226

성격의 장단점 항목은 성격의 활용과 보완 방법을 설명하는 것이 중요합니다. 추가 설명이 가능한 소재를 선택하고, 지나치게 솔직한 모습보다는 적정 수준으로 조율한 모습을 보여 주도록 합니다. 예시를 통해 선택 방법을 살펴보세요.

성격의 특징 및 생활신조에 대해 기술하시오. 500자

항목 분석

1. 미디어 환경에 적합한 성품
2. 적극적인 모습이 담긴 경험 소개
3. 낯선 환경에 적응하는 감각

주변 환경에 대한 호기심과 앎에 대한 열정, 관계 지향적인 자세가 드러나도록 글을 풀어냅니다. 기자로서 다양한 사회 현상을 마주하기 위해서는 위의 세 가지 요건을 갖추는 것이 중요합니다. 물론 이 세 가지가 직무 수행을 위한 필수 요건은 아닐지라도 자기소개서에서 만큼은 언론사에서 선호할 만한 페르소나로 자신을 연출하는 게 필요합니다. 경험은 자신의 성격과 생활신조의 판단 근거로 제공해야 합니다. 일상생활에서 경험을 추려 낼 수 있지만, 가급적 강점으로 거론할 수 있는 내용을 경험으로 사용하세요. 상투적인 성격 묘사는 불필요합니다. 기재한 경험을 통해 읽는 이가 지원자의 성격을 유추하도록 방향을 제시합니다. 생활신조도 마찬가지입니다.

일반적인 성격 유형을 자신에게 대입해 서술하면, 상당히 보편적인 설명만 연이어져 특색을 잃어버립니다. 생활신조도 넓은 범주에서 보면 몇 가지 유형으로 압축됩니다. 자신을 표현하는 도구로 이 항목을 활용하기 위해서는 경험 소개가 최선입니다. 그 경험에 맞춰 성격 관련 어휘를 배치해 항목 요건을 충족하세요. 생활신조는 경험을 소개하며 가볍게 확인하는 과정만 거쳐도 무방합니다. 작성의 중심은 경험 소개입니다.

페르소나 설정

☑ 행사장 아나운서로 활동한 경험

지원 분야와 연관된 경험이라 성격과 생활신조를 보여 줄 때 부수적인 효과까지 기대할 수 있습니다. 아나운서 경험을 통해 적극적이고 어울리는 걸 즐기는 성격임을 보여 줍니다. 굳이 성격의 특징을 상투적인 표현으로 나열할 필요는 없고, 제목에 넌지시 알리는 것이 더욱 간명하고 효율적입니다. 생활신조는 성격과 완전히 동떨어진 개념이라고 할 수는 없습니다. 경험에서 드러나는 생활 자세를 신조로 규정해도 틀리지 않습니다. 성격과 생활신조를 분할해 작성하면 흐름이 두 갈래로 나뉘어 이야기의 집중도가 떨어집니다. 경험이 많을 때는 분할하는 방법도 전략이지만, 글자 수에 따라 방법은 차이를 보입니다. 800~1,000자를 요구하는 상황에서는 분할을 선택하고, 500자 이하의 상황에서는 유사한 경험에서 두 요건을 파생적으로 설명하는 것이 낫습니다.

💡 **적극적으로 새로운 환경에 어울리며 배움을 실천하다**

→ 제목에 성격과 생활신조를 전부 담았습니다. '적극성'이 성격에 해당하고, '새로운 환경에서 배우다'가 생활신조입니다. 제목이 항목 요건과 연관됨을 확실히 보이기 위해서는 경험과 함께 위 두 가지 요소를 항목 내부에 기술해야 합니다.

낯선 상황에서 더 많이 배울 수 있다는 신조로 도전에 앞장서 왔습니다. 이와 더불어 적극적인 성격으로 현장을 누비며 새로운 관계를 만들고, 공감대를 형성하며 배움을 즐겼습니다.

→ 성격과 생활신조의 기본 틀을 제시했습니다. 여기까지는 보편적인 내용이며, 페르소나의 특색은 경험으로 나타냅니다.

아나운서로 활동할 때는 낯선 환경에 빠르게 적응하고자 현장을 집중적으로 살폈습니다. 인천 아시안 게임에서 장내 아나운서로 근무하며 다양한 팀 관계자를 만났고, 인터뷰 중 자연스럽게 대화를 이어 나가기 위해 경기를 앞둔 선수들의 과거 활약상을 꼼꼼히 분석했습니다.

→ 지원 직무와 높은 연관성을 보이는 아나운서 경험입니다. 적극성이 드러나도록 활동상을 표현했고, 관계 형성에 능숙한 자세도 소개했습니다. 이는 기자직을 고려한 설명입니다.

또한, 3주간 채용 박람회 아나운서로 근무했습니다. 박람회 기획 취지와 참여 기업 자료를 파악한 후, 방송 관계자들과 진행 연습을 반복했습니다. 이 과정을 통해 빠른 속도로 호흡을 맞춰 나아갈 수 있었습니다.

→ 유사 경험이 이어져 이야기의 집중도를 유지할 수 있습니다. 성격 소개에 아나운서 경험을 사용하고, 생활신조 소개에는 아나운서와 다른 경험을 사용한다면, 500자 내에 흐름의 통일성을 이뤄 내기가 어렵습니다. 요구 글자 수가 800자 이상일 때는 다양성 확보를 위해서라도 서로 다른 내용을 소개하는 것이 적절합니다. 위 내용에서는 페르소나의 적극성과 배움의 자세를 유추할 수 있습니다.

다양한 현장에서 적극성을 발휘해 사람들과 어울렸고, 새로운 지식을 습득하며 한층 성장했습니다. 항상 적극적인 자세로 배움의 기회를 찾고자 노력합니다.

→ 전체 내용을 항목 요구 사항에 맞게 정리하는 문장입니다. 제목에 기입한 어휘를 재차 사용해 문단의 시작과 끝을 자연스럽게 연결했습니다.

안심Touch

성격의 장단점을 기술하시오. 500자

1. 항공사의 직무 특징에 맞는 성격 선택
2. 장단점의 비율 조절

승무원에게 필요한 품성을 부각하는 데 주력합니다. 친절을 근간으로 삼아 소통, 경청, 배려, 존중, 적극성 등이 드러나면 적절합니다. 단점은 서비스 직무에 치명적이지 않은 내용을 선택하되, 보완 방안을 반드시 언급해야 합니다. 성실함, 책임감, 서비스 마인드와 대치되는 모습은 단점으로 소개할 이유가 없겠습니다.

지원 직무에 어울리는 요소를 선택하는 것이 가장 중요합니다. 장점과 단점의 비율을 5 : 5에서 6 : 4 정도로 유지하세요. 이스타항공에 대한 이야기가 불필요한 항목이므로 개인 경험을 중심으로 내용을 기술합니다.

페르소나 설정

☑ 일반 내용에 해당

경험이 많지 않은 페르소나를 설정하고 작성하겠습니다. 일반적인 내용을 적절한 표현으로 가다듬으며 읽는 이에게 정성을 보이는 방식입니다. 특별한 내용이 없을 때 가능한 방법입니다.

💡 관계 지향성과 상대방 중심의 태도

➔ 장점과 단점을 한 문장에 담아낼 때는 핵심 어휘만 사용해 상반된 내용을 병치합니다. 요구 분량이 600자 이상일 때는 장점과 단점의 제목을 개별적으로 설정할 수 있습니다.

관계 중심의 생활 자세 덕분에 상대방과 소통하는 데 익숙합니다. 어떤 상황에서도 대화를 이끌어 내고 미소를 유지하며 관계를 넓혀 갑니다. 상대방이 편하게 느끼며 고민 상담을 해 오는 경우가 많다는 점도 소통의 맥락을 잘 짚어 내는 장점을 방증하는 바입니다. 경청만으로도 소통이 원활해지는 현상을 직접 체험하며 신뢰가 담긴 관계 형성을 위해 상대방에게 진심으로 다가가고 있습니다.

➔ 페르소나의 장점은 소통이며, 생활에서 겪은 가벼운 내용을 소재로 활용했습니다. 소통, 경청, 신뢰, 미소를 어휘로 배치해 장점에서 비롯된 친근한 인상을 만들었습니다.

상대방 중심의 자세는 시간의 효율적 사용을 상대적으로 어렵게 합니다. 어려움을 호소하는 상대방을 외면하지 못하고, 자신의 일처럼 도움을 주다 간혹 시간에 쫓기는 경우를 맞닥뜨리기도 합니다. 이를 개선하기 위해 상대방과 진솔한 자세로 소통하며 관계 유지와 유연한 생활을 도모하고 있습니다.

➔ 단점은 부탁을 거절하지 못하는 배려의 자세입니다. 지나친 배려로 인해 시간을 효율적으로 사용할 수 없다는 점에서 페르소나의 단점에 해당하나 적어도 페르소나가 배려의 품성을 지녔음은 알 수 있습니다. 소통으로 유연하게 거절 의사를 밝히며 단점을 보완하겠다고 언급했습니다.

성격의 장단점 및 보완 노력에 대해 기술하시오.

400자

항목 분석

1. 직무 내용 참고
2. 보완을 위한 노력 기재

400자 내에 성격의 장점과 단점, 단점에 대한 보완을 전부 기술해야 합니다. 비중을 5 : 5로 나눠 진행하고, 장점에는 GS리테일에 어울리는 성실, 열정, 배려 등을 표현하세요. 단점은 개선 가능성을 내포하고 있어야 합니다. 분량이 적으므로 경험은 제시하지 않거나 간략하게 소개합니다.

장점, 단점 순서로 접근하고, 제목은 한 가지로 통합하거나 양분해 기술할 수 있습니다. 분량에 유의하며 내용의 완결성을 높입니다.

페르소나 설정

☑ 일반 내용에 해당

GS리테일의 관리 직무 수행에 필요한 정확함과 완벽함을 소재로 사용했습니다. 일반적인 내용일지라도 직무 적합성을 보여 주는 내용으로 구성해야 합니다.

💡 성실함을 정확함으로 연결하다

꼼꼼한 성격으로 실수 없이 업무를 진행합니다. 주변을 고려하는 자세로 업무의 정확성을 높였고, 적극적으로 업무에 임하며 성실함의 근간을 다졌습니다. 항상 맡은 바를 반드시 완수하고, 신뢰와 책임으로 자신의 기대에 부응하며 희열을 느낍니다.

→ 보편적인 내용이라 표현에 유의했습니다. 장점을 먼저 기술하는 것이 적절하며 소제목으로 명확히 경계를 나눴습니다.

💡 완벽에 대한 집착, 우선순위로 부담감을 조절하다

정확에 대한 열의가 완벽에 대한 집착으로 이어져 업무가 경직적인 모습을 보이는 경우가 있습니다. 이를 완화하고자 우선순위를 나눠 업무 집중 시간을 분할하고 있습니다. GS리테일에서도 유연한 업무 자세를 유지하며 업무량과 강도를 조절하겠습니다.

➜ 마찬가지로 보편적인 단점 내용이지만, 차이점은 마지막 문장에 포부가 있다는 점입니다. 소제목으로 핵심을 전달했습니다.

안심Touch

08

.

"작은 기회로부터
종종 위대한 업적이 시작된다."

PART 08

가치관 중심의
유형

작성 요령

지원자의 소신이 담긴 가치관을 소개하기보다는 지원 기업의 인재상과 직무 특징을 고려해 그에 부합하는 가치관을 만드는 편이 더 효과적입니다. 가치관은 지원자의 경험과 함께 등장합니다. 특별한 경험을 통해 가치관이 생성될 수 있고, 그와 반대로 특정 상황에 대응하는 데 가치관을 활용할 수 있습니다. 가치관 설정은 자유롭지만, 이를 뒷받침하는 경험이 없다면 헛된 구호에 지나지 않습니다. 자신의 경험을 먼저 선정한 후에 가치관을 만드는 전략이 유효한 이유입니다. 기업의 인재상은 일반 사람이라면 모름지기 갖춰야 할 품성과 덕목의 종합 일람표입니다. 지원 기업의 인재상에 부합하는 가치관을 살펴보고, 자신이 준비한 경험에 접목해 기술합니다. 특별히 적용할 만한 사항이 없다면, 직무 특성에서 가치관을 찾아봅니다. 예를 들어, 영업은 관계, 소통, 배움, 열정 등의 소양이 필요하므로 이에 적합한 경험과 가치관을 묶어 기술합니다. 생산 관리는 정확성, 체계성, 소통, 성실성 등의 소양에서 방향을 탐색합니다. 위인의 어록과 서적을 인용하거나 사자성어를 사용해 도입부를 자연스럽게 구성할 수 있습니다. 특색 있는 소재가 읽는 이의 관심을 유발할 수는 있지만, 경험과 성격이 맞지 않을 때는 오히려 부정적인 인상을 남깁니다. 자신의 경험을 먼저 떠올린 후에 가치관을 풀어 나아가는 전략이 이와 같은 실수를 방지하는 방법입니다.

📍 식상한 가치관은 존재한다

가치관의 사전적 의미는 '인간이 자기를 포함한 세계나 그 속의 사상(事象)에 대해 가지는 평가의 근본적 태도'이므로 가치관에 잣대를 들이미는 건 어리석은 행동임이 분명합니다. 하지만 읽는 이의 입장을 고려해야 하는 자기소개서에서는 다분히 예외적으로 가치관을 다뤄야 합니다. 일반인으로서 과도하게 접해 온 가치관에 식상함이 느껴지는 건 당연한 일입니다. 가령 '백지장도 맞들면 낫다', '백문이 불여일견' 등의 속담은 그 진중한 의미를 떠나서 가치관으로 등장하는 것만으로도 진부한 인상을 만들 수 있습니다. 차라리 속담이 내포한 바를 일반적인 문장으로 표현하는 편이 낫습니다. '협동하는 삶을 지향합니다', '직접 체험하며 배우고자 노력합니다'처럼 표현하면, 누구나 아는 속담과는 달리 식상함을 품은 선입견이 비집고 들어설 틈을 주지 않습니다. 시간의 효율적인 활용은 만고불변의 권장 사항이자 가치관으로 손색이 없을 정도로 깊은 의미를 지녔습니다. 이토록 위대한 가치관도 '시간은 금이다'로 포장하면, 그 의미의 무게가 큰 폭으로 줄어듭니다. 바로 식상함이 개입했기 때문입니다. 속담, 명언, 사자성어 등을 사용할 때 이와 같은 영향을 반드시 고려해야 합니다. 특별히 어렵거나 너무나도 낯선 가치관을 사용하라는 의미는 아닙니다. 일반적인 가치관을 식상한 문구로 포장하는 것만 지양하세요.

📍 자투리 경험으로 가치관을 증명하자

자신의 가치관을 뒷받침하는 내용은 타 항목에서 소개하기에는 분량이 적거나 매력도가 떨어지는 경험에서 찾을 수 있습니다. 가치관은 지원자가 그렇게 생각하며 살아온 태도를 의미할 뿐, 입증을 요구하는 성격이 아니므로 경험의 활용 폭이 넓은 편에 해당합니다. 일상 경험을 가볍게 차용해 가치관을 입증하는 것이 가능합니다. 가령 친구와의 약속 시간을 지키기 위해 10분 일찍 목적지로 출발했다는 이야기로 철저한 시간관념을 가치관으로 제시할 수 있습니다. 이는 입증할 수 없는 내용이며 구체적인 설명을 요구하는 타 항목에 사용하기도 어렵습니다. 가치관을 묻는 항목에서는 가벼운 일상 경험을 소재로 사용해도 무방합니다. 물론 지원자의 경험이 다양해 오히려 소개할 항목이 부족한 경우에는 굳이 자투리 경험을 사용할 필요는 없습니다. 어떠한 경우에도 가치관에 부합하는 경험은 기술해야 합니다. 가치관만 정의한 채 소개를 마치면, 읽는 이에게 전달하는 바가 없기 때문입니다.

기업별 예시

1. 한국수자원공사	p.233	5. GS리테일	p.245
2 GS글로벌	p.236	6. 한진	p.247
3. 미래에셋자산운용	p.239	7. LH토지주택공사	p.250
4. 우리은행	p.242		

가치관은 생활신조, 직무 관련 마음가짐, 특정 사안에 대한 의견 등을 포괄합니다. 자신의 생각을 뒷받침할 수 있는 경험이 있어야 이야기를 신뢰할 수 있고, 특색도 더할 수 있습니다. 일상적인 경험일지라도 항목의 요구 조건에 부합할 수 있게 경험의 활용 방법을 예시로 알아봅시다.

> (직업윤리) 어떠한 일을 진행할 때, 원칙 준수와 일의 효율성 사이에서 갈등했던 경험에 대해 서술하고, 갈등 해결을 위해 구체적으로 어떤 노력을 했는지 서술하시오. **580자**

항목 분석

1. 갈등 상황 설정
2. 지원 기업의 특성 고려
3. 자신의 판단과 행동 중심의 기술

항목 조건에 어울리는 상황을 일상생활에서 누구나 경험해 봤을 수는 있지만, 그 내용의 경중을 고려하면 자기소개서에 기술하기가 쉽지 않은 경우가 더 많은 것이 사실입니다. 게다가 직업윤리를 묻는 항목에서 도덕적 결함이 드러날 수 있는 사례를 적용한다는 것은 무척 부담스럽습니다. 관건은 도덕적 허용 범위에서 원칙에 따랐거나 수용 가능한 상황에서 효율을 선택했던 사례를 찾는 것입니다. 그 경험이 직무와 연결성을 보이면 더욱 효과적일 수 있습니다.

직무와 유사한 상황을 상정하기가 어렵다면, 항목 조건에 부합하는 상황 설정에만 집중하세요. 원칙을 준수하면서 효율성까지 높인 솔로몬식 해법을 그려 내는 것은 쉽지 않습니다. 상황의 속성 자체가 그에 대한 한계를 내포하고 있기 때문이지요. 해결 방안이 소신과 개성에 근거하지 않고, 합리성과 도덕성을 중심으로 해야 읽는 이가 수긍할 수 있습니다. 아울러, 갈등을 해결하는 과정을 행위 중심으로 그려 내며 동적 요소를 부각하세요.

페르소나 설정

☑ 기계공학 전공
☑ 시스템 설계 실습 경험

기세직에 지원하는 페르소나의 역량이 간접적으로 드러날 수 있도록 실습 경험을 소재로 선택했습니다. 갈등을 내포하는 상황을 설정하고, 그 과정을 헤쳐 나아가며 페르소나의 강점을 보여 줍니다. 해당 상황은 직무 역량까지 아우르고 있어 소개를 통해 직업윤리 이상의 효과를 기대힐 수 있습니다.

💡 결과보다 과정에 주력한 설계 실습

➡️ 소제목으로 페르소나가 원칙을 준수해 갈등을 해결했다는 사실을 짐작할 수 있습니다. 일의 결과만 고려하면, 원칙보다는 효율성을 우선시하는 것이 당연합니다. 과정에 주력했다는 표현으로 결과보다 원칙을 지키는 데 힘썼음을 알렸습니다. 방향을 설정한 후, 설계 실습 내용으로 근거를 제시합니다.

시스템 설계 실습 수업은 팀원들과 함께 설계한 사항이 오차 허용 범위 내에서 결과를 도출할 수 있도록 구성하는 것이 목표였습니다. 설계 내용은 매년 바뀌지 않아 과거 자료를 참고하며 미리 결과를 예측할 수 있었습니다.

➡️ 기계직에 어울리는 배경을 선택했습니다. 실습 과정에서 과거 자료를 참고해 인위적으로 오차를 줄이는 것이 가능함을 드러냈습니다. 이는 성적과 직결되므로 판단의 기로에 설 수 있는 상황에 해당합니다. 읽는 이가 공감할 수 있는 상황이기도 합니다.

실습 초반에는 5명의 팀원들이 열정적으로 협력해 설계를 완성했지만, 그 결과가 오차 허용 범위를 넘어서 지속적으로 시스템을 수정해야 했습니다.

➡️ 어려운 상황을 서술하며 원칙에 어긋난 행동을 할 수 있다는 점을 부각했습니다. 준칙이 지향하는 바는 누구나 이해하지만, 막상 위기 상황에 처하면 감정 동요를 느끼기 마련입니다. 이러한 점이 드러나도록 표현하는 것이 상황 중심의 항목에서는 중요합니다.

수차례 수정을 거듭했음에도 불구하고, 오차를 크게 좁힐 수 없었습니다. 이러한 경우에는 재설계로 문제를 극복해야 했습니다.

➡️ 갈등의 최고 국면은 재설계라는 점을 알 수 있습니다. 재설계로 실습에 추가 시간을 투자하는 것은 학생들이 기피하고 싶은 내용입니다. 읽는 이도 공감이 가능한 소재이므로 갈등 배경 설정으로 효과적입니다.

제한적인 실습 시간 내 우수한 성적을 거두기 위해서는 정확한 결과가 필요했기 때문에 팀원들은 과거 실습 내용을 그대로 적용하자는 의견을 제시했습니다. 수업 목표에 어긋나는 행동이자 배움의 결실도 없는 방식이었으므로 결과만을 위해 그릇된 방법을 수용할 수는 없었습니다. 학습 용도로 참고하자는 의견을 내세우며 팀원들을 설득했습니다.

➡️ 다수가 주장하는 데 반대 의견을 제시하기가 매번 쉽지는 않습니다. 페르소나의 소신을 엿볼 수 있고, 공사의 특성에도 어울리는 모습입니다. 단순히 원칙에 어긋난다는 이유로 다수의 의견을 반대한 것은 아닙니다. 페르소나는 배움이 중요하다고 생각했기 때문입니다. 이야기의 결과만 보여 주는 방식으로는 지원자의 강점을 나타낼 수 없습니다. 타당한 설명을 덧붙여야 합니다.

재설계는 피할 수 없었지만, 내용을 참고한 덕분에 오차를 크게 줄일 수 있었습니다. 결과보다 과정을 중시한 실습으로 전공 역량을 강화할 수 있었고, 우수한 성적도 거뒀습니다.

➜ 원칙을 지키며 우수한 결실도 거뒀습니다. 이상적인 사례에 해당합니다. 과정을 중시한다는 주장에 걸맞은 결과입니다.

이 경험을 통해 과정의 의미를 이해했고, 설득 요령도 익혔습니다.

➜ 경험에서 느끼거나 배운 점도 추가로 언급할 수 있습니다. 모든 항목을 자신의 역량 소개 기회로 활용해야 합니다. 노골적이지 않게 자연스러운 흐름으로 언급하는 것은 일종의 전략이라고 할 수 있습니다.

안심Touch

지원자의 가치관 확립에 가장 큰 영향을 준 인생 경험을 육하원칙에 따라 서술하시오. 600자

항목 분석

1. 가치관은 생활 자세, 마음가짐, 깨달음 등을 포함
2. 좌우명 형식으로만 접근할 이유는 없음
3. 강점까지 드러낼 수 있는 경험 선택
4. 기업 관련 언급은 불필요

무역상사가 원하는 가치관은 도전, 개척, 적극성, 넓은 관계, 신뢰 등을 내포하고 있어야 합니다. 경험을 소재로 기술하는 항목이므로 이러한 점을 먼저 고려한 후, 무역상사에 어울리는 경험을 선택하세요. 순수하게 지원자의 가치관 확립에 영향을 미친 경험을 기술할 수도 있습니다. 하지만, 자기소개서는 의도와 목적이 분명한 글인 만큼 자신의 가치관보다 지원 기업이 선호할 만한 가치관으로 접근해야 합니다. 경험에서 가치관을 추려 내는 건 어렵지 않습니다. 만약 해외 봉사를 통해 외국어의 중요성과 원활한 재화 공급의 필요성을 체감했다면, 가치관으로 소통을 위한 배움과 효율적 시장을 위한 개척 정신을 언급할 수 있습니다. 대부분의 경험은 가치관에 걸맞은 내용을 포함합니다. 무역상사에 어울리는 경험을 찾고, 그 속에서 자신의 강점을 극대화하는 전략을 구사하세요.

무역상사의 조직 문화는 보수적이며, 항목에서도 이러한 점을 확인할 수 있습니다. 육하원칙에 따라 서술하라고 명시한 점은 표현의 자유도를 대폭 낮추라는 의미로 해석해야 합니다. 경험의 과정을 소개할 때, 자신의 강점이 드러나야 합니다. 서술한 가치관을 통해 지원자가 무역상사에 적합한 역량을 갖췄다고 읽는 이가 추론할 수 있도록 관련 요소를 적절한 위치에 배치하세요. 인생 경험에서 가치관을 찾아 소개하는 항목이므로 GS글로벌을 불필요하게 언급할 필요는 없습니다. 설명한 가치관을 활용해 GS글로벌에서 포부를 실현하겠다는 정도의 의지 피력이 적정 수준입니다.

페르소나 설정

☑ 영국 어학연수 중 팀을 이뤄 현지에서 통번역 자원봉사에 도전한 경험

해외에서 팀을 이뤄 통번역 봉사 활동에 도전한 경험은 무역상사의 가치관에 연결할 수 있는 요소를 다수 포함하고 있습니다. 영어 실력 향상, 협업을 통한 봉사, 제약이 많은 해외 환경에서 기회 발굴 등이 그 내용에 해당합니다. 경험에서 강점을 최대한 추려 내 무역상사에 유용한 가치관으로 연결해 보겠습니다.

💡 **영국에서 통번역 봉사를 수행하며 도전 정신을 배우다**

→ 경험은 영국 통번역 봉사고, 가치관은 도전 정신입니다. 핵심 내용 두 가지를 제목에 담아 소개할 내용의 틀을 제시했습니다.

1년 전 영국에서 어학연수 중, 한국어-영어 통번역 과정 수업을 듣는 친구들과 함께 자격증 획득을 목표로 스터디 모임을 구성했습니다.

→ 상황을 구체적으로 기술해 항목 요건을 충족했습니다. 경험을 소개할 때는 배경부터 서술해야 합니다. 제목에 이어 두괄식으로 문제 해결 상황까지 첫 문장에 전부 알리면 작성 내용을 읽어야 할 유인이 사라집니다. 우선 배경을 설명하고, 순차적으로 문제 상황과 해결 상황으로 넘어갑니다.

하지만 친구들은 많은 학습량에 지쳐 갔고, 자신감 넘치던 모습도 점차 사라졌습니다. 이에 영어 실력을 발휘할 수 있는 봉사 활동을 해결 방법으로 제시했습니다. 공부에 지쳐 있던 친구들은 배운 내용을 봉사 활동으로 직접 활용하자는 제안에 흔쾌히 동의했습니다.

→ 문제 발생 상황과 해결 방법을 소개했습니다. 의견을 제시해 해결을 도모한 페르소나의 행동을 통해 강점으로 리더십을 추론할 수 있습니다. 다음 단계에는 봉사 활동 내용이 등장합니다. 이야기 흐름에 따라 자연스럽게 기술하세요.

하지만 시민권자가 아닌 외국에서 온 유학생 신분으로 봉사 활동 기회를 얻는 것이 쉽지는 않았습니다. 영국 한인회에 도움을 요청했지만, 신원을 확인할 수 없다는 이유로 거절당했습니다. 학원 원장님이 보호자로 나서 한인회를 설득해 주신 덕분에 한국 노인 분들을 모시고 병원에 내원해 의사와의 대화를 통번역하는 업무를 맡을 수 있었습니다.

→ 어려운 상황임에도 포기하지 않고 문제 해결에 최선을 다하는 적극적인 모습이 보입니다. 통번역 경험은 영어 실력을 알리는 신호로 기능합니다. 무역상사에 반드시 필요한 역량입니다.

의사소통을 적극적으로 도우며 자신감을 되찾았고, 이를 전환점으로 삼아 학습에 전념해 통번역 자격증을 획득할 수 있었습니다. 자격증을 취득한 후에도 귀국 전까지 한국 노인 분들을 지속적으로 도와 드렸습니다.

→ 경험 소개의 마무리 단계이며, 자격증 취득을 성취 내용으로 기술했습니다. 봉사 활동을 지속한 점에서 책임감도 엿볼 수 있습니다.

안심Touch

어려운 상황에서도 해결 방법을 찾아 끊임없이 도전한다면 무엇이든 해결할 수 있다는 사실을 깨달았습니다.

→ 페르소나의 가치관은 도전 정신이며, 경험 소개를 통해 이를 뒷받침했습니다. 도전은 무역상사가 추구하는 핵심 덕목이라 할 수 있습니다. 영국 어학연수와 봉사 활동은 또 다른 의미로 가공이 가능합니다. 나눔, 협업 등을 요구하는 항목에서는 초점을 그 부분에 맞춰 해당 경험에 새로운 의미를 부여합니다.

생활신조에 대해 기술하시오.

400자

1. 기업 정보는 불필요
2. 강점을 소개하며 행동 중심의 생활상 소개
3. 표현에 유의

자산 운용에 적합한 생활신조를 업계 특정에 맞춰 만드는 것보다 본인이 경험한 내용을 범주화하고, 그 범위에서 공통 특징을 추려 내 신조로 설정하는 게 낫습니다. 생활신조를 특정하고 이에 대해 기술하면, 통상적인 이야기만 나열해 의미 전달이 이뤄지지 않을 수 있기 때문입니다. 본인의 경험이 생활신조를 뒷받침해야 일반적인 내용에서 벗어날 수 있습니다. 경험을 통해 자신의 강점을 간접적으로 소개하고, 정상 범주의 마음가짐을 갖춘 지원자임을 알리도록 합니다.

타 항목에서 깊이 있게 다루기에는 과정이 부족한 경험, 타 항목이 요구하지 않아 기술할 기회가 없는 경험 등을 소재로 삼아 공통 속성으로 연결해 봅니다. 다양한 경험을 소개할수록 생활신조의 특별함은 더욱 증대합니다. 일반적인 생활신조로 이야기를 시작한다면 누구에게나 해당하는 이야기만 나열하는 셈입니다.

지극히 보편적이라 전달하는 바가 없는 사례

시간을 엄수하자는 생활신조를 실천하고자 주변 사람들과 약속을 지키는 데 최선을 다합니다. 시간은 누구에게나 소중합니다. 한 번 무너진 신뢰는 다시 회복하기가 어렵습니다. 시간 엄수는 상대방에 대한 최소한의 존중이자 신뢰 형성의 기틀이라고 생각합니다.

→ 일반적인 내용이 주는 인상은 무색무취에 가깝습니다. 경험에서 생활신조를 찾아 기술하면 이와 같은 의미 없는 내용 대신 강점을 소개하며 매력을 발산할 수 있습니다. 물론 소개하는 경험이 생활신조로 연결되어야 합니다.

☑ 미래에셋 경제 교육 봉사
☑ 다문화 가정 무료 과외 봉사
☑ 각종 캠페인과 행사 참여 경험

설정 내용을 보면, 짧은 분량의 경험이 봉사 부분에 많이 몰려 있습니다. 각 상황이 나눔 활동과 연결되므로 생활신조로 묶기에 안성맞춤입니다. 개별 봉사 경험이 타 항목에 500자 이상으로 소개할 만한 분량이 안 되거나 항목 내용으로 요구하지 않아 생활신조의 소재로 사용할 수 있습니다. 미래에셋이 주최한 봉사 경험이 있어 소개에 탄력이 붙습니다. 각 경험에서 생활신조뿐만 아니라 강점까지 이끌어 내겠습니다.

💡 나눔으로 주변을 밝히다

→ 페르소나의 생활신조는 나눔을 실천하며 동반 성장을 모색하는 것입니다. 이는 봉사의 공통 속성에 해당합니다. 생활신조를 묻는 항목이므로 제목에는 경험 관련 핵심 어휘 대신 포괄적인 문구를 기재합니다.

따뜻한 온기가 가득한 사회를 만들고자 봉사 활동에 참여합니다. 나눔이 곧 행복이라고 믿기 때문에 주변과 연결되는 봉사에도 주력해 왔습니다.

→ 나눔의 의미를 설명하며 생활신조와 봉사 활동을 연결했습니다. 첫 문장에서는 앞으로 소개할 내용의 전반적인 윤곽을 제시합니다.

아프리카 아이들이 말라리아에 걸리지 않도록 돕는 모기장 보내기 캠페인, 불우한 환경의 아이들을 위한 크리스마스 행사 등에 참여해 나눔을 실천했습니다. 또한, 미래에셋 경제 교육 봉사에서는 강사를 보조해 초등학생에게 눈높이에 맞는 강의를 제공하고자 노력했습니다.

→ 봉사 활동의 개요입니다. 미래에셋에 지원하는 상황이므로 페르소나의 봉사 활동 경험 중 미래에셋 내용에 초점을 맞춥니다.

갑작스러운 강사의 결근으로 대체 강사로서 수업을 진행하며 초등학생이 쉽게 이해할 수 있는 어휘 사용과 자료 설명에 집중하며 강의 경험도 쌓았습니다. 학부모 참관 수업에서도 적절한 자세로 학생들의 질문을 유도하고 답변을 칭찬하며 강사 역할을 효과적으로 수행했습니다.

→ 봉사 활동에서 페르소나의 강점을 부각하며 자산 운용 부문에 걸맞은 소양을 선보였습니다. 갑작스러운 상황 변화에 대처하고, 상대방의 눈높이에 맞게 설명하는 자세는 유용합니다. 강사로서 맡은 역할을 충실히 해냈다는 점도 책임감 있는 모습으로 다가옵니다. 이처럼 활동 과정에서 강점을 드러내는 방식으로 소개합니다.

아울러, 사회적 기업 지원 네트워크 인턴 활동으로 만난 다문화 가정 아이들에게 무료 과외 봉사를 제공하며 어려운 형편을 돕고자 많은 관심을 기울였습니다. 성장을 통해 나눔의 가치를 보다 확대하고 싶습니다.

→ 효용이 가장 낮은 경험을 마지막에 배치했습니다. 나눔의 가치를 확대하겠다는 포부를 밝히며 성장의 필요성을 언급했습니다. 페르소나가 나눔과 성장을 균형 있게 바라보고 있다는 사실은 이익을 추구하는 자산 운용업에 어울리는 소양입니다. 단순히 나눔만 강조해서는 지원 기업의 근본 체계와 맞지 않기 때문입니다.

안심Touch

아래 제시어를 자유롭게 선택 활용해 본인의 가치관과 삶의 경험을 담은 에세이를 작성하시오(고객, 행복, 미래, 도전, 정직, 신뢰, 인재, 제일).　1,000자

항목 분석

1. 제시어를 담아 낼 수 있는 가치관
2. 경험으로 가치관을 뒷받침
3. 여성 비율이 낮지 않은 기업이므로 유연한 표현을 활용

조직 문화의 경직도는 기업 구성원의 성비로 판단할 수 있습니다. 은행업의 경우, 대체로 여성 비율이 높은 편이고, 고객 응대 업무를 수행하는 까닭에 유연한 표현을 사용해도 무방합니다. 자유로운 표현으로 자신의 생각과 경험을 소개하되 자기소개서의 형식과 목적에는 부합하도록 유의하세요. 제시어는 반드시 활용해야 합니다. 대부분 밝고 긍정적인 어휘이므로 항목 내에 기술하기가 어렵지는 않습니다. 가치관이 은행 업무를 다루는 데 적합할수록 유리하겠지요? 제시어와 연결할 수 있는 경험을 떠올리며 성장 과정에서 겪은 일, 봉사 활동, 팀 활동 등을 전체적으로 엮는 것도 가능합니다.

요구 글자 수가 1,000자이므로 전체 내용을 두 단락으로 나눠 작성하는 구성이 보기에도 편안합니다. 부분 소제목은 내용에 따라 추가할 수 있습니다. 예를 들어, 한 개의 소제목에 두 단락 구성, 혹은 두 개의 소제목에 두 단락 구성 등이 얼마든지 가능합니다. 물론 단락 수도 2개 이상일 수 있습니다. 하지만 제목이 3개 이상이거나 단락 구획이 4개 이상이면 흐름이 끊길 수 있어 읽는 이에게 부정적인 인상을 줍니다. 경험으로 자신의 생각을 뒷받침하는 과정은 필수입니다. 가치관만 나열해서는 본인의 이야기를 전달하기 어렵기 때문입니다. 밝음, 성실함, 정확함, 배려, 도전 정신 등을 내포한 경험을 은행 환경에 맞게 구성해 보세요.

제시어에 얽매이기보다는 본인의 가치관을 은행 업무와 연결하는 데 집중합니다. 경험을 서술하며 느낀 바와 배운 바를 설명할 때 제시어를 직접 언급할 수 있습니다. 본인의 경험을 이용해야 하지만 소재는 무궁무진하므로 큰 틀 갖추기는 어렵지 않습니다. 고객 응대 경험을 담은 이야기를 소개하며 제시어 중 고객, 행복, 미래, 정직 등을 언급할 수 있고, 팀 활동에서 책임과 배려를 배웠다면 제시어 중 미래, 신뢰, 행복, 인재 등을 가치관에 대입할 수 있습니다. 제시어 전부를 억지로 이야기에 연결할 필요는 없습니다. 경험과 가치관에 맞는 제시어로 지원자가 은행 업무 환경에 적합한 유형임을 보여주는 데 주력합니다.

☑ 다년간 편의점 아르바이트
☑ 백화점 영업 경험

고객 응대 업무를 담당하는 은행원에게 서비스 마인드는 핵심 역량입니다. 다양한 상황이 발생하는 편의점과 백화점에서 아르바이트를 수행하며 겪은 이야기를 소개하고, 그 과정에서 가치관 혹은 삶의 지향점으로 삼은 내용을 제시어와 연결해 서술합니다.

💡 공감으로 동반 성장을 꿈꾸다

→ 제목으로 자신의 지향점을 알렸고, 은행원에게 필요한 자질인 공감과 소통 능력을 보여 주며 첫 구절을 시작했습니다. 공감을 제목에 배치한 이상 이어지는 내용은 경험을 통해 지원자의 능력을 보여 주는 것입니다.

생활비를 마련하고자 학업과 병행하며 편의점에서 3년간 아르바이트를 수행했습니다. 고객의 요구에 친절히 응대하기 위해 안면에는 항상 미소를 띠었고, 목소리를 부드럽게 유지했습니다. 출근 시간에 들른 고객에게는 아침 인사를 건네며 밝은 감정을 전달했고, 매대 정리와 재고 확인을 위해 빠짐없이 판매 품목과 고객 동선을 확인했습니다. 이러한 과정을 반복하자 단골 고객이 늘었고, 고객과 가벼운 인사를 주고받을 정도로 거리감을 줄일 수 있었습니다. 백화점에서는 신발 매장 일원으로 근무에 임했습니다. 고객의 눈높이보다 낮은 위치에서 신발을 매개로 소통하며 서비스 마인드의 근간을 마음에 담을 수 있었습니다. 특히, 추천해 드린 신발을 고객이 만족해하며 구입을 결정했을 때는 함께 행복감을 느꼈습니다.

→ 경험 내용 중 은행에서 필요한 자질 위주로 설명했습니다. 고객과 소통한 이야기를 삽입해 공감의 즐거움을 보여 줘야 해당 경험을 가치관으로 연결할 수 있습니다. 무엇보다 소제목에서 언급한 공감이 동반 성장에 맞닿을 수 있게 후속 내용을 기술하는 것이 중요합니다.

현장에서 다양한 요구에 부응하며 공감의 즐거움을 만끽했습니다. 사소한 감정 표현을 소통의 기회로 활용하며 적극적으로 고객에게 다가섰고, 이를 통해 함께 상호 만족감을 높여 가며 더 나은 미래 가치를 만드는 경험을 거듭했습니다.

→ 경험이 공감과 동반 성장을 포괄할 수 있도록 자신의 생각을 덧붙이는 것이 가능한 단계입니다.

안심Touch

상대방의 이야기를 경청하고, 그에 맞는 행동으로 대응할 때 공감은 관계의 결속력을 높이는 효과를 이끌어 냅니다. 대학교에서 수업 중 이해하지 못한 내용은 학우들과 토의하며 해결했고, 상대방 입장에서 각 문제를 고민하며 공감대를 확대했습니다. 그 결과, 토의에 참여한 전원이 우수한 성적을 거둘 수 있었습니다.

➔ 학창 시절에 겪은 유사 사례를 추가해 공감과 성장을 연결했습니다. 마무리 부분에서는 경험에서 얻은 가치관과 생활 자세를 언급합니다.

은행에서는 상품 권유와 고객 맞춤형 서비스를 제공해야 합니다. 고객 입장에서 해당 상황을 바라보고, 고객의 설명 내용을 이해할 수 있도록 공감 중심의 자세를 유지할 것입니다. 고객과 눈높이를 맞추는 업무에서는 공감하는 능력이 핵심이라고 생각합니다. 상대방을 이해하고 배려하는 인재로 거듭날 수 있도록 서비스 현장에서 얻은 경험을 동반 성장의 기틀로 활용할 것입니다. 우리은행에서 고객과 함께 행복감을 느끼며 밝은 미래를 만들고, 제일 따뜻하고 정확한 금융 서비스를 제공하기 위해 꾸준히 노력하겠습니다.

➔ 작성 흐름을 살펴보고자 기술한 내용이므로 매끄러운 연결을 위해서는 글의 중간에 관련 구문을 삽입해야 합니다. 전체 흐름을 정리해 보면, 경험을 선택하되 은행 환경에 어울리는 내용을 선정합니다. 아울러, 가치관을 뒷받침하는 모습을 부각하며 내용의 연결에 주력합니다. 마무리 부분에서는 가치관을 토대로 우리은행에서 펼쳐갈 미래를 가볍게 제시합니다. 반드시 우리은행을 언급해야 하는 항목은 아닙니다. 생활에서 얻은 내용을 바탕으로 다양한 모습을 연출할 수 있습니다. 사례로는 서비스 마인드에 초점을 맞춘 페르소나를 제시했지만, 변화무쌍한 금융 환경에서 도전적으로 미래에 대처하는 자세를 보여 줄 수도 있고, 융통성 있는 사고로 시대 변화에 부응하는 면모를 소개할 수도 있습니다.

정직함에 대해(경험이 있다면 그 상황에서의 본인의 입장 및 대처 사례) 기술하시오. 400자

항목 분석

1. 정직과 경험의 연결
2. 공감할 수 있는 경험을 선택
3. 정직의 의미를 확대

정직에 대한 본인의 생각을 기술하는 항목이 아닙니다. 지원자가 정직하다는 사실을 방증할 수 있는 경험을 소개하는 항목이지요. 일상생활 혹은 특별한 상황에서 체험한 내용을 정직으로 연결하는 건 크게 어렵지 않습니다. 공감할 수 있는 상황이라면 소재로 충분합니다. 정직으로 인해 얻은 바와 잃은 바가 동시에 존재할 텐데 이러한 고려 사항까지 전부 내용으로 들어가야 진정한 의미의 정직을 보여 줄 수 있습니다. 딜레마에 빠져 곤혹스러웠지만 결국은 정직을 선택했고, 이를 통해 얻은 바를 소개하는 구조가 일반적입니다.

정직으로 연출할 수 있는 상황을 궁리하고, 정직함의 의미를 되새기는 내용을 삽입하세요. 정직하지 않아도 전혀 문제될 게 없는 상황임에도 정직한 행동을 실행에 옮긴 이유를 설명하는 게 중요합니다. 이야기 흐름은 일반적입니다. 경험의 배경 요소를 소개하며 위기 단계로 넘어가고, 심적 갈등 국면에서 정직을 선택한 이유와 느낀 점을 소개합니다. 특별한 상황이 떠오르지 않는다면, 일상 소재에서 정직을 실천한 사례를 찾고 부족한 분량은 정직의 의미와 가치를 기술하며 보충하세요.

페르소나 설정

☑ 편의점에서 밸런타인데이를 맞아 판매 촉진을 위해 노력한 경험

추상적으로 정직에 대해 논하는 것보다 경험에 근거를 두고 정직을 실천한 모습을 보여 주는 게 더욱 실효석입니다. 페르소나는 판매 촉진에 힘쓰던 중 소비자의 입장과 판매자의 입장 간의 이해 충돌 상황에 지면했습니다. 단기적 이익 대신 정직함을 통해 장기적 신뢰를 선택한 모습을 보이며 페르소나의 올바른 마음가짐을 읽는 이에게 알렸습니다.

💡 초콜릿 맛에 대한 객관적 고찰, 정직을 택하다

→ 초콜릿과 정직의 이색적 조합으로 눈길을 사로잡는 효과를 이끌어 냈습니다. 소재의 핵심을 한 문장으로 담아내는 시도를 거듭하면, 인상적인 제목을 만들 수 있습니다.

편의점에서 근무하며 두 차례 밸런타인데이를 맞이했습니다. 첫 번째 밸런타인데이에는 준비를 하지 못해 고객에게 초콜릿을 홍보할 기회와 역량이 부족했습니다. 두 번째 맞이한 밸런타인데이에는 초콜릿에 대한 상세 설명을 전부 암기하고, 직접 맛을 확인해 고객 성향에 맞는 추천을 실행했습니다.

→ 시간 순서대로 경험을 나열했고, 비교를 통해 다음 단계를 기대하도록 내용을 구성했습니다. 두 번째 수행한 내용에서 페르소나가 발전한 모습을 볼 수 있고, 이는 역량 개발 자세와 적극성을 알리는 도구로도 의미가 있습니다.

당일 오후 무렵, 고객이 원하는 초콜릿이 전부 팔려 다른 상품을 소개해야 했고, 이는 고객 요구와는 동떨어진 맛을 지닌 상품이었습니다.

→ 페르소나의 정직성을 시험하는 문제가 발생합니다. 위기는 일반적인 이야기 흐름의 중추입니다.

일회성 판매로 매출액에 집중하고 싶었지만, 고객 만족을 우선시하며 정직히 상품의 맛을 설명드렸습니다. 비록 다른 편의점에서 구매하겠다며 판매에 성공하지는 못했지만, 정직함으로 고객에게 실망감을 안겨 드리지 않았다는 점에 자긍심을 느꼈습니다.

→ 정직함과 자긍심을 엮어 해당 상황뿐만 아니라 유사한 조건에서도 페르소나가 정직을 선택할 것임을 암시했습니다. 누구나 수긍할 수 있는 상황을 제시해 공감대를 형성했고, 정직의 가치를 자긍심으로 확대하며 신뢰까지 얻었습니다.

물류에 대한 가치관에 대해 기술하시오. 600자

항목 분석

1. 물류에 대한 이해도
2. 직무를 위한 준비 내용 소개

항목에서는 가치관이라고 표현하고 있지만, 지원자에게 원하는 내용은 물류 기업이 어떤 일을 하는지 알고 지원하라는 것입니다. '가치관'이라는 단어에 얽매이지 말고, 물류에 대한 이해도를 보여 주는 데 집중하세요. 시장 정보를 수집해 보면, 물류 분야의 활동상을 알아볼 수 있습니다. 한진에만 해당하는 내용이 아닌, 물류 전반에 관한 이해를 바탕으로 물류의 기능, 발전 과정, 의미, 미래상 등을 포괄적으로 기술합니다. 시중에 물류 관련 자격시험이 존재하는데, 이를 취득했다면 그에 대해 언급하기에 더할 나위 없이 적절한 항목입니다.

소제목으로 물류에 대한 본인의 생각을 간략하게 언급합니다. 첫 문장은 물류의 진취적 미래를 그려 내며 지원자가 해당 분야에 자부심을 갖고 있음을 알립니다. 시작 방법은 무척 다양합니다. 어떠한 방식이라도 물류가 비전이 있는 분야라는 점을 직·간접적으로 피력해야 긍정적인 인상을 만들 수 있습니다. 다음에는 자연스럽게 왜 그렇게 생각하는지 이유를 설명하는 문장이 나와야 합니다. 검색 혹은 학습을 통해 알아낸 물류 시장 상황과 발전 과정을 소개합니다. 여기에 한진의 발자취를 연결할 수 있으면 의미 있게 글자 수를 채워 나갈 수 있습니다. 본인이 준비한 사항으로 물류 및 유통 관련 자격증, 물류 아카데미 이수, 물류 관련 강의 수강, 물류 인턴 및 아르바이트 등을 언급하고, 이러한 활동에서 물류에 대해 느낀 바와 배운 바를 기술합니다. 물자의 흐름과 관련한 내용이면 여행이든 캠퍼스 활동이든 물류 경험으로 활용할 수 있습니다. 항목 분석의 1과 2의 내용 비중은 배경 스펙과 경험의 유무 혹은 수량에 따라 조절합니다. 항목에서 묻고자 하는 바가 물류에 대한 이해도이므로 2의 내용이 지나치게 큰 비중을 차지하지 않도록 유의하세요. 문장 종결은 한진에서 물류 전문성을 함양하고, 비전을 실현하는 데 앞장서겠다는 형태를 선택합니다.

- ☑ 경영학 전공
- ☑ 영미권 교환학생 경험
- ☑ 영어 사용하는 인턴 경험
- ☑ 유통 관리사 자격증 보유

물류에 접목할 경험보다는 관련 자격증이 확연히 보입니다. 하지만 자격증 취득에 관한 이야기만으로는 동일한 배경 스펙을 준비한 지원자들과 차별화를 이뤄 내기 어렵습니다. 자격증을 언급하며 명확한 목표 의식을 갖고 있음을 보여 주어야 합니다. 경영학 전공은 효율적 관리에 대해 배우는 학문이므로 간접적으로 배운 내용을 소개할 여지가 있습니다. 아울러, 물류 분야는 해외 시장과 연결성이 높아 영어 소통 능력이 유용합니다. 교환학생과 인턴 경험은 영어 능력을 드러내는 수단으로 활용할 수 있으며, 업무 중 물류를 직접적으로 다루지 않았더라도 중요성을 체감한 간접 경험이 있다면 소개가 가능합니다. 물류에 대한 이해도는 이러한 정황을 바탕으로 기술하고, 지원 시점의 물류 시장 상황과 한진 관련 내용을 참고하세요.

💡 글로벌 네트워크의 효율성을 높이는 가치 흐름

→ 소제목은 물류에 대한 본인의 생각이 배어든 표현으로 기술합니다. 예를 들어, '글로벌 네트워크의 효율성을 높이는 가치 흐름'처럼 문구로 작성하거나 '수요와 공급의 원리를 구현하는 물류에서 미래를 보다'와 같이 문장 형태로 표현할 수 있습니다. 소제목 설정은 항목을 완성한 후에 진행하는 것이 더 자연스럽습니다.

글로벌 시장은 제한적인 국경을 넘어 일원적 네트워크를 형성하며 꾸준히 통합과 확대를 거듭해 왔습니다. 물류의 원활한 흐름이 시장의 효율성을 높이며 산업의 발전과 미래 가치 신장에 이바지했다고 생각합니다.

→ 물류의 바탕을 이루는 배경 요소를 통시적 관점으로 접근해 넓게 서술하며 자신의 생각을 밝혔습니다. 접근 방식은 다양합니다. 일단, 위와 같은 방식으로 물류에 대한 긍정적인 시각을 보여 주며 개인 경험을 덧붙일 구조를 마련한 셈입니다.

경영학을 통해 물류의 중요성을 다양한 사례로 배울 수 있었고, 전문 지식을 갖추고 싶어 유통 관리사 자격증도 취득했습니다.

→ 배경 스펙 내용으로 시점을 옮겼습니다. 물류 분야에서 활용할 자신의 기본 역량을 소개했고, 유통 관리사 자격을 취득한 이유도 적절한 위치에서 설명하며 직무에 대한 열정을 표현했습니다. 글자 수 조절을 위해 물류와 유통에 관해 배운 내용 혹은 특별한 인상을 받은 사례를 덧붙여 설명해도 효과적입니다. 가령 새롭게 도입한 물류 시스템의 효과, 물류 관련 법안 개정에 따른 대응 방안 등은 학습 과정에서 배운 지식으로 언급할 수 있습니다.

물류 시장 환경에서 영어 활용은 필수입니다. 영국교환 학생 중 현지 문화를 직접 체험하며 소통 능력을 배양했고, 상사 부문에서 인턴으로 근무하며 영어 문서 작성과 전화 응대 경험을 쌓았습니다.

→ 물류 부문에 대한 이해에 영어 소통 능력을 더해 자신의 강점을 드러냈습니다. 준비한 내용을 자연스럽게 소개하는 것이 중요합니다. 다음으로 이러한 역량을 활용해 한진에서 물류 업무를 수행하며 보여 줄 미래를 소개합니다.

물류 현장에서 새로운 지식과 경험을 익히며 시장의 가치 증대에 기여하고, 한진과 함께 효율성 제고를 도모하며 글로벌 네트워크 확대에 앞장서겠습니다. 한진을 중심으로 가치 흐름을 이끌어 낼 수 있도록 항상 노력할 것입니다.

→ 물류의 밝은 미래를 제시한 후, 개인 경험과 역량을 소개하며 생각과 각오를 균형 있게 다뤘습니다. 항목 내용이 가치관이라고 해도 단순히 물류에 대한 생각만 나열해서는 안 됩니다. 그러한 생각을 뒷받침하는 지원자의 강점을 추가로 서술하고, 더 나은 미래를 그려 내며 미래 지향적인 모습으로 문장을 마무리합니다.

지원자 개인의 편익과 공공의 이익 사이에서 고민했던 경험을 소개하시오.

500자

항목 분석

1. 고민의 타당성이 드러나도록 기술
2. 공익의 가치를 부각
3. 자신의 생각과 행동을 연결해 표현

공공 가치를 제고하는 데 주력하는 기업에 어울리는 모습을 보여 주는 것이 관건인 항목입니다. 마땅한 상황을 설정하기가 어려울 수 있지만, 어떠한 경우에도 공공의 이익을 높이는 방향을 선택해야 하는 점은 동일합니다. 개인의 편익을 선택한 내용으로는 항목의 의도를 담아낼 수 없기 때문이지요. 중점은 소개하는 경험이 고민할 만한 사안이어야 한다는 점입니다. 누구나 공공의 이익을 우선할 수밖에 없는 상황에서는 내면의 갈등이 드러나지 않아 글의 긴장감이 떨어집니다. 개인 입장에서는 기회비용이라고 할 수 있는 부분이 개연성과 타당성을 갖춘 채 내용에 등장해야 합니다.

개인의 편익 대신 공공의 이익을 선택해 얻은 결과를 소개하며 지원자가 공기업에 적합한 인성을 갖췄음을 보여 주는 게 필요합니다. 이러한 경험은 지원자가 직무 수행 중 유사한 갈등 상황에 직면해도 공기업의 역할에 부합하는 선택을 할 수 있다는 점을 알리는 근거로 작용합니다. 고민의 흔적이 엿보일 수 있도록 구조를 설정하는 데 주력합니다.

페르소나 설정

☑ 수학 전공
☑ 교내 봉사동아리 경험

공기업 이미지에 어울리는 면모를 봉사 활동으로 그려낼 수 있습니다. 공공의 가치를 우선으로 고려하는 기업이므로 페르소나의 봉사 경험은 직무 적합도를 높입니다. 수학 전공은 지원 직무와 직접적인 연관성은 없지만, 봉사 활동 과정에서 계획 수립과 점검에 임하는 모습을 표현함으로써 페르소나가 기여할 부분을 간접적으로 내비칠 수 있습니다.

🔦 공공 안전에 집중하다

→ 페르소나가 공공의 이익을 선택한 이유는 안전입니다. 이는 양보할 수 없는 가치입니다. 명확한 내용이라 결론은 예상 가능하지만, 페르소나의 고민으로 공감대를 형성하며 글의 긴장도를 높일 수 있습니다.

라오스에서 산악에 거주해 이동이 어려운 아이들을 위한 교육 시설을 만드는 봉사 프로젝트에 참여했습니다. 현지 봉사 단체 일원들과 함께 프로젝트를 진행하며 아이들의 어려운 상황을 자세히 알 수 있었습니다. 아이들이 험난한 지형을 이동하는 것은 무척 버거운 일이었습니다.

→ 경험의 배경을 설명하는 단계입니다. 라오스에서 봉사 활동에 임했다는 사실은 적극성을 나타내고, 현지 일원들과 소통하며 협업했다는 점은 조직 생활에 적합한 면모를 보여 줍니다. 아이들의 안전을 위협하는 상황을 소개하며 갈등 국면의 도입부를 기술했습니다.

이에 후원 받은 자금으로 학교 건물을 짓기 시작했지만, 예상보다 많은 양의 건축 자재가 필요했습니다. 예산 제약 때문에 비용을 추가로 마련할 수 없어 봉사자들이 사비를 사용해야 하는 상황이었습니다.

→ 고민의 핵심은 아이들의 안전을 위해 주어진 조건 이상으로 노력해야 하는지 결정하는 것입니다. 학생 신분이라 여유 자금이 없다는 사실이 고민의 주요 사항입니다. 현실을 감안하면 충분히 고민할 만한 상황이라고 할 수 있습니다.

프로젝트 예산으로 완성할 경우, 건물 내구성이 부족해 지진 발생 시 위험할 수 있었습니다. 하지만 봉사자들이 학생이었던 까닭에 금전 지원이 어려워 소수가 부담을 짊어질 수밖에 없는 상황이었습니다.

→ 대체 불가능한 가치는 아이들의 안전입니다. 페르소나가 그에 대해 염려하는 모습을 나타내며 올바른 가치관을 갖췄음을 읽는 이에게 알렸습니다. 학생 신분을 강조하며 금전 지원의 한계도 명확히 짚었습니다.

봉사 프로젝트의 취지가 아이들의 교육 시설 마련이었음을 떠올리며 과감히 사비 지원을 결심했습니다. 개인의 이익보다 공공의 이익을 먼저 고려해 목적에 부합하는 방향으로 봉사에 임해 안전한 학교 건물을 완공할 수 있었습니다.

→ 봉사의 근본 취지를 떠올리는 장면을 삽입해 최우선의 가치에 다가가는 판단 과정을 보여 줬고, 결단력 있는 자세를 드러내며 공기업에 어울리는 소양도 표출했습니다. 공공의 이익을 선택한 결과를 마무리 내용으로 활용하며 항목 의도를 충족했습니다.

09

·

"세상 모든 일은 당신이
무엇을 생각하느냐에 따라 일어난다."

PART 09

사회 이슈 중심의 유형

CHAPTER 01

작성 요령

특정 사회 현상에 대한 의견을 묻는 항목은 개인 경험과 배경 스펙보다는 성실한 자료 수집과 글쓰기 능력이 필요한 영역입니다. 논술 시험처럼 고사장에서 어떤 정보 기기의 사용 없이 자신의 생각을 기술해야 하는 환경이라면 상당히 까다로울 수 있겠지만 느긋한 시간에 인터넷 검색부터 신문, 잡지, 전문 서적, 주변 지인의 조언까지 곁들여 작성할 수 있으므로 부담이 크지는 않습니다. 다만, 해당 주제가 전혀 생각해 보지 않았던 영역이거나 글쓰기 경험이 부족한 경우에는 느긋한 환경에서조차 막막함을 느낄 수밖에 없습니다. 글쓰기 연습을 많이 해 본 지원자는 소재 수집과 생각 연결에 치중하고, 글쓰기에 자신이 없는 지원자는 방향을 확정한 후에 상대적으로 많은 시간을 들여 작성과 수정을 반복하세요.

자기소개서를 작성하는 시점에 지원자들이 수집할 수 있는 정보가 동일한 까닭에 유사한 내용을 기술하기 쉽습니다. 완벽한 차별화가 어려운 주제가 분명히 있으므로 내용이 유사하다는 점에 개의치 말고, 논리와 표현에 유의하세요. 학창 시절에 동일한 주제로 글쓰기를 해도 문장력이 뛰어난 학생이 더욱 우수한 평가를 받습니다. 정보 수집에 한계가 있을 때는 문장을 가다듬고, 표현을 수정하며 완결성 높은 논리 구조를 만들어 보세요. 자기소개서에서 논리가 대단한 건 아닙니다.

1. 개인 의견으로 존중해 줄 수 없을 만큼 편견과 선입견이 지배적이다.
2. 비약이 과도해 작성자의 지적 수준과 인성이 의심스럽다.
3. 항목이 요구하는 내용과 동떨어진 의견을 펼쳐 놓는다.
4. 관계없는 사례를 제시한다.
5. 문장 연결에 집착해 접속사를 남발한다.
6. 문장이 지나치게 길어서 읽어도 내용을 파악하기 어렵다.

위의 정도가 자기소개서의 논리를 확인하는 데 필요한 요소입니다. 표현과 내용이 적절하면 문장력에서 지원자 간 평가가 나뉠 수 있을 뿐, 근본적인 불이익은 없습니다. 언론사 시험과 논술 시험 같이 명확한 목적이 있는 전형 과정에서는 사전적 의미의 논리가 필요하겠지만, 자기소개서에서는 그 수준까지 도달할 필요는 없습니다. 자기소개서는 지원자로서 더 나은 인상을 읽는 이에게 주는 것이 목적입니다. 자기소개서 작성도 낯선 마당에 개인 생각을 논리적으로 기술하기까지 해야 한다는 사실에 부담을 느낄 수 있습니다. 실상 대단한 작업은 아니므로 느긋한 환경에서 표현과 생각을 다듬어 보세요. 내용으로 차별화를 이룰 수 있더라도 문장력까지 우수하면 더욱 유리합니다.

ⓥ 취업을 앞두고 정보량을 늘리자

각종 보고서 작성, 팀 과제, 연이은 시험, 자격증 취득 등으로 바쁜 일상을 보내는 대학생과 직장인이 구직을 희망하는 분야 혹은 이직을 원하는 분야에 관한 정보를 수집하는 활동이 쉽지만은 않습니다. 하지만 정보 수집과 이해는 특정 시기에만 필요한 사항은 아닙니다. 조직 환경에서 다양한 사람들과 원활히 소통하기 위해서는 사회 이슈와 직무 관련 지식은 필수입니다. 이러한 지식이 항상 필요함에도 특별히 중요한 시기는 자신의 역량과 잠재력을 스스로 보여 줘야 하는 구직과 이직 시기라고 할 수 있습니다. 각종 이슈를 통해 사회 흐름을 파악하고 면접에 임할 때는 자신감이 붙습니다. 영어 실력을 갖춘 후 영어 면접에 임하는 심리 상태와 유사합니다. 자기소개서 항목에 등장한 사회 이슈 관련 내용은 이와 같은 준비로 대응할 수 있습니다. 사회 이슈를 보고 막막함을 느끼지 않은 채 의견을 피력하고 싶다면 정보량을 늘리는 것이 첩경입니다.

ⓥ 과도한 기업 분석은 입사 후에 진행해도 늦지 않다

취업 시즌에는 관련 업체나 온라인 카페에서 기업 분석 자료를 내놓기 바쁜데 지원자에게는 불필요한 내용이 대부분입니다. 그런 내용은 공개 정보이므로 분석 일람을 참고한다고 더 나은 자기소개서를 쓸 수 있는 것이 아니기 때문입니다. 게다가 면접에서조차 과도한 수준의 기업 분석은 사용할 기회가 없습니다. 지원 동기에 쓸 내용 정도면 충분합니다. 지원 기업의 위상, 목표, 지향점, 직무 특징 등은 알아야 지원 동기의 설득력을 높일 수 있습니다. 그 이상은 입사 후에 애사심 증대와 승진 전략을 구성할 때 진행해도 늦지 않습니다. 최근에는 지원자들이 직무 내용까지 알아야 하는 것처럼 분석 일람표를 남발하고 있는데, 시장이 만들어 낸 지면 낭비이자 정보 과용입니다.

♀ 항목의 의도를 간파하자

사회 이슈를 본인이 선택하고, 이에 대해 견해를 밝히는 항목은 지나치게 범주가 넓어 막막할 수 있습니다. 기업이 지향하는 바와 반대 성향을 띠는 견해를 제시한다거나 엉터리 정보로 맥락을 잡으면 낭패를 보기 십상입니다. 상당히 민감한 이슈는 과감히 피하는 것이 현명한 처사입니다. 가령, 본인이 선택하는 주제인데 굳이 정치적 사안을 선택해 읽는 이의 반감을 살 가능성을 스스로 높이는 건 지원자에게는 적합한 선택이라 할 수 없습니다. 시장에서 영리 활동을 이어 가고 있는 기업의 입장에서 선호할 만한 주장을 펼치는 게 낫습니다. 신념을 굽히라는 것이 아니라 상황 순응적 행동으로 유연함을 발휘하라는 뜻입니다. 자율적으로 선택하는 주제가 소신을 보이는 경우에 해당하지는 않습니다. 피할 수 있다면 마찰음을 최소화하는 게 지극히 상식적인 접근 방법입니다. 이와 같은 항목으로 기업 측에서는 지원자의 논리력과 사회 감각 수준을 확인하면서 상황을 분별하지 않고 소신만 앞세우거나 기업과 반대 성향을 보이는 지원자를 미연에 걸러 내려는 것입니다. 이슈를 선택할 때, 지원 기업과 관련해 민감하지 않은 내용을 생각해 보세요.

기업과 직무를 고려해 이슈를 선택하기가 어려울 때는 찬성과 반대 의견이 극명히 나뉘더라도 사회적으로 양쪽의 의견이 모두 존중 받는 이슈를 선택합니다. 양시론과 양비론을 펼치지 말고, 찬성과 반대의 이유를 언급하며 자신의 주장을 밝히면 균형 있게 보일 수 있습니다.

♀ 소재를 직무 환경에 연결해 보자

다양한 이슈 중 지원 기업의 시장 분야에서 발전적으로 활용할 수 있는 방법을 제시하는 것도 유용합니다. 사회 이슈는 전 분야를 포함합니다. 이슈의 범위를 논란과 문젯거리로 한정할 이유는 전혀 없습니다. 새로운 기술을 직무에 접목할 가능성이 있다면, 이에 대한 사례와 발전적 모습을 제시함으로써 항목 요건을 충족할 뿐만 아니라 직무에 대한 관심까지 아우를 수 있습니다. 이슈 선택이 막막할 때는 자신을 지원 기업의 일원이라 전제하고 기업의 발전을 위한 방안을 모색해 보세요. 영업, 마케팅, 기술, 시스템 등에 관련된 다양한 아이디어가 주변 이슈와 맞물려 떠오를 것입니다. 산업 분야의 혁신 기술, 경쟁사의 전략, 유사 업종의 위기, 금융 시장과 원자재 시장 동향 등 이슈로 선택할 수 있는 소재는 상당히 많습니다.

예를 들어, 의류 기업의 마케팅 부문에 지원할 때 이슈로 활용할 수 있는 내용으로는 친환경 소재 등장, 기본 인권을 보장하는 생산 현장, IT를 접목한 홍보 기술, 개인 정보 보호, 3D 프린터에 의한 의류 생산 패러다임 교체, 프로슈머, 이종 산업 간 브랜드 가치 연계 등이 있습니다. 넓은 안목으로 시장과 소비 트렌드를 의류 분야에 연결해 봅니다. 건축 부문에 지원하는 경우도 알아보겠습니다. 산업 재해 방지 규약, 건축 현장 관리를 위한 IT 시스템 도입, 재개발과 재건축, 국내 건설업의 해외 진출, 내진 설계, 해저터널, 스마트 그리드, 친환경 건축 등을 생각해 볼 수 있습니다. 항목에 사회 이슈라고만 언급한 상태라면, 직무와 기업에 연결해 이야기를 기술하는 것이 가능합니다. 찬성과 반대 중 자신의 입장을 선택해 기술하라거나 기업 내부 이슈에 국한된 내용을 제시할 때는 직무 환경에 연결하기 어려울 수 있습니다. 자유롭게 사회 이슈에 대해 논의하라는 항목에서는 기업과 직무에 관련 없는 내용보다는 위의 사례로 나열한 것처럼 발전 지향적인 소재를 내용에 접목해 보세요.

이러한 항목을 마주했을 때 당황하지 말고 해야 할 일은 최근 이슈와 지원 기업을 최대한 연계해 살펴보는 것입니다. 비록 개인 경험만으로 작성할 수 있는 내용이 아닌 까닭에 일률적인 해결 방안을 제시하기 어렵지만, 자유도가 높은 만큼 넓은 안목으로 소재를 응용해 보면 확실히 방향을 잡을 수 있습니다.

기업별 예시

1. NH농협은행	p.259	4. 포스코	p.266
2. 삼성카드	p.262	5. 삼성전자	p.268
3. 삼성엔지니어링	p.264		

지원 기업 및 지원 직무와 관련성을 보이는 이슈를 선택합니다. 그 이슈가 사회적으로 논쟁이 격화되지 않아야 온건한 논조로 주장을 펼칠 수 있습니다. 표현과 논리에 유의하고, 무엇보다 오해를 피할 수 있도록 선입견과 편견을 최대한 제어합니다. 대표 사례로 함께 작성 방법을 살펴봅시다.

최근 금융업은 4차 산업혁명 및 핀테크 발달 등으로 급격한 변화를 맞이하고 있다. 이에 대응해 은행원으로서 본인이 어떠한 역량을 갖출 것인지 기술하시오. **580자**

항목 분석

1. 전제 조건에 대한 정보 조사
2. 은행원의 기본 역량 파악
3. 포부 유형의 구성

농협은행은 영업 특징이 뚜렷해 소재를 선택하기가 쉽지만, 타 지원자들과 지나치게 동일한 이야기를 전개할 수 있으므로 작성 시 유의해야 합니다. 이러한 경우에 차별화는 기업 내용이 아닌, 정성이 담긴 표현입니다. 공개 정보로 내용을 기술할 때, 자신의 주장을 덧붙일 수 있습니다. 그 수위를 적절히 조절해야 합니다. 최근에는 농업과 금융 기술에 대한 의견을 묻는 항목이 자주 등장합니다. 공개 정보를 적절히 활용하며 정성을 담아낸다는 기조로 접근하는 것이 효과적입니다.

최근 들어 활발하게 사업을 펼치고 있는 까닭에 지원 시기마다 새로운 정보가 가득합니다. 그렇더라도 주력 고객과 시장을 향한 기본 영업 방침은 동일하므로 자신의 역량이 내용에 묻어나도록 기술하는 게 중요합니다. 응대와 소통이 기본 덕목인 은행에서 요구하는 인재상은 상대적으로 유연합니다. 창의적인 표현, 감각적인 수사 등을 어긋나지 않는 수준에서 사용할 경우, 지원자의 매력으로 나타날 수 있습니다.

농협은행의 특징을 바탕으로 금융 기술의 변화를 내용으로 다룹니다. 정성적인 측면만 강조해서는 항목의 요구 사항을 충족할 수 없습니다. NH 은행원의 역량은 농업과 금융 기술을 전체적으로 아우르고 있어야 합니다. 은행원의 자세를 묻는 항목은 타 은행에서도 자주 등장하지만, 농협은행은 특수성이 있으므로 이를 고려하는 접근이 필요합니다.

공개 정보를 수집해 4차 산업혁명과 핀테크 정보를 내용에 삽입하세요. 농협은행이 추진하고 있는 사업과 서비스를 언급하면 적극적인 자세를 보여 줄 수 있습니다. 변화에 대응하는 역량은 지원 부문에 따라 차이가 있지만, 은행 환경 변화를 맞이해야 하는 상황은 동일합니다. 농협은행의 전체 환경을 먼저 다루고, 직무 요건으로 시야를 구체화하며 특색을 강화해 보세요.

☑ 법인 영업 직무 희망
☑ 경제학 전공

페르소나는 경제학 전공 지식과 은행 영업 환경을 적절히 조합할 수 있는 요건을 지녔습니다. 변화할 은행에 대응하기 위한 준비로 넓고 깊은 지식 습득은 효과가 높을 수밖에 없습니다. 4차 산업혁명을 이해하고, 이를 관심으로 전환하는 노력이 필요합니다. 페르소나 관련 요소가 등장하지 않는 항목이지만, 포부 유형으로 마무리하며 직무에 적합한 모습을 그려 보겠습니다.

💡 **고객 응대와 데이터 활용의 교점을 개척하다**

→ 4차 산업혁명을 주요 배경으로 설정하고자 데이터를 언급했습니다. 은행원에게 고객 응대는 필수 과정입니다. 두 가지 요소를 교점으로 연결해 직무와 환경을 한 문장으로 담아냈습니다.

새로운 금융 기술은 은행 이용 방식을 바꾸는 까닭에 노년층에는 부담으로 작용할 수 있습니다. 농협은행은 도심 밖의 수요에 대응하고 있어 고객의 연령대가 상대적으로 높은 편입니다. 기술 변화에 따른 금융 기술의 활용 방법을 고객 분들에게 안내하는 활동이 필요한 상황입니다.

→ 도심 밖에는 상대적으로 노년층이 많이 분포합니다. 지역 영업에 강점을 지닌 농협은행에서 주요 고객의 연령을 감안하는 것은 기본 전략에 해당합니다. 또한, 고객에게 상품을 소개하고 추천하는 데 금융 기술 지식은 필요합니다. 농협은행의 영업 배경과 금융 기술을 배합하며 내용을 구성했습니다.

은행원으로서 핀테크, P2P 플랫폼, 블록체인, 암호화폐 등의 특징을 정확하게 파악하고, 고객 눈높이에 맞춰 설명할 수 있도록 꾸준히 노력할 것입니다.

→ 제목에 이어 4차 산업혁명을 구성하는 대표 기술과 서비스를 서술했습니다. 업무를 수행할 때 고려해야 하는 사항입니다. 입사 후 준비할 내용에 해당하며 역량 개발 방향이기도 합니다.

데이터 중심의 금융 환경에서는 정보 해석 능력도 중요합니다. 고객 데이터를 바탕으로 고객에게 적합한 상품을 추천하고, 개별 상황에 맞게 문제를 해결하며 신속하고 정확한 서비스를 제공하겠습니다.

→ 고객 정보는 영업의 기틀입니다. 당연한 내용이지만, 제목에 등장한 데이터와 이어지므로 이야기의 완결성을 높이는 효과가 있습니다. 정보 해석 능력은 마땅히 갖춰야 하는 기본 소양입니다. 특별한 내용만 찾아 기술할 수는 없으므로 이와 같이 보편타당한 내용을 맥락에 맞게 표현하는 것도 필요합니다.

4차 산업혁명으로 비대면 거래는 더욱 증가할 것입니다. 이에 따라 지점은 고객을 직접 대면하는 유일한 공간으로 기능할 수 있습니다. 빅데이터와 인공지능을 활용해 고객 맞춤형 상품 선정을 이끌어 낼 수 있도록 대면 기회를 적극적으로 활용할 것입니다.

➜ 입사 후 근무할 지점의 상황을 떠올리며 역할 수행에 필요한 사항을 금융 기술에 입각해 소개했습니다. 필요한 역량을 언급해야 읽는 이가 공감할 수 있습니다. 데이터 활용, 고객 대면 등을 소재로 사용해 비대면 거래로 나아가는 영업 상황에서 균형을 유지하겠다는 포부를 밝혔습니다.

금융 기술을 기반으로 고객을 응대하며 견고한 수요 기반을 마련하고, 새로운 기술을 다뤄 보며 기업 고객에게 적용할 수 있는 방법을 살필 것입니다. 은행원에게 금융 환경 변화는 성장 기회입니다. 각종 기술의 의미와 관련 시장을 넓은 안목으로 조망하며 4차 산업혁명을 NH농협은행의 성장에 연결하겠습니다.

➜ 고객 응대가 중요하므로 은행원의 일반 직무를 언급하며 발전적인 모습을 연출했습니다. 기업 고객으로 범위를 넓혀 가겠다는 대목에서 이러한 점을 확인할 수 있습니다. 분량을 조절하며 핵심 내용을 전부 서술한 후에는 마무리 문장으로 인상을 가다듬는 것도 유효합니다.

안심Touch

최근 사회 이슈 중 중요하다고 생각되는 한 가지를 선택하고, 이에 관한 자신의 견해를 기술하시오.

1,000자 (영문 작성 시 2,000자)

항목 분석

1. 카드사와 연결성 있는 분야 선택
2. 선택 이슈의 중요성 설명
3. 논리적으로 견해 제시

직무와 연결할 수 있는 이슈가 있다면, 이를 적극적으로 활용해 봅니다. 지원 시점에 마땅한 관련 이슈가 없을 때는 해당 계열사의 사업 범주를 넓은 안목으로 바라보며 간접적인 연결 사안을 탐색합니다. 자신의 견해는 근거로 뒷받침해야 하므로 작성 전 정보 수집은 필수입니다.

지원자로서 성의를 보일 요량으로 미리 카드를 발급 받는 경우가 있습니다. 직접 사용해 보며 장단점을 알아볼 수는 있겠지만, 공개 정보로도 얼마든지 그 내용을 알 수 있습니다. 자기소개서에 삼성카드 사용자임을 밝히는 것이 상당히 부자연스럽기 때문에 지원 목적으로는 의미 있는 시도가 아닙니다. 사회 이슈에 대한 항목을 작성할 때, 소재를 선정하는 요소로 사용 경험을 활용할 수는 있습니다.

찬성과 반대로 나뉘는 이슈보다는 현황 대응에 해당하는 성격의 이슈를 선택하는 게 견해 제시의 리스크를 낮춥니다. 찬성과 반대 이슈는 논리력을 보여 주는 데는 효과적이지만, 삼성카드와 관련성 없는 이야기를 기술할 가능성이 상당히 높습니다. 아울러, 지원 시점의 사회 분위기에 영향을 받아 소신이 오해를 야기할 수도 있습니다. 소비와 금융이 맞물린 삼성카드에서는 신중한 입장 표명이 적절합니다. 극명하게 의견이 대립하는 이슈는 지양하고, 기업과 시장의 눈높이에서 소재를 선택해야 합니다. 카드사가 나아갈 방향으로 이슈 범위를 한정하고, 접근하는 전략이 지원의 타당성을 높일 수 있습니다.

☑ 디자인직 지원

디자인 부문에서는 기술을 고려하며 그에 맞는 형태로 카드를 제작합니다. 시장과 기술에 대한 이해가 반드시 필요한 직무라고 할 수 있습니다. 홀로그램은 카드에 구현 가능한 기술이자 응용 범위도 넓습니다. 기술 요건을 이슈로 선정해 홀로그램 도입의 당위성을 의견으로 제시해 보겠습니다. 그 과정에서 이해의 깊이를 보여 주는 것이 가능합니다. 읽는 이가 페르소나의 관심과 열정을 감지할 수 있도록 구성하는 게 이 항목의 핵심입니다.

💡 **홀로그램으로 새로운 영역을 개척하는 디자인 기술**

4차 산업혁명의 영향으로 첨단 정보 통신 기술이 경제 및 사회 환경에 융합하는 모습을 보이며 혁신적인 변화를 일궈 내고 있습니다. 특히, 홀로그램 기술과 핀테크 기술의 조합은 거래 신뢰도 향상, 카드와 온라인의 융화 등으로 기술 혁신을 일궈 내고 있습니다. 금융 분야에서는 해당 기술의 활용 방안을 강구하며 결제, 송금, 투자, 자산 관리 등으로 기술 접목을 시도하고 있는 상황입니다.

→ 홀로그램은 카드 표면에 적용하고 있는 기술입니다. 이 기술은 미래에 디자인 요소, 거래 증명 요소 등으로 활용할 수 있습니다. 미래 전망을 견해로 담아내며 삼성카드에서 페르소나가 주력할 내용을 언급합니다. 자신이 관심을 기울이는 이슈만 골라 소개하는 항목이 아닙니다. 지원 기업에서 소개한 이슈로 의미를 찾아내는 것이 관건입니다.

홀로그램 기술의 발달로 소비자는 카드 표면을 새로운 디자인 공간으로 인식할 수 있고, 더욱 다양한 경험으로 소비 과정을 채울 수 있습니다. 이러한 변화에 대응해 삼성카드는 홀로그램이 평면에서 벗어나 3D 디자인으로 나아갈 수 있도록 소재 탐색에도 주력해야 합니다. 이를 통해 가상현실과 연계하며 소비에 즐거움을 더하는 경험 중심의 카드 디자인이 가능합니다. 홀로그램 기술이 발전할수록 실물 카드에 대한 수요도 증가할 것으로 예상합니다. 특히, 핀테크 기술과 상호 보완 효과를 이뤄 내며 홀로그램을 구현한 실물 카드가 소지자의 거래 신뢰도를 높일 수 있습니다. 이러한 방식으로 삼성카드의 브랜드는 실용을 넘어 혁신까지 아우르는 단계에 이릅니다. 소비자가 카드의 혜택만큼 디자인에 관심을 기울일 수 있도록 홀로그램 기술을 디자인에 꾸준히 접목해야 합니다. 삼성카드는 홀로그램을 디자인과 금융 거래에 연결하며 카드 시장의 혁신에 앞장설 수 있다고 생각합니다.

→ 신용카드와 홀로그램 기술을 연결하는 데 앞장서겠다는 포부가 담겨 있습니다. 차별화를 통한 경쟁력 제고는 삼성카드에 중요한 요소입니다. 아울러, 핀테크를 부속 소재로 소개하며 카드사가 지향하는 미래를 그려 냈습니다.

지원한 회사와 관련된 최근 이슈 중 본인이 생각하기에 중요하다고 생각되는 것을 한 가지 선택한 후, 해당 이슈에 대한 본인의 견해를 설득력 있게 밝히시오. 1,000자

항목 분석

1. 직무, 시장, 사회에서 소재를 탐색
2. 민감한 이슈는 제외
3. 사례 수집으로 근거 확보

지원 기업의 시장 분야에서 이슈를 찾아야 설득력 있는 글을 완성할 수 있습니다. 글자 수가 많은 편이라 사례가 부족할 경우, 논리가 빈약해질 수 있으므로 기업 정보에서 관련 이슈를 찾아내는 데 주의를 기울입니다. 지원 기업의 실적 달성, 문제 발생, 새로운 도전, 회계 제도 개선, 정책 변수, 해외 시장 대응 방안, 조직 문화, 사회 기여 활동, 혁신 기술 개발 등의 범위에서 얼마든지 1,000자 분량의 소재를 발굴할 수 있습니다. 간과해서는 안 될 사항은 지원 당시 일반적인 이슈는 다수의 지원자들이 소재로 사용하므로 차별화가 어렵다는 점입니다. 일반 이슈에 대해서는 논리와 표현으로 차별화를 시도합니다. 아울러, 기업이 요구하는 의견을 기술하는 방법으로 조직 적합성을 보여 줘야 합니다. 지원 기업 관련 이슈로 범위를 한정하고 있으므로 기업이 원하는 의견을 제시하는 것은 어렵지 않습니다. 언론 기고문과 경제 기사에서 비판하는 내용을 참고해 문제 개선 및 보완 사례로 활용하고, 주요 내용은 기업이 추구하고 있는 활동에 동의하는 형식을 띠는 것입니다. 예를 들어, 회계 및 재무 지원자는 회계 제도와 운영 시스템의 변경을 준비하는 기업 입장에서 관련 이슈를 풀어 나갈 수 있습니다. 공개 정보를 토대로 기존 제도와 시스템의 단점을 분석하고, 지원 기업이 변경으로 누릴 이점을 소개합니다. 기업과 대치하는 의견만은 피해야 합니다.

이슈에 접근하는 순서는 지원 직무가 우선이고, 그 다음이 지원 기업의 시장입니다. 직무 이해도를 보여 주는 소재가 지원자의 강점을 한층 부각하기 때문이지요. 민감한 사안은 제외해야 합니다. 각종 산업 재해, 노사 분규, 고객 불만 등은 이슈로서 의미는 있지만, 자기소개서 성격에는 부합하지 않습니다. 자기주장만 늘어 놓는 글은 설득력이 없습니다. 이슈를 선정한 후, 반드시 관련 사례를 수집하며 생각을 정리해야 합니다.

☑ 플랜트 지원

플랜트 부문은 설계 및 현장 관리 업무가 중요합니다. 기업 이슈로서 안전 관리 강화는 특정 시기를 막론하고 언제나 의미가 있습니다. 직무에서 이슈를 찾는 게 우선이므로 현장 안전을 위한 기술 도입을 주제로 설정했습니다. 사물 인터넷 기술을 플랜트 현장에 접목하는 방법과 그 효용을 설명합니다.

💡 사물 인터넷에서 혁신을 찾다

과거에는 사물이 인간과 일차적 인터페이스로 조우했고, 기술과 사용법도 기능에 국한되는 경향을 보였습니다. 집약적인 IT 기술의 발전에 힘입어 나노 수준에 이르는 작은 형태로 복합적인 기능을 수행하는 사물이 시장에 등장하고 있습니다. 이와 같은 변화는 산업 전반에 혁신을 가져오며, 보다 많은 상품이 다양한 영역에서 인터넷과 연결되는 현상을 심화합니다.

플랜트 분야도 사물 인터넷을 접목할 여지가 많습니다. 특히, 위험한 상황을 미리 알려 주는 IT 기기가 여러 형태로 현장에서 활용될 가능성이 높습니다. 사물 인터넷은 무선망을 통해 정보를 실시간으로 전달하는 특징이 있으므로 안전모에 위치 정보를 인식하는 기능을 탑재해 근무자들의 안전 사항을 파악할 수 있습니다. 또한, 사물 인터넷의 분파인 웨어러블 제품을 현장 근무자들에게 배포해 신체적으로 문제가 되는 상황을 미연에 방지할 수 있습니다. 엄정한 현장 관리에 대한 사회적 요구에 부응하며 선진 기술력의 응용을 통한 안전 조치 강화는 절대적으로 필요한 사안입니다. 최근 들어 안전사고가 빈번히 발생하고 있고, 기업뿐만 아니라 국가 차원에서도 체계적인 예방 작업을 강구해야 한다는 의견이 제기되고 있습니다.

현장 근무자와 관리자가 사물 인터넷을 통해 안전에 더욱 주의를 기울인다면, 불필요한 손실을 최소화하고 효율성도 제고할 수 있습니다. 현장에서 소모되는 자재의 낭비도 사물 인터넷으로 절감이 가능합니다. RFID를 이용한 자재 관리와 공구의 교체 시기 알림 기능으로 효과적인 예산 운용을 시도할 수 있으며, 이를 통해 관리자는 중요 사항에 집중할 수 있습니다. 입찰 경쟁 과열과 내수 시장 포화의 환경에서는 효율적 현장 운영이 무엇보다 필요합니다. 최근 혁신의 바탕으로 산업계에 자리매김하고 있는 사물 인터넷을 현장의 안전과 효율 강화에 사용해 플랜트 분야의 경쟁력을 높여야 합니다. 현장과의 실시간 연결이 가능한 사물 인터넷을 활용해 시대의 변화에 대응하고, 기술 응용을 통한 플랜트 분야의 발전을 모색해야 할 때입니다.

→ 문단별로 주장과 근거의 적절한 조화를 추구하며 내용을 기술했습니다. 사전에 준비한 정보를 토대로 직무와 시장 환경에 대한 관심을 보였습니다.

최근 가장 관심을 가지고 있는 사회적 이슈는 무엇이며, 그에 대한 본인의 의견은 무엇인지 서술하시오. 1,000자

항목 분석

1. 직무, 시장, 사회에서 소재를 탐색
2. 논리와 표현에 유의

기업이 활동하는 철강 분야에서 이슈를 찾기는 쉽지 않습니다. 시장 상황과 제련 기술에서 이슈를 찾아도 의견을 제시할 성격이 아닌 경우가 대부분이죠. 직무에서는 포괄적으로 소재를 찾을 수 있습니다. 포스코와 관련 없이 지원 직무가 내재한 이슈는 소재의 범위가 더 넓기 때문입니다. 물론 직무에서도 마땅한 이슈를 찾기 어려울 때도 있습니다. 이 경우에는 사회 일반 이슈를 선택해 논리와 표현에 유의하며 작성하는 것이 해결 방법입니다.

지원 직무, 지원 기업의 시장, 일반 사회 이슈의 순서로 소재를 선택합니다. 기업 측에서 특정 이슈를 제시한 상황이 아니므로 글을 다루는 능력과 관심 사항을 보기 위한 항목이라고 할 수 있습니다. 이색적인 주제로 읽는 이의 주목을 받기보다는 글의 논리와 표현에 유의하며 설득력을 높여야 합니다.

페르소나 설정

☑ 구매 지원

구매 직무는 환율에 영향을 받을 수밖에 없습니다. 환율 변동성의 안정화에 필요한 조치로 토빈세를 주제로 선택했습니다. 관련 주제에 대한 사례와 근거가 많은 소재는 논점을 잡기가 수월한 편입니다. 각종 자료와 기사를 참고하며 근거를 마련하고, 극단적인 주장을 삼가며 의견을 제시하면 충분합니다.

💡 원화 강세에 따른 불안정 해소, 토빈세 도입이 시급하다

한국은 전 방위 원화 절상으로 인해 산업 환경에 어려운 상황이 도래했습니다. 수출을 주도하는 국내 기업의 해외 매출이 급감하고, 중소기업도 가격 경쟁력을 상실해 경영난을 겪고 있습니다. 더욱이 원화 절상이 경상 적자로 이어지지 않는 점은 불황으로 이어지는 신호이므로 한국 산업은 상당히 불안한 국면에 놓여 있습니다. 원화 절상에 따른 수입 감소가 만든 흑자는 결국 수출 감소로 연결됩니다. 현재 내수 시장도 부동산과 금융 규제에 묶여 좀처럼 반등할 기미를 보이지 않고 있어 원화 강세의 여파가 상당할 전망입니다.

외환 위기를 거치며 한국의 외화 보유량은 안정세를 보이고 있어 유동 채무로 인한 폐해는 없지만, 환율을 정상 범주로 내리는 방법이 없어 현재와 같은 원화 강세는 상당한 혼란을 빚고 있습니다. 이런 기조는 미국의 채권 금리 인하에 따른 새로운 투자처 마련으로 신흥국과 선진국 사이에 위치한 한국에 투자를 늘리며 가중되고 있고, 엔화 절상 기조가 나타나려면 상당한 시일이 걸리는 점도 영향을 미쳤습니다. 신흥국보다는 안전하고, 선진국보다 큰 변동성이 이점인 한국은 투자 시장의 자본 유출입 규모가 과도하게 큽니다. 외환 위기나 금융 위기 시에 물밀듯이 해외 자본이 빠져 나가며 환율 상승을 초래했고, 그 여파로 산업 건전성은 약화되었습니다.

주식시장과 환율 시장이 동조화 현상을 보인다는 연구 결과는 투자 시장의 해외 자본 유출입이 환율에 부정적 영향을 미친다는 사실을 방증합니다. 한국 시장의 거시 안정화를 위해 오랜 기간 미뤄 두었던 토빈세 제도를 도입해야 한다고 생각합니다. 도입의 당위는 명확하지만, 도입의 시기 조절은 필요합니다. 자칫 한국 투자 시장의 열기를 떨어뜨려 국제 신용 등급 하락을 야기하고, 국제 시장의 신뢰를 상실할 수 있기 때문입니다. 거시 안정화로 산업 건전성을 확보하기 위해서는 물가 수준과 금리가 안정되는 시기에 토빈세를 도입하는 접근법이 타당하다고 생각합니다.

➜ 자신의 의견을 제시할 때는 근거가 중요합니다. 관련 정보를 활용해 현재 상황과 토빈세 도입에 따른 효과를 다루며 의견을 밝혔습니다.

최근 사회 이슈 중 중요하다고 생각되는 한 가지를 선택하고 이에 관한 자신의 견해를 기술하시오. 1,000자

항목 분석

1. 산업 분야를 포괄하는 범위에서 주제 선정
2. 직·간접적으로 산업과 연관성 보유
3. 주장의 일관성 고려

소재를 선정하기가 쉽지 않지만, 1,000자 분량으로 자신있게 논지를 펼칠 수 있는 소재를 선택하는 것이 우선입니다. 지원 시점에 공론화를 마친 다소 식상한 소재일지라도 일관성과 논리력에 주의를 기울여 작성한다면 충분히 매력적인 모습을 나타낼 수 있습니다. 자료 수집과 본인의 입장 정리는 필수입니다. 두서없게 글을 작성하고, 단순히 주장만 강조하는 구성으로는 올바르게 평가 받을 수 없으며, 내용 전달도 어렵습니다. 소재를 자유롭게 선택할 수 있는 만큼 주장과 근거의 균형을 탄탄하게 갖춰야 합니다. 삼성전자는 일상 가전제품을 생산하고 있어 사회 이슈에 민감한 부분이 적지 않습니다. 굳이 소비와 생산의 위축을 야기하는 소재를 선택할 이유는 없습니다. 논쟁을 위해 설정한 비생산적인 소재도 지양해야 합니다.

치열한 논쟁 소재에 대해 기술할 경우에는 근거가 부실하지 않아야 타당성을 높일 수 있으니 논쟁의 양측 입장을 두루 살펴본 후에 내용을 구성하세요. 특정 방향으로 주장을 펼칠 때는 반대 입장을 알고 있어야 자신있게 이야기를 이어갈 수 있습니다. 사회 이슈 유형은 항상 근거가 중요합니다.

페르소나 설정

☑ 영업 지원

원자력 기술은 발전 단가가 낮아 전기 요금 인상 유인을 낮추므로 삼성전자의 비용 절감에 이바지할 수 있습니다. 생산 시설 확충과 규모 확대는 전력 소모량 증가로 이어집니다. 이러한 정황을 고려해 원자력 발전을 유지하는 방향으로 주장을 피력해 보겠습니다. 주장의 일관성을 유지하며 산업 경쟁력에 대한 페르소나의 관심을 보여 주는 데 집중합니다. 영업 직무와 직접적인 연관성은 없지만, 산업 환경에 관심을 기울이는 모습을 통해 지원 자세를 소개할 수 있습니다.

💡 탈원전 정책, 보완이 필요하다

정부는 2038년까지 원전 제로를 목표로 신한울 3·4호기의 건설을 중단했습니다. 현재 가동 중인 원전 24기는 단계적으로 감축할 예정입니다. 스마일리, 체르노빌, 후쿠시마 사례로 원전의 위험성을 확인했지만, 늘어나는 전력 수요에 대응할 마땅한 대체 수단 없이 발전을 중단하는 것은 산업 경쟁력을 낮출 수 있습니다.

➜ 탈원전 정책 도입 시기에 대해 우려감을 표출하며 위험성을 내포한 원전 기술의 일면을 내용에 담았습니다. 제목에서 보완을 중심 어휘로 사용하며 극단적인 주장 대신 유연함을 강조했습니다.

신재생 에너지는 아직 전력 생산 효율이 낮아 총생산 전력의 2%에 못 미치며, 설비 투자에 따른 비용 증가로 수익성도 부족한 상태입니다. 현재는 LNG 비중을 높여 전력 수요에 대응하고 있습니다. 에너지원 수입 증가는 전기요금 인상 요인을 가중하며 산업 경쟁력에 부정적 영향을 미칩니다. 전기요금 인상은 제조업의 비용 증가로 이어지기 때문입니다. 일본은 후쿠시마 원전 사고 이후에도 제조업의 경쟁력 증대를 위해 원전 정책을 유지하고 있습니다. 원전 발전 단가는 LNG의 50%, 태양광의 25%에 불과합니다. 제조업 성장이 중요한 국내 산업 환경에서 원전은 효율성 신장에 기여하는 바가 많습니다. 아울러, 미세먼지와 온실가스 배출이 타 에너지원과 비교해 극단적으로 적어 환경 개선에도 일조합니다.

➜ 삼성전자는 전력 비용을 절감할 수 있는 정책에 우호적일 수 있습니다. 그에 대한 근거로 LNG 수입량 증가와 요금 인상의 구조를 수치와 함께 기술했고, 일본 사례와 비교하며 설득력을 높였습니다. 유사 사례는 주장의 근거로서 효과가 높습니다.

신재생 에너지는 발전 효율이 낮고, 통제가 어렵습니다. 태양광은 벌목과 산림 훼손을 동반하고, 풍력은 소음으로 생태계를 파괴합니다. 계절과 기후에 절대적인 영향을 받는 까닭에 안정적인 전력 공급에도 차질을 빚는 경우가 많습니다. 신재생 에너지 중심 정책만으로는 4차 산업혁명 시대에 급증할 전력 수요에 온전히 대응할 수 없습니다.

➜ 탈원전 정책을 지지하는 입장에 반박하며 주장의 근거를 마련했습니다. 앞 단락에서 원전의 필요성을 언급했다면, 위 단락에서는 탈원전의 대안에 반대 입장을 나타내며 양측의 입장을 아울렀습니다.

합리적인 대안은 기존 발전 체계를 유지하며 신재생 에너지를 늘려가는 것이라고 생각합니다. 위험 요소는 기술 개발로 보완할 수 있습니다. 이는 신재생 에너지뿐만 아니라 원전에도 해당하는 사항입니다. 5대 원전 강국의 기술력을 안전성 확보 방안 마련에 집중해 원전의 단점을 보완하고, 신재생 에너지는 효율성을 높이는 기술 개발에 주력합니다. 이를 통해 장기적으로 산업 및 기술 경쟁력을 강화할 수 있습니다.

➜ 제목 내용에 맞게 원전과 신재생 에너지의 상호 보완을 대안으로 제시하며 마무리했습니다. 양측 주장의 장점을 정리한 후, 이를 종합하는 방향으로 단락을 구성했습니다. 해당 이슈는 기술 발전으로 문제를 해결할 수 있다는 점에서 삼성전자의 기술 혁신과 연결성을 이룹니다.

10

.

"꿈은 이루어진다.
이루어질 가능성이 없었다면
애초에 자연이 우리를 꿈꾸게 하지도 않았을 것이다."

PART 10

기타
유형

작성 요령

기존의 자기소개서 항목 간 결합 혹은 유례없는 항목의 등장이 자기소개서의 다양성을 확대합니다. 어떤 형식이든 내용은 자기소개이므로 낯섦만 극복하면 항목이 특이해도 어렵다고 할 수는 없습니다. 새로운 유형은 요구 조건을 샅샅이 파악한 후, 작성을 시작합니다. 기존 항목 간 결합은 개별 항목의 비중 조절로 균형을 맞춥니다. 간혹 기업에서조차 감당하지 못할 정도로 실험적인 유형의 항목을 제시하는 경우가 있습니다. 동일한 항목을 채용 시기마다 반복하면 시대 흐름에 맞지 않다고 판단하는 모양입니다. 이러한 때도 해결 방법은 한 가지입니다. 항목을 정확히 파악하는 것입니다. 항목의 의도를 파악하면, 유형이 새롭더라도 기존 유형에서 맥락을 잡아가듯 작성 방법을 찾을 수 있습니다.

CHAPTER 02

기업별 예시

1. 한국수자원공사   p.274   5. 이랜드그룹   p.285

2. 한국전력공사   p.277   6. 현대종합상사   p.286

3. 호텔롯데   p.280   7. 현대백화점   p.288

4. YTN   p.283

자기소개서 항목 요건은 조합하기 나름이므로 새로운 유형이 얼마든지 등장할 수 있습니다. 경력 이직 시 기술하는 내용부터 역량 점수 배분 방법까지 예시로 다뤄 봤습니다. 예시를 참고하며 조합으로 탄생하는 새로운 항목에 적절히 대응해 봅시다.

한국수자원공사

> **(자원 관리 능력)** 중요한 일을 처리할 때 어떠한 방식으로 계획을 세워서 일을 처리하는지에 대해 개인적 경험을 기반으로 구체적으로 서술하시오.　　580자

항목 분석

1. 계획 수립이 가능했던 경험 선택
2. 성과를 언급
3. 자신의 기본 소양으로 전체 내용 포괄

체계적으로 일을 처리하는 모습을 보여 줘야 합니다. 그 과정에서 직무 적합도까지 드러낼 수 있다면, 이를 통해 자원 관리 능력으로 이뤄 낼 목표까지 뚜렷하게 제시하는 셈입니다. 지원 직무를 전공으로 제한하는 채용 상황을 고려하면, 경험을 선택할 때 직무를 배경으로 설정하기가 어렵지는 않습니다.

계획적으로 일을 처리할 경우, 부족한 결과를 이뤄 내는 게 오히려 어색합니다. 현실에서는 충분히 발생할 수 있는 일이지만, 자원 관리 능력을 보여 줘야 하는 항목에서 부정적인 결과를 그대로 보여 주는 것은 적합하지 않습니다. 계획 과정을 집중적으로 소개하며 결과도 그에 합당해야 자원 관리 능력이 우수하다는 점을 읽는 이가 알 수 있습니다. 결과가 긍정적인 경험에서 소재를 찾아야 합니다.

경험을 내용에 접목할 때, 적극적인 모습이 나타나도록 표현하세요. 계획을 수립하는 행위의 속성이 적극성과 책임감을 내포하기 때문입니다. 마무리 문장에서는 경험으로 제시한 생활 자세를 소양으로 아우르며 미래를 향한 여운을 남깁니다.

페르소나 설정

- ☑ 기계공학 전공
- ☑ 밀링 팀 현장 인턴 근무

전공에 어울리는 인턴 경험을 소재로 선택했습니다. 기초에 충실한 계획이 두서없는 계획보다 성과를 일궈 낼 확률이 높은 것은 상식입니다. 인턴 활동을 통해 페르소나의 성실함과 신중함이 배어든 모습을 보여 주고, 유사 직무 환경에서 성과를 이끌어 낸 결실까지 소개합니다.

💡 기초에 집중해 큰 틀을 보다

→ 계획의 토대는 세부 요건을 꼼꼼히 확인하는 것입니다. 이를 계획 수립의 기초 작업으로 표현해 소제목에 배치했습니다. 기초를 확립한 후에는 응당 넓은 안목으로 다음 단계를 살핍니다. 그러한 점이 간접적으로 드러나도록 소제목에 방향만 제시했습니다. 이전 항목에서는 제목에 경험의 요점을 상세히 기재했기 때문에 연속적으로 동일한 유형을 사용하지 않고자 다소 추상적인 소제목을 선정했습니다. 제목 형식이 다양해야 읽는 이가 식상하지 않습니다.

기계공학 전공 과정은 역학 기본 지식을 다양한 문제 풀이로 익힌 후, 실습을 통해 활용하는 단계로 나아갑니다. 기초가 무엇보다 중요한 까닭에 항상 전체 내용을 살피고, 세부 영역에 집중하는 자세로 배움에 임했습니다.

→ 페르소나는 기초를 중시하는 자세로 자원 관리의 정확도와 효율성을 높이는 전략을 구사했습니다. 전공 관련 내용이므로 직무와 영역이 맞닿아 있고, 경험을 소개하며 전공 지식을 드러낼 수 있어 무척 효과적인 소재입니다.

이러한 자세를 바탕으로 생산 현장 인턴 근무 시 문제 해결에 이바지할 수 있었습니다.

→ 전공 분야에서 기초에 주력하는 자세를 익혔다는 점을 항목의 핵심 경험에 연결하고자 사용한 문장입니다. 위 문장 자체만으로는 큰 의미가 없지만, 자연스럽게 맥락을 형성하는 데 이러한 문장이 반드시 필요합니다. 생산 현장이 기계직 직무 환경과 유사하므로 연결성도 드러낼 수 있습니다.

밀링 팀에서는 원재료를 가공할 때 재질을 고려하지 않고 일률적인 프로세스를 따랐습니다. 그 결과, 밀링 부속품의 마모 속도가 불규칙했고, 비용도 증가했습니다. 하지만, 소모품의 비용이 상대적으로 저렴했기 때문에 개선의 필요성이 크지 않았습니다.

→ 계획에 따라 목표를 달성하는 모습을 연출하고자 문제 제기에 이르는 과정을 상세히 설명했습니다. 이와 함께 생산 현장을 자세히 관찰하며 개선을 위해 각별히 노력을 기울인 점이 드러나도록 상황을 묘사했습니다.

생산 현장에서는 동일한 업무를 반복하므로 사소한 차이가 결과에 지대한 영향을 미칠 수 있습니다. 기초에 충실한 자세를 토대로 밀링 기기의 특성에 따라 원재료를 분류해 사용해야 하는 이유를 조사했습니다.

→ 페르소나가 현장을 직접 접해 봤다는 것이 강점에 해당합니다. 기초부터 시작해 전체를 조망하는 업무 감각을 뒷받침하기 위해 주변 상황을 조사하는 모습을 강조했습니다.

소모품의 비용과 원재료 손실, 작업 시간의 변동 등에 대한 현장 자료를 수집해 장기 효용을 보고서로 작성했습니다. 철저한 조사로 정보의 신뢰도를 높였고, 유사한 조건에서 반복 실행하며 일관적인 결과를 얻었습니다.

→ 기계직 지원이므로 업무 처리 방식이 정확해야 직무에 적합합니다. 철저한 조사와 유사 조건 반복 시행은 정확성과 밀접한 관계를 보입니다. 이처럼 직무 특성에 부합하도록 경험 속성을 가다듬는 게 필요합니다.

해당 보고서를 생산 팀에 제출해 개선을 이뤄 낼 수 있었습니다. 이와 같이 기초에 충실한 자세로 업무 수행 방안을 계획합니다.

→ 특별한 성과가 없다면, 과정 설명에 치중해 기술하는 것도 전략입니다. 소제목과 대구를 이루도록 마지막 문장에 해당 어휘를 배치해 다시 한 번 강조했습니다.

한국전력공사의 4가지 인재상(통섭형 인재, 기업가형 인재, 가치창조형 인재, 도전적 인재) 중 본인과 가장 부합된다고 생각하는 인재상을 두 가지 선택하고, 그렇게 생각하는 이유를 본인의 교육, 경험, 경력 사항 등 구체적인 사례를 들어 기술하시오. 800자

항목 분석

1. 인재상과 본인 경험의 연결
2. 직무 강점이 드러나도록 구성
3. 사례 중심으로 기술

요구 분량이 많지 않지만, 인재상을 비롯해 전력 부문에 대한 이슈를 파악하고 있어야 기술이 수월합니다. 경험을 사례로 제시할 때는 항목 요건을 제대로 살피고, 그에 맞게 서술하는 것이 중요합니다. 직무 능력보다는 기본자세를 확인하기 위한 항목이므로 보수적인 관점에서 접근해 보세요. 지원자의 개성과 소신을 나타내는 것보다는 전체 의견을 존중하는 협력의 모습이 공기업에 더욱 어울립니다.

인재상에서 만든 지원자의 인상을 지원 동기와 입사 후 포부에 연결할 수 있습니다. 직무 매뉴얼이 상세하게 갖춰진 분야이므로 경험과 어울리도록 핵심 요소를 추려 내는 것이 어렵지 않습니다. 본인의 경험과 가장 잘 어울리는 인재상을 선택하세요. 공사 측에서 특정 인재상을 선호하는 경우는 없으니 본인의 경험을 중심으로 선택하는 게 적절합니다. 두 가지 인재상을 경험으로 뒷받침하며 기술하고, 제목으로 내용을 구분하는 것이 보기에도 편합니다. 각 인재상에 대한 내용은 400자로 한 단락을 구성하세요.

인재상 관련 경험이 있어야 읽는 이가 수긍할 수 있습니다. 통섭형은 서로 다른 부문을 연결해 문제를 해결하거나 의견이 다른 상황에서 일치점을 찾아낸 경험이 가장 유사합니다. 기업가형은 프로젝트 수행과 주도적인 조직 운영 경험이 어울리며, 결과가 우수해야 의미가 있습니다. 가치창조형은 창의적인 요소가 담긴 경험이면 전체적으로 요건에 부합합니다. 새로운 의견 제시, 구성원들과 다른 시각, 문제 해결 등이 내용에 나타나고, 행위 이전과 비교해 더 나은 결과를 보여 줄 수 있어야 합니다. 도전형은 한계 상황을 설정할 수 있는 경험이면 대체로 요건을 충족합니다. 상황 설명과 본인의 행동 과정을 구체적으로 알리며 도전의 의미를 소개합니다.

- ☑ 전기직 지원
- ☑ 산업 에너지 공모전 입상
- ☑ 대학원 실험실 보조 활동

페르소나에게는 직무 요건에 부합하는 경험이 무척 많습니다. 다량의 경험을 압축 기술하기 전에 가장 직무와 연결성을 보이는 요소를 먼저 추려 내야 합니다. 공모전 입상 분야와 실험실 활동 분야가 에너지 영역이므로 전체 경험이 지원 부문과 어울리는 상황입니다. 인재상의 요건이 선택 경험과 관련성을 보이도록 구성하는 게 중요합니다. 페르소나의 공모전 입상과 실험실 활동 내용을 주제로 선택하겠습니다.

💡 도전적 인재: 적극성으로 도전에 앞장서다

→ 선택한 인재상을 언급했고, 경험 요소에서 적극성을 추려 내 제목으로 기술했습니다. 페르소나의 활동상은 한 단어로 구체화할 수 없는 상황입니다. 학과 1등 공모전 입상 등을 제목에 나열하면 집중도가 떨어지기 때문입니다. 제목 길이까지 고려해야 합니다.

학부 과정에서 전공 수업을 체계적으로 다루며 높은 성적을 거뒀습니다. 고등학생 때는 개념을 이해하지 못한 채 문제 풀이에만 집중해 실력을 높이기가 어려웠습니다. 적극적인 자세로 개념 이해에 도전하며 기초를 쌓았고, 그 덕분에 학과 1등으로 졸업할 수 있었습니다.

→ 학과 우수 성적은 직무와도 연결할 수 있는 사례에 해당합니다. 4가지 인재상 중에서 도전과 가장 어울립니다. 소제목에 등장한 적극성이 드러나도록 내용에 해당 어휘를 배치했습니다. 기초를 다지며 실력을 쌓았다는 점이 안정감을 자아냅니다.

3학년 2학기에는 산업 에너지 절약 공모전에 도전했습니다. 팀을 이뤄 구성원들과 함께 자료를 수집했고, 교통 체증에 따른 에너지 소모량을 비교 분석하며 개선 방안을 도출했습니다. 최종 단계에서는 발표자로 나서며 적극성을 발휘했고, 1등으로 입상하는 데 공헌했습니다.

→ 1등과 경쟁 상황을 엮어 공모전 입상을 도전 사례로 선택했습니다. 문제 해결 과정을 소개하며 역량을 선보였고, 소제목과 연결하고자 발표자 역할을 적극성으로 담아냈습니다.

아울러, 동아리 회장 역할을 맡아 다수의 행사를 진행하며 대중 앞에서 표현하는 역량도 개발했습니다. 자신의 목표 달성을 위해 꾸준히 도전하며 적극성을 강화할 수 있었습니다.

→ 동아리 회장 경험은 적극성을 한층 강화하는 내용입니다. 주도적으로 목표 달성을 위해 노력하며 다수의 갈등 상황을 극복해야 하기 때문입니다. 이와 같이 자신의 경험에서 요소를 추려 내고, 그에 어울리는 인재상을 기술해야 자연스럽습니다.

💡 통섭형 인재: 발전소에서 융합의 의미를 배우다

→ 전기직 지원에 어울리는 경험으로 발전소를 활용했고, 연관 분야 지식을 습득하는 모습을 나타내며 통섭의 요건을 충족했습니다. 직무 역량을 드러내는 효과도 있습니다.

전력 시스템은 저장 기술부터 변전 기술까지 아우르며 효율적인 방식으로 발전하고 있습니다. 4차 산업혁명은 전기를 중심으로 기술 변화를 이뤄 내고 있는 만큼 다양한 영역을 연결하는 복합 지식을 익혀야 합니다.

→ 통섭과 전력 분야의 연관성을 시대 상황에 맞춰 설명했습니다. 페르소나가 전기 중심으로 다양한 지식을 익혀 왔음을 소개하기 위한 선행 작업입니다.

관련 지식을 얻고자 대학원 연구실에서 실험 보조 역할을 수행했습니다. 차세대 전력망에 대한 이해도를 높이고자 다양한 논문을 읽으며 실험에 참여했고, 학회를 통해 일본 내 발전소를 견학하며 해당 기술을 구현하는 방법을 배웠습니다. 이러한 활동을 통해 전력과 ICT 분야를 연결하는 선진 사례를 접할 수 있었습니다.

→ 다양성은 활동상을 소개하며 확대할 수 있습니다. 통섭의 속성이 다양성을 내포하므로 이와 같은 나열식 설명은 전략적으로 유효합니다. 선진 사례 참고, ICT 활용 등은 페르소나의 역량을 엿볼 수 있는 내용이기도 합니다.

지식 융합은 새로운 가치를 구현하는 데 필요합니다. 전력 기술을 상호 접목하며 통섭의 의미를 꾸준히 확인하겠습니다.

→ 전기직 직무는 통섭 과정을 포함합니다. 그에 대한 각오를 드러내며 마무리했습니다.

안심Touch

사회 활동(봉사 포함) 경험과 특기(어학 등)에 대해 서술하시오. 800자

항목 분석

1. 특별한 경험을 선택
2. 호텔 업무에 외국어 능력 필요
3. 경험의 결과보다 지원자의 강점이 드러나게 구성

지원자의 강점을 경험에 근거해 표현하는 항목입니다. 어학 능력은 단순히 시험 점수와 자격증을 나열하지 말고, 특정 상황에서 해당 언어 능력을 개발한 모습을 보여 줍니다. 조직 적응력과 업무 수행 능력을 가늠할 수 있는 경험이 소재로 적합하나 배려와 책임감도 호텔에서는 중요하므로 소재 선택의 폭은 넓은 편입니다. 다만, 소개하고 싶은 내용은 많은데 글자 수 제약에 걸릴 때는 가장 특색 있는 경험 한 가지와 현장에서 사용 가능한 특기를 기술하세요.

지원 기업이 호텔인 만큼 항목에 적극적인 자세와 상대방을 배려하는 모습을 담아냅니다. 특기는 어학이 가장 유용합니다. 마땅한 어학 능력이 없을 시에는 업무에 접목이 가능한 컴퓨터 능력을 활용할 수 있습니다. 특기와 성격은 구분해야 합니다. 경청하기, 배려하기 등은 개인의 특기일 수는 있지만, 이 항목에서 기대하는 내용은 아닙니다. 예시로 어학을 언급한 점에서 알 수 있듯이 실용적 목적을 지닌 특기를 기재해야 합니다. 경험과 특기를 엮는 방법과 분할해 제시하는 방법이 있습니다. 어떤 방법이든 두 가지 내용만 포함하고 있다면 요건을 충족합니다.

페르소나 설정

☑ 마케팅 공모전에 도전해 시장 조사 방법과 협업 자세를 배운 경험

페르소나에게는 마케팅 공모전이 가장 비중 높은 경험에 해당해 이를 선택했습니다. 특기는 컴퓨터 활용 능력이며 경험에 녹여 냈습니다. 한 가지 경험으로 전체 항목을 완결했고, 과정을 상세히 설명하며 페르소나의 협업 자세를 강조했습니다.

💡 마케팅 공모전에서 시장 접근법을 배우다

→ 제목으로 페르소나가 무엇을 준비해 왔는지 알 수 있습니다. 마케팅 공모전은 치밀하게 준비하고, 타 팀과 경쟁을 펼쳐야 하는 분야입니다. 읽는 이가 페르소나의 역량을 기대할 수 있는 소재이므로 선택은 적절합니다.

한국 화장품이 각광을 받는 현상에 주목해 품질과 홍보 방법을 지켜보던 중 국내 기업이 주최한 화장품 마케팅 공모전을 접했습니다. 경영학 지식을 실무 마케팅에 접목할 수 있는 기회라고 판단해 팀을 이뤄 공모전 준비에 임했습니다.

→ 경험을 소개할 때는 상황 설명이 필수입니다. 마케팅 공모전에 도전한 이유를 서술하며 페르소나의 경영학 전공을 강점으로 알렸습니다.

중국 시장에서 직접 화장품을 판매하는 마케팅 전략을 수립하고자 시장 법규와 상황을 분석하기 시작했고, 팀 구성원 간의 협의를 통해 소비자 시장 조사 역할을 맡았습니다. 해당 화장품의 소비자는 20대였으므로 정보를 얻기 위해 학교와 번화가를 일대로 설문 조사와 인터뷰를 시행했습니다. 중국인 학생을 비롯해 관광객도 많았기 때문에 수량적으로 정보를 얻는 과정은 수월했습니다.

→ 시장 접근 방법과 적극적인 자세를 과정과 함께 기재했습니다. 마케팅 대상 설정과 조사 방법에서 페르소나의 성실함과 판단력을 유추할 수 있습니다.

하지만 중국어 소통 능력은 준비한 바가 없어 팀원의 도움을 받아야 했습니다. 아울러, 각종 정보도 영어보다 중국어가 많아 팀 내 중국어가 가능한 구성원의 조력을 통해 문제 해결을 이뤄 냈습니다.

→ 팀원을 활용해 문제를 극복하는 모습입니다. 조사 당시에는 중국어 구사 능력자를 대동한 것에 지나지 않지만, 글로 표현할 때는 팀원의 효과적인 활용으로 각색이 가능합니다.

대면 활동은 예상보다 의미 있는 정보를 많이 제공했습니다. 설문 내용에 국한하지 않고 한국 화장품에 대한 중국인의 의견을 들으며 시장 참여자의 다양성에 깊은 인상을 받았습니다. 조사 업무를 마치고 팀원들과 함께 자료를 정리하며 공모전 출품을 위한 마무리 작업에 동참했습니다.

→ 과정에 이어 배운 점을 덧붙여 경험 구성은 마쳤습니다. 이 단락에서는 페르소나의 강점으로 경청과 협업을 제시했습니다. 이는 '중국인의 의견을 들으며, 함께 자료를 정리하며'라는 부분을 통해 유추할 수 있습니다. 여기까지 경험을 서술했으므로 다음 내용으로는 특기가 등장해야 합니다.

컴퓨터 프로그램을 활용해 그래프의 시각화를 전담했고, 분석부터 편집까지 아우르며 마케팅 전략 프로세스를 다뤘습니다.

→ 컴퓨터 활용 능력을 특기로 사용했습니다. 페르소나에게는 특기와 관련해 특별한 요소가 없어 부득이 컴퓨터 활용 능력을 특기로 가공했습니다. 경험과 관계가 있으므로 어색하지 않습니다. 이처럼 단독으로 기재할 만한 특기가 없을 때는 소개하는 경험에서 특기를 발굴할 수 있습니다.

비록 입상자 명단에 이름을 올리지는 못했지만, 팀 단위 활동으로 협업을 체험했고 마케팅 프로세스를 통해 시장 접근법을 배웠습니다.

→ 공모전은 결과가 있기 마련입니다. 원하던 목표에 도달하지 못했더라도 과정만 충실히 설명하면 충분합니다. 페르소나가 팀 단위 활동으로 협업을 체험했다는 점이 핵심이며, 경영학 전공 지식의 실무 연결도 얻은 바라고 할 수 있습니다.

특기 사항(경력 사항)을 기술하시오.　500자

1. 기자직 수행에 이용할 수 있는 특기 선정
2. 강점을 상호 연결되게 나열
3. 타 항목에 소개하지 않는 내용 소개

이 항목의 특기는 취미와 짝을 이루는 특기가 아니라 특별한 경험 혹은 특별한 역량을 의미합니다. 범위에는 제한이 없습니다. 다만, 타 항목에 이미 기술한 내용을 중복 기재해서는 안 됩니다. 기자직에 접목할 경험과 역량으로 외국어, 정보 수집, 대인 관계, 아르바이트 등이 있으며, 하다못해 체력 관리에 출중하다는 내용을 기재해도 항목 요건에는 맞습니다. 정확한 표현에 유의하며 자유롭게 기술하세요.

읽는 이에게 인상을 확실히 남기기 위해서는 한 가지 요건으로 이야기 흐름을 구성하는 것이 낫습니다. 만약 특색 있는 경험이 없어서 경험의 수량으로 다면적인 모습을 보이고 싶다면, 제목부터 다양성을 암시하는 어휘로 시작해야 합니다. 제목을 여러 가지로 나눠 제시할 수 없는 글자 수에서는 제목이 각 내용을 응집하는 역할을 해야 하기 때문이죠. 물론 1,000자 정도의 글자 수에서는 각 경험을 제목과 내용으로 묶어 여러 문단으로 구성해도 무방합니다. 제목에서 다양함을 특기로 제시한 이후에는 문단 내용으로 상호 연결성이 없는 경험이 등장해도 그 자체로 의미가 있습니다. 특별한 경험에서 배우거나 느낀 점은 반드시 설명해야 합니다.

페르소나 설정

☑ 자료 검색 능력을 특기로 제시

자료 검색 능력은 현대인이라면 누구나 갖춰야 할 기본 역량이지만, 이에 관해 일반적인 수준을 넘어서는 경험이 있다면 특별한 매력 요소로서는 더할 나위 없습니다. 페르소나는 정보 검색을 특기로 설정하고, 전체 내용을 정보 검색으로 통일해 기술했습니다. 집중적인 사례 나열로 페르소나의 검색 능력을 입증했고, 검색 영역을 확대하며 기자직에 부합하는 면모를 드러냈습니다. 페르소나 설정 내용을 바탕으로 통일성 있게 각 경험을 특기로 연결해 보겠습니다.

💡 정보 검색과 정리로 효율을 높이다

→ 제목의 역할을 고스란히 보여 주고 있습니다. 정보 검색이 부가하는 효과로 높은 효율을 제시했고, 이 내용은 특기 사항의 결론인 배운 점과 느낀 점에서 다시 한 번 등장합니다.

신속한 자료 검색에 능숙합니다. 네트워크 전문가로 활동하신 아버지의 영향으로 90년대 후반부터 인터넷을 통해 자료 검색을 해 왔습니다.

→ 유년기부터 이야기를 시작한 이유는 중학생 때를 거쳐 대학생 때까지를 포함해 검색 능력 관련 경험을 소개하기 위함입니다.

중학교 때는 '검색 경진 대회'에서 교내 우승자로 선정돼 학교 대표로 전국 대회에 출전했습니다. 인터넷 정보 검색의 신속함과 정확도를 인정받아 교내 표창을 받으며 학급의 디지털부장으로도 활동했습니다.

→ 구체적인 활동 내용이 유년기에 이어 한층 발전된 정보 검색 능력을 보여 줍니다. 수상 내역과 역할 기재는 신뢰도를 높이는 효과가 있으므로 사실에 근거해 언급합니다.

대학 생활 중에는 영어 실력을 바탕으로 교내 영자 신문사에서 영문 자료 검색 업무를 2년간 맡았습니다.

→ 검색 능력을 영어 실력으로 확장하며 강점을 추가했습니다. 소재가 연관된다면, 강점이라고 인정받을 만한 내용은 적극적으로 표현합니다. 검색과 영어는 지식의 외연 확장이라 연관성이 뚜렷합니다.

최근에는 해외 시장에서 성공한 상품 및 서비스 사례를 조사하는 업무를 맡아 각종 해외 리뷰 사이트, 비즈니스 전문 웹 사이트 등을 분석했습니다.

→ 검색 영역이 비즈니스 분야로 더욱 넓어졌습니다. 점층적으로 사례를 소개하며 이야기의 집중도를 높였고, 검색 능력과 기자 직무 수행 능력을 공고히 연결했습니다.

또한, 금융감독원 전자공시시스템을 참고해 국내 기업의 성장 추이를 분석하며 해외 시장과의 상관관계를 살펴봤습니다.

→ 금융감독원 전자공시시스템을 참고한 사실 자체가 대단한 사항은 아니지만, 맥락에 부합하는 어휘고, 금융으로 분야를 구체화하는 효과도 기대할 수 있어 적절합니다.

이러한 경험을 통해 검색 방향을 신속히 설정할 수 있는 역량을 갖췄고, 검색 내용을 추출해 정리하는 방법을 익혔습니다.

→ 경험을 통해 배운 점을 소개하며 특기 사항을 마칩니다. 제목에서 언급한 높은 효율과 맞닿은 내용입니다. 기자 직무 수행 중 정보 수집과 검색 내용 정리는 반드시 필요한 과정입니다. 이를 고려해 '방향을 신속히 설정', '내용 추출해 정리'와 같은 표현을 삽입했습니다.

자신에게 직장 생활의 의미는 무엇인지 기술하시오.

200자

항목 분석

1. 조직 구성원과 동반 성장을 목표
2. 협업과 배려
3. 목표 지향적인 자세

직장은 목표 달성을 위해 다수가 함께 노력하는 공간이라고 정의할 수 있습니다. 그곳에서 지원자가 성취감을 느끼며 성장하는 것이 가장 이로운 모습입니다. 조직 구성원이 지녀야 할 덕목을 기재하며 지원자의 바람직한 마음가짐을 보여 주세요. 이랜드는 특정 신앙을 무척 중시해 왔습니다. 자기소개서에 해당 종교의 가치관과 대치되는 내용은 가급적 기재하지 않는 게 낫습니다.

일반적인 내용을 품성 중심으로 서술합니다. 특별한 경험 내용이 필요한 항목은 아닙니다. 200자의 짧은 분량에 맞게 누구나 동의할 수 있는 조직에서의 자세를 언급하세요.

페르소나 설정

☑ 배경 스펙 무관

💡 동반 성장의 협업 공간

직장에서는 각 구성원이 시장 가치를 구현하는 방법으로 사회에 기여하는 데 총력을 기울입니다. 항상 새로운 상황에 대응하고, 위기를 구성원들과 함께 극복하며 성장을 추구합니다. 직장은 배움의 터전이자 삶의 완숙미를 더해 가는 지혜의 공간입니다. 상호 간의 다름을 인정하고 차이를 존중하며 협업의 의미를 알아 갈 수 있기 때문입니다. 사회의 작은 형태인 이랜드의 조직에서 동반 성장의 지혜를 배우고 싶습니다.

➡ 조직의 근본 속성을 협업으로 설정하고 이야기를 풀어 나갔습니다. 바람직한 인상을 전달하는 게 목적인 항목이므로 표현에 유의하며 조직에 임하는 태도를 소개합니다.

키워드를 이용해 자기소개를 하시오.   500자

항목 분석

1. 자신의 강점을 한 단어로 표현
2. 동사형도 가능
3. 키워드와 내용의 연결이 중요

상사 업무를 원만히 수행할 수 있다는 기대감은 지원 기업이 속한 시장의 특징과 직무 내용에 맞닿아 있습니다. 키워드 설정에도 이러한 점을 고려해야 합니다. 도전 정신과 적극성, 협업 자세, 외국어 능력 등 일반적으로 상사에서 필요할 수 있는 역량이 전달되는 방향으로 키워드를 설정해야 마지막 항목에서 방점을 찍을 수 있습니다. 사람은 자주 볼수록 그 사람의 됨됨이를 파악할 기회가 늘어납니다. 마찬가지로 자기소개서에서는 요구하는 항목이 많아질수록 지원자의 진정성과 역량을 확인할 기회가 증가하겠지요. 역으로 다량의 글을 쓰다가 지원자의 허술한 면모가 드러날 개연성도 공존합니다. 지원자 입장에서는 항상 검토가 뒤따라야 하는 이유입니다.

내용 중복을 최소화할 수 있는 방향으로 키워드를 설정합니다. 다른 항목에서 소개하지 못한 내용 위주로 이야기를 전개하면 이 항목의 요구한 바와 일치합니다. 성격, 특기, 성장 과정 등을 소재로 자신을 더 알리는 데 주력하세요. 보편적인 작성 방법은 성장 과정을 기술하되, 그 과정에서 확연히 드러나는 공통된 강점을 중심으로 이야기를 엮는 것입니다.

키워드의 내용으로 현대종합상사에서 성장할 방안을 가볍게 언급하며 마무리합니다. 자기소개를 하며 나타낸 강점이 지원 기업에서 어떤 용도로 영향력을 발휘할지 그에 대한 미래를 그려내는 것도 적절한 문단 종결 방법 중 하나입니다. 또는 자기 계발, 성장 의지 피력 등으로 내용을 마칠 수 있습니다.

페르소나 설정

☑ 균형 잡힌 심신을 강점으로 기술

특별한 내용은 이미 타 항목에서 기술했다고 가정합니다. 지원자가 추가로 전달하고 싶은 내용을 키워드에 맞춰 소개하는 항목이므로 전체 내용을 종합하거나 기업이 지향하는 바에 어울리는 모습을 제시하는 것이 적절합니다. 페르소나는 종합상사에 부합하는 도전자를 키워드로 설정했습니다.

💡 **강인한 체력과 따뜻한 마음을 지닌 도전자**

➜ 제목에 강한 체력, 따뜻한 마음, 도전자를 엮어 페르소나의 장점을 드러냈습니다. 자유도가 높은 항목인 만큼 표현에 주력해야 합니다.

평소 운동을 즐겨 다양한 종목을 경험했습니다. 그 덕분에 체력의 중요성을 인지하며 건강에 힘쓸 수 있었습니다. 친구들과도 함께 등산을 다녔고, 마라톤 대회에도 참가했습니다. 이를 통해 어떠한 상황에서도 버틸 수 있는 근성과 체력을 기를 수 있었습니다.

➜ 위의 경우처럼 일반적인 내용으로도 충분합니다. 특별한 내용만 기술할 수는 없습니다. 중복을 피하며 페르소나의 일상을 키워드에 연결합니다. 제목에서 언급한 강한 체력과 관련된 내용입니다.

또한, 대학 생활 중 봉사 동아리 활동을 하면서 희생과 배려를 내재했습니다. 봉사 현장에서 미래에 대한 희망으로 삶을 살아가는 사람들을 보면서 현재 자신의 상황에 감사하는 마음을 가질 수 있었습니다.

➜ 따뜻한 마음에 부합하는 내용을 소개했습니다. 제목을 중심으로 강함 체력에 이어 따뜻한 마음까지 다뤘습니다. 이를 통해 구성의 균형은 갖춘 셈입니다.

공장, 마트, 식당 등에서 다양한 아르바이트를 수행하며 많은 사람들을 접했고, 그들을 통해 생활의 지혜를 많이 배웠습니다. 힘든 상황에 처했을 때는 평정심을 유지하고, 혼자 해결하기보다는 주변 사람들과 함께 해결하는 편이 더욱 효과적이라는 점도 깨달았습니다. 새로운 경험에 도전하며 배움의 깊이를 더하고 있습니다.

➜ 읽는 이에게 긍정적인 인상을 남길 수 있는 내용을 나열했습니다. 또한, 지혜와 평정심, 배움을 향한 도전 정신으로 제목을 포괄하며 항목 요건을 충족했습니다.

평소 현대백화점을 이용하며 느꼈던 장단점을 제시하고, 현대백화점의 경쟁력을 제고할 수 있는 아이디어를 제시하시오. 1,000자

항목 분석

1. 현장 및 온라인을 통한 정보 수집
2. 직무 관점에서 상황 분석
3. 장점과 단점을 사례 중심으로 언급

지원 기업을 이용한 경험에 대한 항목은 보고 느낀 것만으로는 충분한 이야깃거리를 만들기 어렵습니다. 작정하고 현대백화점을 방문해 단점을 살펴봐도 두드러진 요소가 눈에 띄지 않습니다. 현장 경험에 의존한다면, 백화점의 일반 속성에 가까운 이야기만 기술할 가능성이 높습니다. 개선이 필요하다는 점을 바탕으로 장단점은 관심을 보여 주는 용도로만 다루고, 차별화는 경쟁력 제고 방안으로 나타내는 전략이 적절합니다. 장단점을 억지로 찾아내려는 시도보다는 현상을 그대로 바라보며 일반적인 시각에서 장단점을 분석하는 것이 수월합니다.

경쟁사와 비교하며 현대백화점의 장단점을 분석하거나 해외 사례를 참고해 나아갈 방향을 제시하는 구성도 소재를 풍성하게 만드는 데 효과적입니다. 특별함을 강조하기 어려울 때는 구체성을 강조해 정성을 드러내는 방향으로 접근해 보세요.

페르소나 설정

☑ 영업 관리 지원
☑ 경영학 전공

현대백화점에 대한 지원자의 인상을 묻는 항목이라 특별히 페르소나의 요건을 대입할 여지는 없습니다. 중심은 영업 관리 직무와 어울리는 소재를 선택하는 것입니다. 경영학 전공이므로 마케팅과 기획 분야로 영역을 넓혀가며 기술해도 자연스럽습니다.

💡 조명 및 고객 동선을 다루는 전문성과 식품관 환경 개선

동일한 브랜드라도 현대백화점에서 연출을 담당하는 경우, 그 차이가 확연합니다. 타 백화점에서는 눈에 띄지 않던 상품이 현대백화점에서는 매우 고급스럽게 보여 자신의 취향을 의심할 때도 있습니다.

➜ 첫 단락을 시작하며 제목의 장단점 관련 핵심 사항을 전부 언급했습니다. 실제 경험을 강조하기 위해 비교 방식을 사용했고, 자신의 생각을 간략하게 덧붙여 느낀 바를 자연스럽게 표현했습니다.

이유를 알고 싶어 두 매장을 연이어 방문해 비교했습니다. 매장 크기는 비슷했고, 동일 브랜드였던 만큼 내세우는 상품도 동일했습니다. 결정적인 차이점은 조명과 고객 동선이었습니다. 상품 특색을 고려해 조명을 연출하고, 고객이 그 흐름에 따라 상품을 일람할 수 있는 구조가 현대백화점의 강점이었습니다. 또한, 고객을 응대하는 협력 사원의 자세도 친절했고, 물음에 대한 답변도 상세했습니다. 해당 브랜드가 주변 환경과 전체적인 조화를 이룬 덕분에 입장하는 순간부터 고급스럽다는 인상을 받을 수 있었습니다.

➜ 영업 관리 직무와 연결하고자 조명과 동선을 장점의 소재로 선택했습니다. 경쟁사 명칭은 기술하지 않아야 합니다. 백화점은 브랜드 입점으로 매출이 발생하는 구조입니다. 이에 따라 조명과 동선을 전문적으로 다루며 브랜드의 가치를 높이는 현대백화점의 역량은 장점에 해당합니다. 고급스럽다는 표현으로 프리미엄을 지향하는 현대백화점의 목표도 간접적으로 담아냈습니다.

지하 식품관을 지나갈 때는 식욕을 돋우는 냄새가 무척 반갑습니다. 하지만 많은 사람들이 식사할 때는 다소 냄새가 강해 숨을 쉬기가 버겁기도 합니다. 환기를 강화하거나 메뉴를 관리함으로써 이와 같은 상황을 개선할 수 있다고 생각합니다.

➜ 단점은 개선 가능성을 내포하고 있어야 하며, 실제 경험이 묻어나는 표현으로 항목 요건을 충족해야 합니다. 식품관 풍경을 후각으로 나타냈고, 개선 방안으로 환기를 언급해 단점을 보완하는 방향으로 기술했습니다.

💡 촬영 거울로 구매에 품격을 더하다

현대백화점의 의류 매장은 프리미엄을 고객에게 전달하기가 한결 용이합니다. 고객 응대 전문성, 상품 착용의 편의성 등의 강점이 쇼핑의 질적 수준을 높이기 때문입니다. 이러한 환경에서 고객이 의류를 입고 자신의 모습을 거울로 바라보면, 구매 욕구가 더욱 상승합니다. 매장 거울에 촬영 기능을 탑재해 고객이 의류를 착용한 모습을 자신의 핸드폰으로 볼 수 있도록 만드는 것도 매출 증대에 효과적이라고 생각합니다.

➜ 페르소나가 직접 경험한 내용을 기반으로 사진 촬영 기능을 언급했습니다. 해외 백화점에서 일부 도입한 내용으로 기술적 제약은 없는 내용입니다. 이처럼 유사 사례를 바탕으로 아이디어를 도출할 수 있습니다. 현대백화점의 프리미엄과 구매 욕구를 사진 촬영으로 연결하며 매출 신장에 이바지할 수 있다는 내용도 덧붙였습니다.

거울은 매장 내부로 한정하고, 번거로움을 최소화하기 위해 핸드폰 전송으로 국한합니다. 촬영 후 발송은 현대백화점 서버를 거치므로 상품 정보와 개인 정보를 통제할 수 있습니다. 또한, 무분별한 촬영을 방지하고, 촬영에 따른 고객 대기가 발생하지 않도록 운영 시간을 제한합니다. 프리미엄 브랜드에만 기능을 구현해 고객 응대 횟수 대비 매출 증가를 이끌어 냅니다.

➜ 기술적인 방안을 여러 각도로 살펴보며 아이디어의 장점과 단점을 고르게 다뤄야 합니다. 이를 통해 균형 있게 사안을 분석하는 역량을 나타낼 수 있습니다. 보완 방향까지 언급한다면, 생각의 깊이를 전달할 수 있어 페르소나의 매력도를 높이는 것도 가능합니다. 아울러, 현장 특징과 기술을 접목하여 영업 관리 직무에 적용할 수 있는 모습도 소개했습니다.

MEMO

11

·

"희망을 품지 않는 자는
절망도 할 수 없다."

PART 11

합격 사례로
보는 스펙의
활용

CHAPTER 01

<u>작성 요령</u>

작성한 내용에 자신의 강점이 제대로 드러나고, 항목이 요구하는 바에 부합하는 경우에는 우수한 평가를 받을 수 있습니다. 합격 사례를 통해 배경 스펙의 적절한 활용 방법을 살펴보고, 적재적소에 정성적 내용을 배치하는 요령을 알아보겠습니다. 글자 수에 따라 구체화의 정도는 차이를 보입니다. 1,000자 이상을 요구하는 항목에서는 부가적인 내용을 추가해야 하는 경우가 빈번하고, 500자 이하를 요구하는 항목에서는 핵심 사항만 간추려 표현해야 할 때가 있습니다. 이러한 접근 방식은 지원자의 배경 스펙과 경험 내용에 따라 매번 다른 양상을 띨 수밖에 없습니다. 동일한 페르소나 설정만으로는 다양성을 포괄한 우수 사례를 보여 주기 어렵기 때문에 시장 분야와 직무를 다채롭게 분류해 소개합니다.

합격 사례에서 유독 눈에 띄는 점은 지원자의 풍부한 경험과 문장 표현력입니다. 경험이 부족할수록 다량의 글자 수를 채우는 작업은 더욱 고되고, 완성을 해도 매력도가 부족한 게 사실입니다. 이 점은 문장 표현력으로 일부 극복이 가능하나 경쟁이 치열한 분야에서는 우세를 보이기 어렵습니다. 이와 반대 상황도 불리한 결과를 얻는 건 동일합니다. 아무리 경험이 풍부해도 문장 표현력이 어수룩하고 정리된 느낌이 없다면, 상대적으로 낮은 평가를 받을 가능성이 있습니다. 물론 서류 전형에 미치는 영향력은 풍부한 경험이 문장 표현력보다 앞서지만, 치열한 경쟁 상황을 전제했을 때는 또 다른 양상으로 치달을 수 있으니 두 가지 요건을 준비하는 것이 필요합니다. 채용 시기에 별다른 변화를 주기 어려운 경험 내용과 배경 스펙은 적절한 배치와 표현으로 효과를 극대화할 수 있습니다. 합격 사례 분석을 통해 숙지한 유용한 작성 방법을 자신의 자기소개서에 적용해 보세요. 자기소개서 항목에 변화를 주는 기업이 늘어나고 있습니다. 그런 변화가 낯설고 막막할 수 있지만, 적절한 항목별 작성 방법만 숙지하면 흔들림 없이 더 나은 변화를 만들어 낼 수 있을 것입니다.

CHAPTER 02

기업별 예시

1. SK   p.296   4. 신한금융투자   p.306

2. 한미약품   p.299   5. 신세계   p.310

3. 인천국제공항공사   p.302   6. 롯데백화점   p.313

페르소나 내용을 항목에 적용해 본 예시입니다. 기업별 대표 항목 위주로 예시를 소개했습니다. 항목 요구 글자 수에 맞춰 스펙 내용을 구성하는 방법, 공기업과 사기업에 어울리는 표현 방식을 예시로 다뤘습니다. 페르소나 배경 스펙의 파생 가능 영역을 참고하며 유사 경험의 활용 방법도 알아보세요.

페르소나 배경 스펙 내용

① 카페 아르바이트로 협업과 신뢰를 실천함
  파생 가능: 고객 응대, 배려, 신뢰, 성실성, 시간 엄수, 독립심, 책임감, 솔선수범의 자세, 고객 만족 제고 경험, 각종 이벤트 준비로 겪은 에피소드
② 멘토 봉사 활동에서 겪은 이야기
  파생 가능: 배려, 책임감, 성실성, 사회 제도 개선의 필요성 체감, 지속적인 활동, 상대방 눈높이에 맞추는 소통 능력
③ 군 부대 자원봉사로 단점을 극복함
  파생 가능: 특수한 봉사 환경 소개로 인상 강화, 단점 극복 사례로 제시, 노력, 배려, 책임감
④ 수업 과제를 적극적으로 수행함
  파생 가능: 열정, 노력, 협업, 주도적 자세, 성취감, 시행착오, 적극성
⑤ 일본에서 영업 활동
  파생 가능: 해외 문화 경험, 영업 능력, 적극적인 자세, 전략 수립, 문제 해결을 위한 사고 과정, 일본어 구사 능력, 성취감
⑥ 지원 기업의 현장에서 아르바이트 수행함
  파생 가능: 현장 활동, 지원 기업에 대한 이해, 직무 수행에서 배운 점, 적극적인 자세, 책임감, 협업, 성실성

기업 자기소개서는 통상적으로 5가지 항목을 요구합니다. 5가지 경험을 준비한다면, 융통성 있게 각 내용을 가공할 수 있는데, 페르소나의 배경 스펙은 6가지입니다. 경험이 충분하므로 내용의 배치와 표현에 유의해야 합니다. 특색 있는 내용이 많을수록 이야기의 매력도 증가하겠지만, 대학생 신분으로 대외 활동만 즐비할 수는 없습니다. 수업 과제, 팀 과제 등을 수행하며 겪은 이야기도 충분히 의미 있는 소재입니다. 지원 기업에서 아르바이트를 수행한 경험은 이야기를 풀어 가는 데 효과적이고, 기업과의 직접적인 관련성을 부여해 기술 내용의 신뢰도를 높이기도 합니다.

자신에게 주어졌던 일 중 가장 어려웠던 경험은 무엇이었는가? 그 일을 하게 된 이유와 그때 느꼈던 감정, 진행하면서 가장 어려웠던 점과 그것을 극복하기 위해 했던 행동과 생각, 결과에 대해 최대한 구체적으로 작성하시오.   1,000자

💡 새벽 6시 의무의 경계선을 책임으로 넘다

학창 시절 생활비를 스스로 충당하겠다는 다짐으로 많은 아르바이트와 인턴을 경험했지만, 새벽 6시에 카페로 출근해 손님을 맞이하는 준비 작업이 가장 힘들었습니다. 오전과 오후로 근무 시간이 양분되어 있어 개인 시간을 조율하며 학습할 수 있다는 점에서 카페 아르바이트를 선택했습니다. 아울러, 편안한 마음으로 카페를 들르는 고객과 활기를 나누고 싶은 동기도 있었습니다.

➔ 카페 아르바이트를 시작한 계기를 설명합니다. 생활비 충당을 목표로 제시한 점에서 페르소나의 자립심을 알 수 있습니다. 이는 강점입니다.

오전 근무로 스케줄이 잡혔을 때는 새벽 6시 출근을 위해 일찍 취침에 들어 원활한 리듬을 유지했습니다. 하지만, 부득이 스케줄 조정이 필요한 아르바이트생들은 카페와 주거지가 가깝다는 이유를 들며 부탁을 해 왔습니다. 미리 부탁한 경우는 리듬이 깨져 힘든 점을 제외하고는 감당할 수 있는 수준이었습니다. 문제는 오전 근무 아르바이트생의 개인 사정과 궂은 날씨로 카페에 당도할 수 없을 때의 호출이었습니다. 잠을 자다가 카페로 나가 준비하는 횟수가 점차 늘어나면서 몸과 마음은 지쳐 갔습니다. 그럼에도 불구하고, 힘든 상황과 비례해 함께 일하는 아르바이트생들과의 신뢰와 친분은 두터워졌기 때문에 보람을 느낄 수 있었습니다. 고의적인 지각이나 결근으로 인한 불편함이 아니었던 까닭에 오해나 불신은 없었습니다. 이에 카페를 방문하는 고객에 대한 신뢰 형성을 목표로 가까운 주거지의 장점을 활용하기 시작했습니다.

➔ 구체적인 상황 설명 단락입니다. 문제 발생과 그에 대한 대응 과정을 통해 페르소나의 긍정적인 자세를 알 수 있습니다.

기상 예보를 보며 상황을 예측했고, 다른 아르바이트생과 적극적으로 대화를 나누며 개인 사정을 미리 서로 전달하는 방향으로 관계 강화에도 주의를 기울였습니다. 또한, 평소보다 일찍 잠을 청하며 새벽 6시에 활동을 시작해도 몸에 무리가 없도록 신체 리듬을 가다듬었습니다. 상황에 맞춘 개인적 변화 덕분에 지각이나 결근 없이 책임을 완수했고, 시간의 소중함과 생활 리듬의 중요성도 깨달았습니다.

➔ 공감할 수 있는 내용이고, 구체적인 상황 설명으로 내용 파악이 어렵지 않습니다. 페르소나의 계획성과 적극성이 내용에서 드러나고, 문제 해결 방법이 현실적이라 신뢰할 수 있습니다.

안심Touch

지원 분야와 관련해 특정 영역의 전문성을 키우기 위해 꾸준히 노력한 경험에 대해 서술하시오. 1,000자

💡 한국어 어학당의 수강생을 5배 늘리다

다양한 경험을 통해 수요를 포착하는 감각을 개발했습니다. 2016년 도쿄에서 한국어 어학당을 운영하는 선배를 돕고자 지하철역에서 전단을 배포했습니다. 한국 문화에 모두 관심을 갖고 있는 상태는 아니었기 때문에 대상을 정하지 않고는 전단만으로 수강생을 모을 수는 없었습니다. 이에 원빈과 함께하는 한국어 강의와 1 대 1 피드백을 강화한 커리큘럼으로 한류 현상의 중심에 있는 일본 중년 여성을 잠재 고객으로 설정했습니다. 지하철역 일대의 한인 식당들을 거점으로 전단을 배포했고, 꾸준히 홍보를 반복하자 수강생이 5배 이상 증가했습니다. 영업 관리는 영업 감각을 바탕으로 합니다. 수요를 뒷받침하는 전략적 영업 방침으로 시장 점유율을 높이고, 고객 만족도 신장으로 시장을 확대하겠다는 사명감이 필요합니다. 일본에서 시장의 흐름을 읽고 단계별 최적의 해결 방안을 모색한 경험을 활용해 영업 관리의 효율화를 모색하겠습니다.

💡 SK의 조직 문화를 만끽하다

SK의 기업 문화를 먼저 체험하고자 SK이노베이션에서 아르바이트 근무를 수행했습니다. 맡은 역할은 원유 공장의 제반 여건을 확인하는 작업이었고, 이를 위해 전공과는 무관한 원유 공정에 대해서도 학습했습니다. 비록 아르바이트였지만, SK의 확실한 업무 처리 방식과 역동적인 사내 문화에 깊은 인상을 받았습니다. 고객 접점에서 이와 같은 SK의 특별한 가치가 제품과 서비스에 고스란히 투영될 수 있도록 사명감을 갖고 업무에 임하겠습니다.

시장 환경이 빠르게 변하는 만큼 새로운 가치를 빨리 읽어 내어 고객의 만족도를 높일 수 있도록 끊임없이 노력해야 합니다. 영업 현장에서 유용한 가치와 전략을 발굴하고, 영업 관리의 방법 개선을 목표로 관찰과 분석을 반복할 것입니다. 영업 현장과 사내 전략을 연결하는 데 일조하며 SK의 지속적인 성장에 이바지하고, 이를 바탕으로 구성원과 함께 SK의 미래를 밝히겠습니다.

➡ 일본에서 어학당 홍보를 위해 영업한 경험과 SK 현장에서 수행한 아르바이트 경험이 지원 직무를 선택한 이유와 준비 내용의 사례로 등장합니다. 각 경험의 강점을 추려 내 선택 직무에 연결했고, 준비 내용을 바탕으로 포부를 밝혔습니다. 경험이 많을 때는 이와 같은 복합 구성이 가능합니다.

페르소나 배경 스펙 내용

① 미국 대학교 생명공학 전공

　파생 가능: 전공 실습 내용, 학습 자세(시간 관리, 성실함 등), 미국 생활 에피소드, 적응력, 도전 자세, 영어 실력

② 부모님 회사 운영 보조 경험

　파생 가능: 현장 활동, 의사소통, 열정과 책임감, 부모님 고충 이해, 시장 분석 능력

③ 교내 재즈 동아리 활동

　파생 가능: 취미와 열정, 협주에 따른 협업 감각, 다양한 공연 기획, 긴장감을 극복한 무대 경험, 학우들과 소통, 의견 존중, 특별한 경험(축제, 협연, 동아리 회장, 동아리 창설 등)

페르소나의 경험이 많은 편은 아닙니다. 미국에서 대학을 다니며 겪은 에피소드가 주요 경험이고, 현장 경험에 해당하는 부모님 회사 운영 내용은 활용도가 높습니다. 동아리 활동도 항목 1개를 작성하는 데 무리가 없는 소재입니다. 상대적으로 보편적인 내용은 직무에 맞게 표현을 가다듬는 것이 무엇보다 중요합니다.

본인이 당사에 입사하고자 하는 이유와 지원 직무를 위해 했던 구체적인 노력에 대해 기술하시오. 600자

💡 기술을 수출하고 미래를 영업하다

생명공학 전공 지식과 경영 지식을 실무에 접목하고자 한미약품 해외 사업팀에 지원합니다. 한미약품의 혁신 신약 파이프라인을 글로벌 시장에 수출해 한국 제약 산업의 미래를 밝히고 싶습니다. 한미약품 해외 사업 직무를 수행하기 위해 영어 소통 능력, 수출 영업에 필요한 전문 지식과 경영 지식, 적극적인 자세를 준비했습니다.

➔ 전공과 지원 기업이 동질적 요소를 공유하므로 서두에 페르소나의 강점을 언급했습니다. 해외 사업에 필요한 내용은 영어, 전공 지식, 자세로 배경 스펙과 맞닿아 있습니다.

미국에서 5년간 거주하며 다양한 국가의 사람들과 소통했습니다. 이를 통해 자연스럽게 친화력과 소통 능력을 갖출 수 있었습니다. 생명공학 전공 지식을 바탕으로 의약품 규제 과학 전문가 양성 과정을 거치며 제약 산업의 전문 지식을 쌓았습니다. 군 복무 중에는 경영학을 독학했습니다.

최고의 기술력을 지닌 한미약품이 우수한 조건으로 수출 증대를 이루기 위해서는 전문 역량을 갖춘 인력이 필요합니다. 미국 대학교 생명공학과를 우수한 성적으로 졸업했고, 학과 수석을 4회를 차지하며 지식의 깊이를 더했습니다. 한미약품이 세계 1등 제약 기업으로 거듭날 수 있도록 함께 성장해 나아가겠습니다.

➔ 전공 역량, 해외 거주를 강점으로 소개하고, 지원 이유를 마지막에 덧붙였습니다. 친화력, 소통 능력, 전문 지식을 핵심 어휘로 배치해 직무 적합성을 보였습니다.

한미약품

당사의 일원으로서 이루고 싶은 목표를 기술하시오.

600자

💡 한미약품의 세계화에 도전하다

한미약품의 해외 사업으로 대한민국 제약 산업의 미래를 밝히겠습니다. 세계 의약품 시장은 2024년까지 1,800조 원 규모로 성장할 것입니다. 이처럼 빠르게 성장하는 의약품 시장에서 한미약품은 퀀텀 프로젝트로 유례없는 규모의 라이센싱을 체결하며 한국 제약 산업의 세계화 선봉에 나섰습니다. 또한, 28개의 신약 후보 물질을 확보하며 다각도의 포트폴리오를 구축했습니다. 우수한 의약 기술은 영업인의 역량에 따라 가치 제고가 가능합니다. 한미약품의 미래 가치를 세계에 증명할 수 있도록 불굴의 도전 정신과 끈기를 바탕으로 해외 사업 업무를 수행하겠습니다.

한미약품이 신약 개발부터 판매까지 아우르는 글로벌 종합 제약 회사로 발돋움하는 데 기여하는 것이 목표입니다. 자본 증대와 한미약품 브랜드 구축을 병행하고, 합작 회사 혹은 M&A 전략을 통해 글로벌 제약 시장에 진출할 수 있도록 이바지하겠습니다. 건실한 영업 실적과 혁신적인 전략 기획을 바탕으로 글로벌 1위에 도전할 것입니다.

➜ 수집한 정보를 활용하며 목표 수립의 근거를 제시했고, 직무 특성에 맞춰 목표 실현 방안을 서술했습니다. 경영학에 대한 관심이 내용에 배어들도록 연출한 흔적이 보입니다. 이와 같이 맥락에 따라 강점을 적재적소에 배치합니다.

페르소나 배경 스펙 내용

① 인천국제공항 영 서포터즈 활동

파생 가능: 실무 환경 경험, 고객 응대, 소통 능력, 근무지 거리와 출근 시간을 고려한 성실성, 외국어 구사 능력, 문제 해결

② 피아노 연주 강의에서 실력을 인정받아 교내 무대에서 연주

파생 가능: 자신감, 열정, 노력, 청중 앞에서 당당한 모습을 보이는 대담함, 협주에 따른 협업 능력, 피아노 특기

③ 독일 교환학생 중 문화 교류 동아리 활동

파생 가능: 해외 문화 이해, 구성원 간 의사소통, 외국어 구사 능력, 협업, 배려, 경청, 성취감, 글로벌 마인드, 도전 자세

활용도가 높은 서포터즈 활동과 해외 문화를 경험한 교환학생 경험이 주력 내용입니다. 에피소드가 많은 경험이 다양한 항목을 다루는 데 유리하고, 가공과 연출도 상대적으로 수월합니다. 피아노 연주는 교내 활동으로서 성장 과정, 열정, 노력 등의 항목 요소로 응용할 수 있습니다.

본인의 장점에 대해 기술하고 그 장점을 발휘해 성공적으로 일을 처리했던 경험, 그리고 이러한 경험이 인천공항에 어떤 기여를 할 수 있을지에 대해 기술하시오.

600자

💡 능동적인 학습 자세로 중국 고객의 편의를 제고하다

스스로 동기를 부여하고 목표를 달성하고자 노력합니다. 이와 같은 자세로 인천국제공항 셀프 체크인 서포터 역할을 수행하며 중국어 전문성을 함양할 수 있었습니다. 당시 난관은 영어가 서툰 중국인 관광객 응대였습니다. 원활한 안내를 위해서는 중국어 실력이 필요하다고 판단해 곧바로 HSK 5급 수준을 목표로 학습에 임했습니다. 출퇴근 시간에는 단어와 필수 구문을 암기했고, 근무 중 의미 전달이 어려웠던 부분은 주변 직원에게 물어보거나 사전을 이용하며 숙지에 힘썼습니다. 그 결과, 학습 시작 50일 후에는 간단히 위치를 안내할 수 있었고, 100일 무렵에는 직원의 도움 없이 안내가 가능한 수준으로 발전했습니다. 비행편이 몰리는 시간대에는 직원을 대신해 중국 고객을 전담하며 원활한 현장 운영을 도왔습니다.

→ 장점은 능동적인 학습 자세입니다. 이를 바탕으로 인천국제공항에서 중국 고객을 응대하며 중국어 실력 향상을 이끌어 냈습니다. 구체적인 상황 묘사, 시간 순서에 따른 자연스러운 구성, 적정 수준의 표현 자유도가 어우러진 문단입니다.

입사 후에도 부족한 점이 있다면, 능동적으로 발전 계획을 세우고 보완해 나가겠습니다. 일상생활에 노력을 더하며 성실히 부족한 부분을 메우고, 이를 통해 전문성을 심화할 것입니다. 아울러, 빠른 업무 적응으로 팀 효율에도 기여하는 사원으로 거듭나겠습니다.

→ 장점으로 성취한 경험을 공항 업무에 접목했습니다. 핵심 어휘 배치로 페르소나의 강점을 드러내고, 업무에 대한 열정을 피력합니다.

안심Touch

인천국제공항공사의 인재상 3가지 중 자신에게 가장 잘 어울리는 것을 선택해, 그와 관련된 본인의 경험과 함께 구체적으로 기술하시오.   600자

💡 존중: 경청으로 마음을 얻다

경청은 모든 인간관계의 기본 덕목입니다. 경청의 자세를 통해 독일교환 학생 과정 중 한국-독일 문화 교류 동아리에서 갈등을 조정할 수 있었습니다.

당시 정기 모임 일정 조율과 발표 준비 방법에 대해 양국 학생은 의견 차이를 보였습니다. 마찰에 따른 소모적인 감정 대립을 피하고자 상대방의 상황을 먼저 살폈습니다. 한국 학생들은 문화 교류 동아리 활동을 통해 다양한 경험을 접하기를 희망했지만, 독일 학생들은 학업이 더 중요한 상황이었습니다. 상호 입장이 다른 까닭에 동아리 활동에 할애할 수 있는 시간과 열정은 학생들 간 차이가 있었습니다. 이에 팀을 언어와 문화로 나눠 격주로 발표를 진행했고, 시험 기간에는 커리큘럼을 토론으로 대체해 활동 부담을 줄였습니다. 아울러, 독일 학생에게 한국 학생의 진심을 전달하며 함께 활동을 마칠 수 있도록 독려했습니다. 상대방을 이해하려는 자세로 마음을 열자 독일 학생들은 자발적으로 각종 활동에 참여했습니다. 그 결과, 시작 인원 그대로 문화 교류 활동을 마칠 수 있었습니다.

➜ 인재상에서 자신의 경험이 뒷받침할 수 있는 내용을 선택합니다. 페르소나는 교환학생으로 단합을 이뤄 낸 경험을 소개했는데, 이 과정은 경청과 배려를 담고 있습니다. 구체적으로 상황을 설명하며 자신의 강점을 드러내야 합니다.

인천국제공항공사가 현 시점에서 가장 중요하게 역점을 두고 나아가야 할 방향은 무엇이라고 생각하는가? 이와 관련해 본인이 우리 공사에 입사하려는 이유를 작성하시오. 600자

💡 글로벌 허브 공항의 친환경을 선도하다

인천국제공항공사는 항공 산업 생태계에 친환경 시스템을 접목해 지속 가능한 항공 산업 환경을 조성해야 합니다. 글로벌 허브 공항으로 도약하는 데 친환경 시스템은 필수적이기 때문입니다. 에너지 자립이 가능한 공항을 조성함으로써 연간 60만 회의 항공기 이착륙에서 발생하는 에너지를 친환경 방향으로 전환할 수 있습니다.

가까운 미래에 공항 이용객이 급증할 경우, 친환경 에너지 시스템은 인천국제공항의 위상을 높이며 국내 항공 산업의 발전을 이끌어 가는 동인으로 작용할 것입니다. 5단계에 이르는 확장 공사가 친환경 시스템과 조화를 이룰 수 있도록 전략적으로 다뤄야 할 시기라고 생각합니다.

인천국제공항공사는 부지 개발과 사업 기획의 잠재성이 무궁무진합니다. MRO, 컨벤션, 물류 단지 등으로 부가 가치를 창출할 수 있으며, K-문화와 연계한 사업도 가능합니다. 다양한 잠재 요소를 갖춘 인천국제공항공사에서 새로운 사업을 기획 및 실행하며 항공 산업의 발전에 이바지하고자 지원합니다. 매출 다변화를 위해 공항과 해외 사업의 접점을 발굴하는 데 주력하고, 이와 함께 환경, 사업, 가치를 아우르는 기획으로 인천국제공항이 글로벌 허브 공항으로 도약할 수 있도록 노력하겠습니다.

→ 지원 기업에서 진행 중인 사업 내용을 살펴본 후, 장기적으로 유효한 사항을 기업이 나아갈 방향으로 선택했습니다. 그 내용과 어울리는 소재를 추가로 언급하며 기업에 대한 관심을 나타낼 수 있습니다. 입사 이유는 지원 동기에 해당합니다. 기업의 목표를 참고해 역할과 기능에 어울리는 내용으로 지원 동기를 기술했습니다.

안심Touch

04 신한금융투자

페르소나 배경 스펙 내용

① 컴퓨터공학과 경영학 부전공
  파생가능: 디지털 활용 능력, 프로젝트 수행 경험, 논리력, 시장 흐름 포착 감각, 수리 능력, 팀 활동에 따른 협업 능력 개발
② 연극 동아리 활동
  파생가능: 표현력, 협업, 역할 이해와 준비 자세, 긴장 조절 능력, 발표 경험
③ 보험사 인턴 근무
  파생가능: 업무 프로세스 숙지, 보험 시장 구조 파악, 실무 환경 경험, 책임감, 성실함, 조직 이해 능력

컴퓨터공학 지식과 경영학 관련 인턴 경험을 갖춘 사례에 해당합니다. 두 분야를 고르게 활용해 지원 범위를 넓힐 수 있는 요건을 갖춘 상황입니다. 지원 분야에 맞춰 컴퓨터공학과 경영학을 유연하게 적용하고, 연극 동아리 활동은 소통과 협업 능력을 드러내는 용도로 사용 가능합니다. 보험사 인턴은 금융 분야에 연결할 수 있기 때문에 활용도가 높습니다. 전공 과정에서 배운 내용을 소개하며 컴퓨터공학 역량을 나타내고, 인턴 활동으로는 경영학 부전공 지식을 강조하며 균형을 맞출 수 있습니다.

성장 과정에 가장 큰 영향을 끼친 것은 무엇이며, 어떤 영향을 끼쳤는지 기술하시오. 700자

💡 연극, 공감을 이끌어 내는 표현력을 배우다

특정 역할을 맡아 관객 앞에서 감정을 표현하는 연극에 매력을 느꼈습니다. 매번 연극을 관람한 후, 대본에 따라 여러 배역을 연기해보며 대사 전달 방법을 탐구했고, 공감을 이끌어 내는 행동과 발음을 연습했습니다. 목소리가 다소 낮아 발표 시 지적을 받는 경우가 적지 않았는데, 연기 연습을 통해 발성을 가다듬으며 개선을 이뤄낼 수 있었습니다. 이러한 효과를 토대로 다양한 장르를 상대방과 호흡을 맞추며 진행하고 싶어 연극 동아리에서 활동을 시작했습니다.

대본을 암기하고, 배역의 심리와 상황을 종합적으로 분석하며 표현력을 높이는 데 주력했습니다. 초반에는 관객 앞에서 홀로 대사를 읊는 것에 두려움을 느꼈지만, 자신의 모습을 영상으로 녹화해 상세히 분석하며 연습을 거듭한 덕분에 긴장을 완화할 수 있었습니다. 무대 위에서 관객의 반응을 살피며 자신의 역할을 수행했고, 이를 3년간 꾸준히 이어갔습니다. 공연을 앞두고 대본을 입체적으로 분석하며 동아리 구성원들과 더 나은 무대 연출 방법을 논의했고, 대사 표현 방식도 수정했습니다. 이러한 열정으로 3학년 때는 주인공을 맡을 수 있었습니다. 관객이 공감할 수 있도록 대사와 행동을 표현하는 감각을 갖추고자 노력한 결과, 대중 앞에서 두려움을 느끼지 않고 자연스럽게 자신의 생각을 표현할 수 있는 자신감을 얻었습니다. 연극 활동을 통해 개선이 필요한 단점을 적극적으로 노출하며 발전을 모색할 수 있음을 깨달았습니다.

➜ 연극은 다수가 어울려 목표를 달성하는 과정을 내포합니다. 연극 활동에서 조직 생활에 연결할 수 있는 요소로 협업, 소통, 책임 등을 추려냈고, 공감을 핵심 어휘로 삼아 원만한 소통 능력을 갖춘 지원자라는 인상을 만들었습니다. 또한, 자신의 단점을 개선하는 방법을 익힌 기회로 연극 활동에 의미를 부여했습니다.

안심Touch

희망하는 구체적인 직무가 무엇이며, 지원한 동기와 입사 후 포부에 대해 기술하시오. 700자

💡 시장 구조 변화에서 가치를 읽어내는 디지털 전문가

디지털 분야에서는 데이터를 활용해 시장 구조를 분석하고, 그 과정에서 미래 투자 가치를 파악합니다. 신한금융투자는 급변하는 시장에 대응하고자 연관 플랫폼과 협력하며 데이터 영역을 넓혔고, 화상자문서비스를 통해 고객 데이터의 활용도를 높였습니다. 또한, 해외주식 투자 환경을 개발하며 국내외 시장 데이터를 확보하는 데 주력하고 있습니다. 이와 같이 국내외 시장을 망라하며 데이터 경쟁력을 강화하고 있는 신한금융투자에서 디지털 기술을 금융에 접목해 새로운 가치를 일구고자 지원합니다.

보험사에서 인턴으로 근무하며 데이터 분석으로 실적 향상을 이뤄냈습니다. 지역 영업망의 중복 구간을 분석하며 광고 대상과 시간을 특정하는 데 집중했습니다. 영업과 광고 효과를 높인 결과, 당월 실적이 35% 이상 상승했습니다. 이를 통해 디지털 광고와 영업을 연결하는 방법과 업무 프로세스를 배울 수 있었습니다. 컴퓨터공학 과정에서는 블록체인을 핀테크 프로젝트에 응용하며 지식을 쌓았습니다. 입사 후, 신한금융투자에서 디지털 분야에 대한 경험과 이해를 바탕으로 데이터 전문성을 배양하는 것이 목표입니다. 신한금융투자의 데이터를 다채롭게 분석해 디지털과 영업의 연결성을 높이고 싶습니다. 투자 상품의 다양성은 꾸준히 증가하고 있습니다. 기존 상품과 신규 상품의 조합 방식을 데이터 분석으로 살펴보며 신한금융투자의 가치 증대를 이뤄낼 것입니다.

➔ 디지털 직무 내용을 참고해 지원 기업의 현황과 연결했습니다. 직무 이해도를 보여주는 게 필요한 항목입니다. 입사 후 포부에서는 보험사 인턴 경험과 컴퓨터공학 지식을 곁들여 목표와 성장 방향을 제시했습니다. 자신이 준비한 내용을 맥락에 맞게 기술하며 입사 후 포부 내용을 뒷받침했습니다.

본인이 해당 직무 수행을 위해 갖추고 있는 역량이 있다면 그것이 무엇이며, 그 역량을 갖추게 된 구체적 사례를 기술하시오. 700자

💡 프로그래밍과 기획으로 문제를 해결하다

컴퓨터공학 과정으로 다양한 프로그래밍 언어를 배웠고, 소프트웨어 실습으로는 수집한 데이터를 문제 해결에 적용하며 오차를 최소화하는 방법을 탐구했습니다. 실무 경험이 필요한 상황이었는데, 당시 연극 동아리에서 활동하며 연습 일정을 관리하는 프로그램이 없어 간혹 일정을 확인하지 못한 구성원이 불참하는 경우가 발생했습니다. 이를 학습 기회로 삼아 연극 동아리 일정 관리 앱 개발을 결정했습니다. 연극 연습 일정을 전 구성원이 확인할 수 있는 앱을 만드는 것이 목표였습니다.

서버 용량을 고려해 비용을 산정했고, 안드로이드와 IOS를 기반으로 앱을 제작했습니다. 세부 사항은 동아리 구성원들과 논의하며 진행했고, 알림 기능과 대본 검색 기능을 추가해 사용 편의성을 강화했습니다. 특히, 등장 횟수가 적은 배역은 전체 연습보다 부분 연습에 참여하도록 일정을 관리하며 유연한 환경을 조성하는 데 심혈을 기울였습니다. 또한, 갑작스러운 상황에서는 배역 대체가 가능한 일정 수정 시스템도 마련했습니다. 이러한 과정을 거쳐 연극 동아리 연습 관리 앱을 제작했고, 꾸준히 서비스를 개선하며 완성도를 높였습니다. 그 덕분에 구성원들이 연습에 부담을 느끼지 않는 동아리 환경을 만들 수 있었습니다. 이처럼 문제의 원인을 파악하고, 해결을 이뤄내는 앱을 직접 개발하며 실무 경험을 쌓았습니다. 아울러, 다양한 프로그래밍을 앱에 연결하며 디지털 환경을 다루는 역량도 배양했습니다.

➡ 직무 연관 경험을 집중적으로 소개하는 항목입니다. 디지털 분야에 맞춰 앱 개발 경험을 상세히 기술했습니다. 문제 해결 과정을 내용에 포함해야 읽는 이가 해당 역량의 활용 범위를 가늠할 수 있습니다. 이에 연극 동아리 내부의 문제를 분석한 모습과 문제 해결에 프로그래밍을 접목한 모습을 순차적으로 소개했습니다.

페르소나 배경·스펙 내용

① 영국 대학교 의류 전공

파생 가능: 외국어 능력, 각종 전공 프로젝트 경험, 협력, 창의력, 수상 내역, 성취감, 열정적인 자세, 전공 선택 이유, 환경 적응, 과제 수행

② 영국 유통사 인턴

파생 가능: 영국 유통 시장 이해, 외국어 능력, 실무 감각, 의사소통 능력, 성실함, 적극적인 자세, 에피소드

③ AICPA 자격 취득

파생 가능: 회계 지식, 외국어 능력, 활용 계획

④ 화장품 사업 경험

파생 가능: 시장 조사와 실행, 전략 및 기획, 마케팅, 고객 응대, 위기 관리, 운영 능력, 협력, 소통, 화장품 지식과 관련 영역 지식, 목표 달성과 성취감

해외 활동이 두드러진 페르소나입니다. 창업 경험과 인턴 경험까지 갖춰 전공 분야에서는 높은 경쟁력을 갖춘 상태입니다. 경영학 복수 전공 내용으로 지원 분야를 넓힐 수 있어 선택 폭이 넓은 편에 해당합니다.

당사에 지원한 이유와 입사를 위해 어떤 노력을 했는지 구체적으로 기술하시오. 1,000자

🔖 패션과 브랜드 가치를 열정으로 더하다

영국 대학교 재학 중, 패션의류학을 전공하며 다양한 의상을 제작했고, 의류 기획 프로젝트에 참여해 경험을 쌓았습니다. 패션 디자이너들의 조언을 들으며 글로벌 패션 동향을 파악할 수 있었고, 시장 수요에 감각적으로 대응하는 방법도 배울 수 있었습니다. 전공 실무 과정 중 만난 학생들과 열정을 나누며 패션쇼 의상 보조로 함께 활동했고, 의류 브랜드의 가치가 만들어지는 과정을 직접 경험하며 시야를 넓혔습니다.

의상 디자이너로 활동하신 어머니를 통해 자연스럽게 패션에 관심을 기울일 수 있었습니다. 한국에서 자체 브랜드를 내걸고 사업을 하셨던 어머니를 보며 의류 제작 방법에 흥미를 느꼈고, 브랜드 위상의 변화를 체감하며 깊은 인상을 받았습니다. 신세계는 해외 유수 브랜드를 수입해 판매율과 매출의 균형을 맞추며 효과적으로 비즈니스를 수행해 왔습니다. 전 세계에 통용되는 고급 브랜드를 국내 트렌드 및 시장 상황에 맞게 소개함으로써 국내 소비자의 안목을 높였고, 더 나은 가치를 희구하는 시장의 욕구에도 부응했습니다. 신세계와 의류 브랜드의 가치 조합은 시장의 선택 여건 확대와 부가 가치 창출에 이바지하고 있습니다. 다양한 브랜드를 접하며 자라 온 성장 환경을 바탕으로 패션의류학 전공 지식과 실무 경험을 신세계에서 활용하며 성장하고자 지원합니다.

🔖 사업 역량 강화를 위해 취득한 AICPA

시장 변화에 효과적으로 대응하기 위해서는 회계 지식이 필요합니다. 이를 위해 경영학을 복수 전공하면서 회계, 재무, 세무 등의 수업을 이수했고, AICPA 자격도 취득했습니다. 아울러, 의류 분야의 마케팅 전략과 기획을 연습하고자 학생들과 함께 사례 분석을 진행했고, 국가별 시장 특징과 문화의 관계를 알아보며 유명 브랜드의 시장 진입 시점을 탐구했습니다. AICPA 자격과 경영학 지식을 패션 부문에 연결해 넓은 안목으로 경영 전략을 현장에 접목하겠습니다.

→ 영국 대학교에서 전공한 내용이 지원 분야와 맞고, 이를 뒷받침하는 배경 스펙도 무척 많습니다. 의류 디자이너 어머니, 영국에서 의류를 배운 경험, 경영학 복수 전공, AICPA 자격 취득은 MD 직무와 상호 연결성이 높고, 다방면으로 노력하는 페르소나의 준비 자세와 열정까지 알려 줍니다.

지원한 직군에서 구체적으로 하고 싶은 일과 본인이 그 일을 남들보다 잘할 수 있는 차별화된 능력과 경험을 기술하시오.   1,000자

💡 글로벌 브랜드 발굴로 소비문화의 격을 높이다

한국은 아시아 중심의 브랜드 경쟁 시장으로 자리매김했습니다. 중국과 일본에서 몰려드는 관광객이 쇼핑에 나서면서 다양한 브랜드를 구매하고 있고, 해외 브랜드의 매출은 증가세가 두드러집니다. 새로운 유망 브랜드를 신세계에서 소개한다면, 추가 매출이 지속적으로 발생할 수 있는 구조입니다. MD로서 해외 시장을 탐방하고, 직접 발굴한 유망 브랜드를 신규 입점해 처음부터 직접 관리해 보고 싶습니다. 유망 브랜드의 정체성이 제대로 드러날 수 있도록 상품 카테고리를 집중적으로 분석하고, 동일 포지션의 브랜드와의 차별화를 모색하기 위해 프로모션을 기획하며 브랜드 가치 제고에 노력을 기울이겠습니다. 또한, 국내 유통 업체 간 유사 브랜드의 판매율과 매출 흐름 비교를 통해 구매 빈도와 규모를 결정하는 판단 기준을 확보하겠습니다. 유통상의 실수로 해외 브랜드의 이미지 손상이 일어나지 않도록 본사와 끊임없이 소통하며 신규 브랜드의 성장에 기여할 것입니다. 아울러, 매장 직원의 서비스 자세와 고객 응대 태도에도 관심을 기울이며 브랜드 가치 전달에 효과를 높이겠습니다.

💡 영국 유통 현장에서 배운 마케팅

MD는 브랜드 발굴과 가치 전달에 주력하므로 마케팅 감각이 필요합니다. 시장 접점에서 트렌드 파악 능력을 키우고자 영국 유통사에서 인턴으로 근무했습니다. 매대를 수시로 순회하며 상품 판매 상황을 점검했고, 재고량과 판매량을 비교하며 매대에 전략적으로 상품을 비치했습니다. 이를 통해 매출을 높일 수 있었습니다. 아울러, 본사에 주 단위 홍보 전략을 묻고, 해당 내용을 바탕으로 소매점 일대에 어울리는 방식의 홍보 방안을 기획했습니다. 신규 상품이 기존 상품과 조화를 이룰 수 있도록 배치에 심혈을 기울였고, 각 상품의 가격과 브랜드 가치를 꼼꼼히 숙지했습니다. 인턴 경험으로 내재한 시장 감각과 효율적 관리 자세를 신세계 MD 업무에 연결하겠습니다.

➜ 지원 직무에 대한 이해를 바탕으로 영국에서 수행한 인턴 경험을 연결했습니다. MD의 핵심 역량을 시장 감각과 효율적 관리로 설정하고, 그에 맞춰 열정과 의지를 피력했습니다.

페르소나 배경 스펙 내용

① 영국 유학으로 경영학 전공

파생 가능: 외국어 능력, 다양한 문화 경험, 현지 적응력, 소통, 경영학 전공 과정 소개, 수업 과제 수행 중 겪은 이야기

② 샤넬 매장 인턴 근무

파생 가능: 고객 응대, 트렌드 분석, 현장 경험, 매장에서 겪은 이야기, 매출 신장에 이바지하거나 고객 만족을 이뤄 낸 사례 소개, 외국어 능력, 임기응변, 위기 관리, 실수했던 점

③ 온라인 상거래 경험

파생 가능: 온라인 환경 이해, 고객 만족, 제품 선택과 판매 전략, 홍보 방법, 수익률, 시작한 계기, 상거래의 목적, 성취감, 해당 시장에 대한 지식

영업 활동에 특화된 경험이 많은 경우입니다. 고객 응대 경험과 경영학 전공 지식을 주요 내용으로 활용할 수 있습니다. 현장에서 경험한 내용은 강점을 추려 낼 요소가 다양합니다. 가벼운 에피소드에서 배움과 깨달음을 내용으로 담을 수 있고, 시장 방향을 제시하는 역량도 선보일 수 있습니다. 해외 경험은 대체로 어학 능력을 뒷받침하므로 활용도가 높습니다.

지원 동기를 구체적으로 기술하시오. 500자

💡 유통 서비스로 고객 만족의 깊이를 더하다

현대인의 소비 속도와 방향을 함축한 롯데백화점은 한국뿐만 아니라 다양한 국가의 소비자들이 방문하며 글로벌 시장의 한 축으로 변해 가는 양상을 띱니다. 공정한 경쟁을 통해 우수성과 잠재력을 지닌 다양한 브랜드가 백화점에 입점하고, 시장의 평가에 따라 다른 브랜드에 공간을 내주는 과정을 거치며 백화점은 고객에게 만족을 제공합니다. 롯데백화점 매출에서 외국 고객의 비중이 점진적으로 증가하는 추세는 다양한 시장 요구에 백화점이 적극적으로 대응하며 발전하고 있음을 의미합니다. 경영학을 전공하며 유통과 물류 사례를 접했고, 회계와 재무도 학습하며 실용적 역량을 갖췄습니다. 변화와 성장을 추구하는 롯데백화점에서 전공 지식을 활용하며 고객 만족을 실현하고자 지원하는 바입니다. 학업과 병행해 꾸준히 영업 활동에 임하며 실력을 쌓았습니다. 롯데백화점에서 고객의 원활한 소통을 돕는 관리자로 거듭나겠습니다.

➜ 롯데백화점의 매출 구성과 시장 변화 양상을 토대로 지원 동기를 작성했습니다. 경영학을 직무 적합성을 보여 주는 소재로 사용했고, 영업 경험을 간접적으로 소개하며 관리자로 성장하겠다는 포부를 밝혔습니다. 글의 흐름은 항목 요건에 부합합니다.

희망 직무 준비 과정과 희망 직무에 대한 본인의 강점과 약점을 기술하시오. 800자

💡 관계 확장으로 내재한 이해력

영업 관리는 트렌드 이해를 바탕으로 관련 내용을 매장과 백화점 환경에 접목하며 종합적으로 관리하는 역할입니다. 백화점에서는 고객 만족을 위한 내부 환경 관리와 조성이 중요하므로 다양한 분야에서 다양한 사람을 만나며 기본 이해력을 키우고자 노력했습니다. 이를 실천하는 방안으로 영국 문화에서 배운 먼저 다가가기 전략을 관계에 적용했습니다. 수업 과제를 수행하며 이와 같은 자세로 화합의 분위기를 조성했고, 다름과 차이에 대한 구분도 명확히 인지할 수 있었습니다. 힘든 상황에서도 의견 충돌을 방지하고 갈등을 중재하며 소통의 중요성을 깨닫는 기회도 마련했습니다.

대학 축제 때는 한국 유학생 대표로서 다수의 학생들과 교류하며 관계 확장에도 집중했습니다. 다양한 국가에서 온 학생들은 동일한 국적의 학생들과 어울릴 뿐 좀처럼 관계를 넓히려 하지 않았습니다. 어색한 분위기를 깨고, 학생들의 네트워크 강화에 주력하고자 한국 대중음악을 활용해 주목을 끌었습니다. 한류의 유명세 덕분에 어렵지 않게 함께 어울리는 환경을 조성할 수 있었고, 축제 전에 준비한 안무로 분위기를 고조하며 학생들과 교류할 수 있었습니다. 적극적으로 주어진 상황을 활용하며 자신의 한계를 넓혀 갔고, 이런 자세로 상대방에 대한 이해심을 키웠습니다. 하지만 상황에 따라서는 객관적 자세를 유지해야 함에도, 상대방을 포용하는 데 급급한 모습을 보이는 경우가 있습니다. 우선순위를 토대로 정확한 판단을 내리고, 이를 통해 행동을 바로잡고자 노력하고 있습니다.

➜ 영업 관리에 필요한 직무 역량을 포괄적 이해력으로 규정하고, 그에 어울리는 내용을 경험으로 제시하고 있습니다. 페르소나의 약점은 이해심으로 포용력이 넓어져 올바른 판단을 내리지 못하는 점입니다. 이에 대한 개선 방안으로 우선순위 수립을 언급하며 보완 방향까지 소개했습니다.

롯데백화점

입사 후 10년 동안의 회사 생활 시나리오와 그것을 추구하는 이유를 설명하시오. 500자

💡 **백화점의 가치 사슬을 확장하다**

종합 프리미엄 유통 서비스를 고객 만족도와 편의 신장에 맞춰 시행하는 롯데백화점에서 영업 현장의 개선 요구 사항을 빠르게 파악하고, 고객과 소통하는 매장 환경을 만들어 장기적 매출 확대에 기여하겠습니다. 영업 관리에서 꾸준함은 가장 중요한 요소입니다. 개장 시간 전과 후에 면밀히 매장을 살펴보고, 구성원 및 고객 의견을 토대로 미진한 부분을 개선하겠습니다. 외국 고객의 유입이 몰리는 시기에는 일본어와 중국어를 활용해 고객 만족 향상을 도모하며 업무에 전념하겠습니다.

트렌드에 대응하는 마케팅 전략을 구성원과 공유하고, 현장에서 직원 및 매장 관리자와 소통하며 영업 방향 공유를 통한 정확한 관리에 힘쓰겠습니다. 롯데백화점은 롯데월드, 롯데면세점과 연계해 품격 높은 서비스로 국내외 시장 경쟁력을 강화할 수 있습니다. 고객 만족을 최우선으로 삼아 가치 연결에 심혈을 기울이며 롯데백화점과 함께 성장하겠습니다.

➜ 유통 서비스 분야는 고객 응대 자세를 중시하므로 이에 대한 설명을 중점적으로 기술했습니다. 롯데를 중심으로 다양한 시장 수요를 포괄하는 접근 방법이 유효합니다.

MEMO

12

·

"지속적인 긍정적 사고는
능력을 배가시킨다."

PART 12

기업 · 직무별 스펙의 응용

작성 요령

채용 기간에 단 한 곳만 지원해서 합격에 이를 수 있다는 확신만 있다면 여러 곳에 지원할 필요가 없습니다. 하지만 미래는 불확실성에 영향을 받으므로 지원 횟수에 제약이 없는 한 입사하고 싶은 모든 기업에 지원하는 것이 당연한 처사입니다. 문제는 자신의 자기소개서 내용은 동일한데도 불구하고 기업이 요구하는 항목에 맞춰 다시 작성하기가 은근히 까다롭다는 점입니다. 글자 수가 줄거나 늘어나기도 하고, 전혀 경험한 바 없는 상황을 제시하고 그에 따른 대처 방안과 결과를 이야기하라는 경우도 있어서 곤란을 겪기도 합니다. 항목이 요구하는 내용을 즉석에서 새롭게 만들어 내는 게 가능할 때도 있지만, 아무리 고민해도 무관한 내용만 떠오를 때는 동일한 항목에 묶여 시간을 허비하기 일쑤입니다. 그에 반해 경험이 풍부한 지원자들은 가장 영양가 높은 경험을 선정하고자 고민을 거듭합니다.

기업만 다른 게 아니라 지원 직무마저 다를 때는 아예 접근 방식을 달리해야 합니다. 이처럼 상대적인 상황에서 다양한 내용을 다뤄야 하는 경우, 마땅한 해결 방법이 있을까요? 이를 알아보는 데는 예시만큼 효과적인 게 없습니다. 동일한 배경 스펙을 가진 인물이 매번 다른 기업의 항목을 채워 나아가는 모습을 예시를 통해 직접 살펴보며 효과적인 작성 방법을 알아보겠습니다.

CHAPTER 02

기업별 예시

1. KB국민은행	p.322	8. 미래에셋증권	p.345
2. KB국민카드	p.324	9. 포스코	p.350
3. SK	p.326	10. 아모레퍼시픽	p.356
4. GS칼텍스	p.328	11. 한화갤러리아	p.362
5. 한국타이어	p.334	12. LG상사	p.364
6. LS전선	p.336	13. LG화학	p.366
7. 고려아연	p.339		

동일한 스펙으로 기업과 직무를 바꿔 가며 지원할 때 참고할 수 있는 작성 방법을 소개합니다. 경험의 근본은 똑같아도 항목 요구 조건에 맞게 변용할 수 있고, 그렇게 해야 다양한 항목에 대응할 수 있습니다. 아울러, 여러 직무에도 지원할 수 있습니다. 대표 항목 위주로 스펙의 응용 예시를 살펴봅시다.

KB국민은행에 지원하게 된 계기와 입행 후 달성하고자 하는 목표나 가치가 있다면 기술하시오. 600자

페르소나 설정

- ☑ 통계학 전공
- ☑ 영어 어학연수
- ☑ 미국 인턴십

〈소재를 어떻게 활용할까요?〉

KB국민은행 지원 동기와 입사 후 목표를 연결해 기술하는 항목입니다. 지원 기업의 정보와 시장 상황을 파악해야 지원 시기에 맞는 지원 동기를 기술할 수 있습니다. 목표 부분은 지원동기와 페르소나의 강점을 연결할 수 있도록 구성하는 전략이 필요합니다. KB국민은행의 시장 상황 분석에서 도출한 내용을 토대로 페르소나의 강점이 드러나는 방향으로 작성하세요. 페르소나의 강점은 업무 역량을 뒷받침하는 소재로 기능합니다.

💡 지역 경제에 활력을 주입하다

① KB국민은행은 예대 마진을 통한 수익 창출 구조에 인수 합병과 트렌드 기반 마케팅으로 미래 성장 동력을 추가하며 끊임없이 발전하고 있습니다. 또한, 성장세가 두드러진 동남아 시장 진출로 시장을 선점하며 한국을 대표하는 은행으로 자리매김했습니다. ② 이와 같이 여러 요소를 연계하며 새로운 유형의 은행으로 거듭나고 있는 KB국민은행에서 현장 데이터를 활용해 고객의 생애주기를 안정과 만족으로 채우고자 지원합니다. 비대면 응대가 가능한 환경에서 KB국민은행은 다채로운 시도를 이어갈 수 있습니다. ③ 최근에는 인공 지능과 로봇을 업무에 활용하고 있어 경쟁력 강화를 위해서는 통계와 데이터 분석으로 기회를 확보해야 하는 상황입니다. ④ 입행 후, 고객의 눈높이에 맞춰 업무를 처리하고, 그 과정에서 습득한 정보를 바탕으로 영업장의 주요 특징을 분석할 계획입니다. 분석 내용은 고객의 대기 시간을 최소화하며 각 시간대에 맞는 형태로 업무를 수행하는 데 사용할 것입니다. ⑤ 소상공인의 성장이 지역 경제에 활력을 주입한다고 생각합니다. KB국민은행의 서비스를 소상공인에게 안내하며 상생을 이끌어 내는 전문가로 성장하고 싶습니다. 통계와 데이터 분석을 은행 업무에 적용해 지역 경제의 건전성을 높이는 것이 목표입니다.

⟨항목 구성과 소재의 관계⟩

제목에 입행 후 페르소나가 달성하고 싶은 목표를 기술하며 글의 방향을 잡았습니다. ①에서 KB국민은행이 진행하고 있는 사업 내용을 일반 어휘로 짚어 내며 관심을 드러냈고, 타 은행과 구별할 수 있는 동남아 시장 진출을 언급해 특색을 강조했습니다. ②는 ①을 정황 요건으로 삼아 KB국민은행의 신규 사업에 통계와 데이터 분석이 중요하다는 점을 언급하는 용도로 활용했습니다. 이에 덧붙여 지원 동기를 자연스럽게 연결합니다. ③은 KB국민은행이 마주한 변화 요소에 해당합니다. 페르소나의 전공을 적용하고자 이와 같은 내용을 삽입했습니다. ④부터는 항목의 비중을 고려해 입행 후 목표를 기술해야 합니다. 은행 업무와 통계를 연결하는 시도로 페르소나의 강점을 간접적으로 나타냈습니다. ⑤에서 소상공인에 집중해 일궈 내는 지역 경제 활성화를 입행 후 목표로 제시했습니다. 지역 경제의 건전성을 마지막 문장에 배치해 페르소나와 은행의 목표를 공동화했습니다.

1. 정보 수집으로 KB국민은행의 사업 현황을 파악한다.
2. 자신의 강점이 드러나도록 지원 동기를 구성한다.
3. 역량을 발휘할 수 있는 목표를 설정한다.

자기소개서에서 위와 유사한 항목을 자주 볼 수 있습니다. 기본 접근 방식을 익히면 더욱 정확하게 항목 요건을 충족할 수 있습니다.

> 귀하가 최근 가장 관심을 가지고 있는 사회적 이슈(경제, 정치, 문화, 체육 등)는 어떤 것이며, 그 이슈에 대해 본인이 생각하는 해결 방안을 제시하시오. **500자**

페르소나 설정

- ☑ 통계학 전공
- ☑ 영국 어학연수
- ☑ 미국 인턴십

〈소재를 어떻게 활용할까요?〉

이슈와 직무는 연결할 수 있다면, 반드시 연결해야 매력도를 높일 수 있습니다. 해결 방안까지 제시해야 하므로 문제 설정 시 이러한 점까지 고려해야 합니다. 데이터 분석 직무와 카드사의 연결 고리는 페르소나의 전공 지식과 관련 분야 사례를 통해 확보할 수 있습니다. 이 항목은 페르소나 설정 내용을 활용할 여지가 많지 않습니다. 설정한 사회 이슈에 대해 설명할 때 부자연스럽게 자신의 내용을 언급할 필요는 없습니다. 이슈 선택과 해결 방안 기술에만 주의를 기울이세요.

1. 지원 기업 입장에서 관심을 기울일 만한 이슈를 탐색한다.
2. 간접적으로나마 직무와 연결할 수 있는 소재를 선택한다.
3. 배경 스펙 소개는 배제해도 무방하다.
4. 현실성을 감안한 해결 방안을 소개한다.

데이터의 홍수 속에 유용한 정보가 드물어지고 있습니다. 더욱 간결한 정보로 사회의 역동성을 파악할 필요가 있는 현대인에게 통계 분석에 따른 ① 인포그래픽은 매우 효과적인 정보 전달 방식임에 틀림없습니다. ② 의미 전달력과 정확성은 방송보다 신문 기사가 더욱 우수하지만, 길고 복잡한 산문의 한계 때문에 그 유용성을 점차 잃고 있습니다. 이는 카드사가 인포그래픽을 활용할 필요성을 제기합니다. 기업 홍보, 고객 카드 사용 내역 등에 우수한 통계 분석에 따른 인포그래픽 도입으로 간결하고 정확한 방식으로 정보를 전달해야 합니다. 카드사 입장에서는 고객의 편의가 무엇보다 중요합니다. ③ KB국민카드의 인포그래픽을 통한 정보 전달력을 활용해 연세가 있는 분들에게도 금융 서비스 이용의 문턱을 낮춤으로써 세대를 아우르는 정보 공급 인프라를 확충할 수 있습니다. 활자보다는 그림에 익숙한 IT 세대에게도 인포그래픽은 의미를 제대로 전달하는 효과적인 방안으로 기능할 것입니다.

〈항목 구성과 소재의 관계〉

500자는 대체로 제목을 붙이는 편이 낫습니다. 글의 시작에 앞서 전체 윤곽을 제시해야 읽는 이가 내용을 끝까지 훑어볼 유인이 발생하기 때문입니다. 인포그래픽과 데이터 분석 직무는 참으로 잘 어울립니다. 관련 정보가 상당히 많고, 이를 직무에 적용한 사례와 서적도 풍부합니다. ①은 제목에 사용한 어휘를 다시 한 번 언급하며 이야기의 방향을 확실히 잡았습니다. ②는 인포그래픽의 필요성을 언급한 문장입니다. 그 뒤를 이어 등장한 문장에서는 인포그래픽의 도입을 신중한 어조로 살펴봤습니다. 또한, 카드사 입장을 언급하며 내용이 연결됨을 알렸습니다. ③은 해결 방안이 KB국민카드에 가져올 효과를 제시하며 직무와 관련된 의미를 부여했습니다. 구성을 정리하면 다음과 같습니다.

1. 해당 이슈의 시급성을 밝힌다.
2. 이슈로 제기한 문제의 해결 필요성과 중요성을 드러낸다.
3. 이슈 해결 방안과 직무를 연결한다.

지원자가 선정하는 이슈에 따라 구성은 달라질 수밖에 없지만, 해결 방안을 기술하는 문단은 위의 구성을 참고해 접근할 수 있습니다.

안심Touch

주어진 자원(시간/비용 등)만으로 달성할 수 없을 것 같은 일을 기존의 방식과 다른 방법으로 시도하거나 본인이 주도해서 과감히 추진했던 경험에 관해 기술하시오. 1,000자

페르소나 설정

- ☑ 통계학 전공
- ☑ 영국 어학연수
- ☑ 미국 인턴십

<소재를 어떻게 활용할까요?>

시간과 비용 제약이 있는 인턴 경험을 소재로 선택했습니다. 기존과는 다른 방식으로 상황에 대처했던 경험은 통념 혹은 관습과 자신의 행동을 비교함으로써 만들어 낼 수 있습니다. 일반적으로 사회에서 겪은 경험은 다면적 요소를 띱니다. 상하 관계에서 팀을 이뤄 목적을 달성하는 과정은 협업, 책임, 창의, 소통 등을 고르게 내포할 수밖에 없습니다. 대표적으로 인턴 경험이 그런 경우에 해당합니다. 인턴 경험은 접근 각도에 따라 활용도를 높일 수 있어 자기소개서 작성에 무척 유용합니다. 남아 있는 타 항목은 지원자가 흥미를 느낀 경험과 전공 역량에 관한 내용을 다루고 있습니다. 전공과 관련 없는 내용인 페르소나의 인턴 경험을 이 항목에 배치하지 않는다면, 소개할 기회가 없습니다. 작성에 앞서 전체 항목을 확인하고, 각 항목의 특징에 자신의 경험 혹은 배경 스펙을 대입해 보는 작업을 먼저 거쳐야 합니다.

💡 **미국에서 행한 두 가지 도전**

① 영어 구사 능력과 해외 근무 현장에서의 실무 능력을 동시에 익히고자 인턴십에 지원했습니다. 미국의 대형 유통 업체에서 12명의 동기와 함께 고객 응대에 임하며 어학연수 프로그램에도 참여했습니다. ② 어학연수는 대개 한 기관에 소속되어 집중적으로 수업 내용을 따라 가는 게 일반적이지만, 해당 국가에서 직접 체감하는 문화적 요소를 배제하고는 완벽한 소통이 어렵다고 판단하여 실무와 강의가 연계된 인턴십을 택했습니다. 12명으로 구성된 팀은 영어 실력이 부족함에도 불구하고 서비스 현장에서 최선을 다했습니다. ③ 팀의 리더로서 효율적으로 업무를 수행하고,

어학연수의 진행에 차질을 빚지 않기 위해 세 팀으로 나눠 업무를 분담했습니다. 현지 문화와 업무에 적응하지 못해 힘들어 하는 동료에게는 보다 쉬운 업무를 할당해 함께 인턴십을 완수할 수 있도록 격려와 응원을 아끼지 않았고, 어려움을 토로하는 동료의 이야기를 경청하며 끊임없이 팀의 화합을 도모했습니다. ④ 처음에는 외국인과의 대화가 어색해 한국말이 먼저 나온 경우도 많았지만, 차츰 영어와 서비스 환경에 적응하며 어학 학습과 실무 역량의 균형을 맞출 수 있었습니다. ⑤ 세 달간 12명 전원이 인턴십의 목표를 달성할 수 있도록 노력한 결과, 유통 업체로부터 우수한 평가를 받으며 인턴십을 완수할 수 있었습니다. 낯선 환경, 강도 높은 업무, 제한적 영어 소통만으로도 세 달간의 인턴십은 상당한 도전이었습니다. ⑥ 팀원들과 같은 어려움을 느끼면서도 리더로서 책임을 다하고자 노력한 덕분에 한층 성장하는 기회를 마련했다고 생각합니다. 짧은 시간에 복합적인 미국 문화를 이해했고, 서비스 마인드와 실무 영어 능력을 배양했습니다. 체력과 정신적으로 부담이 큰 도전이었지만, 도전의 난이도만큼 성취감도 컸습니다.

〈항목 구성과 소재의 관계〉

분량이 많은 항목은 소제목을 붙여야 읽는 이의 저항감을 경감할 수 있습니다. 누구나 갑자기 엄청난 분량의 글을 읽는 건 곤혹스럽습니다. 하물며, 읽는 이는 채용 시기에 집중적으로 유사한 내용을 읽어야 하므로 이에 대한 저항감을 줄이는 건 전략적으로도 필요합니다. ①에서 앞으로 소개할 내용을 알렸습니다. 영어 소통 능력과 실무 능력을 배양하기 위한 인턴십이라고 언급했고, 이를 통해 페르소나가 두 가지 능력을 갖췄다는 사실도 전달합니다. ②에서 해당 경험을 선택한 동기를 서술했고, 현장에서 다수의 인원과 함께 근무하는 조건을 설명했습니다. 지원자의 협업 능력을 기대할 수 있는 대목입니다. ③은 시간 제약 환경과 페르소나의 주체적 행동을 핵심 요건으로 삼았습니다. 격려, 응원, 경청, 화합의 어휘를 문단 내에 배치해 페르소나의 내재 역량을 가늠할 수 있는 요소를 제공했습니다. ④는 성장 과정을 그려 내고, 글자 수 조절 기능도 합니다. ⑤는 결과입니다. 10주간은 시간 제약 요소이며, 항목과 부합하는 내용임을 상기하는 의도로 재차 언급했습니다. ⑥은 경험 소개에 항상 뒤따르는 느낀 점과 배운 점입니다. 첫 문장에서 제시한 인턴십의 목표는 달성한 셈입니다.

지금까지 해 오던 방식에서 벗어나 새로운 관점에서 일을 추진했던 경험에 대해 작성하시오. 500자

페르소나 설정

- ☑ 미국 대학원 경영학 석사
- ☑ UBS 인턴
- ☑ 지역 방송사 인턴
- ☑ 구매 대행업 운영 경험

<소재를 어떻게 활용할까요?>

새로운 관점으로 일을 추진하기 위해서는 주도적인 입장에서 일을 진행할 수 있는 상황이어야 합니다. 물론 상하 관계의 조직에서도 주도적인 자세로 업무를 처리할 수 있으나 현실적인 제약이 따르기 마련입니다. 페르소나에게는 선택 가능한 경험으로 두 차례의 인턴과 어학연수가 있습니다. 인턴 경험은 직접 운영에 관여한 구매 대행업 경험보다 새로움을 추구할 여지가 적습니다. 이러한 판단을 토대로 구매 대행업 경험을 소재로 선택했습니다. 이 항목에서 의미하는 새로운 방식은 사안을 다른 각도로 바라보거나 역발상으로 도전한 모든 경험입니다. 새로운 관점을 소개하며 경험 과정을 다룹니다. 결론도 언급해야 요구하는 바를 전부 충족할 수 있습니다.

💡 **시장에 직접 참여한 구매 대행 사업**

의류 트렌드에 관심이 많아 해외 체류 중인 지인을 통해 국내에 없는 상품을 구매했고, 방학 때는 해외여행 중에 원하는 의류를 직접 샀습니다. 종종 국내로도 수입된 의류를 발견하면, 가격 차이에 놀라기도 했습니다. ① 가격 차이와 국내 수요를 시장 기회로 해석해 해외 구매 대행 사업을 시작했습니다. ② 국내에서 해외 시장에 바로 접근하는 전략으로 관점을 돌렸고, 다량 구매의 가격 할인 효과도 경쟁력으로 활용했습니다. 자본 없이 시작해도 구매 대행이라는 사업 특성상 선결제가 이뤄지므로 사업 운영에 어려움은 없었습니다. ③ 총 100건의 거래를 성공으로 이끌었고, 이익금으로 일부를 직접 구매해 판매하며 추가 수익을 올렸습니다. 수수료는 가장 안정적인 수익원이었습니다. ④ 시중 가격 대비 20% 이상 저렴하게 공급해 인기가 높았고, 대기 번호를 발급해야 할 정도로 구매 희망자가 많았습니다. 대기업의 진입으로 경쟁이 불가능해 구매 대행 사업을 접었지만, ⑤ 온라인 쇼핑몰이 현재처럼 플랫폼 역할을 하기 전의 성공이었으므로 도전의 의미가 남달랐습니다.

〈항목 구성과 소재의 관계〉

①로 구매 대행업을 시작한 계기를 알렸고, ②에서는 새로운 관점과 그에 따른 행동이 드러납니다. 해외 시장에 바로 접근해 가격 경쟁력을 갖춰 가는 방식으로 ③과 ④에 이르는 결과를 창출했습니다. 동일한 페르소나로 항목을 바꿔 가며 작성할 때, 위의 내용은 여러 각도로 재가공이 가능합니다. 구매 대행업이 현재는 일반적인 비즈니스 방식이지만, 초기에 시도했던 것이므로 의미를 부여할 수 있습니다. 이에 대해서는 ⑤를 통해 사실 관계를 밝혔습니다.

새로운 환경이나 조직에 들어가서 갈등을 겪었던 경험과 이를 성공적으로 극복했던 사례에 대해 작성하시오.

500자

페르소나 설정

- ☑ 미국 대학원 경영학 석사
- ☑ UBS 인턴
- ☑ 지역 방송사 인턴
- ☑ 구매 대행업 운영 경험

<소재를 어떻게 활용할까요?>

페르소나는 인턴 경험이 두 차례 있어 조직 내에서 겪은 갈등을 적용하기에 적합한 내용이 적지 않습니다. 전제 조건이 새로운 환경에서 갈등을 극복한 것이므로 경쟁이 벌어지는 방송사 인턴을 선택했습니다. 항목이 요구한 내용을 기술하면서 해당 경험의 목적을 설명합니다. 갈등을 극복하는 과정에서 자신의 강점을 소개하는 전략이 유용합니다. 페르소나는 상수의 성격을 갖춘 동시에 변수로서의 색채도 띱니다. 경험이 많을수록 동일한 유형의 항목을 새로운 내용으로 각색할 수 있기 때문이지요. 방송사 인턴은 타 기업 자기소개서에서 새로운 방식으로 풀어내는 게 가능한 이야기입니다.

💡 **지역 방송사에서 경쟁을 이겨 내다**

① 미국 어학연수를 마치고 남은 기간을 이용해 미국 조직 문화와 실무 영어 환경을 체험하고자 지역 방송사에서 3개월간 마케팅 인턴으로 근무했습니다. 주로 현지인에게 주어지는 업무였으므로 막상 기회가 주어지자 긴장감을 느꼈습니다. ② 영문 보고서는 접해 본 바가 없어 학습이 필요했고, 실무 환경에서 사용하는 영어도 적응 시간이 필요했습니다. ③ 팀으로 활동했기 때문에 개인의 성공도 중요했습니다. 지역 기업을 방문해 광고를 모집했고, 새로운 홍보 채널을 만들기 위해 캠퍼스 일대에서 설문 조사도 진행했습니다. 팀원들과 함께 입장을 달리하며 현장 상황을 연습했고, 상호 간 피드백을 나누었습니다. 하지만 ④ 실적을 향한 경쟁에서 다소 밀리자 팀에서의 입지가 축소되었습니다. 이를 만회하고자 보고서 작성법을 학습하고, 팀원들에게 ⑤ 영어 소통의 문제점을 질문하며 실전에 필요한 능력을 배양했습니다. 그 결과, 근무 마지막 주에는 최고의 실적을 올리며 마케팅과 영업에 대한 자신감도 얻을 수 있었습니다.

‹항목 구성과 소재의 관계›

①처럼 첫 문장에서 이야기의 전반적인 내용을 기술하는 것은 기본 사항입니다. 하지만 단순히 내용만 기술하는 데 그치지 말고, 자신의 강점을 우회적으로 알려야 합니다. ①에서 페르소나가 미국 조직 문화 체험, 실무 영어 능력 제고, 마케팅 실무 경험을 습득했음을 알 수 있습니다. 갈등 상황은 감정 대립이나 의견 마찰만을 의미하지는 않습니다. ②는 영문 보고서 작성과 실무 영어 활용 감각을 갈등 요소로 삼았습니다. ③에서는 경쟁이 불가피한 상황임을 고지했고, ④에서는 위기 상황을 극대화했습니다. 순차적인 구성으로 갈등 극복에 이르는 과정을 기술하고, ⑤에서는 영어 실력 배양, 최고 실적 달성, 마케팅과 영업 감각 함양 등을 소개하며 성취를 담은 극복 내용을 표현했습니다.

Global Leader로서의 역량을 키우기 위해 노력한 경험에 대해 작성하시오. 500자

페르소나 설정

- ☑ 미국 대학원 경영학 석사
- ☑ UBS 인턴
- ☑ 지역 방송사 인턴
- ☑ 구매 대행업 운영 경험

<소재를 어떻게 활용할까요?>

페르소나 설정 내용 자체가 글로벌 요소로 가득합니다. 해외에서 활동하며 겪었던 내용을 시간 순서대로 소개하고, 특별한 경험이지만 기술할 내용이 많지 않은 사항을 이 항목에 전부 기재합니다. 경영학, 패션 유통 교육 등은 전체적으로 지원자의 복합적인 역량을 선보이는 유용한 소재입니다. 영어 소통 능력은 기본이고, 다양한 문화 소양까지 아우른 모습을 보이며 항목이 요구한 바 이상을 전달했습니다. 글로벌 리더로 성장하기 위한 기본 요건으로 정해진 내용은 없습니다. 해외 경험이 없다면, 다양한 방면으로 이해 범주를 넓혔음을 보여 줍니다. 해외 사례 탐구, 외국어 학습, 전문성 함양, 문화 포용 능력 등이 그 예시입니다.

> 💡 미국 대학원에서 글로벌 시장을 체감하다
>
> 중학교 때 ① 호주에서 1년간 수학하며 접한 해외 다양성을 학문으로 연결해 ② 경영학을 학습했습니다. 다양한 국내외 사례를 바탕으로 재무, 회계, 마케팅 등을 배우며 경영 감각을 익혔습니다. 졸업을 앞두고 ③ 미국 어학연수에 임해 1년간 영어에 집중하며 영어 소통 역량을 완벽히 준비할 수 있었습니다. 경영학을 더욱 심화 학습하고자 ④ 미국 대학원에 진학했고, 경영학으로 시장을 넓게 조망하는 훈련을 거듭했습니다. ⑤ MBA 학생들과 실무 사례를 분석하며 다수의 산업 분야를 아우르는 경험과 지식을 공유할 수 있었고, 다양한 문화를 접하며 국제 환경에 대한 이해에 힘썼습니다. 또한, 미국 대학교에서 ⑥ 패션 유통 관련 교육 과정을 거치며 디자이너의 창의적 발상법과 시장 수요에 대응하는 방법을 배웠습니다. 호주와 미국에서 영어 실력을 강화하고, 미국에서 대학원을 다니며 글로벌 마인드를 내재했습니다.

⟨항목 구성과 소재의 관계⟩

①부터 ⑥까지 전부 해외와 관련된 활동입니다. 페르소나 설정 내용을 요약해 기술한 셈입니다. 문장 중간에 재무, 회계, 국제 사례 등의 용어를 삽입해 해외에서의 학습 활동이 경영 분야 지식 습득과 직접적으로 연관됨을 보였습니다. ⑤의 MBA는 지원자의 배경 스펙과는 관계가 없지만, 사실에 입각해 지원자의 높은 역량을 우회적으로 드러내고자 사용했습니다. ⑥의 패션 유통 교육 내용은 영역의 확장입니다. 경영에서 더 나아가 디자인 영역까지 다룰 수 있음을 지원자의 장점으로 제시했습니다. 타 항목에서 500자 이상으로 설명하기 어려운 경험 내용은 이처럼 간략한 소개 정도로 활용할 수 있습니다.

한국타이어에서 성취하고자 하는 비전과 목표에 대해 작성하시오. 500자

페르소나 설정

- ☑ 미국 대학원 경영학 석사
- ☑ UBS 인턴
- ☑ 지역 방송사 인턴
- ☑ 구매 대행업 운영 경험

<소재를 어떻게 활용할까요?>

타 항목에서 페르소나의 강점과 역량을 소개했습니다. 비전과 목표 항목에서는 페르소나 설정 내용을 활용하기보다는 입사 후 직무를 수행할 방안을 소개하는 것이 더욱 적절합니다. 목표를 제시하기 위해서는 기업 정보가 필요합니다. 검색을 통해 수집한 정보를 토대로 기업의 지향점을 파악하고, 이에 부응하는 방식으로 직무를 수행하겠다는 의지를 피력합니다. 타이어 시장에서 지원자가 취할 수 있는 선택지는 많지 않습니다. 경쟁의 구도에서 우위를 점하기가 목표일 테니 이러한 점을 고려해 작성합니다.

💡 **해외 영업 네트워크 강화로 효율적 성공을 추구하다**

① 한국타이어는 남미 시장에도 진출했습니다. 아울러, 중국 충청을 중심으로 현지 생산에 주력한 결과, 중국 내수 시장 15% 점유율 달성에 성공해 1위를 달리고 있습니다. 한국타이어는 글로벌 자동차 제조사와 거래를 확대하며 국내외 시장에서 성장을 거듭하고, 한국 자동차 제조 기업이 해외 시장에서 선전하는 데 우수한 타이어 공급으로 기여했습니다. ② 국제 타이어 시장은 0.1%의 성장률에서 벗어나 5%의 성장률로 강력한 반등을 이뤄 냈습니다. ③ 해외 영업 관리자는 현지 시장 리스크에 노출된 점과 환율 변동에 따른 원재료 수급 변동을 효과적으로 다뤄야 합니다. ④ 한국타이어의 세계 경쟁력 강화를 위해 해외 생산 시설과 영업 접점을 관리함으로써 시장 리스크를 항상 점검하고, 원재료 동향을 파악해 영업 관리에 필요한 선제적 작업을 이끌어 내겠습니다. ⑤ 국제 시장을 향한 한국타이어의 힘찬 도약이 성장으로 연결될 수 있도록 해외 영업 환경에 집중하겠습니다.

<항목 구성과 소재의 관계>

①은 기업이 공개한 정보로 확인한 내용이며, ②는 지원 직무로 마주할 상황입니다. 한국타이어가 해외 시장에서 성장 동력원을 찾고 있으므로 영업 관리자의 직무가 중요한 것은 확연합니다. ③에서 지원자가 직무 내용을 알고 있음을 언급했고, ④를 통해 목표와 비전을 분명하게 제시했습니다. 해외 생산 시설과 영업점 관리, 원재료 동향 파악을 주요 어휘로 배치했고, ⑤에서 목표를 다시 한 번 강조하며 구성을 마쳤습니다. 작성 순서는 다음과 같습니다.

1. 한국타이어의 시장 상황을 소개한다.
2. 지원 직무의 역할을 밝힌다.
3. 시장 상황과 직무를 연계하며 기술한다.
4. 목표와 비전을 수립하고, 의지를 피력한다.

입사 후 목표 관련 항목은 예시로 소개한 순서에서 크게 벗어나지 않습니다. 기업마다 기술할 내용은 다르지만, 위의 순서를 참고해 큰 틀을 설정할 수 있습니다.

안심Touch

본인이 지원하는 직무에 적합하다고 생각하는 이유를 구체적으로 기술하시오. 1,200자

페르소나 설정

- ☑ 미국 대학원 경영학 석사
- ☑ UBS 인턴
- ☑ 지역 방송사 인턴
- ☑ 구매 대행업 운영 경험

<소재를 어떻게 활용할까요?>

직무 적합도를 보여야 하는 항목에서 준비 내용만 열거해서는 1,200자를 전부 채울 수 없습니다. 설령 채운다고 해도 무의미한 내용 남발과 동일 내용 반복이 연이어질 공산이 큽니다. 해결 방법은 지원자가 준비해 온 내용이 효과를 발휘할 수 있는 상황을 제시하는 것입니다. LS전선이 추구하고 있는 전략을 분석하고, 이에 대한 내용을 기업과 직무에 대한 관심으로 연결합니다. 해외 영업 직무는 시장 개척과 진출이므로 해당 사항을 언급합니다. 수집한 정보를 소개하는 부문에서는 페르소나 설정 내용이 들어갈 여지는 없습니다. 그 이후, 직무와 관련해 역량을 보일 수 있는 배경 스펙을 소개합니다. 직무에서 마주할 시장 환경을 기업의 전략 수준에서 기재하고, 그에 대응하는 자세를 준비해 온 내용을 토대로 기술합니다. 각 분야의 비중은 타 항목과의 내용 중복 정도에 따라 다릅니다.

💡 자신감과 근성으로 해외 시장을 개척하다

① LS전선은 대내외 악재 속에서도 할 수 있다는 승부 근성으로 대형 수주에 성공했습니다. ② 확장식 해외 건설 프로젝트로 인해 마진 확보가 어려워 힘든 과정을 겪었지만, 다시 해외에서 판로를 찾고 있는 모습을 보며 LS전선만의 근성을 확인할 수 있었습니다.

세계 1, 2위의 기업 틈바구니를 깨고 카타르 석유단지의 수주를 따냈고, 이를 바탕으로 ③ 덴마크, 네덜란드, 베네수엘라 등의 해외 시장에서 수주를 이어 나가며 개척에 힘쓰고 있습니다. ④ 세계 점유율은 이미 5위에 올라섰고, 국내 점유율 45%에 달하는 1위 기업으로서 시장을 이끌고 있습니다.

기술력과 영업력으로 미래가 밝은 LS전선은 기술 진입 장벽이 높은 해저 케이블로 추가 성장 동력을 확보했으며, 자체 개발한 ⑤ 턴 테이블로 전방위 선전이 예상됩니다. 해저 케이블은 제품 자체로 이미 도전입니다. 한 차례라도 끊기면 엄청난 손실을 보고, 다시 처음부터 작업을 시작해야 합니다. 해외 시설로 향하는 지난한 시간에도 케이블의 손상을 예방하는 작업이 필요하므로 LS전선은 도전으로 성장하는 기업일 수밖에 없습니다. ⑥ 대부분의 프로젝트는 해외에서 발주하는 까닭에 외형적 성장을 위해서라도 해외 시장 진출은 필수불가결입니다.

⑦ 경영학을 전공하며 해외 시장 개척에 필요한 재무, 회계, 마케팅 지식을 습득할 수 있었고, 대학원에서 동일한 전공을 심화 학습하며 특수성을 아우르는 포괄적 시야도 확보했습니다. 다양한 국적의 학생들과 실무 사례를 풀어 나가며 각 국가의 문화적 특질을 파악할 수 있었습니다.

⑧ 영업은 각 국가의 문화를 알아야 심리적 간극을 좁힐 수 있습니다. 미국에서 두 차례 인턴으로 근무하며 협업의 자세로 문제를 해결한 경험이 있고, 문화적 소양을 바탕으로 직접 영업과 마케팅을 수행해 실적을 올리며 성취감도 만끽했습니다. ⑨ 또한 시장의 특징을 효과적으로 다루는 경영 지식과 문화에 대한 이해로 어떤 상황에서도 원활하게 의사소통을 이뤄 낼 수 있는 자세를 준비했습니다. ⑩ 유럽과 남미를 넘어, 더욱 넓은 시장에서 함께 개척 의지를 갖고 도전에 임하겠습니다.

〈항목 구성과 소재의 관계〉

국내 시장에는 내수로 성장률을 유지할 수 있는 기업이 많지는 않습니다. ①에서 LS전선이 추구하고 있는 시장 전략을 언급했고, ②를 통해 확장 일로를 걷고 있는 기업의 현재 상황에 대해 설명했습니다. 이러한 내용을 바탕으로 삼아야 직무 적합도로 이야기를 확장할 수 있습니다. ③과 ④처럼 시장에서 얻은 정보를 숫자와 함께 기술합니다. 지나치게 미시적인 이야기는 삼가고, 위의 사례와 같이 기업의 입장에서 거시적 지표와 다름없는 사항을 기재하는 게 적절합니다. 그 대상으로 시장 점유율, 업계 순위, 최근 진출한 새로운 시장 등이 무난합니다. ⑤는 기업 정보를 탐색하지 않고는 알 수 없는 내용입니다. 관심도가 확연히 드러나는 소재는 효과가 뛰어나지만, 기업마다 동일한 효과가 있는 것은 아닙니다. 일반인이 생활에서 체감할 수 있는 제품과 서비스 관련 정보는 미디어에 넘쳐납니다. 갤럭시 시리즈, 아이폰 시리즈, 패션 브랜드 등은 새로운 정보를 얻는 게 어렵지 않고, 이해도 쉽습니다. 그에 반해, 전선, 조선, 금속, 철강 등은 알고자 하는 동기가 없이는 특별한 정보를 습득하기가 상대적으로 어렵습니다. 이러한 차이점을 감안해 기업 정보를 자기소개서에 삽입해야 합니다. 무턱대고 다소 알려지지 않은 정보라는 착각에 빠져 자기소개서에 해당 내용을 기재하는 것은 글자 수 낭비이자 불필요한 사실 적시에 해당할 수 있습니다. ⑥에서 LS전선이 해외 시장에서 추구하는 점을 다시 한 번 강조했습니다. 이 사실이 직무와 연결되기 때문입니다.

기업 및 직무 환경을 이해하는 단계를 마치고, 그에 맞춰 직무 적합도를 보여 줄 단계입니다. ⑦은 경영학 전공과 그에 따른 경험을 기술합니다. ⑧은 인턴 경험을 간략하게 소개합니다. ⑨에서 해외 영업을 수행하는 데 필요한 역량을 언급하며 직무에 대한 자신감을 피력했습니다. ⑩은 페르소나의 시장 개척 의지를 보이며 각오를 다지는 모습을 연출했습니다.

자신의 성장 과정에 대해 간단히 기술하시오. 500자

페르소나 설정

- ☑ 글로벌경제학 전공
- ☑ 요식업 아르바이트
- ☑ 경제 연구소 인턴
- ☑ 테니스 동아리 활동

<소재를 어떻게 활용할까요?>

페르소나의 경험이 독일과 경제학을 중심으로 삼고 있습니다. 순차적으로 고르게 경험 내용을 소개하고, 간략한 묘사로 500자의 분량 내에서 전체 윤곽을 제시합니다. 성장 과정에서 페르소나가 지향하는 바를 첫 문장 혹은 마지막 문장에 기술해 단속적이 아닌, 지속적으로 성장하고 있는 인상을 남깁니다. 경제학 전공에서 출발한 경험이 경제 연구소 인턴입니다. 이에 대해서는 타 항목에서 상세히 기술합니다.

💡 ① **독립을 향한 도전으로 발전을 추구하다**

② 글로벌경제학의 역동성에 매료돼 한국에서뿐만 아니라 독일에서도 경제학을 전공했습니다.
③ 자립을 생활에 구현하고자 독일 유학을 결심했고, 다양한 과정을 거치며 국제 감각과 협업의 자세를 함양했습니다.

④ 아시아 동아리 회장으로 다양한 국적의 학생들과 문화적 교류를 나누었고, 테니스 동아리에서는 2년간 팀을 이끌었습니다. 카페, 레스토랑 등에서 아르바이트를 하며 고객 응대와 현지 문화를 동시에 익혔고, 양국의 학생들에게 어학 파트너를 소개하며 독일과 한국 시장을 연결했습니다.
⑤ 실무 역량을 강화하고자 6개월간 경제 연구소 인턴으로 근무하며 독일 시장과 산업을 토대로 사업 기회를 조사 및 분석했습니다. 이를 통해 글로벌경제학 지식을 활용하며 시장 감각을 키울 수 있었습니다. ⑥ 주체적 판단과 협업의 자세를 바탕으로 목적 달성의 과정에서 성공 기회를 찾고자 노력했습니다.

＜항목 구성과 소재의 관계＞

①은 해외 생활을 독립심과 연결해 표현했습니다. 해외 환경은 낯섦에 대한 도전을 지속해야 하므로 발전을 추구한다고 이야기할 수 있습니다. ②에서는 독일과 한국에서 경제학을 전공했음을 강점으로 언급하고자 첫 문장에 배치했습니다. 전공 변경 없이 동일한 학문에 집중했다는 점에서 페르소나의 열정과 흥미를 알 수 있습니다. ③은 독일 유학의 이유를 간략하게 설명하며 이야기의 시작점을 만드는 역할을 합니다. 아울러, 강점으로 국제 감각과 협업 능력을 언급했습니다. ④는 독일에서 경험한 내용입니다. 이전 문장에서 언급한 강점을 뒷받침하는 활동상입니다. 세부 내용은 타 항목의 주력 소재로 활용할 수 있습니다. 성장 과정 항목에 맞게 시간 순서대로 소개합니다. ⑤는 경제학 전공과 맞닿은 인턴 경험으로 페르소나의 경쟁력을 강화하는 요소입니다. 독일 시장을 다루며 전문성을 배양했다는 것도 알 수 있습니다. ⑥은 페르소나의 성장이 지속적이라는 인상을 남기는 게 목적인 문장입니다. 대개 성장 과정의 마무리는 생활에서 추구하는 바를 소개하거나 혹은 지속적으로 노력하는 모습을 연출하는 것이 일반적입니다.

학창 시절 동안 자신이 가장 몰입했던 경험과 느낀 점에 대해 기술하시오. 500자

페르소나 설정

- ☑ 글로벌경제학 전공
- ☑ 요식업 아르바이트
- ☑ 경제 연구소 인턴
- ☑ 테니스 동아리 활동

<소재를 어떻게 활용할까요?>

타 항목에서 페르소나의 주력 경험인 인턴 활동을 소개하지 않았습니다. 인턴 경험에서 몰입한 경험을 찾아야 하는데, 이는 어렵지 않습니다. 몰입은 열정이고, 그 열정은 대개 성취로 이어지는 이야기 구조를 만듭니다. 설령 성취 결과가 두드러지지 않더라도 열정을 쏟았던 부분만 강조하면 항목의 요구 조건에 부합할 수 있습니다.

💡 ① 경제 연구소 인턴으로 복합적인 통찰에 주력하다

② 독일어 실력을 바탕으로 경제 연구소의 자료 번역과 조사를 맡았습니다. ③ 자동차 분야에 대한 자료를 수집하며 다양한 기술이 시장 가치를 띠는 과정에 흥미를 느꼈습니다. ④ 자동차에서 차지하는 비중이 상대적으로 작음에도 단가가 높은 부품을 보며 제조사의 어려움과 시장 수요를 이끌어 내는 가격 형성이 쉽지 않다는 점을 확인했습니다. 독일 자동차 부품 제조사는 한국에 비해 부가 가치 창출 능력이 우수했습니다. 독일 기업을 분석하며 한국 기업의 상대적 강점을 찾아내는 과정도 병행했습니다.

⑤ 연구소의 자료를 바탕으로 선임 연구원의 피드백을 받으며 국가 경제 수준을 동일한 잣대로 비교한 후, 부품사별 경쟁력을 2년 단위의 부가 가치 창출 총액으로 분석했습니다. 외환 위기와 글로벌 신용 경색 위기와 같은 외부 변수를 조율하며 산업의 발전 추이를 살펴봤고, ⑥ 이를 통해 경제 지표를 읽고 해석하는 방법과 새롭게 지표를 설정하는 방법을 배웠습니다. 또한, 경제 전공 지식을 업무에 접목하며 글로벌 시장을 한층 깊이 있게 조망할 수 있는 역량을 개발할 수 있었습니다.

<항목 구성과 소재의 관계>

①은 인턴 근무 내용을 직접 표현했습니다. 통찰에 주력했다는 표현으로 항목의 요구 사항인 몰입에 내용을 맞췄습니다. ②에서는 맡은 역할을 소개하며 독일어 실력과 조사 능력을 강점으로 알렸습니다. ③의 자동차 분야는 내용의 구체화를 돕는 소재이며, 이야기의 전반적인 흐름을 담당합니다. 자동차는 고려아연과 직접적인 연관은 없지만, 시장 조사 능력과 어학 실력을 보여 주는 수단으로 적절합니다. ④는 몰입에 이르는 과정을 소개하는 문장입니다. 흥미를 느끼는 영역에 대한 자세한 설명, 상황에 집중하는 모습 등이 어우러질 때 읽는 이는 통상적으로 몰입이라고 느낍니다. ⑤의 구체적인 과정 설명은 몰입을 연출하는 방법입니다. 피드백을 받는 모습에서는 페르소나의 배움에 임하는 자세를 알 수 있습니다. 이와 같은 간접적인 방식으로 지원자의 자세와 역량을 드러낼 수 있습니다. ⑥은 배운 점을 나열하는 마지막 부분입니다. 몰입 후 얻은 성취라고 할 수 있는 내용입니다.

고려아연

고려아연에 지원한 동기와 입사 후 포부에 대해 기술하시오. 500자

페르소나 설정

- ☑ 글로벌경제학 전공
- ☑ 요식업 아르바이트
- ☑ 경제 연구소 인턴
- ☑ 테니스 동아리 활동

<소재를 어떻게 활용할까요?>

기업 정보를 바탕으로 작성하는 항목이라 페르소나 설정 내용 중에서는 강점만 사용해도 충분합니다. 강점을 활용해 업무에 기여하는 방법을 서술하는 것이 가능합니다. 일상생활에서 경험하기 어려운 비철금속은 자신의 특별한 경험보다는 목적을 내재한 정보 선택과 나열로 지원 동기를 구성해야 합니다. 지원 직무에 맞춰 정보를 선택하는 건 전략적으로 필요합니다.

💡 ① 비철금속 시장 전문가를 향한 도전

② 고려아연은 아연을 필두로 비철금속 제련업으로 40년간 시장의 선두에서 한국의 산업 발전에 기여했고, 자원 부족 국가의 불리한 입지를 세계 시장 동향 파악 능력과 제련 기술로 극복하며 부가 가치를 창출해 왔습니다. 고려아연의 매출에서 수출 비중이 크다는 점은 세계 시장의 발전과 성장 궤도를 맞춰 나아갈 수 있음을 의미합니다.

③ 이러한 환경에서 글로벌경제학 전공 지식을 세계 시장으로 넓혀 성장 기회를 찾을 수 있고, 독일 유학 생활로 익힌 영어와 독일어 구사 능력도 고려아연의 시장 개척과 확대를 위해 활용할 수 있습니다.

④ 고려아연의 경쟁력을 강화하고, 글로벌 시장에서 동반 성장을 통해 조직과의 상생을 실현하고자 지원합니다.

⑤ 입사 후, 비철금속의 사장을 면밀히 분석해 개별 특징을 꼼꼼히 파악하고, 시장 주기와 동향을 숙지함으로써 적절한 영업 방향을 잡아 끊임없이 도전을 이어 가겠습니다. ⑥ 변화가 빠르고 거시적 상황에 크게 영향 받는 비철금속 시장에서 꾸준히 이익을 창출하기 위해서는 조직 구성원 간의 협업이 필요합니다. ⑦ 조직 구성원의 조언을 경청하고, 자기 계발에 힘쓰며 함께 문제를 해결할 수 있도록 끊임없이 노력하겠습니다.

〈항목 구성과 소재의 관계〉

①은 지향하는 목표로 전문가는 지극히 보편적이나 가장 적합하기도 합니다. 이러한 경우에는 수식어에 변화를 주며 특색을 만듭니다. ②는 정보 수집으로 얻어 낸 내용을 큰 틀로 제시하고, 해외 영업 직무에 맞게 세계 시장과 수출을 핵심 어휘로 배치하며 이야기의 방향성을 주입했습니다. ③에서는 고려아연의 성장에 기여하는 페르소나의 강점을 소개하며 지원 동기의 타당성을 강조했습니다. ④는 목적이 등장하는 단계입니다. 통상적인 내용이지만, 문단 구조와 글의 흐름을 위해 이와 같은 표현이 필요합니다. ⑤부터는 입사 후 포부를 소개하는 부분입니다. 제목에서 언급한 도전하는 모습을 구체적 요건과 함께 표현합니다. ⑥은 주어진 상황에 대한 일반적인 기술로 글의 호흡을 조절합니다. 문장 종결 어미가 '하겠습니다'로 연이어지지 않도록 끊어 주는 기능을 합니다. ⑦은 조직에서 선호하는 자세를 언급하며 마무리합니다.

지원 동기와 입사 후 포부를 동시에 요구하는 항목에서는 동기 부분에 더 많은 비중을 할애하는 게 낫습니다. 기업에 대한 관심을 보여 주는 데는 입사 후 포부보다 지원 동기가 더욱 효과적이기 때문입니다.

지원 동기 및 희망 업무를 기술하시오.   350자

페르소나 설정

- ☑ 글로벌경제학 전공
- ☑ 요식업 아르바이트
- ☑ 경제 연구소 인턴
- ☑ 테니스 동아리 활동

<소재를 어떻게 활용할까요?>

기업 정보를 기반으로 작성하는 항목이라 페르소나 설정 내용은 등장하지 않습니다. 희망 직무를 언급하며 업무 자세와 의지를 소개합니다. 요구 글자 수가 적은 편입니다. 지원 기업에 관심을 갖고 있음을 보여 주는 데 주력하고, 간결한 표현으로 적은 분량의 글자 수를 효과적으로 활용합니다.

① 다변화, 다채널 투자의 핵심으로 자산을 진단하다

② 투자 시장은 정부의 활성화 정책과 노후 대비에 대한 수요에 힘입어 증가세를 보이고 있습니다. 미래에셋증권은 선제적 비용 절감으로 경쟁력을 보강했고, 안정적 실적을 위해 펀드부터 퇴직연금까지 수익의 다변화를 실현했습니다. ③ 미래에셋증권에 대한 신뢰로 확보한 60조에 이르는 리테일 자산을 효과적으로 관리해 미래에셋증권의 고객 만족과 시장 대응력을 이어 가고자 지원합니다. ④ 사적 연금 활성화와 증권 상·하한가 확대의 기회를 활용해 수익성과 성장성을 확대하고, 본사의 전략을 바탕으로 지점의 현황에 대응하며 고객 만족을 이뤄 나가겠습니다.

<항목 구성과 소재의 관계>

①은 지점 영업을 지원하며 본사 영업 전략을 근본으로 삼아 제목에 배치했습니다. 주어진 시장 정보를 바탕으로 작성합니다. ②의 수집한 정보에서 미래에셋증권이 추구하는 방향을 추려 내 기술합니다. 제목과도 어휘를 연결하며 구성의 치밀함을 높입니다. ③에서는 지점으로 시점을 옮겨 직무와 관련해 정보를 열거하고 지원 사유를 밝힙니다. ④는 희망 직무에 임하는 자세와 목표를 서술했습니다.

자신의 한계에 도전한 경험을 기술하시오. 580자

페르소나 설정

- ☑ 글로벌경제학 전공
- ☑ 요식업 아르바이트
- ☑ 경제 연구소 인턴
- ☑ 테니스 동아리 활동

<소재를 어떻게 활용할까요?>

지원 직무와 연관해 한계를 설정하기 어려워 유학 생활에서 소재를 발굴했습니다. 적응력과 적극적인 자세는 영업에 활용할 수 있는 강점이므로 이를 강조하며 기술합니다. 일반 상황에서도 얼마든지 소재를 찾아낼 수 있습니다. 독일 환경을 배경으로 페르소나의 일상을 소개하며 공감할 수 있는 요소를 한계로 설정했습니다. 한계를 극복하며 얻는 성취는 역량 개발로 이어집니다. 성취까지 구체적으로 서술해 페르소나의 강점을 드러냅니다.

💡 ① 절대 시간을 단축한 독일어 학습

② 독일 유학 중 아시아 문화 교류 동아리에서 활동을 시작했습니다. 한국 외의 국가에서 온 학생들이 많아 언어 소통에 어려움을 겪었습니다. 유학 초기였으므로 독일어가 능숙하지 않아 깊이 있는 대화는 가능하지 않았습니다. 지역 네트워크를 구축해야 학업뿐만 아니라 생활의 편의도 신장하므로 독일어를 빠르게 익혀야 했습니다. ③ 기본 실력을 단기간에 고급 실력으로 높이고자 독일 드라마와 뉴스를 반복 청취하고, 일간지를 필사하며 음독했습니다. 아울러, 현지 학생들의 도움을 받아 표현을 수정하며 독일어 환경을 적극적으로 활용했습니다. ④ 그 결과, 3개월 만에 대화의 흐름을 자연스럽게 이어 가며 상대방과 교감할 수 있었습니다. 이와 같은 노력으로 학습에 필요한 시간을 단축하며 자신의 역량을 한층 높였고, 1년 후에는 동아리 회장으로 활동하는 수준에 이르렀습니다. ⑤ 다국적 학생들과 어울리는 계기를 빠르게 마련한 덕분에 유학 생활에 적응하기가 한결 수월했습니다.

〈항목 구성과 소재의 관계〉

①은 독일어 학습을 한계 상황으로 설정했고, 성취는 효율적인 학습으로 시간을 단축한 것을 선택했습니다. ②는 상황 설명입니다. 경험 소개 시에는 일단 상황을 상세히 알리며 공감할 수 있는 여건을 마련해야 합니다. ③은 문제 해결 방법입니다. 언어 학습으로 지극히 보편적인 방법이지만, 현실을 고려한 내용이라 타당성은 있습니다. ④는 성취 단계를 소개하는 단계입니다. 동아리 회장으로 활동할 만큼 실력이 향상되었음을 알리고 있습니다. ⑤는 한계 극복 후, 성취를 토대로 맞이한 생활의 변화를 언급했습니다. 학습 시작과 끝을 한 문단에 담아내 이야기의 완결성을 높였습니다.

안심Touch

10년 후 나의 모습에 대해 기술하시오. 350자

페르소나 설정

- ☑ 글로벌경제학 전공
- ☑ 요식업 아르바이트
- ☑ 경제 연구소 인턴
- ☑ 테니스 동아리 활동

<소재를 어떻게 활용할까요?>

직무를 선택한 상황에 맞게 그에 따른 내용으로 10년 계획을 소개합니다. 입사 후 포부와 동일한 유형입니다. 시장 정보와 미래에셋대우 정보를 복합적으로 활용해야 합니다. 페르소나 내용이 필요하지 않을 때는 정보 선택과 열거, 표현에 유의합니다.

💡 ① 자산 관리 영역의 글로벌 전문화를 꿈꾸다

② 한국 사회의 구조적 변화는 노후에 대한 수요가 미래에 대한 투자로 방향을 선회하고 있음을 의미합니다. 현재도 파생 상품을 비롯해 지수 결합형 상품이 투자 시장의 발전을 선도하고 있지만, 선진국으로 진입하는 한국의 성장세가 지속되기 위해서는 신흥국에 대한 투자도 늘려야 합니다. ③ 뚜렷한 성장성을 보이는 멕시코, 동남아시아 등의 시장을 깊이 연구해 국내 투자의 영역을 글로벌로 확대하겠습니다. ④ 이에 대한 이해를 고객 자산 관리에 활용해 투자 변동성을 상쇄하는 안정적인 실적을 꾸준히 이어 가고, 전문 지식을 글로벌 투자 시장에 연결하며 미래에셋증권의 미래를 밝히겠습니다.

〈항목 구성과 소재의 관계〉

①은 지점 영업으로 고객에게 해외 상품을 판매하겠다는 목표를 제시하고 있습니다. 글로벌 전문화를 목표로 설정한 만큼 이어질 내용은 글로벌 시장과 영업을 연결하는 모습이 필요합니다. ②에서는 글로벌 시장에 투자해야 하는 당위성에 대해 설명합니다. 주장의 이유를 기술해야 실행할 방법을 소개할 수 있기 때문입니다. ③은 글로벌 시장의 투자를 늘리는 방법입니다. 글자 수에 맞춰 표현을 가다듬었습니다. ④는 고객 자산 관리, 투자 변동성, 안정적 실적을 어휘로 삽입해 미래에셋증권에서 실행할 계획과 목표를 알렸습니다.

안심Touch

본인을 대표할 수 있는 이력 3가지를 기술하시오. 600자

페르소나 설정

- ☑ 일본 대학교 및 대학원 산업공학 전공
- ☑ 네덜란드 교환학생
- ☑ 중국 대학원 1학기 교류
- ☑ 네덜란드 숙소 안내 아르바이트
- ☑ 삼성물산 인턴

<소재를 어떻게 활용할까요?>

성장 과정에서 간략하게 소개한 내용을 구체적으로 기술하는 항목입니다. 해외 영업 직무에 지원하고 있으므로 그에 부합하는 이력을 선택합니다. 페르소나는 해외 경험이 많고, 상사 부문 인턴 경험도 있어 대표하는 이력이 직무 적합도와 일치합니다. 따라서 경험의 중요도에 따라 비중을 달리하며 작성합니다. 삼성물산 인턴 경험이 페르소나의 경쟁력을 높이는 요소이므로 이에 대한 설명 비중을 늘리는 것이 적절합니다.

💡 ① 일본에서 적극성을 내재하다

② 일본에서 총 6년간 수학하며 새로운 환경에 적응했고, 자립심도 키웠습니다. 낯선 학생들과 기숙사에서 생활하며 적응에 힘썼고, 적극적으로 다가가 일본어 실력의 향상을 모색했습니다.
③ 수업에 열정적으로 참가하면서 미주부터 동남아시아까지 넓은 범주를 보이는 기숙사 학생들과도 깊이 있게 교류했습니다. 이를 통해 타인을 이해하는 자세도 익힐 수 있었습니다. 아울러, 교내 문학 동아리를 통해 일본 문화를 이해하며 일본어 실력을 높였습니다.

💡 ④ 삼성물산 인턴으로서 가치 흐름을 읽다

⑤ 일본 대학원에서 익힌 산업공학 지식을 상사 분야로 연결해 보고자 삼성물산에서 인턴으로 근무했습니다. 신재생 에너지 부문에서 우드팰릿 시장의 거래를 돕는 역할을 보조했습니다. ⑥ 수십 건의 업체 이력을 살펴보며 가격 경쟁력을 갖춘 기업을 찾아냈고, 생산 일정과 비용 편익을 분석하며 거래 프로세스를 경험했습니다. 해외 업체와는 시간대가 달라 늦은 시간까지 근무하기 일쑤였고, 익숙하지 않은 용어와 기술을 익히느라 학습에도 집중해야 했습니다. ⑦ 세 곳의 입찰 진행에 참여해 최종 낙찰도 경험하며 인턴으로서의 자부심을 느꼈습니다. 상사 업무를 수행하며 산업공학 지식의 실무 감각도 강화할 수 있었습니다.

💡 산학 교류로 중국을 배우다

⑧ 중국의 발전상에 관심을 갖고 대학원 과정으로 중국 산학 교류를 신청했습니다. 중국 기업 사례 분석으로 중국 시장을 알아보며 산업의 역동성을 체감했고, 중국어 실력도 높였습니다. 중국 문화와 시장의 특징을 익혔고, 기업 입장에서 매출 신장을 위해 필요한 지식도 습득했습니다. 또한, 중국 학생들과 글로벌 시장에 대해 토론을 거듭하며 전공 지식을 한층 넓힐 수 있었습니다.

〈항목 구성과 소재의 관계〉

①을 통해 일본 유학 기간 중 산업공학 전공으로 학사와 석사 과정을 마쳤음을 알 수 있습니다. 페르소나의 역량을 뒷받침하는 대표 이력이라 첫 번째로 설정했습니다. ②에서 적응력과 자립심을 페르소나의 강점으로 소개했습니다. ③의 다양한 국가의 학생들과 어울렸다는 점도 해외 영업을 수행하는 데 유용합니다. ④는 삼성물산 상사 부문에서 인턴으로 경험한 내용의 핵심을 제목에 담았습니다. ⑤는 인턴 근무에 임한 동기를 소개하고, 산업공학 전공 지식을 실무에 접목하는 노력도 보였습니다. ⑥은 수행한 실무 내용을 구체적으로 서술하며 배운 점을 소개했습니다. 페르소나의 대표 이력에 걸맞게 역량이 드러나도록 경험을 표현합니다. ⑦은 대표 성과를 기술하며 유사 환경인 포스코에서도 페르소나가 역량을 발휘할 수 있다는 가능성을 보여 줍니다. ⑧은 중국 문화와 중국어 실력을 알리는 경험 내용입니다. 이력 내용 중 상대적으로 비중이 작은 편입니다. 해외 영업 지원이므로 중국 문화와 중국어는 강점일 수밖에 없습니다. 이에 경험의 배경과 내용을 알리는 것만으로도 충분합니다.

타인에게 영향력을 발휘해 긍정적인 방향으로 상황을 변화시킨 경험이 있다면, 그 동기, 과정, 결과 등을 자유롭게 기술하시오.

800자

페르소나 설정

- ☑ 일본 대학교 및 대학원 산업공학 전공
- ☑ 네덜란드 교환학생
- ☑ 중국 대학원 1학기 교류
- ☑ 네덜란드 숙소 안내 아르바이트
- ☑ 삼성물산 인턴

<소재를 어떻게 활용할까요?>

페르소나는 네덜란드에서 숙소 안내 아르바이트를 수행한 경험이 있는데, 이 과정에서 대인 관계를 바탕으로 설득 작업을 반복했습니다. 설득은 타인에게 영향력을 발휘한 사례에 해당하고, 다수의 계약을 성사하여 긍정적인 상황도 이끌어 냈습니다. 항목 요구 사항에 따라 숙소 안내 아르바이트의 동기와 수행 과정, 결과를 순차적으로 소개합니다. 마무리 문장에는 경험으로 배운 점 혹은 느낀 점을 덧붙입니다.

💡 ① 신뢰로 30건의 계약을 이뤄 내다

② 네덜란드에서 학업을 유지하고 생활비를 충당하고자 숙소 안내 아르바이트를 수행했습니다. 카페와 레스토랑 아르바이트를 병행하며 한국 및 일본 고객을 상대로 숙박 업체와 계약을 맺은 내용대로 안내에 힘썼습니다. 직접 경험을 통해 시장 수요 방향을 파악했기 때문에 숙소 안내에 필요한 내용은 충분히 숙지하고 있었습니다. 암스테르담 일대의 어학원, 유학원, 여행사, 숙박 업체 100여 곳을 방문해 잠재 고객을 소개받고, 10개의 업체와 계약을 체결할 수 있었습니다. ③ 초반에는 업체 측에서 신뢰하지 않아 숙소 안내 계약을 이끌어 낼 수 없었습니다. 이에 소규모 업체를 대상으로 무료 숙소 안내 서비스를 제공하며 기회를 만들어 갔습니다. 성실한 자세로 안내를 거듭한 결과, 해당 업체에 대한 만족도가 높아졌습니다. 해당 업체는 정식으로 계약을 제시했고, 관련 업체에도 숙소 안내 서비스를 추천했습니다. 이러한 과정을 거쳐 10개의 업체와 계약을

체결했습니다. 공항에서 마주한 학생 및 관광객에게 생활 편의에 필요한 정보를 전달하며 포괄적 안내 서비스를 제공했습니다. 어학연수 목적의 학생에게는 믿을 수 있는 현지 학생을 소개해 언어 학습을 도왔고, 아르바이트 기회를 원하는 학생에게는 근무 경험이 있는 카페와 레스토랑을 소개 했습니다. ④ 이러한 과정이 계약 업체 측에 알려져 매니저로 활동할 수 있었습니다. 6개월간 총 30건의 계약을 추가로 맺으며 학업과 생활을 병행할 수 있는 여건을 마련했습니다. ⑤ 이를 통해 상대방과 신뢰 관계를 형성하면, 더 많은 기회를 만들어 갈 수 있음을 확인했습니다.

〈항목 구성과 소재의 관계〉

①과 같은 페르소나의 경험에서 타인에게 영향력을 미친 수단은 설득과 신뢰입니다. 30건의 계약으로 성과를 구체화하며 경험의 결과를 언급했습니다. ②는 경험의 동기가 등장하는 문장으로 첫 번째 요구 조건을 충족했습니다. 이어지는 내용은 활동 내용이며, 수행 과정을 다룹니다. ③에서는 위기 상황을 극복하는 데 설득과 신뢰를 활용한 모습이 나타납니다. 성실한 자세는 페르소나의 강점이기도 합니다. ④는 제목에서 간략하게 언급한 성과 내용을 최종 성과로 재차 언급하며 결과 소개까지 마쳤습니다. ⑤는 경험에서 배운 내용입니다.

당사 지원 동기 및 본인의 지원 직무 수행을 위해 준비해 온 사항에 대해 기술하시오. 800자

페르소나 설정

- ☑ 일본 대학교 및 대학원 산업공학 전공
- ☑ 네덜란드 교환학생
- ☑ 중국 대학원 1학기 교류
- ☑ 네덜란드 숙소 안내 아르바이트
- ☑ 삼성물산 인턴

<소재를 어떻게 활용할까요?>

포스코에 대한 정보를 수집하고, 관련 내용을 지원 직무인 해외 영업에 연결합니다. 페르소나 설정 내용은 해외 경험이 대부분을 차지하고 있습니다. 직무 수행 능력은 다양한 해외 환경에서 쌓아 온 경험으로 보여 줍니다.

💡 변화에 대응하며 해외 시장을 가치로 채우다

① 시대적 수요에 따라 사업 포트폴리오의 변화를 선도하는 기업이 미래 시장에 유망합니다. 일 방향 인터넷 시장에서 쌍방향으로 변화하며 전자 상거래 시장은 더욱 새로운 면모를 갖췄고, 글로 벌 시장은 연결성 확대로 일원적 네트워크화를 이루며 다각적인 기회를 양산했습니다. 포스코는 전 세계적으로 가속화되는 무역 시장의 경계 허물기 현상에서 항상 새로움을 포트폴리오에 부가 하며 위기를 기회로 활용하고 있습니다. 과거 상사의 기본 수익 구조는 해외 네트워크를 통한 중 개 무역 수수료를 얻는 선에 그쳤지만, 포스코는 전진 무역 기지 설립에 앞장서며 중동에 자동차 생산 공장을 건설하고, 부동산 개발과 호텔 운영으로도 영역을 넓혔습니다. 자원 개발로 시장 변 동성에 대응하기 위한 발판을 마련했고, 최근에는 구리, 유연탄, 주석을 포함하는 광물 프로젝트 에도 시동을 걸었습니다. 또한, 사업 혁신과 고도화로 해외 거점을 연결하며 밸류 체인 확대를 모색하고 있습니다. 가치 창출을 모색하는 포스코에서 혁신을 바탕으로 전문성을 키우며 성장하 고자 지원하는 바입니다.

② 일본 대학교에서 학사와 석사 과정을 이수하며 일본 시장의 안정적 성장 동력원을 파악하고자 노력했습니다. 대학원에서는 중국 기업 환경 연구에 참여해 지정학적 리스크와 중국 문화의 특징을 이해하기 위한 배경 지식을 쌓았습니다. 중국 대학원에서 연구생 신분으로 한 학기를 보내며 중국어와 문화를 배울 수 있었습니다. 또한, 삼성물산에서 인턴으로 활동하며 실무 감각과 책임감도 내재했습니다. 학사 과정 중 교환학생으로 네덜란드에서 생활하며 소통의 근간인 영어 구사 능력을 익힐 수 있었습니다. 다양한 국적의 학생과 어울리며 국가별 매너와 문화도 익혔습니다. 이러한 경험을 바탕으로 포스코의 해외 시장을 성장 가치로 채우겠습니다.

＜항목 구성과 소재의 관계＞

①은 해외 영업에 필요한 내용을 포스코에서 찾아 나열했습니다. 다양한 분야로 영역을 넓히고 있는 상황을 소재로 언급하며 지원 기업에 대한 이해도를 보였습니다. ②는 직무 수행에 유용한 요건이 많아 간략하게 순차적으로 기술했습니다. 일본 유학, 중국 체류, 네덜란드 교환학생, 삼성물산 인턴 등은 전부 포스코에서 활용 가능한 경험입니다.

귀하가 회사를 선택하는 기준은 무엇이며, 왜 그 기준에 아모레퍼시픽이 적합한지 기술하시오. 800자

페르소나 설정

- ☑ 중어중문학 전공
- ☑ 사회적 기업 홍보 프로젝트 참여
- ☑ 중국어 학회

〈소재를 어떻게 활용할까요?〉

기업 정보를 수집한 후, 그 내용을 바탕으로 선택 기준을 설명합니다. 아모레퍼시픽은 활발한 제품 개발과 마케팅뿐만 아니라 다양한 사회활동도 병행하고 있어 기업 정보에서 선택할 수 있는 소재는 무척 많습니다. 제품 사용 후기, 아모레퍼시픽 주최 사회 활동 참여, 해외에서 체감한 제품 인기 등도 선택 기준을 뒷받침하는 사례로 사용할 수 있습니다. 어떠한 경우든 기업 정보 수집은 필수 요건이므로 관심을 갖고 관련 사항을 찾아봅니다. 물론, 의욕 과다에 의한 장대한 제품 나열 및 지나친 구체화, 맹목적인 브랜드 애정 공세 등은 지양해야 합니다.

💡 ① 성장하는 환경에서 상생을 추구하다

기업 선택 기준은 성장과 상생의 가능성이며, 두 가지 핵심 요소를 아모레퍼시픽에서 발견할 수 있었습니다. ② 첫째, 능동적인 관심과 흥미를 유지할 수 있는 환경에 집중합니다. 열정을 업무에 표출하고, 책임감과 동료애가 자리매김할 수 있는 여건을 최우선으로 생각합니다. 아모레퍼시픽은 혁신적인 제품을 끊임없이 개발하고 연구하며 트렌드를 선도하고 있습니다. 국내 최초로 화장품 연구소를 운영했을 만큼 제품 개발에 열의를 보이는 아모레퍼시픽은 해외 화장품 시장에서 글로벌 기업과 어깨를 나란히 하는 수준으로 성장했습니다. 또한, 차별화를 이룬 에어쿠션, 녹삼효라는 신기술을 적용한 미안피니셔 등의 제품으로 독보적인 가치를 창출했습니다. 창의적으로 제품을 개발하는 아모레퍼시픽은 자긍심으로 성장 동기를 이끌어 내는 환경을 지녔다는 점에서 매력적입니다. ③ 둘째, 조직과의 상생 가능성에 주목합니다. 아모레퍼시픽은 수평적 조직 문화로 배려와 독려가 깃든 사내 분위기 조성에 앞장서 왔습니다. 사회와의 상생을 위한 다양한 캠페인도 수행했습니다. 자연 보호를 위한 공병 수거 캠페인, 유방암 예방을 위한 핑크리본 캠페인, 외모 변형으로 자신감을 상실한 환우들을 위한 메이크업 유어 라이프 캠페인 등으로 사회와 함께 성장하는 데 아모레퍼시픽은 모범을 보이고 있습니다. ④ 이와 같이 성장과 상생을 추구하는 아모레퍼시픽에서 마케팅 전략 수립과 시장 트렌드 분석에 집중해 넓은 영역으로 아모레퍼시픽의 이로움을 확대하고 싶습니다.

〈항목 구성과 소재의 관계〉

①에서 페르소나의 기업 선택 기준인 성장과 상생을 제목에 기재했습니다. 제목으로 전체 틀을 잡고 이야기를 풀어 나갑니다. 기업 정보를 살펴보면, 이와 같은 특징을 찾아낼 수 있습니다. 기업의 성장과 상생 추구는 일반적인 속성이지만, 뒷받침하는 사례를 통해 특별한 내용으로 거듭납니다. ②는 페르소나가 원하는 기업 환경을 설명한 후, 이 내용에 아모레퍼시픽 사례를 접목했습니다. 정보 수집이 필요한 이유를 알 수 있습니다. ③도 마찬가지로 상생 가능성을 언급한 후, 사례를 뒷받침하며 내용을 채웠습니다. ④는 두 가지 요소를 병합해 직무로 연결하며 의지를 피력하는 마무리 문장입니다. 글의 구조는 내용에 따라 다른 형식을 보이지만, 이 내용에서는 단순한 구성을 사용했습니다. 전체 내용 소개, 각 부분 소개, 전체로 결합해 정리하는 순서입니다.

지원한 직무를 수행함에 있어 귀하가 가지고 있는 강점에 대해 경험을 중심으로 기술하시오. 600자

<소재를 어떻게 활용할까요?>

마케팅 직무에 걸맞은 활동상을 소개해야 합니다. 페르소나는 중어중문학 전공으로 경영학의 분파인 마케팅을 학술적으로 경험한 바는 없습니다. 이에 대외 활동에서 마케팅 관련 내용을 찾아 기술했습니다.

💡 ① 제품 카테고리 확장과 브랜드 전략으로 시장을 경험하다

② 학과 행사를 통해 알게 된 사회적 기업의 홍보를 돕고자 티셔츠 제작 프로젝트에 참여했습니다. ③ 천연 섬유를 제작해 농가 소득 증진을 도모하는 기업은 홍보 수단으로 300장의 티셔츠를 제공했고, 해당 프로젝트의 목표는 판매와 기부였습니다. 캠퍼스에서 천연 섬유로 모자를 만드는 행사를 기획해 학생들의 관심을 이끌어 냈고, 지역 업체의 브랜드를 모자에 담아 선물하며 기부에 동참할 것을 권유했습니다. ④ 3일간 행사를 진행해 300장의 티셔츠를 전부 판매할 수 있었고, 사회적 기업은 모자 부문으로도 시장 범위를 넓힐 수 있었습니다. ⑤ 홍보 활동을 토대로 판매와 기부를 완수하며 마케팅과 영업을 현장에서 경험할 수 있었습니다. 지역 상공인들에게 모자를 선물하는 아이디어를 기획하고 실행하며 시장에 다가가는 방법을 익혔습니다. 티셔츠 제작 프로젝트를 마친 후, 사회적 기업의 제안으로 브랜드 기획 및 전략 과정에 동참할 수 있었고, 의류 기업의 브랜드 전략을 참고하며 사회적 기업에 걸맞은 기획안을 팀원들과 함께 마련했습니다. ⑥ 트렌드 감각을 활용해 천연 섬유 시장의 방향을 탐색하고, 모자를 비롯해 신발, 팔찌 등의 품목으로 카테고리를 넓히며 브랜드 정체성에 다양성을 주입했습니다. 졸업을 앞둔 마지막 학기에는 천연 섬유로 만든 모자를 홍보하며 판매 수익을 거둘 수 있었습니다. ⑦ 아모레퍼시픽이 글로벌 환경에서 더욱 빛을 발할 수 있도록 마케팅 경험과 시장 감각을 활용하겠습니다.

⟨항목 구성과 소재의 관계⟩

①은 마케팅 직무와 연결하고자 카테고리 확장과 브랜드 전략을 어휘로 삽입했습니다. 해당 경험을 직무 내용으로 각색하는 과정이 필요합니다. 직무에서 빈번히 사용하는 어휘를 사용하면 이 과정을 수월하게 다룰 수 있습니다. ②의 경험을 소개하는 첫 문장에는 상황의 개략적 설명이 필요합니다. ③은 경험 관련 과정 소개입니다. 첫 문장에서 경험의 배경을 설명한 까닭에 과정 설명은 매끄럽게 진행할 수 있습니다. ④에서는 과정에 따른 결과로 성취 내용을 담아냅니다. ⑤는 페르소나의 경험 내용을 마케팅 직무와 직접적으로 연결했습니다. 홍보 활동으로 마케팅과 영업을 경험했다는 대목이 이에 해당합니다. 경험과 직무를 연결하는 시도는 확실한 인상을 남기기 위함입니다. ⑥에서는 제목에 사용한 카테고리 확장과 브랜드 전략이 재차 등장합니다. ⑦은 소개한 경험과 강점을 바탕으로 아모레퍼시픽에서 성장하겠다는 의지를 피력하며 작성을 마무리합니다. 여기서 문장 없이 문단을 종결하면 상당히 허전합니다. 내용 소개에 반드시 필요한 문장이라기보다는 부드러운 정리를 위해 삽입한 문장이라고 할 수 있습니다.

아모레퍼시픽

아모레퍼시픽 그룹은 아름다움으로 세상을 변화시키겠다는 특별한 소명을 가지고 있다. 세상을 변화시키는 아름다움이 왜 필요한지 정의하고, 입사한다면 이러한 소명을 어떻게 실현할 수 있을지 기술하시오.

600자

페르소나 설정

- ☑ 중어중문학 전공
- ☑ 사회적 기업 홍보 프로젝트 참여
- ☑ 중국어 학회

<소재를 어떻게 활용할까요?>

기업 정보를 수집하고, 이를 바탕으로 아름다움을 정의해야 합니다. 페르소나의 설정 내용을 활용할 여지가 많지 않은 항목입니다. 아름다움에 대한 정의, 입사 후 실행 방안을 순서대로 서술합니다. 이 경우 자유롭게 생각을 표현해도 무방합니다. 다만, 지나치게 식상한 수준의 정의는 지양해야 합니다. 아름다움이 행복이고, 사랑일 수 있지만, 읽는 이의 입장을 고려하면 다른 각도로 접근해 보는 것이 필요합니다. 대다수의 지원자가 동일한 소재로 이 항목을 채운다고 가정하면, 읽는 이의 고충도 짐작은 가능합니다. 열린 사고로 아름다움을 정의해 보세요.

💡 ① 나눔의 향기를 아름답게 퍼트리다

② 아름다움은 사회 내에서 얼마든 나눌 수 있고, 형태는 유형과 무형을 가리지 않습니다. 벽에 그려진 그림 하나가 지역의 빛을 바꾸듯, 아름다움은 나눔으로 가치가 더욱 커집니다. 사회 구성원의 선행과 봉사는 푸근함과 애틋함으로 주변 분위기를 정화하며 보이지 않는 아름다움을 키웁니다. ③ 아름다움은 나눔이며, 더 나은 내일을 위한 화합의 시작입니다. ④ 아모레퍼시픽은 피부에 구현되는 아름다움을 사람들과 나누며 사회의 빛을 만들어 왔습니다. 또한, 다양한 사회봉사 활동으로 자연 환경과 상처 받은 사람들을 보듬었습니다.

⑤ 입사 후, 우수한 제품을 시장에 알리며 외형의 아름다움을 나누겠습니다. 수요자의 감각에 맞는 마케팅 활동으로 변함없는 아름다움을 추구해야 지속적인 성장을 이뤄 낼 수 있습니다. 이를 위해 사회봉사 활동에 적극 참여하며 아모레퍼시픽의 아름다움을 마음으로 연결하겠습니다. ⑥ 아모레퍼시픽은 소외된 계층과 더불어 성장하며 나눔을 실현하는 아름다움을 지향합니다. 아모레퍼시픽의 아름다운 문화 행사를 기획해 아름다움을 넓게 퍼트리고 싶습니다. 마라톤과 콘서트, 다양한 분야의 전문가들과 함께 구성하는 전시회 등을 통해 나눔의 아름다움을 지속적으로 실현해 나가겠습니다.

〈항목 구성과 소재의 관계〉

①에서 아름다움을 나눔으로 정의했고, 자유로운 표현으로 이야기에 감각을 주입했습니다. ②는 아름다움을 나눔으로 연결하기 위한 사전 작업입니다. 아름다움과 나눔의 공통 속성을 언급하며 연결 고리의 기반을 다집니다. ③에서는 아름다움이 필요한 이유에 대한 정의 문구가 등장했습니다. 이전 문장에서 소개한 내용을 바탕으로 정의를 마칩니다. ④는 아름다움을 아모레퍼시픽에 연결하는 단계입니다. 이 과정을 거쳐야 입사 후 실현 방안으로 아름다움을 다룰 수 있습니다. 이 문장부터는 아름다움과 나눔을 동일한 범주로 설정하고 이야기를 기술합니다. ⑤에서 제품을 통해 외형의 아름다움을 나누겠다고 주장했습니다. ⑥은 아모레퍼시픽의 사회 활동을 나눔의 실천 방안으로 거론하며 적극적인 참여 의사를 밝혔습니다. 기업 정보가 필요한 영역입니다.

지원 직무를 선택하게 된 동기와 이와 연관된 본인의 차별화된 역량을 구체적으로 기술하시오. 600자

페르소나 설정

- ☑ 중어중문학 전공
- ☑ 사회적 기업 홍보 프로젝트 참여
- ☑ 중국어 학회

<소재를 어떻게 활용할까요?>

직무 선택 이유와 직무 관련 역량을 소개하라는 항목입니다. 페르소나의 마케팅 경험을 소재로 삼아 유통 분야에서 영업 관리 직무를 수행할 수 있다는 점을 피력했습니다. 전체 구성 내용은 다음과 같습니다.

1. 직무 환경과 특징을 소개하며 업무를 수행하는 데 필요한 역량을 언급한다.
2. 자신이 경험을 토대로 그와 관련한 역량을 쌓았음을 알린다.
3. 한화갤러리아에서 준비한 역량을 발휘해 업무를 수행하겠다며 지원 동기를 밝힌다.

직무 내용을 파악하고, 본인의 경험을 역량으로 연출하며 항목 요구 조건을 충족합니다. 경험 소개 단계에서 자신의 강점을 서술하세요. 그 강점이 차별화된 역량입니다. 차별화라는 어휘만 사용했을 뿐 요구하는 내용은 직무 수행 능력을 방증하는 경험 소개입니다. 작성 시 차별화에 지나치게 집착할 필요는 전혀 없습니다.

💡 ① 빠른 변화에 걸맞은 소통 중심의 관리로 만족에 도전하다

② 개성을 추구하는 소비자에게 더 나은 제품을 소개하는 과정은 복합적 분석 작업과 정보 탐색을 내포합니다. 의류와 잡화 부분은 신제품 등장과 트렌드 순환 속도가 상대적으로 빠른 분야이므로 제품 선별과 구매 과정도 정확하지만 빠른 판단을 필요로 합니다. ③ 이러한 판단은 한화갤러리아의 장기 전략과 단기 실행과 맞물려 작동하므로 협업의 자세로 업무에 접근해야 시행착오

없이 고객 만족을 이끌어 낼 수 있습니다. ④ 고객의 눈높이에서 잠재 욕구를 찾아내는 작업은 입장을 바꿔 생각할 수 있는 실제 고객 응대 경험이 바탕을 이룹니다. ⑤ 사회적 기업의 매니저로 활동하며 고객 수요에 대응하는 방법을 살펴봤고, 해결 과정을 도우며 어려운 상황에서 소통의 성취감을 만끽했습니다. 영업 관리의 목표는 고객의 소비 심리를 자연스럽게 수요로 연결하는 것입니다. 사회적 기업의 홍보를 도우며 관리 업무를 수행했고, 다양한 부서와 소통하며 업무 효율성 제고를 위한 환경 마련에 집중했습니다. ⑥ 소통과 조직 감각을 바탕으로 변화 속도가 빠른 한화갤러리아의 관리 업무를 수행하고자 지원하는 바입니다.

〈항목 구성과 소재의 관계〉

①은 유통사의 특징인 빠른 변화를 대응 요건으로 제시하고, 소통을 통해 환경에 조응하겠다는 의사를 밝혔습니다. 유통사 영업 관리 직무의 대표 속성만 추려 내 기술한 제목입니다. ②는 한화갤러리아에서 트렌드 순환 속도에 대응하기 위해서는 빠른 판단이 필요하다고 전제했습니다. ③은 이전 문장의 '판단'을 어휘로 활용해 협업 자세와 고객 만족을 연결했습니다. 연쇄적으로 내용을 이어 가며 자신의 경험을 소개하려는 것이 목적입니다. ④는 고객 만족을 위해서는 고객 응대 경험이 있어야 함을 주장하며 페르소나의 경험에 접목할 부분을 만들었습니다. ⑤는 사회적 기업에서 매니저로 활동하며 겪은 내용을 강점 위주로 설명합니다. 이 부분에는 협업, 소통, 고객 만족, 효율성이 나타납니다. ⑥은 제목에서 언급한 어휘를 재배치하며 페르소나의 지원 동기를 강조했습니다.

지원 동기를 기술하시오.

500자

페르소나 설정

- ☑ 중어중문학 전공
- ☑ 사회적 기업 홍보 프로젝트 참여
- ☑ 중국어 학회

<소재를 어떻게 활용할까요?>

자원 개발 분야에 관한 정보를 수집하고, LG상사의 추구 방향을 확인합니다. 페르소나 설정 내용은 강점을 언급하는 용도로 활용합니다. 해당 분야에 대한 지식을 소개하고, 중국어 능력을 접목하며 지원 동기를 구성했습니다. 자원 개발 관련 인턴 활동 혹은 유사 계통의 경험이 있는 경우를 제외하고는 정보 선택과 나열로 차별화를 이뤄 낼 수밖에 없습니다. 물론 논리적인 표현도 중요합니다. LG상사는 보수적인 조직 문화를 갖췄으므로 표현의 자유도를 낮춰 접근하도록 합니다.

💡 **패기 있는 자세로 자원 시장을 사로잡다**

① 원자재 시장의 투자와 개발은 제조와 유통 분야를 아우르는 LG상사의 글로벌 영향력 확대에 기여하는 바가 큽니다. LG상사는 인도네시아 석탄 사업 강화로 안정적 성장 구조를 구축하고, 석유 광구 지분 투자를 통한 산업 동력 마련으로 국내 환경의 자원 취약성을 보완하고 있습니다. 최근 M&A를 바탕으로 LG상사의 유통 시스템의 완성도를 한층 높였고, 다양한 산업 인프라와 발전소, 시멘트 등에 집중적으로 투자하며 자원 개발과 연결할 사업 체계를 넓혀 나가고 있는 중입니다. ② 무엇보다 글로벌 거점에 자리한 LG상사의 종합 네트워크는 원자재와 자원 동향 정보를 공급하며 성장을 견인합니다. ③ 중어중문학 전공 지식과 중국어 소통 능력을 활용해 LG상사의 끊임없는 발전에 이바지하고, 한국 산업의 성장력 강화에 자원 개발을 접목하고자 지원을 결심했습니다. ④ 변동성이 심화되고 있는 시장 상황에서 분석력과 소통 자세를 활용해 성장 방향성을 끊임없이 파악하겠습니다.

〈항목 구성과 소재의 관계〉

①의 글로벌 영향력 확대는 상사가 경쟁력을 강화하는 수단이자 존속을 위한 필수 전략입니다. 뚜렷한 방향성을 내재한 어휘를 삽입하며 지원 동기를 기업의 활동상에서 찾았습니다. 이어지는 내용은 관련 정보 선택과 나열입니다. 각 소재의 성격을 고려해 소개 순서를 잡았고, 첫 문장의 요소를 내용에 담아내며 투자와 개발을 전부 다뤘습니다. 시장에서 수집할 수 있는 내용인 만큼 차별화를 위해서는 문단 구성과 표현력이 중요합니다. ②에서의 종합 네트워크와 글로벌 영향력은 불가분 관계입니다. 기업의 환경 요소를 언급하며 관심을 드러냈습니다. ③의 중국어 구사 능력은 페르소나의 강점입니다. 이미 이전 문장에서 글로벌 영향력과 네트워크 활용에 대해 이야기했으므로 외국어 활용 내용의 등장은 자연스럽습니다. ④는 자원 개발과 투자 시장의 특징을 변동성으로 함축해 표현했고, 소통능력과 분석력을 강점으로 제시하며 마무리했습니다.

지원 분야/직무에 대한 지원 동기와 해당 분야/직무를 위해 어떤 준비를 해 왔는지 기술하시오.
700자

페르소나 설정

- ☑ 화학공학 대학원 석사
- ☑ 학부 연구실 활동
- ☑ 산학 협력 프로젝트 수행
- ☑ 특허 출원

<소재를 어떻게 활용할까요?>

연구 개발 분야는 준비한 내용이 드러나는 게 중요합니다. 페르소나 설정 내용이 전부 화학공학과 연결성을 보이고 있으므로 특정 요소를 강조하거나 구체화하는 전략으로 특색을 만드는 것이 가능합니다. 또한, 학부 과정부터 석사 과정까지 시간 순서대로 이야기를 전개해야 전공 지식의 깊이를 전달할 수 있고, 집약적인 효과도 기대할 수 있습니다. 직무에 대한 지원 동기를 먼저 기술한 후, 준비 내용으로 지원 이유를 뒷받침하는 구성이 자연스럽습니다. 항목 요구 글자수에 따라 구체화할 수 있는 사항을 선택해야 하는데, 페르소나 설정 내용에서는 특허 출원이 분량을 조절하는 데 적합합니다. 공학 분야인 만큼 평가 요소가 타 직무보다는 상대적으로 명확합니다. 연구 대상이 LG화학에 적용 가능하고, 실력과 열정이 묻어나는 연구 및 학업 경험을 집중적으로 소개하는 게 핵심입니다.

💡 **지속 가능한 소재를 개발하다**

① 고분자 화학 지식을 친환경 원료 개발에 적용해 지속 가능한 사회를 만드는 데 일조하고자 연구 개발 부문에 지원합니다. ② 생분해성 플라스틱 PBAT는 고분자 화학으로 이뤄낸 결실이며, 이와 같은 유형의 소재를 개발하는 것이 목표입니다. 대규모 투자와 연구 환경이 어우러진 LG화학에서 친환경 소재 개발에 힘쓰며 더 나은 환경을 만들고 싶습니다.

③ 다양한 방식으로 응용이 가능한 고분자 화학에 매력을 느껴 학부 과정과 병행해 연구실에서 꾸준히 활동했습니다. 교수님의 지도를 받으며 연구 자세를 익혔고, 여러 실험 기기를 작동해보며 화학 공정을 섬세하게 다루는 방법도 배웠습니다. 아울러, 관련 연구 분야의 논문을 읽으며 전공 지식을 실험에 응용하고자 노력했습니다. 그 덕분에 고분자 화학 분야의 연구 동향을 체계적으로 파악할 수 있었습니다. ④ 졸업 후에는 대학원에 진학해 고분자 화학 과정으로 실험을 진행하고, 논문을 작성하며 역량 개발에 힘썼습니다. 산학 협력 프로젝트에 참여해 공정 설계를 다루며 목적에 부합하는 재료를 선택하는 지식도 쌓았습니다. 이를 기반으로 2편의 논문을 작성했고, 특허도 출원했습니다. ⑤ 특허 명세서를 직접 작성하며 전공 지식을 효과적으로 표현하는 방법을 연습할 수 있었고, 아이디어를 실현하는 요령도 익힐 수 있었습니다. 항상 연구 자료를 살펴보며 지식의 깊이를 더하고자 노력하고 있습니다.

〈항목 구성과 소재의 관계〉

①은 직무 수행의 목적을 언급하며 연구 개발 분야를 선택한 이유를 설명했습니다. 전공 분야와 LG화학의 접점을 찾은 후에 지원 동기를 명시해야 타당성을 높일 수 있습니다. ②에서 그에 대한 세부 설명이 이어집니다. LG화학의 정보를 검색해 고분자 화학과 맞닿은 영역을 확인했고, 대표 소재로 PBAT를 선택해 방향을 확정했습니다. LG화학의 정보뿐만 아니라 연구 환경의 우수성을 강조하며 기업 선택의 이유까지 나타냈습니다. ③부터는 직무 수행 능력을 경험 중심으로 소개합니다. 우선, 학부 과정에서 연구실 활동으로 전공 역량을 개발한 모습을 구체적으로 기술했습니다. 이러한 내용은 고분자 화학에 대한 열정으로 비춰지며 석사 과정으로 이야기를 연결하는 데 효과를 발휘합니다. 아울러, 연구 분야에 대한 전문성을 읽는 이에게 전달합니다. ④의 대학원 진학 내용은 ③에서 소개한 학부 내용과 연결 고리가 뚜렷해 페르소나의 전공 분야에 대한 열정을 드러내는 역할을 하며, 동일한 화학 분야라 진행도 자연스럽습니다. 산학 협력 프로젝트는 타 항목에 상세히 기술할 수 있는 내용입니다. 이러한 경험은 논문과 특허까지 아우르고 있어 페르소나의 강점을 보여주는 데 무척 유용합니다. ⑤는 페르소나가 특허 출원 과정을 직접 수행한 부분입니다. 연구 개발 분야에서는 직무 수행 중 특허 출원 기회가 적지 않으므로 이를 직접 다뤄본 경험을 언급하며 직무 적합도를 높였습니다.

지원 시기에 따라 LG화학에서 연구하는 분야가 달라질 수 있지만, 연구 개발 직무는 준비한 내용이 언제나 핵심입니다. 페르소나는 고분자 화학 분야로 전문 영역을 갖춘 상태이므로 타사 연구 개발 직무에 지원할 경우, 기업이 다루는 상품 외에는 변동 사항이 많지 않습니다.

13
·

"절대로 고개를 숙이지 말라.
고개를 치켜들고 세상을 똑바로 바라보라."

PART 13

낯선 항목을
위한
꿀팁

감명 깊게 읽은 책을 소개하시오.

책은 선정부터 감상까지 아우르며 지원자의 성품과 사고방식을 파악할 수 있는 유용한 수단입니다. 대개 1,000자를 요구하므로 실제 읽은 책을 선택해 기술하는 편이 면접을 위해서도 안전합니다. 평소 독서를 많이 한다면, 이와 같은 항목은 자신의 매력을 발산할 수 있는 창구로 기능합니다.

◎ 지원 기업의 성격에 맞는 책을 선정한다

전부 읽었다는 사실로 인한 성취감에 이끌려 책을 선정하면, 지원 기업의 성격을 담을 수 없는 경우도 있으므로 반드시 책 선정의 상징성을 고려해 결정합니다. 도전과 열정이 가득한 기업에는 그에 맞는 동적인 서적이 어울립니다. 창업주가 정적이고 전략형 기업인 경우에는 생각의 깊이를 보여 주는 책을 선정하는 것이 적합성을 높입니다. 직무까지 고려해 책을 선정할 수도 있습니다. 영업직 지원자라면, 시중에 관련 분야의 독보적인 인사들이 많으므로 선정이 무척 용이합니다. 디자인, 전략, 서비스 등 직무를 연결한 서적 선택도 항목을 전략적으로 채울 수 있는 방도 중의 하나입니다. 우회적으로 지원 기업과 연결성을 보이는 책은 직접적인 연결성을 보이는 선택보다 오히려 매력도가 커지는 효과도 있습니다. 이는 일종의 참신성으로 해석됩니다.

♀ 편견이나 고정관념이 은연 중 배어들지 않도록 신경 쓴다

책의 내용 요약이 아닌, 본인의 생각과 느낀 점을 기술하므로 자칫 편견이나 고정관념이 노출될 우려가 있습니다. 누구나 본인만의 세계관을 갖고 있으므로 상식적으로 납득하기 어려운 편견이나 고정관념이 아니라면, 타인과 다르다고 부끄러울 이유가 없습니다. 다만, 자기소개서에 글로 본인을 알리는 단계에서는 어떠한 상황에서도 합리적인 사고로 조직에 기여하는 역량을 갖췄음을 보여 줘야 합니다. 그런 차원에서 편견과 고정관념은 일반적인 수준에서 조절해 표현합니다. 소신을 보이며 타인과 충돌을 빚을 수 있는 편견을 고스란히 드러내면, 기피형 지원자에 해당하는 과오를 범하는 셈입니다. 합격이 목표이므로 자신의 소신보다는 일반적인 인성에 토대를 두고 내용을 기술합니다.

♀ 과도하게 포부나 기업 활동에 연결하지 않는다

모든 항목마다 기업과 연결하려는 시도는 자기소개서를 불편하게 만듭니다. 인상 깊게 읽은 책을 소개하는 항목에서 책을 읽은 지원자를 기업에 연결하는 게 가능하다면, 가장 이상적이라고 할 수 있습니다. 책의 선정부터 기업과의 연결 가능성을 염두에 둔다면 자연스러운 연결이 이뤄집니다. 참신한 내용으로 항목을 채울 때는 기업과의 연결이 상당히 부자연스러울 수 있습니다. 과도한 포부를 피력하며 마무리하다 자칫 내용과의 부조화를 야기할 수 있기 때문에 책 선정부터 글의 흐름을 예상한 후에 접근해야 합니다.

♀ 읽었음을 분명히 하는 내용을 삽입한다

짧은 내용이라면 서평이나 요약서를 읽고 작성해도 무방하지만, 1,000자에 이를 때는 읽고 느낀 점이 보다 탄탄히 기재되어야 합니다. 지나치게 어려운 서적은 독자적으로 해석하기가 까다롭기 때문에 읽었음을 증명하면서 오히려 글이 엉킬 수도 있습니다. 책의 내용 중 큰 줄기와 더불어 작은 가지도 내용에 챙겨 넣음으로써 읽은 바를 뚜렷이 나타냅니다. 책에 대한 인상이 지극히 보편적이라고 스스로 느낄 때는 상세한 내용을 기재해 내용을 풍성하게 만듭니다.

♀ 정치 또는 종교적 논쟁을 야기할 책 선정은 삼간다

논쟁을 위해 집필한 책, 이슈화되어 논쟁을 이미 거친 책 등은 기업 자기소개서에 적합하지 않습니다. 조직의 일치단결까지는 아니더라도 내부 분열과 편가름은 조직이 근본적으로 기피하는 상황입니다. 구성원 모두를 아우르려고 노력하는 기업 입장에서는 당연한 자세입니다. 정치와 종교를 통해 말하고자 하는 바를 전달해 득이 되는 기업도 간혹 있습니다. 특정 종교를 선호하는 기업 및 언론사, 정치적 노선을 확실히 표방하는 언론사 등은 과도한 편향만 드러내지 않는다면, 논쟁을 야기할 수 있는 책이 자기소개서에 기재되어도 무방합니다. 논쟁은 본인의 입장과 생각을 토로하며 때로는 소신을 내비치는 창구로도 기능합니다. 하지만 자기소개서에서는 이와 같은 접근 방법을 굳이 사용하지 않도록 합니다. 일상생활에서도 가급적 정치와 종교로 충돌을 빚지 않길 바랍니다.

⚲ 지나치게 대중적인 책은 피한다

읽는 이의 눈을 사로잡아 끝까지 자기소개서를 읽고 바른 평가를 내리도록 유도해야 합니다. 글의 결말을 예상할 수 있는 너무나도 잘 알려진 책을 선정하면, 독특한 시각이나 창의적 생각을 드러내기가 무척 어려워집니다. 베스트셀러라고 전부 식상한 책은 아니지만, 이야기를 구현하거나 응용해 새로운 인상을 만들어 내기가 상대적으로 어렵습니다. 대중성에 대한 지표는 책을 읽지 않는 주변 지인조차 읽고 있는 책 정도로 추려 볼 수 있습니다. 베스트셀러라도 일회적인 내용이 아니라 다독을 통해 여러 색채를 느낄 수 있는 경우라면 지양해야 할 대중성은 아닙니다. 기업의 특성과 유행에 의해 다수의 지원자가 같은 시점에 선택할 가능성이 높은 책은 피합니다.

→ 사례 살펴보기

경영 및 경제 필독서를 선택할 경우, 기업에 적용할 내용을 찾기가 쉽습니다. 소비심리학, 행동경제학, 통계학 등의 분야도 유용합니다. 기업이 속한 산업에 맞춰 선택합니다.

『혼란기의 경영』, 피터 드러커

💡 시대의 변화, 과거로부터 짚어 내다

호주에서 만난 세계 각국의 청년들과 대화하며 경제 변화가 초래할 변화상에 대해 숙고하는 시간을 가졌고, 그리스 재정 위기를 지켜보며 변동성에 대응하는 경영은 무엇일지 탐구하기 시작했습니다. 마침 피터 드러커가 출간한 작품 중 한국에 소개된 바 없는 『혼란기의 경영』을 접해 30년의 시간을 거슬러 보며 추이를 확인했습니다. 1980년대 피터 드러커가 바라본 경영 환경은 현재의 문제점과 정확히 일치했습니다. 경제와 경영은 환경 변화에 대응하는 학문이며, 방향을 바로잡아 효율과 효용을 이끌어 내는 역할을 합니다. 경영 일선에서는 다양한 기술과 사회 구조 변화 속에 혼란기를 맞이하고 있지만, 피터 드러커의 분석 방법을 익히고 추이를 읽어 내는 연습을 한다면, 충분히 위기를 기회로 활용할 수 있다고 생각합니다. 시대의 변화를 짚어 내어 미래를 보고자 이 책을 선택했습니다.

💡 인구 구조의 고령화, 예고된 미래

한국은 고령 사회로 빠르게 변화하고 있습니다. 이러한 변화는 이미 선진국에서 겪었던 단계로 한국도 발전하고 있다는 의미로 해석할 수 있지만, 동시에 성장 동력의 고갈로 인해 상승세가 감소함을 뜻합니다. 인구 구조가 고령화되면 소비의 초점이 젊은 층에서 연령대가 높은 층으로 이동합니다. 서비스와 제조업의 라인업이 바뀌고, 마케팅 방안도 수정이 불가피합니다. 일정 수준의 자산을 지닌 노년층으로 서비스 업계가 변화하므로 인구 구조의 분포도와 지역적 특성을 고려해 경영 활동을 이어 가야 함을 알 수 있었습니다.

💡 글로벌화의 심화

국경 없는 자본이 세계 경제를 흔들어 놓고, 무분별한 정책 집행으로 재정 위기를 초래한 사례를 다수 경험했습니다. 피터 드러커의 예상대로 금융 위기와 재정 위기는 한 국가만의 문제가 아닌 상황입니다. 세계 경제의 연결성이 더욱 가중됨에 따라 대외 변수에 기민하게 대응하는 자세가 필요하다는 피터 드러커의 지적에 크게 공감할 수 있었습니다. 예상하지 못한 사태에 국내 경영 환경이 요동치지 않도록 다양한 전략과 준비 작업으로 미래를 다루는 노력이 필요합니다.

➡ 책의 핵심을 단락으로 구분해 소개했습니다. 자신의 생각을 덧붙여 직무상 필요한 내용을 강조합니다. 책의 내용만 요약해서는 안 되고, 저자의 주장에 왜 동의하는지 혹은 저자의 설명으로부터 무엇을 배웠는지 등을 서술해야 합니다.

안심Touch

본인을 한 단어로 표현해 보시오.

📍 가장 드러내고 싶은 경험을 선정한다

단어의 의미를 나열하고 풀이하라는 의도의 항목이 아닙니다. 단어보다는 항목을 통해 보여 주고 싶은 경험에 초점을 맞춥니다. 성취, 열정, 화합 등의 속성이 내재된 경험을 선택합니다. 개인적으로 겪은 어려운 상황과 주어진 환경도 극복 대상으로 이야기를 풀어낼 수 있다면, 다소 어둡더라도 선택합니다. 경험이 한 가지일 필요는 없습니다. 다수의 경험들이 서로 연결되고 시간순으로 발전성을 공유한다거나 시간 순서를 각색해 이야기를 탄탄히 엮을 수 있다면, 글자 수에 따라 경험의 개수를 유동적으로 조절하는 것이 가능합니다.

📍 긍정적인 단어, 특색 있는 단어를 선택한다

선택된 단어가 글의 전체 인상을 좌우합니다. 튀는 단어는 내용과의 조화에 각별히 신경 써야 합니다. 일반적인 단어일지라도 에너지와 열정이 깃들어 있다면 제목으로 적절합니다. 어휘를 새롭게 만들어 내는 방법도 있습니다. 센스 있는 합성어로 자신만의 색채를 드러낼 수도 있습니다. 어떠한 경우라도 내용과의 연결 없이는 단어가 초반의 집중력을 끝까지 유지하지 못합니다.

📍 단어와의 연결성은 고려하되, 경험을 통한 성장세를 강조한다

단어 선택이 우선 이뤄져야 문단 내에 동일 단어가 자연스럽게 드러날 수 있습니다. 비슷한 유형의 단어라면 수정이 가능하므로 내용 전달에 집중해야 합니다. 한 단어로 자신을 표현하고 근거를 제시했을 때 집중적으로 평가하려는 부분은 제목 자체가 아닌 내용입니다. 경험을 통해 나아진 점과 인상에 초점을 맞춰 내용 소개에 집중하고, 제목은 내용과의 조화 혹은 신선한 첫인상 정도로 부담 없이 접근하세요.

📍 단어의 형태에 얽매이지 않는다

한 단어라고 전제한 상황에 묶일 필요는 없습니다. 한 단어의 형태는 문장 종결 구조가 아니면서 지나치게 긴 관형사가 붙지 않은 정도로 해석할 수 있습니다. 단순히 열정, 가을, 커피 등의 순수한 한 단어가 아니라 성장 오픈 소스, 빙산의 여각, 다색의 마트료시카, 열정의 빨강처럼 단어의 형태를 유지하며 호기심과 기대감을 자극하는 방식을 활용합니다.

→ 사례 살펴보기

자신의 강점을 드러내는 데 필요한 어휘 선택이 중요합니다. 페르소나는 다양한 해외 활동이 두드러집니다. 다양한 경험을 배움의 기회로 연결해 구성했습니다. 일단 자신의 강점을 나열해 보고, 그 내용에서 공통 속성을 추려 내는 과정을 거칩니다.

💡 **전방위 학습 기회 탐색가**

오픈카를 몰고 멕시코시티에서 칸쿤까지 질주한 시간은 지인들과의 팀워크와 젊음의 매력을 한껏 만끽한 기억으로 남아 있습니다. 개방성을 상징하는 배낭여행을 통해 문화 이해력과 상대방 입장에서 사고하는 방식을 익혔습니다. 체계적인 국제 교류를 지향하고자 MBA 과정 중에는 외국 학생들과 함께 언어 교환 프로그램에 참여하며, 문화를 뛰어넘는 소통 방법을 학습했습니다. 태국, 대만 등 아시아 곳곳을 여행하며 개방성의 한계를 넓혔고, 이를 열린 사고, 편견 없는 포용력의 밑거름으로 삼았습니다. 어떠한 환경에서도 배움은 가능하다고 생각합니다. 경험, 지혜, 소통, 도전 등을 글로벌 환경에서 실천하며 배움의 기회를 마련하고 있습니다.

→ 개방적인 자세, 문화적 이해와 포용, 활력, 소통 등을 지원자의 이미지로 설정했습니다. 자신을 구성하는 요소는 경험입니다. 간략한 경험 소개로 강점을 언급했고, 누구나 선호하는 배움에 열린 자세도 제시했습니다. 자신을 의미하는 한 단어는 동사형보다 명사형이 더 적절합니다. 이 경우 유행어를 남발하지는 않도록 합니다.

기업의 이미지를 제시하고,
이를 발전시키기 위해 필요한 노력을
기술하시오.

📍 기업이 원하는 이미지를 확인한다

언론에 공개된 자료와 기업 인재상, 최근에 밀고 있는 표어 등을 참고해 이미지를 선택합니다. 채용 설명회에 참가한 경우라면, 이미지를 확실히 파악할 수 있습니다. 기업이 공표한 내용에 따라 이미지를 기술하는 방법과 함께 자신이 기업에 지닌 이미지를 소개하는 방법도 다양성을 확대하는 접근법으로 유용합니다. 이런 항목을 제시하는 기업은 창의적 표현에도 관대합니다. 이미지는 제목으로 축약해 전달하므로 창의성과 내용 적합성의 균형을 토대로 선정하세요.

📍 기업과 연관된 시장 동향과 최근 정보를 파악한다

본인이 선택한 이미지에 대한 부연 설명에 이어 발전 방향을 기술합니다. 내용이 주장과 인상만으로 가득하다면, 글의 설득력이 떨어지며 항목에서 요구하는 바도 아닙니다. 기업의 동향을 언론 자료를 바탕으로 파악하고, 최근 정보를 토대로 발전 방향을 제시합니다. 트렌드와 이슈도 가미하며 평가자가 확인하고 싶은 기업에 대한 관심과 애정을 한껏 드러내세요.

📍 지원자의 입장에서 내용을 기술한다

발전 방향을 제시하며 지나치게 앞서가면 지원자로서의 입장을 고려하지 않은 글이 될 수 있습니다. 언론 자료만으로는 실무자의 경험, 당면한 기업만의 내부 과제를 헤아리기가 어려운 것이 현실입니다. 발전 방향의 제시 강도를 명령자가 아닌, 협조자로 조절해 평가자가 읽기 거북하거나 부담스럽지 않도록 조율하세요. 현실성 있는 방향 제시도 잊지 말아야 합니다. 일반적 수준으로 방향을 제시해도 기업을 관찰하고 분석한 흔적이 엿보인다면, 항목이 요구하는 바에 부합한다고 평가할 수 있습니다.

→ **사례 살펴보기**

제과 기업으로 표현의 자유도는 높은 편입니다. 식상하기 쉬운 소재를 유려한 표현으로 가공하는 것이 중요합니다. 기업 정보를 수집하고, 이를 바탕으로 감성적 색채를 더해 이미지를 그려 냅니다. 기여 방안도 마찬가지로 제품 정서의 공유와 확대 방안을 제품과 연관해 기술할 수 있습니다.

💡 **오리온은 한국 문화의 정서적 요체**

오리온이 건네는 아삭거림은 세대를 거듭해 식감의 즐거움으로 소비자의 밝은 정서 형성에 기여해 왔고, 이는 한국 문화의 기본 정서가 되었습니다. 알록달록한 색채는 유아기부터 강한 경쾌감을 심어 주었고, 초코파이 없는 유년기는 존재할 수 없을 정도로 강한 애착을 낳았습니다. 세월의 흐름과 문화에 따라 제품 카테고리는 변모하지만, 추억에 이끌려 맛에 대한 기억으로 삶을 반추하는 모습은 변함이 없습니다. 새로움과 익숙함이 교차되는 오리온의 역사는 한국 정서의 총합에 큰 비중을 차지하며 세대 간의 소통으로 문화를 이어 갑니다. 50년 동안 한국 문화의 일부가 되어 준 오리온은 이제 한국을 넘어 세계와 소통하는 추억을 만들고자 도약하고 있습니다. 아삭거림과 경쾌감으로 세상을 이어 줄 오리온의 미래를 기다립니다.

💡 **세계인과 함께 만들어 가는 오리온 이야기**

아삭거림은 만국 공통적으로 환영받는 미감입니다. 이와 같은 소통의 근원을 배태하고 있는 오리온은 각 국가의 정체성에 부합하는 정서적 교류를 통해 오리온의 문화적 저변을 확대해야 합니다. 오리온과 함께 살아가는 세계인과의 문화적 창구를 확충해 오리온과 함께 성장하는 미래를 그려 봅니다.

→ 감각적인 어휘를 사용해 오리온의 이미지를 표현했습니다. 어휘를 고스란히 기여 방안에 활용하며 두 가지 내용을 연결했습니다. 익숙함이 식상함으로 퇴색되지 않도록 다채로운 표현을 사용해 보세요. 일상 소비재를 생산하는 기업은 특별한 내용이 많지 않으므로 표현에 주력하는 것이 효과적입니다.

안심Touch

합격 후 도전하고 싶은 일 또는 꿈을 적으시오.

📍 직무와 본인의 경험 및 배경을 연결한다

직무에 대한 이해와 기업에 대한 관심도를 파악하려는 항목입니다. 직무를 확인해 연결성을 띠도록 내용을 구성합니다. 도전에 있어 본인의 경험과 배경을 활용할 여지를 제시하고, 현실적인 수준을 바탕으로 삼습니다.

📍 기업이 추구하는 방향을 확인한다

추구하려는 꿈과 도전이 기업의 미래 성장 방안과 연결되도록 정보를 수집합니다. 기업이 다루는 사업의 속성을 바탕으로 하고, 정보에 기반해 기업이 원하는 미래상을 참고합니다. 인재상 및 사업 카테고리에서 관련 정보를 찾을 수 있습니다. 그 뿐만 아니라 산업 전반의 흐름을 고려해 미래와 현실이 조화를 이룬 도전 모습을 제시하세요.

♥ 목적을 확실히 나타낸다

도전과 꿈은 모호하지 않게 작성합니다. 자신이 추구하는 바가 명확하지 않다면, 주장이 공허해집니다. 구체적인 목표를 제시해 확실히 관련 직무와 업종에 뜻을 품고 있음을 전달합니다.

♥ 도전과 꿈을 현실화하는 과정을 기술한다

현실화 과정은 산업 정보와 기술을 포괄합니다. 개인 배경과 경험을 과정의 흐름에 녹여 내고, 산업 관련 정보와 기술 내용을 덧붙입니다. 과정을 보여 준다는 것에 초점을 맞추세요.

♥ 의지를 강조하되, 유연한 모습으로 마무리한다

당찬 포부가 느껴질 수 있는 항목입니다. 소신은 중요하지만, 본인이 기술한 꿈과 도전 외의 부문에 열려 있는 자세를 견지함으로써 새로운 도전에도 충분히 관심을 기울일 수 있음을 보여 줍니다.

→ 사례 살펴보기

지원자 소스를 활용할 수 있는 소재를 찾아 기업 문화에 연결합니다. 독서를 장려하는 문화를 내재하고 있는 기업이었으므로 독서와 게임을 연결할 수 있었습니다. 당시 문학 작품을 게임으로 서비스하는 사례가 해외 시장에서 발견되었던 점에 착안해 의견을 개진했습니다.

💡 **독서와 게임의 네트워크 구상**

→ 독서, 게임, 데이터마이닝, 한국 문화적 요소를 결합한 형태의 글을 작성하며 핵심을 전달할 수 있는 짧은 문장을 생각해 봤습니다. 독서와 게임의 부조화를 바탕으로 네트워크 구상을 언급하며 전반적인 방향을 설정했습니다.

인류 문명 발전에 지대한 영향을 미친 방대한 서적을 활용해 데이터마이닝을 펼치고, 이를 게임과 연결 짓는 시노를 해 보고자 합니다.

→ 세목의 추상성을 구제화하는 작업이 뒤띠리야 합니다. 그렇지 않으면 호기심이 모호한 인상으로 변질되어 끝까지 평가자의 이목을 붙잡아 둘 수 없게 됩니다. 서적을 통해 전공인 데이터마이닝 작업을 수행하고, 정량적 결과물에 게임을 연결해 가치를 창출하겠다는 의미입니다.

전자책의 등장으로 활자의 디지털화는 이미 실현되었고, 고전부터 현재의 베스트셀러까지 데이터와 게임의 연결 소스로 활용할 수 있는 환경이 마련된 상황입니다.

➡ 부연 설명의 기능을 하는 문장입니다. 서적과 게임의 연결이 어떤 방식으로 가능하다는 뜻인지 상황을 설명함으로써 핵심으로 넘어가는 단계를 풍성하게 꾸밉니다. 해당 산업에 대한 이해 수준을 보여주는 용도로도 작용하는 문장입니다.

얼마 전 헨리 데이비스 소로의 '월든'이 게임화된 사실을 접하고, 새로운 시대가 열릴 것이라는 예감을 받았습니다.

➡ 관심을 갖고 있는 지원자에게 보이는 정보입니다. 글감으로서 핵심적인 정보이며, 서적과 게임의 연결이 비단 이상만이 아님을 방증하는 소재라고 볼 수 있습니다. 이와 같은 정보를 획득하기 위해서는 관련 분야에 대해 꾸준히 관심을 기울여야 합니다. 갑작스럽게 자기소개서를 작성하면, 마땅한 정보를 찾는 데 시간이 부족할 수 있습니다. 평소 다양한 방면에 정보 창구를 열어 두세요.

게임사에서는 고전의 게임화라는 모티브를 당시의 트렌드인 『느림의 미학과 자연으로의 귀화』에서 찾았고, 대학생과 일반인이 최근에 다시 읽은 책에 대한 데이터마이닝 활동을 통해 게임 발매의 적시성을 확인했습니다.

➡ 꿈의 선택에 대한 합당한 근거가 필요합니다. 지원자의 전공 분야와 꿈의 일치점을 사례 분석으로 강조했습니다.

엔씨소프트의 경영 방침과도 접목점이 많습니다.

➡ 독서가 기업 인재상 또는 기업이 추구하는 바에 해당된다는 점을 짚고 넘어갑니다. 소재 선택에 있어 기업의 상황을 고려했음을 언급합니다.

상상력의 무한 보고인 책을 통해 게임의 교육적 측면을 확충한다면, 현 정부의 게임 정책에도 긍정적으로 작용하고 게임 시장의 분야 확장에도 기여할 수 있습니다.

➡ 꿈이 궁극적으로 지향하는 목적을 명시합니다. 이 문장은 본인의 주장에 대한 근거입니다. 교육과 정책, 시장 확대라는 점진적인 과정을 아우르며 꿈의 함의를 건설적으로 그려 나갔습니다.

게다가 외국에서 한국 문학 작품에 대한 관심이 늘어나고 있습니다. 현 상황을 제대로 활용하기 위해서는 보다 정확한 접근 방식으로 데이터 분석을 수행해야 합니다.

➡ 꿈의 실행 당위성을 한층 드높입니다. 한국 서적을 대상화하며 초점을 거시적으로 확대하고, 이를 바탕으로 섬세한 데이터 분석이 필요하다는 사실을 강조합니다.

학부와 대학원에서 익힌 데이터 분석 기술로 해외 시장이 제공하는 한국 문학 작품의 데이터 흐름을 읽어 내어 창의와 교육이 동시에 존재하는 게임을 만드는 데 조력하겠습니다.

→ 위 문장과 자연스럽게 연결되는 고리로서 '한국 문학 작품'이 그 역할을 합니다. 문장이 상호 연결되며 포부를 담아 종결하는 점층 구조로 마무리합니다. 창의라는 긍정적인 어휘와 지원 기업명을 부드럽게 접목해 최종 인상을 가다듬습니다.

인턴으로 선발된다면 귀하가 인턴십으로부터 얻고 싶은 것은 무엇이며, 회사에 기여할 수 있는 것은 무엇이라고 생각하는지 기술하시오.

⊙ 지원 기업과 직무를 확인한다

기업이 활동하고 있는 산업 분야와 지원 직무를 내용에 연결할 수 있도록 밑그림을 그립니다. 대체로 기업에 대한 관심을 보여 주는 것에서 이야기는 시작합니다. 기업의 우수성은 이어지는 문장에서 배움의 단초로 기능할 수 있습니다. 관심 사항이 우수성을 포함하도록 표현해 보세요.

⊙ 인턴십의 목적을 언급한다

인턴 활동의 목적은 배움입니다. 직무 관련 내용을 간략하게 서술하거나 겸손한 자세로 배우겠다는 의지를 피력하는 것만으로도 인턴 목적을 여실히 드러낼 수 있습니다.

⊙ 자신의 역량을 소개한다

기업에 기여할 내용을 소개해야 하므로 자신의 역량이 나타나야 합니다. 배경 스펙으로 자신의 강점을 보여 줍니다.

⊙ 기여 방안은 인턴의 역할 범주에 맞게 현실적으로 기술한다

인턴이 기업에 기여할 여지는 사실 없습니다. 인턴십에 임하는 각오와 자세를 보고 싶다는 의미로 기술을 요구한 것이므로 마음가짐을 담은 기여 방안을 설명하면 충분합니다.

→ 사례 살펴보기

설비 분야에 지원하는 상황이며, 인턴십의 목표는 현실성을 감안해 표현했습니다. 아울러, 직무와 기업에 대한 관심을 도입부에 배치해 자연스럽게 이야기 흐름을 만들었습니다.

💡 **설비 기술의 현장에서 전문성의 방향을 찾다**

→ 엔지니어링은 전문성이 핵심 경쟁력이므로 목적은 분명한 편입니다. 이를 제목에 담아냈습니다.

현대제철의 설비 기술은 선배님들이 다년간 효율 제고를 위해 발전을 거듭한 끝에 얻게 된 결실이자 자부심입니다.

→ 지원 기업에 대한 관심을 보일 때, 구체적인 내용만 기술하기는 어렵습니다. 창업 연도, 시장 점유율, 브랜드 가치 평가, 핵심 기술, 주력 브랜드 등을 구구절절 나열한다면, 홈페이지와 다름없는 내용만 가득할 수 있기 때문입니다. 읽는 이가 반복해서 접했을 법한 내용은 지양하는 것이 옳습니다. 위의 예시처럼 보편적인 내용을 기술하더라도 기업에 대한 존중과 열정이 전달되도록 표현하는 것이 더 낫습니다. 지원자 입장에서 바라본 기업의 모습을 기술하는 전략으로 가닥을 잡아 보세요.

인턴으로서 현대제철의 유무형 자산을 직접 체험하고 배울 수 있다는 것만으로도 대단히 큰 의의가 있다고 생각합니다. 생산 현장에서 설비 기술이 작동하는 모습을 꼼꼼히 관찰하고, 선배님들의 가르침과 조언을 바탕으로 전문성의 기반을 잡고 싶습니다.

→ 인턴십의 목표를 작성한 문장입니다. 비록 일반적인 내용이지만, 자세와 각오만 제대로 드러나면 목표로서의 가치는 충분합니다. 인턴은 배우는 것이 중심이지 기업의 성장에 기여할 수 있는 직위는 아닙니다. 과도한 열정에 휩싸인 모습보다는 보편적이고 타당한 모습을 연출하세요.

안심Touch

제철소의 전반적 생산 흐름과 시장 환경에 따른 조업 관리 체계를 면밀히 학습해 넓은 시야로 설비 기술의 혁신을 이룰 수 있는 소양을 기르겠습니다. 도전의 자세로 현장의 맥락을 짚어 내고, 성실한 태도로 업무에 임해 현대제철 생산 현장이 정확성과 열정으로 운영되도록 노력하겠습니다.

➜ 위의 문장을 통해서는 지원자가 무엇을 배워야 할지 알고 있는 모습을 엿볼 수 있습니다. 업무 흐름, 시장 환경, 현장 상황 파악 등을 핵심 사항으로 삼아 인턴십에 임하는 각오를 다졌습니다.

두 차례의 인턴 근무로 생산 현장의 고충을 이해할 수 있었습니다. 설비 기술이 생산 현장과 맞닿아 있는 만큼 생산직 근무자들과 진심으로 소통하며 개선의 단초를 마련할 수 있도록 항상 열린 자세를 유지하겠습니다. 또한, 공손함으로 구성원과 원활히 화합하고, 함께 근무하는 즐거움을 고양하며 현대제철의 성장에 기여하겠습니다.

➜ 자신의 강점인 인턴 경험을 언급하며 조직 문화에 적응해 더 나은 소통을 이뤄 내겠다는 것을 기여 방안으로 설정했습니다. 매출액 신장, 업무 정확도 제고 등의 기여 방안은 읽는 이의 공감을 이끌어 내기 어렵습니다. 인턴 과정이기 때문입니다. 현장에서 화합에 앞장서고, 구성원들이 근무 환경에 즐거움을 느낄 수 있도록 노력하겠다는 내용 정도가 적절합니다.

지원 직무의 하루 업무 일과를 예상해 보고, 본인이 입사 후 신입 사원으로서 어떤 기여를 할 수 있을지 작성하시오.

◉ 직무 내용을 확인한다

하루 일과를 구성하기 위해서는 지원 직무를 파악해야 합니다. 기업 홈페이지에 있는 직무 내용을 읽어보고, 일반적으로 알고 있는 직무 내용과 이를 연결해 전체 내용을 구성합니다. 직무 관심도를 확인하기 위한 항목이므로 내용의 차별화보다는 일반적일지라도 정성을 담아 표현하는 데 집중합니다.

◉ 기여 방안은 경쟁력 강화를 의미한다

업무 기여도를 높이기 위해서는 정확한 업무 숙지와 끊임없는 자기 계발이 필요합니다. 신입 사원의 입장에서 기술하는 내용이므로 배움에 내한 열정이 드러니는 방안을 소개하면 충분합니다. 행동 중심의 표현으로 입사 후 포부를 기재합니다.

◎ 시간 순서로 작성한다

일과를 미리 생각해 보는 과정으로 순서는 필수입니다. 표현의 자유도는 높은 편입니다. 기업 문화와 항목 특징을 고려해야 합니다.

→ 사례 살펴보기

영업 관리 직무를 바탕으로 하루 일과를 구성했습니다. 일과 내용을 기술한 후, 입사 후 포부를 소개하며 항목 요건을 충족했습니다. 현장 상황을 실감나게 표현하고자 현재형 동사를 사용했습니다. 제목에는 높은 표현의 자유도를 활용해 은유로 현장과 주체를 연결했습니다.

◎ 시시각각 변하는 시장에 빠져들다

전일 메모한 내용을 바탕으로 신제품 반응이 우수한 매장을 방문합니다. 반응의 원인이 신제품 자체에서 비롯되었다면, 어떠한 시장 트렌드가 영향을 미쳤는지 확인합니다. 매장 관리자와 대화를 나누며 문제점이나 부족한 점을 경청합니다. 매장 내 CJ제일제당 식품 코너에서 진열 상태를 직접 살피고, 다른 매장과 비교해 필요한 점은 개선합니다. 아울러, 경쟁사의 동향을 관찰해 CJ제일제당의 경쟁력을 보강합니다.

입사 후, 관찰과 분석, 소통으로 업무에 임하겠습니다. 식품의 매출 양상은 지역별 인구 구조와 연관이 높습니다. 담당 지역의 매출 추이를 분석해 해당 지역의 소비자 특징을 파악하고, 신제품 출시가 식품 간 보완 효과를 나타낼 수 있도록 CJ제일제당의 식품 카테고리를 면밀히 분석하겠습니다. 또한, 빠른 변화를 보이는 식품 트렌드에 촉각을 세워 수요에 부응하는 영업으로 CJ제일제당의 매출 신장에 기여하겠습니다.

→ 영업 관리 직무 관련 정보는 무척 많습니다. 과도하게 내용을 확장하지 말고, 일반 내용을 토대로 업무 방법과 자세를 나타내는 데 주의를 기울이세요.

공공 기관 직원에게 가장 강조되어야 하는 직업윤리는 무엇이라 생각하는지 서술하시오.

⚲ 공공의 목적에 부합하는 태도를 생각해 본다

투명성, 공정성, 책임감, 소통, 유연한 사고, 신뢰 등 마땅히 공익 실현에 필요한 덕목과 자세를 직업 윤리로 설정합니다. 올바른 사고로 업무에 임할 것임을 확약하는 항목이라고 할 수 있습니다. 작성자 스스로 공익 추구가 무엇인지 알아보는 기회입니다. 옳고 그름에 관한 철학적 설명보다는 직관에 바탕을 둔 공적 행동을 기술하세요.

⚲ 자신의 경험 혹은 외부 사례를 소재로 활용할 수 있다

사익을 포기하는 대신 공익 증진에 이바지했던 자신의 경험을 소개하거나 부도덕한 외부 경영 사례를 소재로 삼아 경각심을 높이는 전개가 가능합니다. 자신보다는 전체를 위해 헌신한 자세가 공익 증진에 가까운 모습을 보입니다. 방만 경영, 이면 합의, 사익 추구 등의 외부 사례는 직업윤리의 중요성을 강조하는 데 사용합니다. 두 가지 모두 적용하기 어려울 때는 직업윤리에 대한 일반 내용을 기술해도 충분합니다.

안심Touch

→ 사례 살펴보기

공공 기관의 책임감과 신뢰를 주요 내용으로 기술했고, 동아리 경험을 소개하며 해당 내용에 자신을 연결했습니다.

💡 **책임감은 신뢰 구축의 시작점**

공공의 이익은 신뢰를 바탕으로 이뤄 낼 수 있고, 신뢰는 자신의 직무에 최선을 다하는 책임감에서 비롯합니다. 책임감은 무사 안일 주의를 배척하고, 주어진 상황에서 가장 합리적인 결단과 행동을 이끌어 내는 에너지를 응축하고 있습니다. 이 에너지는 주변 동료들과 열린 자세로 소통하고, 적극적으로 업무 내외 환경을 파악하는 데 영향을 미칩니다. 공공 기관의 구성원으로서 업무 수행에 집중할 때 비로소 책임감은 신뢰로 발전합니다. 신뢰는 공공 기관이 추구하는 투명한 운영, 정직한 경영과 맞닿아 있습니다.

봉사 동아리에서 활동할 때 회비 관리를 맡았습니다. 자금의 사용처를 밝히는 것은 총무로서 응당 해야 할 역할이었지만, 매번 상세하게 작성하기가 무척 번거로웠습니다. 그럼에도 한 차례의 예외 없이 사용처를 기재했고, 그 덕분에 구성원의 신뢰를 받을 수 있었습니다. 이렇게 구축한 신뢰는 단합이 필요한 해외 봉사에서 더욱 값진 형태로 되돌아왔습니다. 책임감에 따른 투명한 장부 기재가 이끌어 낸 신뢰의 결실입니다.

공공 기관에서 책임감은 정직, 배려, 소통 등의 형태로 신뢰를 형성하며 미래 가치를 확대합니다. 공익 증진은 사회 발전에도 기여하므로 공공 기관의 일원에게 책임감은 반드시 필요한 덕목이라고 생각합니다.

→ 두 부분으로 내용을 나눠 기술했고, 투명함과 책임감을 연결 어휘로 활용하며 최종적으로 신뢰를 강조했습니다. 지원자의 특별함이 묻어나기 어려운 항목입니다. 보편적인 내용일지라도 옳다는 인상을 주는 정도로 기술하면 항목의 의도에서 벗어나지는 않을 것입니다.

MEMO

14

·

"사람을 성장시키는 것은 고난이 아니라
다시 일어서는 것이다."

PART 14

첨삭을 위한
꿀팁

일반적으로 범하기 쉬운 10가지 실수

자기소개서는 내용만큼 표현도 중요합니다. 표현의 정확성과 읽는 이의 감성까지 고려해야 하므로 점검할 사항이 적지는 않지만, 그 내용은 주의하면 충분히 이해하고 적용할 수 있습니다. 작성 시 일반적으로 실수하는 10가지를 정리했습니다. 간혹 경험이 풍부하고, 실력도 탄탄한 지원자가 서류 전형에서 낙방하는 경우가 있습니다. 원인을 알아보면, 지원 요건을 채우지 못해서도, 타 지원자보다 경쟁력이 부족해서도, 학점과 토익을 포함한 배경 스펙이 다소 낮아서도 아닙니다. 단지 자신의 이야기를 적절한 방식으로 표현하지 못했기 때문입니다. 아래에 소개하는 10가지 사항을 통해 자기소개서에 맞는 표현을 스스로 점검해 보세요.

1. 1인칭 주어(제가, 저는 등)는 되도록 쓰지 않는다.
2. 참신한 표현, 그 수위를 조절한다.
3. 문장이 너무 길어 이해할 수 없다면 나눈다.
4. 동일한 어휘와 표현이 가까운 위치에서 반복되지 않게 배치한다.
5. 외국어는 순화한다.
6. 말하듯 쓰는 구어체는 수정 1순위이다.
7. 접속 부사는 남발하지 않는다.

8. 남들도 다 아는 수준의 맞춤법과 띄어쓰기는 틀리지 않는다.

9. 맥락에 맞는지 어휘의 의미를 확인한다.

10. 지원 기업의 조직 문화에 따라 형용사와 부사 사용 빈도 및 수위를 조절한다.

1. 1인칭 주어는 되도록 사용하지 않는다

자기소개서는 자신의 이야기를 소개하고 있어서 굳이 1인칭 주어를 표기할 필요가 없습니다. 자신의 독백을 담거나 전능적 주체로서 자신을 관찰하는 식의 표현은 자기소개서에 어울리지 않습니다. 자기소개서에서는 기업과 자아의 구분은 내용으로 가능하며, 1인칭 주어를 생략해도 행위 주체에 대한 오해를 빚지 않는 경우가 대부분입니다. 부득이 1인칭 주어를 사용해야 하는 경우는 팀으로 활동할 때 타 팀과 비교해야 하는 경우입니다. 그 외는 지원자의 입장에서 경험을 소개하고 생각을 서술하는 내용이라 1인칭 주어(제가, 저희, 제 경우 등)를 생략해도 무방합니다. 물론 1인칭 주어를 기재한다고 불이익을 받는 것은 아닙니다. 다수의 지원자가 유사한 내용을 나열하는 상황에서 속도감 있는 글은 매력도가 올라가는 것이 당연합니다. 불필요한 표현을 제외하는 것만으로도 글의 완성도와 신뢰도가 상승합니다.

저는 친절한 서비스와 품격 있는 상품 카테고리에서 롯데백화점의 미래를 찾을 수 있다고 생각합니다.

→ 문장을 기술하는 주체와 생각의 주인은 동일하며, 자기소개서에서 자신 외의 인물이 등장할 일은 없습니다. 말 그대로 자기를 소개하는 글이기 때문입니다. 위의 사례에서 '저는'을 생략하고 문장을 다시 작성해 보겠습니다.

롯데백화점의 미래는 친절한 서비스와 품격 있는 상품 카테고리에서 찾을 수 있다고 생각합니다.

→ 1인칭 주어를 생략한다고 육하원칙에 어긋나는 것은 아닙니다. 문장 구조를 살짝 바꾸면 얼마든지 1인칭 주어를 대신할 요소를 찾을 수 있습니다. '저는'으로 시작하는 문장이 많을수록 글의 속도감은 떨어지고, 읽는 이에게 식상한 인상을 줄 우려가 있으니 퇴고할 때 주어 부분을 반드시 살펴보세요.

타 팀은 부차적 도구를 활용해 능률을 높이고 있는 상황이었지만, 저희 팀은 의견 충돌로 단합을 이뤄 낼 수 없었습니다.

→ 위의 경우는 팀과 팀의 비교를 위해 '저희'를 사용해야 했습니다. 물론 '저희 팀' 대신 '제가 속한 팀'을 사용할 수도 있지만, 자기 지칭 어휘가 등장하는 건 마찬가지입니다. 이처럼 비교를 위해서는 1인칭 어휘 혹은 자기 지칭 어휘를 사용하는 것이 예외적으로 가능합니다.

다음은 내용을 읽어 보며 함께 문제점을 짚어 보겠습니다. 수정 내용을 비교하며 올바른 표현 방법을 익혀 보세요.

Before

살아오면서 부딪혔던 가장 큰 장애물은 무엇이었는지 서술하시오.

500자

💡 변화는 긍정과 팀워크의 화수분

캐나다에서 유학생활을 하던 도중 위기가 찾아 왔습니다. ① 급작스레 가세가 기울면서 한국으로 귀국해야 했던 것입니다. 처음 아버지를 통해 이 소식을 접했을 때는 눈앞이 깜깜했지만 '변화'는 '또 다른 시작'이라 생각하며 마음을 다잡았습니다. ② 학업을 지속하기 위해 '한국대학으로의 편입'을 결심했습니다. ③ 일찍이 한국 대학편입의 문이 좁음을 인지하고 있었기 때문에, 목표 달성을 위해 약 8개월 동안 하루 9시간 이상씩 꾸준히 공부하며 실력을 키웠고, 그 결과 성공적으로 편입하게 되었습니다. ④ 서울대학으로의 편입을 통해 저는 '조직 적응력 DNA'를 이식 받았습니다. ⑤ 그동안 서구식 개인플레이에 익숙했던 저는 한국 대학에서 적극적으로 학회활동을 하며 '조직의 소속감'을 느꼈고, 타인과 일할 때 '팀워크의 중요성'에 대해 깊이 깨달았습니다. ⑥ 더불어 변화에 직면했을 때, 적극적이고 능동적으로 대처하는 법을 배울 수 있었습니다.

→ ① '귀국해야 했던 것입니다'는 무성영화에서 대사를 대신 읊는 변사가 하는 말처럼 보입니다. '귀국해야 했습니다'로 수정해도 의미는 동일합니다. 읽는 이는 이러한 부분에서 지원자가 자기소개서에 들인 정성을 파악할 수 있습니다.

② 한국대학으로의 편입에서 강조를 위해 따옴표를 썼는데, 이는 남발에 가깝습니다. 따옴표를 붙일 만큼 특별한 내용이 아닙니다.

③ '일찍이'라는 부사는 문장 내에서 불필요합니다. '문이 좁음을 인지하고'라는 표현은 어색합니다. 문장 길이는 과정과 결과로 분리해 조절할 수 있습니다.

④ '조직 적응력 DNA'는 참신한 표현이라는 오해가 빚은 결과물입니다. 조직 적응력이라고 언급해도 충분합니다. 자칫 가벼운 인상을 줄 수 있는 진부한 표현은 삼가도록 합니다.

⑤ 개인플레이는 영어와 한국어의 어색한 조합입니다. 일상생활에서는 얼마든지 사용할 수 있어도 자기소개서에는 어울리지 않는 표현입니다. 이를 개인 위주의 활동으로 수정합니다. 자기 지칭 어휘와 따옴표의 남발은 생략으로 대처합니다.

⑥ '더불어'의 대상이 필요합니다. '이와 더불어' 혹은 '이와 함께'로 수정합니다.

살아오면서 부딪혔던 가장 큰 장애물은 무엇이었는지 서술하시오.

500자

💡 **변화는 긍정과 팀워크의 화수분**

캐나다에서 유학 생활을 하던 도중 위기가 찾아 왔습니다. 급작스레 가세가 기울면서 한국으로 귀국해야 했습니다. 아버지를 통해 이 소식을 접했을 때는 눈앞이 깜깜했지만 '변화'는 '또 다른 시작'이라 생각하며 마음을 다잡았습니다. 학업을 지속하기 위해 한국 대학으로의 편입을 결심 했습니다. 한국에서는 대학 편입이 어렵다는 사실을 알고 있었기 때문에 목표 달성을 위해 약 8개월간 하루 9시간 이상씩 꾸준히 공부하며 실력을 키웠습니다. 그 결과 성공적으로 원하는 대학교에 편입할 수 있었습니다. 서울대학교로 편입한 후에는 조직에 적응하는 역량을 개발하고 자 노력했습니다. 서구식 개인 위주의 사고에서 벗어나 적극적으로 학회 활동에 참여했고, 학우 들과 어울리며 협업의 중요성을 깨달았습니다. 아울러, 변화에 직면했을 때 적극적이고 능동적 으로 대처하는 자세도 익혔습니다.

2. 참신한 표현, 그 수위를 조절한다

20세 이상의 연령에서 기대할 수 있는 글은 과연 무엇일까요? 명확한 규정은 없지만, 정확한 의사 전달과 겸손한 표현이 기본임은 확실합니다. 자기를 소개하는 글에 참신한 표현이 도움이 된다면 얼 마든지 사용해도 무방합니다. 다만, 읽는 이의 관점을 간과해서는 안 됩니다. 참신하다는 의미가 SNS 에 빈번히 등장하는 축약어와 신조어를 의미하지는 않습니다. 문제는 지원자들이 참신하다고 믿고 쓰 는 용어가 SNS 용어이거나 맥락에 맞지 않는 생소한 어휘일 때가 많다는 점입니다. 발랄한 모습을 연출하고 싶어서 대화체로 이야기를 이어 가거나 자신의 감정을 지나치게 묘사하는 경우도 적지 않습니 다. 그에 반해 사용하기가 쉽지 않아 너무나도 생소한 사자성어를 남발하는 사례도 있습니다. 인터 넷을 검색하지 않고는 의미를 알기 어려운 사자성어가 과연 읽는 이에게 어떤 인상을 줄까요? 참신한 표현의 범위는 간단하게 이해할 수 있고, 정중함이 배어든 표현이라고 할 수 있습니다. 글을 작성한 후에 동년배 친구보다는 연령대가 약간이라도 높은 선배들에게 평가를 요청하는 것도 참신함의 수위 를 조절할 수 있는 방법입니다. 동일한 눈높이를 공유하는 친구들은 연령대가 높은 읽는 이의 잣대에 맞추기 어렵습니다. 설령 기업에서 자기소개서를 읽는 이가 20대의 SNS용어와 대중 문화를 이해하고 있어도 평가는 달라지지 않습니다. 상대 평가에 의해 타 지원자들의 정중함을 담은 참신한 표현이 우 위를 보이기 때문입니다. 타인에게 보여 주는 자신의 글은 아무래도 신경이 쓰일 수밖에 없습니다. 바로 그 점이 수위 조절의 시작점입니다. 감각적인 표현도 필요하지만, 정중함을 잃지 않는 표현이 얻는 바가 더 많습니다. 수위 조절을 통해 지원자의 특색을 올바르게 표현하세요.

💡 '고생하면 철든다'는 말, 새빨간 거짓말

→ 제목을 보는 순간 어떤 느낌이 드나요? 표현이 자기소개서의 격에 맞지 않는다는 점은 직감적으로 알 수 있습니다. 물론 일면 흥미로운 인상을 주기도 합니다. 하지만 정중함과 참신함이 대체 관계는 아니므로 이러한 표현으로 얻는 것보다는 잃을 것이 더 많습니다. 정중하면서 참신한 표현으로 얼마든지 수정이 가능합니다. 결국 이러한 표현은 지원자의 정성 부족으로 귀결됩니다. 그렇다면 올바른 범위에 들어가는 표현은 무엇인지 수정을 통해 알아보겠습니다.

💡 보상 없는 노력, 미래에서 의미를 기대하다

→ 표현에 정답은 없지만, 부정적인 인상을 긍정적으로 전환했고, 문어체 위주의 단어를 사용했습니다. 단지 연령대를 고려해서 이런 형태로 수정한 건 아닙니다. 수정 전의 표현보다는 수정 후의 표현이 작성에 더 많은 정성이 듭니다. 평소에 쓰던 표현을 그대로 사용할 때, 그 표현이 참신함으로 둔감하므로 항상 유의해야 합니다.

미국에 도착해 보니 일반 가정집이 아니라 RV라는 이동식 차량에 살고 있는 가난한 가족의 집이었습니다. 시설이 열악해 어머니께서 유학 간다고 바리바리 싸 주셨던 음식도 다 넣을 공간이 없어서 버렸을 때는 정말 눈물이 마르지 않고 나왔습니다.

→ 평소 쓰던 말을 그대로 글로 옮겨 놓은 흔적이 보입니다. 작성 시기에 자신의 감정을 다소 과장해서라도 진솔하게 전달하고 싶었던 것임을 알 수 있습니다. 하지만 읽는 이의 입장에서 이를 바라보면, 내용에 공감하기에 앞서 격에 맞지 않다는 인상부터 받습니다. 충분히 더 다듬을 수 있는 글인데 전혀 정성을 드린 흔적을 발견할 수 없기 때문입니다. 이는 글을 요령 있게 다루는 능력의 유무와는 관계가 없습니다. 유려한 문체로 상황을 설명하고 경험의 핵심을 짜임새 있게 기술하는 것은 분명 실력이긴 하지만, 자기소개서의 격을 고려하지 않는다면 그 실력이 오히려 기회의 상실로 이어질 수 있습니다. 무엇보다 중요한 건 자기소개서의 격에 지원자가 맞춰야 한다는 점입니다. 위의 예시 문장을 적절한 형태로 수정해 보겠습니다.

미국에 도착해 보니 거주 공간은 기대와 달리 이동식 차량이었고, 가족의 경제 형편은 상당히 어려웠습니다. 내부 시설은 비좁고 열악해 어머니께서 담아 주신 음식을 저장할 수도 없었습니다. 음식이 상해 버려야 했을 때는 어머니께 죄송스럽고 슬펐습니다.

→ 행위 묘사를 동사 위주로 변경하고, 과도한 묘사를 생략했습니다. 타인의 경제 상황은 민감한 요소이므로 정형적인 표현을 사용했습니다.

다음 내용을 읽어 보며 함께 문제점을 짚어 보겠습니다. 수정 내용을 비교하며 올바른 표현 방법을 익혀 보세요.

Before

현재 귀하가 직장 생활을 하기에 가장 부족하다고 생각되는 역량은 무엇이며, 이를 보완하기 위해 어떤 활동과 노력을 하고 있는지 기술하시오.

600자

💡 ① 으이구, 똥고집!!!!

② 저는 어렸을 때부터 주위에서 남자아이 같다고 할 정도로 제가 원하는 것을 확실히 하고 그것을 가져야만 직성이 풀렸습니다. 또한, 옳다고 생각하는 것에 있어서는 남들이 뭐라 하더라도 저의 소신을 지키려는 과정에서 부모님과의 의견 충돌이 생겨 부모님을 힘들게 한 적도 있습니다. ③ 가끔은 정말 옳지 않은 것임에도 불구하고 저의 고집을 꺾지 않아 손해를 보는 경우도 있었고 불가능한 일을 끝까지 포기하지 않아 원하는 목표를 달성하지 못한 적도 있었습니다. ④ 이러한 고집스러운 성격은 한번 시작한 것은 끝을 내고야 마는 끈기와 집중력으로 이어져 저의 장점이 되기도 했지만 다양한 부서의 사람들과 협력하고 고객에게 원하는 솔루션을 제공하고 신뢰를 얻기 위해서라면 옳지 않은 것은 포기할 줄도 알아야 하고 저의 의견만을 주장하는 것이 아닌 여러 사람의 의견을 경청하고 조합해 더 좋은 대안을 찾아낼 수 있다고 생각했습니다. ⑤ 이를 보완하기 위해 고민하거나 결정을 내려야 하는 상황에서 부모님과 주변 친구들의 의견을 묻고 과연 나의 주장이 옳은 것일까 내가 고집을 피우고 있는 것은 아닌가 라는 생각을 한 번 더 함으로써 다양성의 가치를 이해하고 주도적으로 판단하기 위해 노력하고 있습니다.

➔ ① 제목부터 자기소개서의 격에서 벗어났습니다. 참신함을 오해했을 때 이러한 표현을 씁니다. 느낌표를 사용할 이유는 전혀 없지만, 설령 사용해도 연속적으로 4개를 나열하는 것은 올바르지 않습니다.

② 자기 지칭 어휘가 빈번하게 등장합니다. '저는, 제가, 저의'는 자신이 주체인 내용에서는 생략할 수 있습니다.

③ '가끔은 정말'에서 '정말'은 불필요한 부사입니다. 구어체 인상을 줄 수 있으므로 이와 같은 부사는 사용하지 않아야 합니다.

④ 문장을 전부 읽을 수가 없습니다. 지나치게 길고, 문장 간 연결이 상당히 빈약합니다. 길이를 조절하고, 내용을 정리하는 과정이 필요합니다. 다소 엄격하게 표현을 제약한다면, '솔루션'은 '해결 방법'으로 수정할 수 있습니다. 영어보다는 한국어를 사용하는 것이 통일감을 줍니다.

⑤ 위 ④에 이어 호흡이 불가능한 길이의 문장이 연속해서 나타났습니다. 이 정도 수준이면, 읽는 이가 도중에 포기할 우려가 있습니다. '나의 주장이 옳은 것일까 내가 고집을 피우고 있는 것은 아닌가' 유형의 독백 처리는 글이 가벼워 보이는 취약점을 제공합니다. 독백을 안은문장으로 표현하지 말고, 문장의 주어로 이어서 작성하세요.

현재 귀하가 직장 생활을 하기에 가장 부족하다고 생각되는 역량은 무엇이며, 이를 보완하기 위해 어떤 활동과 노력을 하고 있는지 기술하시오.

600자

💡 고집과 신념의 유연화

어렸을 때부터 남자아이 같다는 말을 들을 정도로 자신이 원하는 것을 확실히 표현하고 그것을 소유해야만 직성이 풀리곤 했습니다. 또한, 옳다고 생각하는 것에 대해서는 남들의 시선을 의식하지 않고 소신을 끝까지 지켰습니다. 이 과정에서 부모님과 의견 충돌을 빚어 부모님을 힘들게 한 적도 있었습니다. 가끔은 옳지 않은 것임에도 불구하고 고집을 꺾지 않아 손해를 보는 경우도 있었고, 불가능한 일을 끝까지 포기하지 않아 결국에는 원하는 목표를 달성하지 못한 적도 있었습니다. 이러한 고집스러운 성격은 시작한 것을 반드시 마무리하는 끈기와 집중력으로 이어지며 장점으로 발전했습니다. 하지만 조직에서는 고집이 유용하지 않습니다. 다양한 부서의 사람들과 협력해 고객이 원하는 해법을 제공하고, 이를 토대로 신뢰를 얻기 위해서는 옳지 않은 것은 포기하는 유연함이 필요하기 때문입니다. 자신의 의견만을 고수하는 것이 아닌, 여러 사람의 의견을 경청하고 조합해 더 나은 대안을 찾아내는 유연함을 내재하겠다고 다짐했습니다. 이에 어려운 결정을 앞둔 상황에서는 부모님과 주변 친구들의 의견을 적극적으로 구하고, 현재 주장하고 있는 사항이 객관성과 합리성을 갖췄는지 신중히 고려하고 있습니다. 다양한 의견을 균형 있게 비교하며 올바른 판단에 이르고자 항상 노력합니다.

3. 문장이 너무 길어 이해할 수 없다면 나눈다

이 부분은 특별한 설명이 필요 없을 정도로 지극히 상식적인 사항입니다. 글이 길면, 문두와 문미가 괴리될 가능성은 높아지고, 작성하는 본인도 정작 무슨 이야기를 하고 싶었는지 헷갈리는 상황에 직면합니다. 한 문장에 80자 이상의 글자를 담으면 논문이 아닌 이상 부적절한 인상을 줍니다. 쉼표를 중간에 삽입해 호흡 길이를 나눠 주는 것도 유용합니다. 문장 구조를 단순하게 설정하면 불필요하게 긴 문장이 나타날 틈이 없습니다. 생각을 정리하고 작성하더라도 표현하는 과정에서 문장 구조가 엉킬 수 있으므로 퇴고는 필수입니다. 문장은 이해 단위로 나누고, 적정한 길이의 문장과 짧은 문장이 반복되는 형식을 활용하세요. 온통 긴 문장만 열거하면 이해 전달에 어려움을 겪을 수 있습니다. 그와 반대로 전부 짧은 문장만 사용하면 내용이 부실하다는 오해를 받을 수 있습니다. 읽는 이가 이해하지 못하는 자기소개서는 어떠한 의미도 없는 활자 덩어리에 지나지 않습니다. 자신이 읽어도 너무 길어서 도통 이해할 수 없는 문장은 반드시 분할하세요.

방문 판매의 강력한 방해 요소인, 경계심과 무관심을 넘어서자 거절의 횟수보다 모금 활동에 적극 참여하는 가정의 수가 더 많아졌고, 이를 통해 상대방 입장에서 생각하고 직관적으로 파악 가능한 정보를 도구로 삼아 전략적으로 접근하면 보다 나은 결과를 얻을 수 있음을 확인한 활동이었습니다.

➜ 문두와 문미가 연결되지 않고 있습니다. 문장을 나누면 자연스럽게 각 문장이 의미하는 바를 확인할 수 있습니다. 쉼표가 있는 부분에서 상황 설명과 부연 설명으로 나뉩니다.

방문 판매의 강력한 방해 요소인 경계심과 무관심을 넘어서자 거절의 횟수보다 모금 활동에 적극 참여하는 가정의 수가 더 많아졌습니다. 이를 통해 상대방 입장에서 직관적으로 파악이 가능한 정보를 도구로 삼아 전략적으로 접근하면, 보다 나은 결과를 얻을 수 있다는 사실을 확인했습니다.

➜ 문장을 나누면 각 문장의 문두와 문미 간의 거리가 줄어듭니다. 이를 통해 문장 단위로 오류를 바로잡을 수 있고, 전달하고 싶은 내용을 올바르게 표현할 수 있습니다.

미국에 대해 잘 모르던 시절 그렇게 고생했던 첫 홈스테이는 출장으로 집을 방문하신 아버지의 강력한 반대로 다른 곳으로 옮겼고, 그 후로도 많은 우여곡절을 겪으며 저를 굉장히 성장시켰습니다.

➜ 의미는 알 수 있지만, 문장의 후반부가 상당히 어색합니다. 쉼표 위치를 중심으로 의미 분절이 가능합니다.

미국에 대한 배경 지식이 부족했던 시기에 처음 겪은 홈스테이는 출장 차 미국을 방문하신 아버지의 강력한 반대로 끝을 맞이했습니다. 그 이후 더 나은 거주 공간으로 옮겼고, 새로운 환경에서 우여곡절을 겪으며 자립심을 길렀습니다.

➜ 문장을 나누면 수정이 한결 용이합니다. 문장의 주체를 자신으로 바꿔 어색한 부분을 수정했고, 문두와 문미를 정확히 연결했습니다.

다행히 주인 분들은 좋았지만 생활이 어렵다 보니 자주 싸우시고 저에게 금전적인 부분을 자주 말씀하셨음에도 아침마다 쥐가 갉아먹던 음식을 보기 일쑤였고, 심지어 곳곳에 쥐의 대변이 널려 있어 자고 일어나면 쥐똥을 치우느라 바쁜 상황이 지속되었습니다.

➜ 너무 많은 내용을 한 문장에 넣고 묘사까지 곁들였습니다. '환경이 열악했을 뿐 주인은 선한 사람이었다. 주인은 금전에 대해 자주 언급하면서도 정작 쥐가 돌아다닐 정도로 심각한 환경은 개선하려는 노력조차 하지 않았다'라는 내용을 적절한 길이로 분할해 표현해 보겠습니다.

주인 내외는 친절한 분들이었지만, 형편이 어려운 탓에 다툼이 잦았습니다. 또한, 자주 금전에 대해 언급하면서도 환경은 취약했습니다. 아침마다 쥐가 갉아먹던 음식을 보거나 심지어 집안 내부에서 쥐의 분변을 치워야 하는 심각한 상황이 이어졌습니다.

➜ 쥐똥을 굳이 자기소개서에 사용할 필요는 없습니다. 격에 맞는 표현으로 수정했고, 문장 길이를 조절하며 의미를 확실히 전달했습니다. 이처럼 문장만 나눠도 새로운 글로 수정할 기회를 마주할 수 있습니다.

안심Touch

다음 내용을 읽어 보며 함께 문제점을 짚어 보겠습니다. 수정 내용을 비교하며 올바른 표현 방법을 익혀 보세요.

성장 과정을 기술하시오.

① 가장 높은 성취를 이뤄 내기 위해서는 가장 잘하는 일이 곧 가장 좋아하는 일이어야 한다고 생각하며, 디자인은 저에게 해야만 하는 일이 아니라 하고 싶은 일이고, 그것만으로도 즐거움을 주는 일입니다. ② 어린 시절부터 손재주가 있고 그림 그리기를 좋아해 디자인 대학에 입학하게 된 후 여러 활동을 해오면서 적응력과 친화력이 뛰어난 사람으로 성장했습니다. 또한, 학과 내 여러 공동 프로젝트를 진행할 때는 리더십을 발휘해 구성원 간의 의사소통을 돕고 전반적인 업무를 총괄하는 팀의 리더 역할을 주로 맡아 왔습니다. ③ 졸업 전시회 기간에는 편집부원으로서 각 부서 간의 유기적인 협동을 이끌기 위해 적극적인 참여로 임했으며, 조원들과 함께 스토리가 탄탄한 전시 작품을 만들기 위해 스토리텔링부터 전체 완성까지 모두 함께 융화될 수 있는 작품을 만들었습니다. ④ 이러한 공동 프로젝트를 통해 상호 간의 커뮤니케이션 하는 법과 업무의 추진력을 배울 수 있었으며, 때로는 혼자만의 결단력과 추진력보다는 다수의 노력 결정체가 빛을 발한다는 사실을 깨달았습니다. ⑤ 대학 시절 팀워크를 통한 공동 프로젝트와 실무 경험이 LG생활건강의 디자이너가 되어 업무를 수행하는 데 있어 소중한 밑거름이 되어 줄 것이라 확신합니다. ⑥ 저에게 대학교생활은 학교라는 조직 안에서 사람들과의 소통과 개인의 역할에 대해서 배우고 경험하며 사회구성원으로서의 역량을 키울 수 있었던 값진 시간이었습니다.

→ ① 문장이 길어서 의미를 확실히 이해할 수 없습니다. 자기 지칭 어휘까지 나타나 흐름이 어수선합니다. '디자인을 즐긴다'하고 싶은 말인데 불필요한 내용이 지나치게 많습니다. 내용 정리와 문장의 길이 조절은 퇴고 시 필수 과정입니다.

② 상호 연관성이 없는 내용은 한 문장으로 묶어서는 안 됩니다. 그림 그리기를 좋아하는 것과 대학 진학 후 친화력을 발휘한 것은 관련이 없습니다. 문장을 나눠서 기술합니다. 자신을 '뛰어나다'라고 스스로 칭찬하는 표현은 지원자가 평가 주체를 혼동하고 있다는 인상을 줍니다. 자신에 대한 평가 대신 읽는 이가 그러한 평가를 할 수 있을 만한 내용을 행동 중심으로 설명합니다.

③ ①과 ②처럼 문장이 길어서 문두와 문미가 호응하지 못하고 있습니다. 쉼표로 나눈 시도는 적절하나 후속 문장의 수식어가 길어 어색함을 자아냈습니다.

④ '커뮤니케이션하는 법'보다는 '소통'이 더 간결한 표현입니다. '노력 결정체가 빛을 발한다'는 표현은 맥락에는 맞으나 주변 문장과 비교했을 때 다소 수사적입니다. 전체 인상의 통일감을 유지하기 위해 주변 문장과 유사한 수위로 표현을 조율합니다.

⑤ '밑거름이 되어 줄 것이라 확신합니다'에서 다시 한 번 자신의 평가가 나타났습니다. 확신은 행동 중심으로 해당 내용을 설명했을 때 읽는 이가 그에 대해 판단해 얻는 결과입니다. 지원자가 활자로 확신한다고 그 결과에 이를 수 있는 건 아닙니다.

⑥ 자기 지칭 어휘 '저에게'는 불필요합니다.

성장 과정을 기술하시오.

💡 소통하는 유기적 감각의 디자인 리더

성취와 성공은 그 일을 즐기고 선호하는 자에게서 비롯됩니다. 디자인은 창조의 자유를 즐길 수 있는 분야이며, 성취와 성공을 일궈 내고 싶은 분야입니다. 유년 시절부터 손재주가 있다는 말을 자주 들었고, 그림 그리기를 좋아했습니다. 넓은 분야를 공부해 보고자 자연스레 디자인 대학에 입학했고, 그림 그리기만큼이나 사람과의 관계 형성을 즐기며 친화력과 적응력으로 다양한 활동에 임했습니다. 학과 내 여러 공동 프로젝트를 진행할 때는 리더십을 발휘해 구성원 간의 의사소통을 돕고, 전반적인 업무를 총괄하는 팀의 리더 역할을 주로 맡아 왔습니다. 졸업 전시회 기간에는 편집부원으로서 각 부서 간의 유기적인 협동을 이끌어 내기 위해 솔선수범했고, 스토리텔링부터 전체 완성까지 전체 흐름을 조율하며 탄탄한 전시 작품을 만들고자 조원들과 함께 노력했습니다. 공동 프로젝트를 통해 상호 소통의 중요성과 업무 추진력을 배웠으며, 협업과 분담의 시너지가 보다 뛰어난 작품 창조에 기여함을 확인했습니다. 졸업 후, 실무 현장에서도 공동 프로젝트를 통해 익힌 경험과 지식을 활용해 한층 성장할 수 있었습니다. LG생활건강의 디자이너로서 업무를 수행하며 새로움을 계속 덧붙여 늘 발전하는 모습을 이어 나가겠습니다.

4. 동일한 어휘와 표현이 가까운 위치에서 반복되지 않게 배치한다

동일한 표현의 반복은 읽는 이가 지원자의 정성에 대한 의문을 품는 발단을 제공할 수 있습니다. 맥락에 맞게 사용할 수 있는 어휘는 제한적이긴 하지만, 심사숙고를 거쳐 이미 기재한 어휘와는 다른 어휘를 배치하는 것이 가능합니다. 문장마다 동일한 표현을 거리낌 없이 쓴다면, 자기소개서 작성은 어렵지 않습니다. 다만, 읽는 이가 아닌 그 누군가가 보더라도 입사를 향한 열의가 느껴지지 않을 뿐입니다. 상당량의 자기소개서가 입사를 목표로 경쟁을 벌이고 있는 상황에서 정성 부족은 노골적으로 입사를 원하지 않는다는 신호를 보내는 셈입니다. 동일한 표현이라도 중요한 내용이고, 관련 내용을 설명할 때 반드시 필요한 표현이라면 반복으로 인한 불이익은 없습니다. 하지만 특정 내용의 설명을 돕는 부사, 동사, 형용사는 변화를 줄 수 있어 그에 해당하지 않습니다. 동일 문장 내 혹은 인접 문장에 똑같은 표현이 반복되는 것은 얼마든지 수정을 통해 방지할 수 있습니다. 배경 스펙 수준이 동등하다거나 배경 스펙보다는 자기소개서로 평가하는 상황이라면, 이러한 사소한 사항이 지원자의 당락을 가를 만한 요소로 영향력을 발휘합니다. 자기소개서에 다양한 어휘를 활용하겠다는 마음가짐만 있다면, 이와 같은 표현 반복에서 벗어날 수 있습니다.

대안 학교에서 전담 교사로 활동했습니다. 특히, 동행 프로젝트의 일환이었던 서울수화학교 봉사 활동에서 느낀 바가 많았습니다. 수화 수업을 듣는 학생들을 맡아 교육 봉사를 수행했습니다.

→ 봉사 활동이 연이어져 두서없다는 인상을 남깁니다. 내용이 겹치는 경우에는 문장을 합쳐 동일한 어휘 반복을 피할 수 있습니다. 핵심 내용이 집중된 부분에서 문장을 세분화하면, 동일 어휘가 빈번히 등장 하기 마련입니다. 문장 길이를 조절함으로써 이와 같은 반복에서 벗어날 수 있습니다.

대안 학교 전담 교사로 활동하며 프로젝트의 일환으로 서울수화학교 봉사에도 참여할 수 있었습니 다. 수화 수업을 맡아 교육을 진행하며 느낀 바가 많았습니다.

→ 세 문장을 두 문장으로 줄였고, 겹치는 부분은 최소화해 동일 어휘 반복 사용을 피했습니다. 문장을 간결하게 작성하면 내용 전달도 용이합니다.

💡 사람 중심의 미래를 현대자동차와 함께 만들다

사람 중심의 미래를 만들어 가고 있는 현대자동차에서 더욱 의미 있는 성장을 이뤄 내고자 지원합 니다.

→ 제목과 똑같은 내용이 첫 문장으로 등장해 식상함을 자아냈습니다. 동일한 어휘를 강조의 목적으로 반복할 수 있지만, 위의 경우처럼 지나치게 인접해 사용하면 적절한 평가로 이어지기 어렵습니다. 제목을 수정하거나 첫 문장 내용을 수정하는 방법으로 이 상황을 벗어나야 합니다.

💡 사람 중심의 미래를 현대자동차와 함께 만들다

의미 있는 성장을 위해 50년간 노력해 온 현대자동차는 사람을 자산으로 삼아 새로운 미래를 개 척하고 있습니다.

→ 표현 의도는 동일하면서도 반복 표현은 없습니다. 첫 문장이 핵심을 담고 있을 때는 글의 구조를 재설정해야 하는 경우도 있습니다. 제목과 첫 문장의 반복은 반드시 유의해야 하는 부분입니다.

학부 과정과 병행해 사회조사분석사 2급 수험 내용을 성실히 학습했습니다. 그 결과, 졸업 전에 사회조사분석사 2급 자격증을 취득했습니다. 경력을 쌓아 실력을 갖춘 후, 사회조사분석사 1급에 도전하겠습니다.

→ 자격증 명칭은 고유 대상이라 지칭을 위해서는 반복 언급이 불가피하지만, 문장 구조를 바꿔 이를 최소화할 수 있습니다. 배경 스펙으로서 자격증은 취득 여부가 중요한 사항이므로 불필요한 내용은 생략합니다.

학부 과정과 학습을 병행해 사회조사분석사 2급을 취득했습니다. 입사 후 직무 수행을 통해 실력을 키워 1급 취득에도 도전할 것입니다.

➔ 문장 간 내용 연결에서 생략할 수 있는 부분을 찾아냈고, 불필요한 설명은 생략했습니다. 2급과 1급의 대상은 위의 문장 흐름에서 누구나 예상할 수 있습니다. 이러한 생략은 의사 전달에 전혀 지장이 없습니다.

다음 내용을 읽어 보며 함께 문제점을 짚어 보겠습니다. 수정 내용을 비교하며 올바른 표현 방법을 익혀 보세요.

Before

에어부산에 지원한 동기를 설명하시오.

500자

💡 고객의 시선에서 소통하는 ① 서비스인

서비스 직무에 있어서 가장 중요한 것은 소통이라고 생각합니다. ② 초등학교 돌봄 교실 보조교사 봉사 활동을 하면서 소통의 방법을 알게 되었습니다. ③ 1학년 개구쟁이 남자아이는 수업하기 싫다고 도망가기 일쑤였고, 저는 아이가 왜 그런지 알고 싶어서 그림으로 대화하기 등의 방법을 사용했습니다. ④ 엉뚱한 대답에 밝은 미소로 끊임없이 대답해 준 결과 아이는 제 말을 잘 따르고 수업도 잘 듣게 되었습니다. ⑤ 이러한 경험을 통해 저는 고객의 시선에 맞추어 다가간다면 진정한 소통을 할 수 있다는 믿음을 가지게 되었습니다. ⑥ 또한, 다양한 국적과 연령층의 고객들과 소통하는 승무원에 관심을 갖게 된 저는 친근한 이미지를 부각시키면서 고객지향적인 맞춤형 서비스를 제공하는 에어부산에 적합한 인재라고 생각해 지원하게 되었습니다. ⑦ 아시아 최고의 short-haul 항공사인 에어부산의 서비스와 저의 세심함과 고객의 시선에서 소통하는 능력이 최고의 시너지효과를 낼 것이라 확신합니다.

➔ ① 단어를 조합해 신선한 인상을 부여할 수 있지만, 어색함이 묻어난다면 방법을 선회할 필요가 있는 상황입니다. 서비스인은 서비스 마인드를 강조하기 위해 표현한 단어인데, 이보다는 서비스인의 근본을 이루는 서비스 정신 혹은 서비스 마인드가 의도 표출에 더욱 적합한 표현입니다.

② 문장 종결 구문 '알게 되었습니다'는 수동적인 인상을 남깁니다. 일상 대화에도 곧잘 사용하는 표현이지만, 자기소개서에서는 주체적인 모습을 보여 주는 것이 낫습니다. 게다가 분상 내용을 보면, 수동적으로 결과에 이른 상황도 아니라서 굳이 이와 같은 표현을 쓸 이유는 없습니다. 일본어는 겸양의 미덕을 보이고자 수동식 표현을 쓰고, 일본어 자기소개서에도 이런 형태를 볼 수 있습니다. 한국어로 자기소개서를 작성할 때는 주체적인 표현을 사용해 뚜렷한 인상을 남깁니다. '알게 되었습니다' 대신 '알았습니다', '익혔습니다', '배웠습니다' 등의 형태로 문장을 종결하세요.

③ 자기 지칭 어휘는 불필요하고, 의존명사 '등'을 쓰기에는 나열 대상이 빈약합니다. 적어도 두 가지 이상을 열거할 때 의존명사 '등'을 사용해야 구어체 같지 않습니다. 문장을 나눠 정리하면 자연스럽게 자기 지칭 어휘를 생략할 수 있고, 의존명사의 불필요한 사용도 수정할 수 있습니다.

④ '제 말을 잘 따르고, 수업도 잘 듣게 되었습니다'는 전혀 정리하지 않은 문장 표현이며, 불필요한 수동형 표현과 자기 지칭 어휘까지 나타났습니다. '잘'과 같이 구체화가 명확하지 않은 부사는 사용을 삼갑니다.

⑤ 자기 지칭 어휘를 반복해 사용하고 있습니다. 한 차례라도 사용하면, 이처럼 연속적으로 문장에 사용할 수밖에 없습니다. 생략 시 어색하다고 느끼기 때문입니다. '믿음을 가지게 되었습니다'도 불필요한 수동적 표현으로 자기 지칭 어휘와 함께 계속해서 등장하고 있습니다. 문맥상 '판단에 이르다'로 수정할 수 있고, 경험에서 체득한 사실인 만큼 감성보다는 이성적인 모습으로 내용을 표현하는 것이 적절합니다.

⑥ 접속부사 '또한'은 역할이 모호합니다. 이전 문장과 이어지는 내용이 아니라 불필요한 사용에 해당합니다. 문장이 지나치게 길어 이해가 어렵고, 자신이 기업에 적합한 인재라고 평가를 내렸습니다. 평가 주체는 기업이지 본인이 아닙니다. 적합 여부는 기업이 판단할 일이고, 지원자는 지원 동기를 설명하는 데 집중해야 합니다. 자신이 지원 기업에 적합하다고 생각하는 이유만 제시하세요.

⑦ '확신합니다'도 ⑥과 같이 자신의 평가가 배어 있습니다. 시너지 효과를 낼 수 있도록 지원자가 주체로서 힘을 기울여야지 단순히 두 가지 강점이 에어부산에서 더 나은 결실을 낳을 것이라고 확신하는 건 안일한 표현일 따름입니다. 자신에 대한 평가는 지원자의 영역이 아님을 명심해야 읽는 이에게 적정한 인상을 남길 수 있습니다.

After

에어부산에 지원한 동기를 설명하시오. 500자

💡 **고객의 시선에서 소통하는 서비스 정신**

서비스 직무에 있어서 가장 중요한 것은 소통이라고 생각합니다. 초등학교 돌봄 교실 보조 교사 봉사 활동을 하면서 소통의 방법을 익혔습니다. 1학년 개구쟁이 남자아이는 수업에 참여하기 싫다며 도망가기 일쑤였습니다. 그 이유가 궁금해 그림으로 아이와 대화를 시도했습니다. 아이의 엉뚱한 대답에도 밝은 미소로 회답한 결과, 아이는 마음을 열기 시작했고 수업에도 집중하는 모습을 보였습니다. 이러한 경험을 통해 고객의 시선에 맞춰 다가간다면 진정한 소통이 가능하다는 판단에 이르렀습니다. 승무원은 다양한 국적과 연령층의 고객들과 소통해야 합니다. 친근한 이미지를 바탕으로 고객 지향적인 맞춤형 서비스를 제공하며 에어부산과 함께 성장하고자 지원하는 바입니다. 아시아 최고의 short-haul 항공사인 에어부산에서 서비스와 세심함으로 고객과 소통하며 시너지 효과를 낼 수 있도록 끊임없이 노력하겠습니다.

5. 외국어는 순화한다

이유는 단순합니다. 외국어를 발음 그대로 기재하면 갑작스러운 격의 차이를 만듭니다. 한국어로 작성하는 상황에서 무심결에 등장하는 외국어는 지원자의 전문성을 드러내는 것이 아니라 단순히 구어 사용의 습관이 배어든 경우가 많습니다. 언론 기사와 대중 매체에서도 종종 영어를 발음 그대로 옮겨 적는 사례가 보입니다. 하지만 자기소개서는 빠른 속도로 현상을 설명하는 글이 아니라 충분한 시간을 두고 자신을 소개하는 글이므로 굳이 영어가 필요하진 않습니다. 영어로 작성을 요구하는 외국기업 자기소개서에 고유어 이외의 어휘를 한국어 발음 그대로 쓴다면 어떨까요? 읽는 이가 한국어를 구사하거나 한국인이라면 어려움 없이 이해하겠지만, 그렇더라도 지원자가 정성이 부족하다는 인상은 피할 수 없을 것입니다. 한국어 자기소개서도 마찬가지입니다. 대체로 지원자는 누구나 이해하는 영어를 사용합니다. 가장 자주 등장하는 어휘가 니즈(NEEDS), 갭(GAP), 서치(SEARCH), 이벤트(EVENT) 등입니다. 이는 수요, 간극, 조사, 행사로 수정할 수 있습니다. 읽는 이의 이해를 고려한 게 아니라 인상을 고려한 접근입니다. 반면에 전혀 한국어로 옮길 수 없는 고유명사는 당연히 발음 그대로 기재하거나 알파벳으로 표현합니다. 전문 용어는 이러한 방식을 허용하며 부정적인 인상을 남길 우려도 없습니다. 한국어로 의사 전달이 충분한 경우에는 외국어를 순화해 사용합니다.

> **자기소개서에 자주 등장하는 한국어 대체가 필요 없는 외국어 사례**
>
> 아르바이트, 트렌드, 서비스, 매뉴얼, 보디빌딩, 밸런타인데이, 웹사이트, 콘텐츠 등

저의 경험을 바탕으로 사내 사원들의 니즈를 우선시하고, 필요로 하는 비품을 적기에 제공할 수 있도록 할 것입니다.

→ 니즈는 대표 사례로서 무척 빈번하게 자기소개서에 등장하고 있습니다. 니즈는 문맥에 따라 수요, 욕구, 필요 등으로 변경할 수 있고, 그에 맞춰 전후 문장 성분도 함께 수정해야 합니다. 니즈는 활자로 자주 접했기 때문에 이에 대해 무감각할 수 있습니다. 작은 차이라도 더 나은 결실에 이바지한다면, 충분히 고려해 볼 만한 요소겠지요. 게다가 어렵지도 않습니다. 자기소개서에 마땅히 들여야 할 정도의 정성만 기울인다면 문제 해결은 자연스럽게 이뤄집니다.

경험을 바탕으로 직원들의 수요에 적극적으로 부응하고, 비품을 적기에 공급할 수 있도록 노력하겠습니다.

→ 영어를 한국어로 변환했고, 문장 내에서 의미를 반복하는 '니즈와 필요'를 한 번만 사용하도록 구조를 수정했습니다. 이는 완결성과 통일성을 강화하는 측면도 있어 용이합니다.

💡 天직을 찾다

대학시절부터 폴라로이드 사진기로 페스티벌이나 이벤트가 열리는 곳에 찾아가 사진 찍어 주기, 김밥 판매하기 등 단순 아르바이트를 했고, 직접 발로 움직이며 직접적인 수익을 내는 것에 많은 흥미가 있었습니다.

→ '천직을 찾다'에 굳이 한자를 사용해야 할까요? 한자는 외국어가 아니지만, 이런 식의 사용은 외국어 남발과 다를 바 없이 부정적인 인상을 남깁니다. 게다가 하늘 천(天)은 한자성어처럼 한자로 표음과 표의를 전부 소개해야 할 정도의 수준도 아니라서 사용 자체가 어색합니다. 페스티벌과 이벤트는 축제와 행사로 변경해도 무리가 없습니다. 양자 간 어감의 차이가 존재할 수밖에 없지만, 대체해도 의미 전달에는 지장이 없기 때문에 한국어를 사용해야 마땅합니다. 간혹 마주하는 우스운 표현 중 하나가 '발로 움직이며 부단히 노력하다'입니다. 사람은 특별한 경우가 아니면 대부분의 시간에 발로 움직입니다. 이 표현을 보고 누구나 작성자의 의도는 이해하겠지만, 정성을 담아 쓰는 자기소개서에서는 발로 움직인다는 표현이 너무나도 어색합니다. '열정적으로 노력하다'라고 표현해도 전혀 손색이 없습니다.

💡 수익을 포착하는 감각

대학 시절에 즉석 사진기를 활용해 각종 행사와 축제 현장에서 수익을 거뒀습니다. 김밥도 판매하며 추가 수입원을 마련했습니다. 이처럼 항상 열정적인 자세로 수익 창출 기회를 찾아 다녔습니다.

→ 외국어를 순화했고, 문장 구조를 수정해 간결하게 의미를 전달했습니다. '천직을 찾다'는 지원자의 강점을 요약하는 문구로 변경했습니다. 폴라로이드는 상품명이라 그대로 사용해도 무방하나 어감의 차이를 비교해 보고자 한국어로 바꿔 삽입했습니다.

분대장으로서 분대원들의 사기 진작을 위해 4박5일의 인센티브를 누차 강조했으며, 우승을 확고히 굳히고자 청중들이 즐거워할 만한 퍼포먼스도 따로 준비했습니다.

→ 인센티브를 강조했다는 부분에 문장 구성 요소가 빠져 의미가 모호합니다. 인센티브는 우승에 따른 상여에 해당합니다. 상여를 목표로 직접 언급해 문장 구성 요소를 보충해야 합니다. 아울러, 인센티브는 휴가이므로 이를 정확히 명시해야 합니다. 문맥상 인센티브는 한국어 표현으로 보상 휴가입니다. 퍼포먼스는 공연으로 바꿀 수 있고, 통일감을 위해서도 수정은 필수입니다.

분대장으로서 분대원들의 사기 진작을 위해 4박 5일의 보상 휴가를 공동 목표로 누차 강조했습니다. 또한, 우승을 확고히 굳히고자 청중을 위한 공연도 준비했습니다.

→ 문장을 나눈 후, 각 문장이 의미하는 바를 정확하게 가다듬었습니다. 외국어를 한국어로 수정해 통일감을 높였고, '청중들이 즐거워할 만한, 따로'와 같이 행위 자체에 포함된 표현은 생략했습니다.

다음 내용을 읽어 보며 함께 문제점을 짚어 보겠습니다. 수정 내용을 비교하며 올바른 표현 방법을 익혀 보세요.

SPC그룹에 입사하기 위해 어떤 준비와 노력을 했는지 기술하시오.

800자

💡 ① 내가 만든 업무 매뉴얼

매사에 남을 항상 돕고자 하는 마음이 있습니다. ② 시행착오가 많았던 저를 교훈 삼아 새로 들어올 후임이 업무에 빠르게 적응할 수 있도록 업무 매뉴얼을 만들어 주었던 경험이 있습니다. 주민 센터에서 공익근무요원으로 복무하며 업무와 관련된 자료나 매뉴얼이 없어 초기에는 시행착오가 많아서 업무 보조에 어려움을 겪었습니다. ③ 저의 복무 기간이 3개월 정도 남았을 때, 새로 들어온 후임의 업무 파악이 잘 되지 않자 이대로는 제가 맘 놓고 복무를 마칠 수 없겠다고 생각해 평소에 자주 다루는 업무 5개를 골라서 업무 매뉴얼을 손수 제작해 주기로 했습니다. ④ 주위 공무원들이 얼마 있으면 나갈 건데 왜 만드냐며 핀잔을 주었지만, 항상 주위 사람들을 챙기고자 했던 저의 가치관을 이어 나가고자 했습니다. ⑤ 공무원이 업무를 보는 데 최소한 손해를 끼치지 말아야겠다는 생각이 우선이었기에 사회복지 전산망에서 자주 다루는 업무 5가지를 소개하는 매뉴얼을 약 보름 동안 제작하며 차츰 완성도를 높여 갔습니다. 결과는 대성공이었습니다. ⑥ 얼마 후 새로 들어온 공무원도 저의 매뉴얼을 보시고 저의 수고로움을 높이 평가하셨습니다. ⑦ 이처럼 저의 경험을 바탕으로 사내 사원들의 니즈를 우선시하고, 필요로 하는 비품을 적기에 제공할 수 있도록 할 것입니다.

➔ ① 자기 지칭 어휘가 제목에서부터 등장하며 자기소개서의 격을 낮추고 있습니다. 업무 매뉴얼은 핵심 소재이므로 적절한 선택이나 주체보다는 목적을 강조해야 의미가 있습니다. 내가 작성했다는 사실보다는 조직을 위해 작성했다는 점이 전달하는 바가 더 많습니다. 글의 내용으로 상대를 배려하는 자세가 지원자의 강점임을 알 수 있습니다. '내가 작성했다'라는 표현이 타당하지 않은 이유입니다.

② 앞으로 소개할 내용을 간추려 제시한 문장인데, 없어도 효과는 동일합니다. 오히려 흐름을 끊는 문장이라 생략하는 것이 낫습니다. 두괄식 구성에 대한 의미 없는 집착으로 탄생한 문장입니다. 제목에 해당 내용을 알렸으므로 단순 반복에 지나지 않는 상황이기도 합니다.

③ 문장이 길어 부담스럽고, '제가 맘 놓고 복무를 마칠 수 없겠다고'에서는 구어체가 명확히 보입니다. 심지어 '골라서'라는 표현까지 등장했고, 이는 구어와 문어의 구분에 대한 고려가 전혀 없는 형국입니다. 문장을 의미 단위로 분절하고, 문어체로 수정해 작성합니다.

④ 구어체와 자기 지칭 어휘가 반복해 등장합니다. '얼마 있으면 나갈 건데 왜 만드냐며'는 굳이 상황 묘사를 할 필요도 없고, 중요한 내용도 아닙니다. 아주 긴박한 상황을 묘사하기 위해 구어체를 사용한다면, 설령 매력적인 이야기에 상응하는 평가를 받지 못하더라도 억울하지는 않을 것입니다. 하물며 전혀 의미 없는 부분을 구어로 표현해 불이익을 감수할 까닭은 없겠지요.

⑤ 시간 순서대로 흐름을 이끌어 간 점은 적절하나 표현을 정리하지 않아 이야기가 두서없습니다. 결과는 대성공이라고 하지만, 목표는 완성이었기 때문에 반전을 기대하며 넣은 '대성공'이라는 어휘에 공감하기가 어렵습니다. 이 문장에서는 15일간 집중했다는 점이 핵심 사항이며, 이를 통해 지원자의 집중력을 알 수 있습니다.

⑥ '새로 들어온 공무원'은 '주민 센터에 부임한 공무원'으로 표현을 한층 성숙하게 바꿉니다. 단어의 의미만 이해하면, 문맥에 맞게 사용할 수 있습니다.

⑦ 외국어 표현은 한국어로 수정합니다. '니즈를 우선시하고'는 '수요에 부응하고'로 변경해야 합니다.

After

SPC그룹에 입사하기 위해 어떤 준비와 노력을 했는지 기술하시오.

800자

💡 **조직을 위해 제작한 업무 매뉴얼**

남을 돕고자 하는 마음을 항상 지니고 있습니다. 주민 센터에서 공익근무요원으로 복무할 때 업무 관련 자료와 매뉴얼이 없어 초기에는 시행착오를 겪었고, 업무 보조에도 어려움을 겪었습니다. 전역을 3개월 정도 앞둔 상황에서 후임이 업무를 파악하지 못하고 있었습니다. 이에 선임으로서 책임감을 느끼며 자주 다루는 업무 5가지를 선정해 업무 매뉴얼을 제작하기 시작했습니다. 항상 주위 사람들을 먼저 배려하는 가치관을 복무 중에도 이어 가고 싶어 업무 매뉴얼을 성실히 작성했습니다. 15일간 사회복지 전산망 업무 5가지를 소개하는 매뉴얼 제작에 주력해 완성할 수 있었습니다. 주민 센터에 부임한 공무원도 매뉴얼을 보고, 수고로움을 높이 평가했습니다. SPC그룹에서는 상대방을 배려하는 성품과 경험을 바탕으로 사원들의 수요에 적극적으로 부응하고, 비품을 적기에 공급할 수 있도록 노력하겠습니다.

6. 말하듯 쓰는 구어체는 수정 1순위이다

문어체와 구어체는 인상 면에서 확연한 차이를 빚어냅니다. 주변 사람들과 격의 없이 나누는 대화를 고스란히 글로 옮기는 건 너무나도 쉽습니다. 격식을 갖춘 표현, 맥락을 고려한 어휘, 적절한 문장 길이 등에 대한 사고 과정을 생략하니 쓰기가 무척 수월합니다. 반면에 문어체는 평소 사용하지 않던 어휘를 문장 구조까지 분석하며 사용해야 하므로 시간을 소요합니다. 지원자는 읽는 이의 진중한 평가를 바라며 자기소개서를 작성합니다. 이와 같은 상황과 입장에서 글을 쓸 때 최소한의 예의를 갖추는 것은 상식이겠죠. 문어체 사이에서 구어체는 눈에 띄기 마련입니다. 지원자는 자기소개서 항목의 요구 사항에 부합하도록 내용을 선별해 글을 씁니다. 마찬가지로 격식을 갖춰야 하는 글은 문어체로 표현하는 것이 기본 조건을 충족하는 방법입니다. 구어체가 보인다면 당연히 솎아내야 합니다. 읽는 이에게 지원자가 상황 분별은 할 수 있다는 신호와 함께 글에 대한 정성을 보여 주기 위해서라도 구어체는 반드시 문어체로 수정하세요.

저의 대학생 때 목표는 다양한 경험을 하자였습니다. 학과 공부도 중요했지만 20대에서 가장 중요한 가치는 다양한 경험을 통해 내면이 강한 사람이 되는 것이라고 생각했기 때문입니다.

→ '다양한 경험을 하자'는 말하는 형식을 그대로 담고 있습니다. 문장을 다듬기만 해도 이와 같은 표현은 얼마든지 수정할 수 있습니다. 특정 부분뿐만 아니라 전체적으로 말하듯이 기술한 흔적이 보입니다. 청중 앞에서 대본을 읽는 듯한 인상도 줍니다. 이러한 형태가 구어체의 대표적인 특징입니다.

대학교에 입학 후 다양한 경험 쌓기를 목표로 삼았습니다. 20대에는 다방면의 경험을 통해 강한 내면을 갖추는 것이 학과 과정만큼 중요하다고 생각했습니다.

→ 말하는 대로 글을 쓰면, 구어체로 표현하기 쉽습니다. 말과 글은 전달 방식이 다릅니다. 자기소개서의 격에 맞추기 위해서라도 마음속 독백을 그대로 글로 옮기지 말고, 생각을 정리한 후 글로 표현하세요.

샘표식품이 좋은 기업이라는 확신과 함께 저 또한 지원하는 영업 직무에 적합하다는 확신을 가지고 있습니다.

→ '저 또한 지원하는'에서 '또한'은 구어체에 가까운 표현입니다. 문장 간 연결이 아닌, 문장 내부에서 강조 기능을 하는데 자기소개서의 성격에는 맞지 않습니다. 조사 '도'를 통해 동일한 효과를 이끌어 낼 수 있으므로 구어체에서 자주 사용하는 표현보다는 문어체를 선택해 사용합니다. '좋은 기업'의 '좋은'은 엄밀하게 구어체는 아니지만, 일상적으로 이야기할 때 쓰는 표현이고 구체화를 고려한 어휘가 아니므로 사용하지 않아야 합니다.

샘표식품은 오랜 기간 고객의 신뢰를 받아 온 기업입니다. 영업 분야에서 고객의 신뢰에 부응하기 위해 더욱 열정적으로 업무에 임하겠습니다.

→ '적합하다, 확신한다' 등의 자기 평가는 배제했고, 표현은 구체화했습니다. 문어체로 작성하는 과정에서 이와 같이 표현을 다듬을 수 있습니다.

안심Touch

저는 흐르는 물과 같이 열정을 가지고 대학 생활을 보냈습니다. 열정이 없는 삶은 제게 죽은 삶과 같습니다.

➡ '흐르는 물'에서 열정적인 모습을 볼 수 있는 사람은 많지 않습니다. 공감대 형성이 어려운 표현이고, 문어체를 고려하지 않고 작성한 글입니다. '제게 죽은 삶'을 보면, 자기소개서의 격에도 맞지 않다는 것을 알 수 있습니다.

활발한 자세로 대학 생활에 임했고, 그러한 과정에서 실천하는 삶의 의미를 알 수 있었습니다.

➡ 불필요한 비유를 생략하는 것만으로도 구어체 인상을 줄일 수 있습니다. 구어와 문어를 명확히 구분하기 어려울 때는 표현이 자기소개서의 격에 맞는지 확인해 보세요.

하고 싶다는 강인한 믿음과 함께 그 일을 한다는 자체가 너무 즐거워 몸을 사리지 않는 것이라고 생각합니다.

➡ '너무'는 강조를 위한 부사인데 수식어가 많아질수록 구어체 인상이 납니다. '너무'를 제외하고 해당 문장을 다시 읽어도 의미는 동일하고, 그 강도마저 큰 차이를 보이지 않습니다. '강인한 믿음'은 구어라면 의문을 제기하지 않을 표현이지만, 문어로 볼 때는 어색함이 묻어납니다.

열정은 과정을 즐기며 성장을 만끽하는 데 필요한 동력이라고 생각합니다.

➡ 내용을 수정해 문어체로 변경했습니다. 작성자가 전달하려는 의미는 동일하게 유지하면서 표현은 정리했습니다. 표현을 구술하듯 기재하지 말고, 생각을 정리한 후에 작성하세요.

그렇기에 제가 처음으로 국제선 승무원이라는 직업에 관심을 가지게 된 것 또한 외국 여행을 원 없이 할 수 있다는 단순한 생각에서 시작되었습니다.

➡ '그렇기에', '또한', '원 없이'는 구어체 표현입니다. 말하듯 썼기 때문에 문장이 길 뿐 핵심 내용은 외국 여행밖에 없습니다. 문장 내 연결을 '또한'으로 시도해 구어체 인상을 남겼고, 무의미한 '되었습니다' 종결 어미는 반복해 사용했습니다.

외국을 자주 여행할 수 있다는 사실만으로 국제선 승무원을 직업으로 희망하기 시작했습니다.

➡ 핵심 내용만 전달하고, 불필요한 표현을 삭제했습니다. 구어체는 정성이 부족해서 나타나는 표현일 뿐 문어체로 변경하는 게 어려운 건 아닙니다.

다음 내용을 읽어 보며 함께 문제점을 짚어 보겠습니다. 수정 내용을 비교하며 올바른 표현 방법을 익혀 보세요.

Before

도전 정신 혹은 창의성을 발휘해 가치를 창출한 경험이 있으면 소개하시오.

💡 ① 5박 6일을 2박 3일로!

② 인천 서해갑문부터 낙동강 하구둑까지 자전거 국토 종주를 한 적이 있습니다. ③ 주변 친구들이나 네티즌들은 평균 5박 6일에 완주했지만, 저는 체력의 한계를 이겨 내기 위해 2박 3일이라는 목표를 세웠습니다. ④ 새벽 6시에 시작해 자정까지 이어지는 라이딩으로 지쳐 포기하고 싶었지만, 스스로의 약속을 지키는 것과 목표달성을 위해 포기할 수 없었습니다. ⑤ 특히, 태풍 짜미는 극한의 체력적 한계 속에서도 '완주'라는 목표를 뚜렷히 할 수 있는 계기가 되어 안전사고 없이 2박 3일에 완주할 수 있었습니다. ⑥ 이화령 고개를 넘으며 훗날 어떠한 어려움도 이겨 낼 각오로 정상에 오른 것처럼, GS건설이 세계 정상에 오르기 위해 부딪힐 어려운 상황에 도전하고 이겨 낼 각오로 건축시공 업무를 수행하겠습니다.

➜ ① 제목이 무엇을 의미하는지 알 수 없습니다. 일정 단축이 왜 필요했는지 구체적으로 설명해야 합니다. 건설사는 조직 문화가 보수적인 경향을 띠므로 느낌표를 활용한 자유로운 표현보다는 문장 형식에 맞는 표현을 사용합니다. 도전 정신을 보여 주는 항목이므로 지원자의 강점이 드러나야 합니다. 제목으로는 어떠한 강점도 예상할 수 없습니다. '목표 달성 의지'를 내용으로 추가해 강점과 형식을 보완했습니다.

② 올바른 맞춤법은 '하구둑'이 아니라 '하굿둑'입니다. 사소한 사항이지만 반드시 확인 후 수정해야 합니다. 과거에 '무엇을 한 적이 있다'는 표현은 '무엇을 했다'로 수정하세요. 자기소개서에서 항목 요구 사항에 맞춰 내용을 기술할 때는 해당 내용이 발생한 특정 시점이 이야기의 시작점입니다. 과거에 '한 적이 있다'는 표현은 특정 시점을 전제하는 상황에서 다시 한 번 특정 시점으로 시점을 이동하는 불필요한 표현에 해당합니다. '무엇을 했다' 형식으로 시작하면, 간결하게 핵심 내용으로 시점을 맞출 수 있습니다. '무엇을 한 적이 있다'는 구어체 인상도 남기므로 자기소개서에는 사용하지 않아야 합니다.

③ 주변 친구들과 네티즌은 이야기의 신뢰도 향상을 위해 필요한 요소는 아닙니다. '일반적으로'라는 어휘로 불필요한 설명을 대체할 수 있습니다. 자기 지칭 어휘는 삭제합니다.

④ '라이딩'은 '페달을 밟다'로 수정합니다. 영어가 필요한 맥락은 아닙니다. '스스로의 약속을 지키는 것'은 표현 지체기 모호합니다. '자신과의 약속을 지키다'로 수정합니다. 아울러, 문상을 의미 단위로 나눠 힘든 상황을 극대화했습니다. '하루 종일 자전거를 타느라 매우 힘들었다 – 포기하고 싶었다 – 자신과의 약속을 지키고자 최선을 다했다' 순서로 나눠 각 과정이 표면적으로 드러나도록 구성했습니다.

⑤ '극한의 체력적 한계 속에서도'는 구어에서 나온 표현입니다. 체력적 한계 속이라는 표현이 어법으로는 맞지 않지만, 일상 대화에서는 의미 전달에 어려움이 없습니다. '한계에 부딪히다'로 바꿔 표현합니다. '완주라는 목표를 뚜렷히 할 수 있는 계기가'에서는 맞춤법이 틀렸고, 내용상 완주가 목표인데 완주라는 목표로 표현하며 의미 없는 표현을 열거했습니다. '뚜렷이'가 맞습니다. '완주를 목표로'라고 수정하면 반복을 피할 수 있습니다. 아울러, 문장 종결 어미에 완주가 재차 등장하므로 변경을 통해 변화를 줍니다.

⑥ 내용을 이해하기 어렵기 때문에 문장 길이를 조절해야 합니다. 자전거 주행에서 느낀 점과 GS건설에서 직무에 임하는 각오 부분을 나눕니다.

After

도전 정신 혹은 창의성을 발휘해 가치를 창출한 경험이 있으면 소개하시오.

💡 5박 6일 일정을 2박 3일로 단축한 목표 달성 의지

인천 서해갑문부터 낙동강 하굿둑까지 자전거로 종주했습니다. 일반적으로 완주에 평균 5박 6일이 소요되지만, 체력의 한계를 이겨 내기 위해 2박 3일 완주를 목표로 삼았습니다. 새벽 6시에 시작해 자정까지 페달을 밟는 과정은 무척 힘겨웠습니다. 포기하고 싶었지만, 자신과의 약속을 지키며 목표를 달성하고자 끝까지 최선을 다했습니다. 태풍 짜미를 맞아 극한의 체력적 한계에 부딪히면서도 완주를 목표로 자전거 주행에 집중했고, 그 덕분에 안전사고 없이 2박 3일간의 일정을 마칠 수 있었습니다. 이화령 고개를 넘으며 훗날 어떠한 어려움에 직면해도 반드시 극복하겠다는 각오를 다졌습니다. GS건설이 세계 정상급 건설사로 도약하는 과정에서 부딪힐 어려운 상황에도 할 수 있다는 자신감으로 건축시공 업무에 도전하겠습니다.

7. 접속 부사는 남발하지 않는다

문장을 부드럽게 연결하기 위해 사용하는 접속 부사는 글자 수에 제한이 있는 자기소개서와 성격상 맞지 않습니다. 다양한 내용을 소개하는 자기소개서에서 접속 부사를 사용하면, 빈번한 사용이 불가피해 흐름을 끊기도 합니다. '그리고, 그래서'와 같은 순접 기능을 하는 접속 부사는 구어체처럼 늘어지는 문장을 만듭니다. '그리고, 그래서'를 문장에서 솎아 내도 흐름 연결과 내용 전달에 부정적인 영향을 미치지 않습니다. '따라서'는 논리를 펼치는 글에 어울립니다. 자기소개서는 활자 그대로 자신의 소개에 초점을 맞추는 까닭에 '따라서'가 등장할 만한 경우가 거의 없습니다. 원인과 결과를 연결할 때는 '따라서' 대신 '이에 따라'를 사용하는 것이 낫습니다. 물론 접속 부사 사용을 완벽히 배제할 수는 없습니다. 가급적 사용하지 않는 방향으로 작성해야 간결한 인상을 남길 수 있습니다. 조사 '도'는 '그리고'의 역할과 동일하게 내용의 병렬을 이뤄 냅니다. 접속 부사 없이 내용 간 연결을 시도하고, 조사의 적극적인 활용으로 유사한 효과를 이끌어 내세요.

자기소개서에 가급적 사용하지 말아야 할 접속 부사

☑ 순접 기능의 접속 부사: 그리고, 그래서, 따라서, 그러므로
☑ 역접 기능의 접속 부사: 그렇지만, 그러나

보통 사람이 상대방의 첫인상을 결정하는 데는 3초라는 시간이 걸린다고 합니다. 그리고 3초 만에 결정된 첫인상을 바꾸기 위해서는 수십 번의 만남을 가져야 겨우 바꿀 수 있다고 합니다.

➜ '그리고'의 유무가 내용과 표현에 큰 차이를 빚지는 않지만, 문장이 늘어지는 듯한 인상을 남깁니다. 문장을 부드럽게 연결하는 접속 부사는 자기 지칭 어휘처럼 한 번 사용하기 시작하면 연달아 사용하기 쉽습니다. 순접 기능의 접속 부사는 사용하지 않아도 의미 전달에 어려움이 없습니다.

상대방을 마주하고 3초 남짓 지나면 첫인상이 결정됩니다. 3초 만에 이뤄진 결정을 뒤바꾸기 위해서는 수십 번의 만남이 필요하지만, 그마저도 확신할 수는 없습니다.

➜ 핵심 어휘는 내용상 첫인상이지만, 3초가 두 문장을 연결하고 있습니다. '그리고'를 제외하면, 문장 읽기에 속도감이 붙습니다. 흐름을 예측하기 쉬운 내용에서는 굳이 접속 부사를 삽입할 이유가 없습니다.

한 지점의 팀장으로서 지점의 매출을 상승시키기 위해서는 직원들의 서비스 교육 그리고 업무와 관련된 전문 지식 교육은 물론 철저한 매장 관리까지, 이 삼박자가 어우러졌을 때 상승할 수 있다는 것을 알 수 있었습니다. 그래서 저는 하루에 한 번 서비스 미팅을 통한 직원 교육, 자유로운 토론 시간을 통한 직무 교육, 그리고 손수 제작한 10가지 체크 항목으로 구성된 체크리스트 이 세 가지를 진행하며 삼박자의 균형을 완성할 수 있었고 이를 통해 고객 관리와 매출 30% 이상 상승이라는 두 마리의 토끼를 잡을 수 있었습니다.

➜ 문장 중간에 '그리고'가 등장하는데, 이는 산문을 다룰 때는 자유롭게 사용할 수 있어도 자기소개서의 성격에는 맞지 않습니다. 율격과 어감의 자유도가 높은 산문이 격식을 갖춰야 하는 자기소개서와 동일할 수는 없습니다. '직원들의 서비스 교육 그리고 업무와 관련된 전문 지식 교육은 물론 철저한 매장 관리까지'에서 '그리고'와 '물론'은 단순 연결 기능을 위해서도 필요하지 않습니다. 정리하지 않은 문장이라는 인상만 남길 따름입니다. '그래서 저는 하루에 한 번'에서 보이는 순접 기능의 '그래서'는 생략해도 무방합니다. '자유로운 토론 시간을 통한 직무 교육, 그리고 손수 제작한'에서도 마찬가지로 문장 내 '그리고'는 정리해야 합니다.

지점의 팀장으로서 직원 서비스 교육, 업무 관련 전문 지식 교육, 철저한 매장 관리까지 아우르며 매출을 높이고자 노력했습니다. 매일 한 차례의 서비스 미팅으로 직원을 교육했고, 자유로운 토론 시간을 통해 직무 교육과 10가지 항목의 체크리스트 확인 작업을 진행했습니다. 이를 통해 효과적인 고객 관리와 30% 이상의 매출 상승을 이끌어 낼 수 있었습니다.

➜ 구어체 유형의 접속사를 정리하면 문장 구조를 다시 한 번 살펴볼 수 있습니다. 이 과정을 거쳐 문장의 완결성을 높입니다. 제한된 글자 수 내로 필요한 내용만 담아야 하는 자기소개서에 접속 부사는 불필요한 요소입니다.

셋째, 체력적으로 부족하다면 맡은 바 임무를 잘 수행해 낼 수 없습니다. 따라서 수년간 해 왔다가 그만둔 수영을 다시 시작해 철야에도 문제없는 체력을 갖추겠습니다.

➜ 접속 부사 '따라서'는 일반 자기소개서 항목에 사용할 만한 성격이 아닙니다. 주장에 대한 근거를 제시할 때 사용하기 적합한 접속 부사입니다. 자기소개서에 자신의 주장을 단호한 자세로 펼칠 항목은 없습니다. '특정 사안에 대한 자신의 주장을 제시하고, 그에 대한 타당성을 논하시오'와 같은 항목이 등장한다면, 사용해도 무방합니다. 하지만 일방적으로 자신을 소개하는 글에서는 '따라서'가 어울리지 않습니다.

셋째, 체력이 부족하면 맡은 임무를 완수할 수 없습니다. 정기적으로 수영을 하며 철야에도 흔들림 없는 강한 체력을 갖추겠습니다.

➜ 주장과 근거 관계가 아닌 구문에서 '따라서'를 사용하면 구어체(말글) 인상이 남습니다. 엉뚱한 위치에 등장하는 어휘는 수정과 생략을 통해 문어체(글말)로 변경하세요.

다음 내용을 읽어 보며 함께 문제점을 짚어 보겠습니다. 수정 내용을 비교하며 올바른 표현 방법을 익혀 보세요.

Before

자신의 강점을 기술하시오.

💡 ① 꼼꼼함과 정확성을 겸비한 인재

② 대학시절부터 동아리 및 친구들 모임에서 항상 회계 및 총무 업무를 도맡아 하곤 했습니다. ③ 장부상의 잔액과 실제 잔액이 차이나 장부나 잔액에 맞추던 관행을 깨고 항상 수입과 지출 항목을 세세히 엑셀에 기록하며 예산 관리 통장을 따로 만들고 계좌에 연결된 체크카드를 발급해 수입과 지출을 한 눈에 볼 수 있도록 했습니다. ④ 이런 꼼꼼함과 정확성은 제가 영국문화원에서 환불 및 행정 업무를 수행 하는 데 강점으로 작용했습니다. ⑤ 일주일 200여건의 환불건수에 두 번 확인 하는 게 맞지만 팀원들은 업무시간에 쫓겨 재확인을 거치지 않고 재무팀으로 넘기는 경우가 있었습니다. ⑥ 혹시나 오류입금이 있을 수 있어 퇴근시간이 늦더라도 환불리포트를 다시 확인해 이중입금이나 타 계좌로 입금될 수 있는 실수를 막았습니다. ⑦ 환불서류를 입력하는 프로그램에 이중입금이나 오류입금을 걸러내는 기능을 추가했으면 좋겠다는 아이디어를 IT팀에 제공해 업무시스템 개선해 환불 오류를 최소화 했습니다.

⑧ 같은 일을 반복하다 보면 매너리즘에 빠질 수 있지만 항상 초심을 잃지 않는 마음으로 재무 업무에 매진한 결과 3년 동안 1건의 실수도 없이 제 직무를 완벽히 수행할 수 있었고 이러한 저의 업무 태도에 팀 직원을 비롯한 재무팀 동료들로부터 긍정적인 피드백을 받아왔습니다. ⑨ 저의 강점인 꼼꼼함과 꾸준함을 바탕으로 키움증권에서 제2의 커리어를 시작하고자 합니다.

➡ ① 인재로 끝맺는 제목은 진부합니다. 스스로 인재라고 평가하는 것도 자기소개서와 어울리지 않고, 읽는 이에게 뚜렷한 인상을 남기기도 어렵습니다. 소개할 내용에서 핵심을 추려 소개하는 것이 낫습니다. 지원자의 강점은 정확한 업무 수행 능력과 책임감입니다. 단순히 인재라고 표현하는 것보다는 핵심 어휘가 제목에 드러나도록 수정합니다.

② '업무를 도맡아 하곤 했습니다'는 사실일 뿐 전달하는 의미가 없습니다. 설령 이 문장을 그대로 활용해도 '업무를 맡았습니다'로 수정해야 표현이 더욱 간명합니다. 단순 사실에 의미를 부여한다면, '회계와 총무 업무로 정확성을 내재했다'라고 표현하며 경험에 따른 의미를 확대할 수 있습니다.

③ 문장이 지나치게 길어 이해하기가 어렵습니다. 이런 경우에는 적정한 길이로 문장을 나눠야 합니다. '장부상의 잔액과 실제 잔액이 차이나 장부나 잔액에 맞추던 관행을 깨고'는 숭고한 내용이 아님에도 상황을 상세히 서술하고 있습니다. 핵심은 관행을 깼다는 점이며, 그 앞의 수식 구문은 주먹구구식이라고 간략하게 변경합니다.

④ 자기 지칭 어휘는 생략합니다. 새로운 제목에서는 꼼꼼함을 제외했습니다. 이에 정확성을 핵심 어휘로 통일해 사용합니다.

⑤ '200여건의 환불건수'는 띄어쓰기가 필요합니다. 반복적인 표현 '건'은 한 차례만 사용합니다. 대화 상황에서 '일주일 200여건'의 의미는 자연스럽게 이해할 수 있지만, 기간을 한정하는 '간'을 붙여야 문어체 형식에 맞습니다.

⑥ '혹시나'는 구어체 유형에 해당합니다. '실수를 막다'보다는 '방지하다'라고 표현하는 것이 더 문어체에 가깝습니다.

⑦ '기능을 추가했으면 좋겠다는 아이디어를'에서 좋겠다는 표현이 구어체 형태로 나타났습니다. 바람을 담아 희망하는 모습보다 적극적으로 건의하는 모습이 더 인상적입니다. 주체적인 모습이 엿보이도록 표현을 수정합니다. 'IT팀에 제공해 업무시스템 개선해'에서는 '제공해'와 '개선해'가 동일한 어미로 연이어져 어색합니다.

⑧ 한 문장에 너무 많은 내용을 담았습니다. 쉼표를 활용해 호흡 길이를 조절하고, 읽기 쉽게 문장을 나눕니다.

⑨ 꼼꼼함과 정확성을 강점으로 삼아 경험을 소개했는데, 이 문장에서 갑자기 꼼꼼함과 꾸준함으로 강점이 바뀌었습니다. 통일감이 없어 이야기의 집중도가 떨어집니다. 핵심 어휘는 반드시 동일하게 사용해야 합니다.

After

자신의 강점을 기술하시오.

💡 책임감의 본질은 정확성이다

대학교 동아리 및 동문회 모임에서 회계와 총무 업무를 책임지며 정확성을 내재해 왔습니다. 주먹구구식 장부 작성의 관행을 깨고, 수입과 지출 항목을 세세히 엑셀에 기록하며 예산 관리 계좌를 새롭게 만들었습니다. 아울러, 체크카드를 활용해 수입과 지출을 한번에 확인할 수 있도록 투명하게 운영했습니다. 정확성을 중시하는 자세는 영국문화원에서 환불 및 행정 업무를 수행하는 데 강점으로 작용했습니다. 일주일간 집계된 200여 건의 환불 요청을 두 차례 이상 확인해야 했지만, 팀원들은 업무 시간에 쫓겨 재확인을 거치지 않고 재무팀으로 넘기는 경우가 많았습니다. 오류 입금이 발생할 수 있다고 판단해 퇴근 시간이 다소 늦어지더라도 환불 리포트를 재차 확인하며 이중 입금이나 타 계좌 송금을 방지했습니다. 또한, IT팀에 환불 서류 입력 프로그램의 이중 또는 오류 입금 입력 제한 기능 추가를 요청해 업무 시스템을 개선했습니다. 이를 통해 환불 오류를 최소화할 수 있었습니다.

같은 업무의 반복에도 불구하고 매너리즘에 빠지지 않았으며, 초심 그대로 재무 업무에 매진한 결과, 3년 동안 단 1건의 실수도 없이 직무를 완벽히 수행했습니다. 정확성에 주력하는 업무 자세 덕분에 팀원들로부터 긍정적인 피드백을 받았습니다. 키움증권에서 업무에 책임감을 갖고 한결같이 정확한 자세를 견지하며 제2의 발전을 도모하겠습니다.

8. 남들도 다 아는 수준의 맞춤법과 띄어쓰기는 틀리지 않는다

맞춤법과 띄어쓰기는 퇴고 과정만 거쳐도 전부 올바른 형태로 수정할 수 있습니다. 자기소개서 작성의 기본은 형식에 따르는 것입니다. 맞춤법과 띄어쓰기는 글의 외형을 이루는 형식이며, 활자로 자신을 소개할 때 지켜야 할 기본 원칙입니다. 두 가지를 간과한다면, 정성이 부족하다는 평가는 결코 피할 수 없습니다. 워드 프로그램으로 틀린 표기를 알 수 있는데, 이를 수정하지 않았다는 점은 과오를 스스로 인정하는 셈입니다. 기업 측 읽는 이가 국어에 통달한 인물일 가능성은 높지 않지만, 틀린 표기는 그 내용에 앞서 눈에 띄기 마련입니다. 상대 평가인 상황에서 인상은 무척 중요합니다. 암기 시험이 아닌 이상 자기소개서를 정량적으로 평가하는 건 불가능합니다. 유사한 배경 스펙을 지닌 지원자 간 경쟁 구도는 읽는 이가 자기소개서를 통해 받는 인상에 영향을 미칠 수밖에 없습니다. 맞춤법과 띄어쓰기는 확인하겠다는 의욕과 정성만 있다면, 오히려 틀리기가 더 어렵습니다.

틀린 표기가 지원자의 인상을 좌우할 수 있으므로, 반드시 워드 프로그램과 인터넷을 이용해 틀린 표기를 바로잡도록 합니다.

사회 복무 요원일 때, 홈페이지에 안내 일정을 잘 못 올려 시민들이 불편을 겪게 했던 적이 있습니다.

→ '사회복무요원'은 고유명사로서 띄어 쓰지 않습니다. '잘못하다'와 '잘 못하다'는 쓰임이 다릅니다. '잘못하다'는 '의도와는 달리 실수하다'를 의미하고, '잘 못하다'는 '능숙하지 못하다'는 의미입니다. 이 문장에서는 '잘못하다'가 맞습니다.

사회복무요원으로 근무할 때, 홈페이지에 안내 일정을 잘못 공지해 시민들이 불편을 겪었습니다.

→ 띄어쓰기 잘못으로 인해 전혀 다른 의미를 전달했습니다. 사소한 실수가 이처럼 큰 차이를 빚기도 합니다.

이 경험을 통해 어려운 상황에 맞닥뜨린다 할 지라도 다른 방법을 찾아 끊임없이 노력하는 도전적인 자세를 유지한다면 무엇이든 해결할 수 있다는 것을 깨달았습니다.

→ '할지라도'가 맞습니다. 시간의 경과를 의미할 때만 '지'를 띄어 씁니다. '밥을 먹은 지 3시간이 지났다'는 시간 경과를 뜻합니다. 그 외의 경우에는 붙여 씁니다. '맞닥뜨린다 할 지라도'는 구어체에 가깝습니다. 생략된 부분을 전부 기술하면 '맞닥뜨린다고 할지라도'인데, 이는 '맞닥뜨릴지라도' 또는 '맞닥뜨리더라도'로 간결하게 바꿀 수 있습니다.

이 경험을 통해 어려운 상황에 맞닥뜨릴지라도 해결 방법을 찾아 끊임없이 노력한다면, 무엇이든 해결할 수 있다는 것을 깨달았습니다.

→ 불필요한 표현을 정리하며 수정합니다. 띄어쓰기는 대단한 내용이 아니므로 의문이 생길 때마다 해소하며 익히세요.

쇼핑 체험과 연결성이 높은 문화 행사로 패스트 패션에 문화공간의 색채를 덧입힘으로서 제일모직만의 트렌디한 패스트 쇼핑문화 창조에 기여하겠습니다.

➜ '로서'와 '로써'는 구분하기가 쉽습니다. '로써'는 도구적 활용으로 무생물과 동사형 어미에 붙고, '로서'는 자격과 신분을 의미할 때 사용하며 대상은 생물입니다. 이 문장에서는 '덧입히다' 동사형 어미에 붙었고, 무생물이므로 '로써'가 맞습니다. 자기소개서에 '로서, 로써'는 빈번하게 등장합니다. 반대로 사용할 경우 신뢰를 잃기 십상입니다.

쇼핑 체험과 연결성을 보이는 문화 행사에 패스트 패션의 색채를 덧입힘으로써 제일모직만의 트렌디한 패스트 쇼핑 문화를 창조하는 데 기여하겠습니다.

➜ '로써, 로서'를 남발하면 문장이 어색합니다. 적절한 위치에서 사용하세요.

언론 기사를 통해 국내와 해외 시장간의 시세 차이를 이용해 성공한 영업 사례를 접했습니다.

➜ '간'은 띄어 씁니다. '이웃 간, 상호 간'처럼 띄어서 사용합니다. 시간을 의미하는 '간'은 붙여 씁니다. '3일간, 50년간'처럼 시간에 사용할 때는 조사를 붙여야 합니다.

언론 기사를 통해 국내와 해외 시장 간의 시세 차이를 이용해 성공을 거둔 영업 사례를 접했습니다.

➜ 조사 '간'은 구체적인 상황 설명과 묘사를 위해 자주 사용하는 편입니다. 시간과 공간으로 나눠 기억하면 쉽습니다.

다음 내용을 읽어 보며 함께 문제점을 짚어 보겠습니다. 수정 내용을 비교하며 올바른 표현 방법을 익혀 보세요.

Before

지원 직무에 활용할 수 있는 역량에 대해 설명하시오.

💡 ① 정확한 시장조사와 자료 분석의 달인

② 효과적인 마케팅은 정확한 시장조사 및 분석을 기반으로 완성됩니다. ③ '자료 분석을 통해 고객의 니즈를 분석하고 대안을 제시하는 일'을 가장 좋아하고, 또 잘할 수 있다고 생각합니다. 'Marketing Research' 수업에서 학교 주변의 높은 대기오염 지수를 낮추기 위해 자전거 이용률을 높이기 위한 프로젝트를 진행했습니다. ④ 각 조는 이메일에 설문조사 링크를 걸어 100명 이상에게서 응답을 받아와야 했습니다. 문제는 사람들이 필요한 메일이 아닐 경우 보지도 않고 지워버린다는 ⑤ 이메일 설문의 단점이었습니다. ⑥ 이에 저희 조는 학생들이 자주 가는 교내 음식점, 도서관, 주차장에서 설문을 직접 요청했습니다. ⑦ 설문조사 전 프로젝트에 관한 짧은 설명을 덧붙여 조사자들의 이해를 높였고, 설문조사 후에는 프로젝트에 관한 학생들의 개인적인 견해, 발생 가능한 문제점 등에 대해 보다 효과적으로 소통할 수 있었습니다. ⑧ 목표치를 넘은 160명의 설문을 받은 저희 조는 결과의 정밀성을 높여 최우수 보고서로 선정되었고, 고객의 높은 신뢰를 얻을 수 있었습니다. ⑨ 입사 후 이러한 경험을 바탕으로 급변하는 소비자 트랜드를 날카롭게 파악하고, 고객 만족을 관통할 아이디어를 창출하겠습니다.

➜ ① 시장조사와 자료 분석은 핵심 사항으로 적절합니다. 이는 자전거 관련 프로젝트에서 얻은 역량에 해당하므로 제목에 언급합니다. 달인이라는 표현은 가벼워 보일 수 있습니다. 지원 기업의 조직 문화를 고려해 기재 여부를 결정합니다.

② 종결 어미가 주어와 호응하지 않습니다. 효과적인 마케팅의 의미 범위를 좁게 설정했기 때문입니다. 필수 조건보다 충분 조건이 기술 범위가 넓습니다.

③ 니즈는 한국어로 변경합니다. 외국어가 반드시 필요한 경우가 아니므로 글의 통일감을 위해 한국어를 사용합니다. '가장 좋아하고, 또 잘할 수 있다고 생각합니다'는 주장의 근거가 없고, 구체적인 표현도 아닙니다. 심지어 구어체를 그대로 옮겨 놓은 상황입니다.

④ '받아와야 했습니다'는 '받아야 했습니다'로 수정합니다. 중첩된 동작을 묘사하다가 간결함을 잃을 수 있기 때문입니다. 받는 행위에 어려움이 있는 것이지 받고 나서 돌아오는 것이 어려운 건 아닙니다. 어감상 행동 중첩을 보여 주는 '받아오다'가 역동적이긴 하지만, 문장 내용으로는 굳이 '오다'를 덧붙일 이유는 없습니다. 사역과 수동 표현을 최소화해야 하듯 동사 결합이 간결하지 않다면, 의미를 분절하거나 불필요한 요소를 제외하세요.

⑤ 이전 문장에 이미 포함된 내용입니다. 기업에서 근무하는 읽는 이 중에는 이메일의 성격을 모르는 사람은 없을 것입니다. 글자 수를 채우려 불필요한 문장을 삽입했다는 오해를 받지 않도록 이 문장을 삭제합니다.

⑥ '설문을 요청했다'와 '설문을 진행했다'를 비교해 보면, 후자가 요청 과정까지 포함함을 알 수 있습니다. 행동이 요청에서 멈춘 게 아니라 그 이후 단계도 있기 때문에 더욱 넓은 범위의 동사를 사용합니다.

⑦ 문두와 문미가 호응하지 않고, '소통'이 맥락에 맞지 않습니다. 문장을 쉼표로 연결할 때, 전후 관계를 살피며 내용이 전달될 수 있게 표현을 가다듬어야 합니다. 맥락에 맞지 않는 어휘는 반드시 수정해야 흐름을 이어 갈 수 있습니다. 정황상 소통보다는 논의가 적합합니다.

⑧ 세 가지 내용을 한 문장에 담아 연결이 치밀하지 않습니다. 각 내용이 모두 중요하므로 문장을 의미 단위로 나눕니다. 목표를 초과 달성, 최우수 보고서에 선정, 고객 신뢰도 신장을 개별 문장으로 서술합니다.

⑨ 문맥을 살피지 않고 어휘를 사용했습니다. 트렌드를 '날카롭게' 파악하다는 표현은 어색합니다. 또한, 고객 만족을 '관통'할 아이디어라는 표현은 비유라고는 해도 공감하기가 쉽지 않습니다. 마지막 문장에서 이와 같은 어긋난 표현이 등장하면, 높은 평가를 받기 어렵습니다. 반드시 퇴고 과정을 거쳐야 합니다.

After

지원 직무에 활용할 수 있는 역량에 대해 설명하시오.

💡 **자전거 프로젝트로 시장조사와 자료 분석을 다루다**

효과적인 마케팅은 정확한 시장조사 및 분석을 기반으로 합니다. 자료 분석을 통해 고객의 요구 사항을 파악하고 대안을 제시하는 일에 흥미를 느낍니다. Marketing Research 수업에서 학교 주변의 높은 대기오염 지수를 낮추기 위해 '자전거 이용률 높이기 프로젝트'를 수행했습니다. 각 조는 이메일에 설문 조사 링크를 걸어 100명 이상에게서 응답을 받아야 했습니다.

문제는 사람들이 필요한 메일이 아닐 경우 보지도 않고 지워버린다는 점이었습니다. 이에 저희 조는 학생들이 자주 가는 교내 음식점, 도서관, 주차장에서 설문 조사를 직접 진행했습니다. 설문 조사 전에는 프로젝트에 관한 설명을 참여자에게 제공해 이해를 도왔고, 설문 조사 후에는 프로젝트에 관한 학생들의 개인적인 견해, 발생 가능한 문제점 등에 대해 집중적으로 논의했습니다. 이를 통해 160명의 설문 사례를 확보하며 목표를 초과 달성했습니다. 수집한 자료를 토대로 보고서를 작성한 결과, 조사 내용이 정밀하다는 평가를 받아 최우수 보고서에 선정될 수 있었습니다. 아울러, 고객의 높은 신뢰도 얻었습니다. 입사 후, 이러한 경험을 바탕으로 급변하는 소비자 트렌드를 날카롭게 파악하고, 고객 만족을 이끌어 낼 수 있는 아이디어를 창출하겠습니다.

9. 맥락에 맞는지 어휘의 의미를 확인한다

맥락에 어울리지 않는 어휘는 내용의 흐름을 끊을 뿐만 아니라 신뢰마저 훼손합니다. 어색한 어휘가 눈에 띄는 순간, 그 글에 대한 기대감이 떨어지는 건 당연한 수순입니다. 많은 분량의 글을 읽는 이가 찬찬히 살펴볼 수 있도록 흐름을 이어 가야 합니다. 한국어에는 일상 대화에서 잘못 사용하는 한자어가 적지 않습니다. 논술 시험이 아닌 이상 불명확한 한자 어휘는 검색을 통해 확인할 수 있습니다. 또한, 본인만이 이해할 수 있는 비유로 어색함을 자아내는 경우도 있습니다. 지나치게 주관적인 표현이 아닌지 되짚어 봐야 공감대 형성에 어려움이 없습니다.

퇴고 과정을 거치면, 잘못 사용한 어휘를 대부분 교정할 수 있고, 자기소개서의 격에 맞는 어휘로 수정할 수도 있습니다. 올바른 어휘 사용은 자기소개서가 아니더라도 정확한 의사 전달과 작성자의 지적 신뢰도 향상을 위해서 반드시 필요합니다. 만약 제목에서부터 어휘를 미흡하게 사용한다면, 읽는 이가 지원자에 대해 선입견을 갖는 것이 지당하지 않을까요? 제목은 첫인상만큼 강렬합니다. 상대 평가인 상황에서 흐름과 일치하지 않는 어휘는 지원자의 정성 부족이라는 평가로 이어질 가능성이 높습니다. 자기소개서 작성을 마친 후, 반드시 읽어 보고 지원서를 제출해야 합니다.

✔ 잘못된 어휘 사용으로 선입견의 빌미를 제공하지 말자
✔ 공감할 수 없는 주관적인 비유는 유의해야 한다
✔ 거듭 확인으로 지원자의 신뢰와 정성을 보인다

해외 사이트를 이용한다는 점에서 어려운 점이 많았으나 차츰 하나하나 익혀가며 판매를 시작 했고 상품을 큰 시장에 유출시킴으로써 소정의 결과를 이룰 수 있었습니다.

→ '상품을 큰 시장에 유출시킴'은 전적으로 어휘를 잘못 사용한 사례에 해당합니다. 큰 시장보다는 대형 시장이 상대적으로 정량화를 시도한 표현입니다. 유출과 노출은 사전적으로 의미가 다릅니다. '소정의 결과'는 정해진 결과라는 뜻으로 해석됩니다. 문맥과 맞지 않고, 작성자가 의도한 내용도 아닙니다. '소정의 상품'이라는 표현을 정황상 약소한 상품으로 해석하는 경우가 있는데, 이러한 부적합한 표현은 일상생활에서 자주 접할 수 있습니다.

해외 사이트를 이용하며 언어 장벽으로 인해 어려움을 겪었지만, 절차를 참고하며 차분히 방법을 익혔습니다. 대형 시장에 상품을 노출하자 점진적으로 매출이 향상되었습니다.

→ 맥락에 맞지 않는 어휘는 신뢰 상실의 첩경입니다. 유출은 노출로 수정했고, 소정은 맥락에 어울리는 표현으로 변경했습니다.

안심Touch

주변에 꿈이 없다고 말하는 친구들도 있었지만, 그런 친구들을 볼 때면 '어떻게 꿈이 없을 수가 있지?'라고 생각하며 막역하게나마 간호사가 되는 꿈을 갖고 있었습니다.

→ 문장의 완결도가 부족하면서 심지어 어휘까지 잘못 사용했습니다. 이 문장으로 인해 지원자의 신뢰도는 급격히 낮아집니다. '막역'과 '막연'은 전혀 다른 의미를 지닌 어휘입니다. 물론 일상생활 중에는 발음의 차이가 크지 않아 혼동하는 경우가 있지만, 글로 표현할 때는 어색함이 고스란히 드러납니다. 한자어는 들리는 대로 사용하면 틀리기 십상입니다. 불확실한 어휘의 의미를 확인해야 합니다.

뚜렷한 진로 목표가 없는 친구들을 보며 자신의 꿈에 대해 자문했습니다. 그 결과, 막연하게나마 간호사를 목표로 설정할 수 있었습니다.

→ '막역'을 '막연'으로 맥락에 맞게 수정했습니다. 평소에 잘못 사용하던 표현이라면, 본인이 퇴고 과정을 거쳐도 찾아내기 어려울 것입니다. 주변 사람들의 도움을 받아 확인하는 방법도 효과가 있을 수 있습니다.

상황에 따라 분위기를 부드럽게 연결할 수 있는 재치와 사교적인 성격을 바탕으로 선배님들과 그리고 동료들과 같은 조직 내부 일원들을 잘 이어 주는 조직의 한강대교와 같은 역할을 할 수 있도록 노력하겠습니다.

→ '한강대교'를 기재한 의도는 문장 내용으로 파악은 가능하나 전혀 공감할 수가 없습니다. 작성자 본인만 이해할 수 있는 비유로는 읽는 이에게 의미를 전달하기 어렵습니다.

상황에 맞게 분위기를 연출하는 재치와 사교적인 성격을 바탕으로 선배님들과 동료들의 화합을 도모하며 조직의 단합을 이뤄 내겠습니다.

→ 모호한 어휘를 생략하고 간결하게 수정했습니다. 정확한 의미 전달이 무엇보다 중요합니다.

친화력은 동네각시 수준이라고 자부할 정도로 뛰어나고, 세상 어느 누구와도 친하게 지낼 자신이 있습니다.

→ '동네각시'는 참으로 친근한 어휘입니다. 하지만, 친화력과 동네각시가 맥락상 연결되는지는 어휘에 대한 개인 감각에 따라 다를 수밖에 없습니다. 읽는 이가 공감할 수 있다고 확신하기 어려운 어휘는 모호하므로 사용을 지양합니다.

친화력이 뛰어나 낯선 환경에서도 관계 형성에 어려움을 겪지 않습니다.

→ 동네각시를 문장 요소에서 제외해도 의미는 동일합니다. 일반적으로 사용하는 비유는 맥락에 어긋나지 않는 이상 사용해도 무방합니다.

다음 내용을 읽어 보며 함께 문제점을 짚어 보겠습니다. 수정 내용을 비교하며 올바른 표현 방법을 익혀 보세요.

Before

지원 동기를 중요 사항 중심으로 간략히 기재하시오.

① 제목 없음

② 인천항에서 운반선을 매일 보며 가진 선박에 대한 관심은 자연스럽게 대학에서 기계공학을 전공으로 했습니다. ③ 2018년 1월, 김동길 석좌교수님의 특강 중 '처세술을 싫어하며 어떤 어려움에도 우직하게 할 일은 해야 한다'는 말씀이 기억에 남습니다. ④ 세계 최대 조선회사로 성장하기 위해 해 온 흔들리지 않는 신념을 바탕으로 한 불굴의 노력이 저의 가치관에 부합하는 기업이라 생각해 지원하게 되었습니다. ⑤ 제련공장에서 아르바이트를 하면서 신뢰받는 생산 관리자의 꿈을 갖게 되었습니다. ⑥ 6개월 간 압착과 도장 공정에서 주로 일하며 도장, 마스킹, 샌딩 작업을 수행했고, 생산현장의 실질적인 과정을 몸소 체험했습니다. ⑦ 처음엔 페인트를 흘리는 등의 실수도 했지만 할당된 업무에 대해 책임감을 가지고 노력하자 공정 과정에서 맡은 업무의 물량 조절도 유연하게 할 수 있었고, 이후 개인 연락처로 인력이 필요할 때마다 연락해 주셨습니다. ⑧ 아르바이트를 하며 책임감을 갖고 수행한 일이 좋은 결과를 낳을 수 있고, 구성원들에게는 신뢰감을 형성하여 궁극적으로 높은 품질의 제품을 생산할 수 있다는 것을 경험했습니다. ⑨ 입사하게 된다면 제가 맡은 업무를 수행할 때도 분명 책임감을 바탕으로 공정의 효율을 향상시켜 대우조선해양의 이익 창출을 위해 노력하겠습니다.

➡ ① 800자의 내용을 제목 없이 기술하면, 읽는 이가 제대로 관심을 기울이지 않을 가능성이 있습니다. 지원자의 강점을 간결하고 인상 깊게 제시하며 제목의 순기능을 십분 활용하세요.

　② '매일 보며'는 구어체 표현에 가깝습니다. 매일 본다는 사실도 중요하지 않고, 봤다는 사실이 문장 내에서 설명하는 전공 선택과도 깊은 관련은 없습니다. 지원 기업의 현장과 인접한 곳에서 지내며 받은 인상과 그 환경이 전공 선택에 미친 영향을 설명해야 합니다. '선박 제조와 생산'을 전공 선택 이유로 기술하며 환경을 소재로 전부 활용했습니다.

　③ 특강 자체가 중요한 게 아닌데, 지원자는 수강한 사실만 전달하고 있습니다. 교수가 한 말은 대우조선해양의 성장 과정과 동일한 맥락이라 유용합니다. 특강을 사실 전달 도구가 아닌, 지원자가 확고한 동기를 내재하는 데 영향을 미친 도구로 활용합니다. 특강과 교수의 말씀 덕분에 목표를 더욱 견고히 다질 수 있었다는 어조로 이야기를 풀어 갈 수 있습니다.

　④ '가치관에 부합해 지원한다'는 불필요한 서술은 진부함만 확대할 뿐 흐름 정리나 연결 고리로서의 기능도 하시 못합니다.

　⑤ 대우조선해양에 대한 관심을 보여 주는 문장이 없습니다. 이 위치에 대우조선해양에 관한 내용을 삽입하고, 지원 동기를 명확히 밝힙니다. 해당 문장은 뒷받침하는 소재로 활용합니다.

⑥ 지원자는 소개할 강점이 많음에도 한 가지 경험 서술에만 너무 많은 비중을 할애했습니다. 아르바이트가 직무와 연결성을 보이는 현장 경험을 의미해도 준비해 온 내용의 전부는 아니므로 균형을 맞춰가며 강점을 소개합니다.

⑦ 사소한 실수를 서술한 의도는 초반과 비교해 더 나아진 모습을 보이기 위함인데, 이 항목에서는 그자체가 흐름을 끊습니다. 제한된 글자 수 내에서는 중요한 사항이 아니므로 생략합니다. 아울러, 현장 구성원의 신뢰를 받았음을 보여 주고자 연락을 언급했는데, 이 부분은 글자 수가 1,000자에 이를 정도로 충분할 때는 기술해도 무방합니다.

⑧ 변경한 내용에 따라 수정이 필요한 문장입니다. 호응 관계가 어긋나 있어 정리가 필요합니다. 문장의 길이도 조절해야 합니다.

⑨ '입사하게 된다면'처럼 가정하는 표현은 지원 행위가 내포하고 있는 속성이자 목표라 불필요합니다. 이는 겸손한 표현으로 둔갑하나 강점까지 소개한 마당에 스스로 겸손의 과잉을 떠안을 이유는 없습니다. 의지를 피력하며 자신감을 드러내야 마땅합니다. '입사 후'로 변경할 수 있고, 종결 어미는 '하겠습니다' 형태로 수정합니다.

After

지원 동기를 중요 사항 중심으로 간략히 기재하시오.

💡 우직함으로 도전하는 생산 관리 전문가

인천항 갑문을 오가는 선박을 바라보며 자연스럽게 선박 제조와 생산에 관심이 생겨 기계공학을 전공으로 선택했습니다. 조선업 강국의 일원으로서 밝은 미래를 만들어 가겠다는 열정은 김동길 석좌교수님의 특강을 접하며 더욱 강대해졌습니다. '처세술에 집중하지 말고, 어려움을 우직하게 이겨 내는 힘을 길러라'는 교수님의 말씀은 여전히 마음에 남아 있습니다.

대우조선해양은 한국을 대표하는 조선 업체로 국가 발전의 핵심 동력으로 작용한 산업화와 수출 증대에 막대한 영향을 미쳤습니다. 오랜 기간 우직함으로 고난을 극복한 대우조선해양에서 조선 분야 전문성을 함양하며 발전하고자 지원을 결심했습니다. 조선 분야의 성장에 기여하기 위해서는 탄탄한 전공 지식이 바탕을 이뤄야 합니다. 이를 위해 학점 관리에 주력했고, 전공 부문에서 4.5의 학점을 받으며 기본을 충실히 다졌습니다. 조선기사 자격을 취득하며 조선 분야 실무에 관한 이론적 배경도 준비했습니다. 또한, 생산 관리 환경에서 효율성과 정확성을 제고하는 방편으로 활용하기 위해 용접공학, 기계공작법 등을 실습으로 익혔습니다. 생산 현장을 경험하고자 제련 공장에서 아르바이트를 하며 업무 흐름과 분위기를 직접 접했고, 책임과 의무를 우선시하며 구성원과 신뢰를 강화했습니다. 대우조선해양에서 전공 지식과 현장 경험을 업무에 접목해 생산 공정의 원활함을 극대화하고, 끊임없이 성장할 수 있도록 항상 노력하겠습니다.

10. 지원 기업의 조직 문화에 따라 형용사와 부사 사용 빈도 및 수위를 조절한다

표현의 자유도는 부사와 형용사의 활용 정도에 따라 차이를 보입니다. 섬세한 묘사와 감각적인 표현이 문어체로는 분명 거부감이 없는 수준일지라도, 기업 문화와 이질적이라면 그 표현으로 인해 지원자는 조직 부적합 유형의 인물로 분류될 수 있습니다. 영리 활동을 영위하고 있는 기업 중에는 전통적으로 보수적인 경향을 띠는 기업과 시장 자체의 특성에 영향을 받아 자유로운 경향을 띠는 기업이 상존합니다. 보수적인 기업에 자유로운 표현으로 다가간다면, 조직과 맞지 않는다는 이유로 우수한 평가를 받기는 어려울 것입니다. 물론 자유로운 조직 문화를 갖춘 기업이라도 자기소개서 항목의 속성 자체가 제한적이라면 마음껏 표현하는 데 제약이 있습니다. 조직 문화에 따라 표현의 자유도를 조절할 수 있고, 그 방법으로 가장 손쉬운 것이 부사와 형용사의 사용입니다. 조직 문화는 검색을 통해 유추가 가능하고, 주변 지인을 통해서도 확인할 수 있습니다. 일반적으로 여성 비중이 상대적으로 큰 기업과 서비스, 광고, 디자인 계통이 표현의 자유도가 높은 편입니다. 위의 기업군도 조직의 내적 경직도는 외적인 자유로움과 다를 수 있지만, 이와는 무관하게 자기소개서에서 만큼은 자유롭게 기술할 수 있습니다.

작은 행복에도 활짝 웃는 모습을 보고 미소의 아름다움과 의미를 되새길 수 있었습니다.

→ 감각적으로 이야기를 전달하는 방식은 자유로운 인상을 남기고, 글을 쓰는 묘미도 한층 배가됩니다. 자세한 묘사, 비유, 은유 등은 문장에 생기를 불어넣는 효과가 있고, 밝은 느낌과 어두운 느낌을 구분해 기술하는 방법으로도 유용합니다. 이 문장을 보수적인 조직 문화에 부합하도록 수정하면 다음과 같습니다.

행복이 충만한 표정을 보며 미소의 아름다움과 의미를 되새길 수 있었습니다.

→ 이전 문장과 비교해 상당히 건조한 느낌이 납니다. 그렇더라도 표현의 자유도는 조직 문화에 맞게 조절해야 합니다. 표현이 건조하더라도 간결함과 정확함이 이를 보완합니다.

젊은 연인들에게는 풋풋한 데이트 장소이자 아이를 가진 부부에게는 아이들과 추억을 쌓는 공간으로, 더불어 중년 부부와 황혼의 부부에게는 영화를 통해 젊은 시절 기억을 제공해 주는 영화관은 전 세대를 포괄해 즐거움과 감동을 제공하는 장소라고 할 수 있습니다.

→ 영화관은 서비스 부문이라 자유로운 표현이 가능합니다. 어휘뿐만 아니라 구조로도 자유도를 드러낼 수 있습니다. 하지만 위 사례의 문장 구조는 지나칠 정도로 과감합니다. 자유로움만 강조하기보다는 문장 정리로 자기소개서에 정성을 쏟았음을 보여 줍니다.

젊은 연인들의 데이트 장소, 가족 나들이로 추억을 쌓는 공간, 중년과 황혼의 부부가 젊은 시절을 회상하는 무대로 영화관은 전 세대에게 즐거움과 감동을 제공해 왔습니다.

→ 불필요한 내용을 제외하고, 문장 구조의 기본 틀을 갖춰 기술했습니다. 분명 수정 전 문장과는 느낌에 차이가 있지만, 수정 후 문장은 정리했다는 인상이 두드러집니다. 표현의 자유는 누리되, 정리를 통해 정성을 담아 작성했음을 알려야 합니다.

유년시절, 알록달록한 색채로 잔뜩 물든 손을 보며 어머니께서 자주 하셨던 말씀입니다.

→ 유독 '알록달록'이 눈에 띕니다. 일반 기업의 자기소개서에서는 자주 사용하지 않는 어휘입니다. 광고 부문처럼 표현의 제약이 없는 기업에서나 사용할 수 있습니다. 공감각적 심상으로 표현의 다채로움을 확대할 수 있고, 지원자의 인상을 뚜렷하게 가공하는 것도 가능합니다. 보수적 조직 문화에 동일한 내용을 기술한다면, 다음과 같습니다.

유년기에는 색연필로 벽에 낙서를 했는데, 어머니께서는 오히려 칭찬해 주셨습니다.

→ '알록달록'의 유무가 이처럼 큰 차이를 빚습니다. 내용 전달은 두 문장 모두 정확하나 표현의 자유도에 따라 인상은 다른 형태를 띕니다.

6일간의 훈련을 끝내고 마지막 대미를 장식하기 위해 맞이한 바다를 본 순간, 높은 파도와 끝도 없는 지평선을 바라보며 미래에 대한 의혹이 마음 깊은 곳에 스며드는 소리를 들었습니다.

→ 자기소개서의 글이 아니라면 전혀 이상할 게 없는 문장이지만, 표현 자유도의 허용 범위가 주관적이라는 사실을 간과해서는 안 됩니다. 표현이 과도하다는 느낌을 받는다면 수정해야 합니다. '마음 깊은 곳에 스며드는 소리를 들었습니다'라는 표현이 과연 필요할까요? 표현 의도는 '두려움을 느꼈습니다'이므로 공감각적 표현보다는 정확하게 내면을 서술하는 편이 낫습니다.

6일간의 훈련을 마치고, 대미를 장식하고자 찾은 바닷가에서 높은 파도와 끝도 없이 펼쳐진 지평선을 마주했습니다. 장대한 광경 앞에 두려움을 느꼈습니다.

→ 표현과 구조를 정리했습니다. 수정 전 문장도 매력은 있지만, 자기소개서의 격에는 다소 맞지 않습니다. 과도한 은유적 표현의 사용은 지양해야 합니다.

세상에 없었던 무언가를 기획하고, 그림을 통해 남들을 즐겁게 해 주는 것이 마냥 즐거웠습니다.

→ '세상에 없었던 무언가'에서 자유로움이 묻어나지만, 이는 표현의 자유도와는 관계 없이 정리가 부족한 표현일 따름입니다. '마냥 즐거웠습니다' 부분에서는 부사의 자유로운 활용이 인상적입니다. 조직 문화에 맞춰 부사와 형용사 사용을 조절하는 사례로 '마냥'은 무척 적합합니다.

새로운 아이디어를 구체적으로 기획하고, 그림으로 주변 사람들에게 즐거움을 선사하는 활동에 즐거움을 느꼈습니다.

→ '마냥'과 '세상에 없었던 무언가'를 제외하자 글의 인상이 현격히 달라졌습니다. 자유로운 표현이 정성 부족으로 비춰지지 않도록 유의하세요.

다음 내용을 읽어 보며 함께 문제점을 짚어 보겠습니다. 수정 내용을 비교하며 올바른 표현 방법을 익혀 보세요.

Before

지원 동기 및 포부를 기술하시오.

① 저는 어릴 때부터 왜소한 체구로 친구들에게 놀림을 받고 무시도 당했습니다. ② 처음에는 '나도 보통 아이들과 같은 정도만 되었으면 좋겠다'라는 마음에 밥만 많이 먹었지만 점차 식품 쪽에 관심이 많아지고 관련 지식을 자연스럽게 습득하게 되었습니다. ③ 그리하여 식품공학과를 입학해 졸업까지 하게 되었습니다. ④ 대학교 3학년 때 현장 실습 2달을 경험해보면서 '영양사'라는 직업보다 좀 더 보람된 일을 하고 싶었습니다. ⑤ 그러던 중 한국식약청에서 문서 분류 작업 아르바이트를 하면서 단순한 서비스가 아닌 공공 서비스를 위해 희생하는 모습들을 보며 제 마음 속 깊게 와 닿았습니다. ⑥ 저도 소외계층 없이 모든 아이들의 건강한 신체, 건강한 생각, 건강한 미래를 위한 한국식품연구원이 되고 싶습니다. ⑦ 평등한 친환경 무상급식, 안전한 학교 급식 관리를 위한 위생 안전 등 관련 전문가들과 연구원들과 협력해 도움이 되고 싶습니다.

➔ ① 자기 지칭 어휘가 초반부터 등장했습니다. 한 번 사용한 이상 지속적으로 자기 지칭 어휘가 나타날 수밖에 없습니다. '무시'는 억울한 상황을 사실적으로 묘사하기 위해 사용한 어휘지만, 읽는 이의 뇌리에 부정적인 인상을 남깁니다. 놀림까지만 사용해도 상황 전달은 충분합니다. 이처럼 어휘의 사전적 의미 외에도 일상생활에서 사용하는 맥락까지 고려해 어휘를 선택해야 합니다.

② 독백은 불필요하고, 내용의 의미도 없습니다. '밥만 많이 먹었다'는 표현은 자기소개서의 격과 맞지 않습니다. '식사량을 늘리다'처럼 정리한 표현을 사용해야 합니다. 이는 자기소개서에 반말을 쓰지 않는 것과 동일한 맥락입니다.

③ '그리하여'는 문장 내에서 접속사 역할을 하는데, 문장 간 연결을 자연스럽게 꾸며 보고자 사용한 구어체의 흔적입니다. 게다가 접속사 역할이 반드시 필요한 구간도 아닙니다. 입학하고 졸업했다는 단편적인 설명은 의미를 담고 있지 않아 적절한 변경이 필요합니다. 입학 시 전공 선택 취지와 졸업 후의 목표를 연결해 진로 설정으로 흐름을 설정했습니다.

④ '영양사'보다 더 보람 있는 일이라는 표현은 불필요한 비교로 비교 대상을 의도와 달리 낮추는 결과를 초래합니다. 비교 대상을 생략하고 더 나은 일을 하고 싶다 정도로 마무리하는 것이 적절합니다. 비교를 시도할 때는 열위에 놓이는 대상에 대해 세간의 가치 평가가 이뤄지지 않는 부분으로 국한해야 합니다. 영양사는 엄연히 사회적으로 수요가 있는 직업이므로 지원자의 가치 평가는 오해를 빚을 수 있습니다.

⑤ 문장을 의미 단위로 분절하고, 표현을 정리해야 합니다. 지나치게 긴 문장은 표현 전달 효과가 떨어지기 때문입니다. '그러던 중'처럼 모호한 진행형 표현은 생략해도 무방합니다. 사용 의도는 특정 시점으로 이야기를 전개하기 위함인데, 문장 내용이 단속적이지 않다면 얼마든지 접속사 역할을 하는 표현 없이 기술할 수 있습니다. '그러던 중'은 전형적인 형태의 접속사가 아니므로 구어체 인상마저 남깁니다. 문자 내용의 핵심은 '공공서비스의 의의'이므로 부수적인 표현은 생략합니다.

⑥ 자기 지칭 어휘가 어김없이 다시 등장했습니다. '되고 싶습니다'는 지원자의 간절함만 보여 줄 뿐 능동적인 주체로서 지원하는 모습과는 어울리지 않는 표현입니다. '지원합니다' 형태로 수정해야 기술한 내용이 지원 동기의 당위성을 뒷받침하는 구조를 이룹니다.

⑦ 동일한 표현이 연이어 나타났습니다. 이전 문장에 이어 '되고 싶습니다'로 문장을 종결하면, 읽는 이의 시각에는 정성 부족으로 비춰질 수 있습니다. 마지막 문장인 만큼 수동적인 표현보다 능동성을 강조한 표현을 사용하는 편이 낫습니다. '활용하겠습니다'와 같은 형태로 의지를 피력합니다.

After

지원 동기 및 포부를 기술하시오.

유년기에는 왜소한 체구로 인해 친구들에게 놀림을 받기 일쑤였습니다. 보통 체구의 학생이 되는 것이 목표였고, 이를 위해 식사량을 늘리는 데 주력했습니다. 그 과정에서 식품 분야에 관심을 갖기 시작했고 관련 지식도 자연스럽게 습득할 수 있었습니다. 체구를 키우려던 열정은 식품공학과 입학을 통해 진로 설정에 이르렀습니다. 대학교 3학년 때 두 달간 현장 실습을 경험하면서 더욱 영향력이 큰 일을 하고 싶다는 동기가 생겼습니다. 한국식약청에서 문서 분류 작업 아르바이트를 하며 공공 서비스의 의의를 현장에서 체감할 수 있었습니다. 공공 분야에서 소외 계층을 아우르는 모든 아이들의 건강을 뒷받침하며 건강한 미래를 만들어 가고자 한국식품연구원에 지원합니다. 평등한 친환경 무상 급식, 안전한 학교 급식 관리를 위한 위생 안전 등에 협력하며 식품공학 지식을 활용하겠습니다.

MEMO

15
·
"큰 희망이 큰 사람을 만든다."

PART 15

뽀너스
Q&A

자유 양식 자기소개서는 어떻게 작성할까요?

최대 글자 수만 정해 놓은 자유 양식 자기소개서는 막연할 수밖에 없습니다. 무엇을 쓸지, 어디서부터 자신의 내용을 소개해야 올바른지 도무지 감을 잡기 어렵지요. 차라리 항목을 제시해 준다면 쓰기가 더 편안할 것 같은데 자유가 오히려 제약이 된다는 사실에 답답함을 느끼기도 합니다. 자유 양식에도 분명 적절한 접근 방법이 존재합니다. 글자 수 총량에 맞춰 삽입할 기본 항목을 결정하고 그에 따라 작성하세요. 항목이 외관상 드러나지 않을 뿐이지 자신이 설정한 항목은 엄연히 존재하는 셈입니다.

➔ 글자 수에 따른 항목 설정 방법

요구 글자 수가 무한인 경우

가능한 모든 항목을 적용해도 전혀 무리가 아닙니다. 억지로 이야기를 구성하기보다는 항목 간 중복이 없는 선에서 최대한 자신의 경험과 의지를 보여 주는 데 주력하세요. 과도하게 긴 항목 구성은 오히려 읽는 이가 거부감을 느낄 수도 있으므로 의미 있는 내용 위주로 자신을 표현합니다.

1. 지원 동기 = 글자 수: 500~800자, 기업에 대한 인지 사항, 배경 스펙 내용 등을 알린다.
2. 직무 수행에 활용할 수 있는 내용 = 글자 수: 500~800자, 전공, 경험, 직무 내용을 상호 연결한다.

3. 성장 과정 = 글자 수: 500~800자, 장점 위주로 작성하되 시간 순서를 지켜야 한다.
4. 성취 혹은 성공 경험 = 글자 수 500~800자, 단락을 나눠 경험의 과정을 서술하고, 얻은 바도 자세히 설명한다.
5. 성격의 장단점 = 글자 수: 500~800자, 중복을 피해 장점과 단점을 소개하고, 단점은 개선 방안도 언급한다.
6. 입사 후 포부 = 글자 수: 500~800자, 지원 기업의 시장 상황과 자기 계발 계획을 소개한다.

소제목을 문단의 앞에 배치해 읽는 이가 내용을 예상할 수 있도록 돕습니다. 긴 글인 만큼 문장과 문단의 길이를 조절하는 것이 중요합니다. 중복을 최소화하며 자신의 경험을 상세히 풀어 내고, 기업 정보와 시장 상황을 언급하며 내용을 의미 있게 늘리세요.

요구 글자 수가 3,000자 이내인 경우

가장 표준에 가까운 글자 수입니다. 자신의 경험을 소개하고, 지원 기업에 대한 관심을 충분히 피력하세요.

1. 지원 동기 = 글자 수: 500~800자, 시장에서 수집한 정보를 활용한다.
2. 직무 수행에 활용할 수 있는 내용 = 글자 수 500~800자, 배경 스펙에서 직무에 접목할 내용을 알아보고, 이를 적용한다.
3. 성장 과정 = 글자 수: 500자, 핵심 위주로 안정감 있는 모습을 보여 준다.
4. 특별한 경험 = 글자 수: 500자, 학창 시절에 수행한 활동 중 성과가 우수했던 경험을 소개한다. 직무 성격에 맞춰 강조할 부분의 강약을 조절한다.
5. 입사 후 포부 = 글자 수: 500자, 실행 계획과 실천 의지를 배합해 뚜렷한 인상을 남긴다.

3,000자 이내로 이야기를 서술할 때는 명확한 인상을 남기는 것이 필요합니다. 소제목을 붙이는 편이 낫고, 마찬가지로 중복을 최소화하세요.

요구 글자 수가 2,000자 이내인 경우

글자 수가 많지 않을수록 핵심만 담기도 어렵습니다. 소개하고 싶은 내용이 적을 때는 이러한 상황이 이로울 수 있으나 경험과 배경 스펙이 많은 지원자는 핵심 사항을 알리기 위해 적절한 수준으로 내용을 축약해야 합니다. 제외해야 하는 내용과 반드시 써야 하는 내용을 적절히 구분하세요.

1. 지원 동기 = 글자 수 500자, 기업에 대한 관심 위주로 동기를 언급한다.
2. 성장 과정 = 글자 수 500자, 지원자의 안정감과 정량적 스펙 요소를 보여 준다.
3. 특별한 경험 = 글자 수 500자, 지원 직무와 연결할 수 있는 내용 위주로 성취와 성공 경험을 소개한다.
4. 입사 후 포부 = 글자 수 500자, 계획과 의지를 드러내고, 조직에서 이뤄 내고 싶은 목표도 서술한다.

자유 양식이라 항목이 없으므로 소제목을 기재해 단락을 명확히 구분해 주는 것이 필요합니다. 이야기의 핵심이 전달될 수 있도록 제목을 설정하고, 글자 수를 초과하지 않게 표현과 내용을 정리하세요. 중복 내용을 소개할 개연성이 낮은 만큼 핵심을 더욱 뚜렷하게 표현하는 데 집중합니다.

요구 글자 수가 1,000자 이내인 경우

1,000자는 자신을 소개하기에는 다소 적은 글자 수인 듯합니다. 하지만 불가능한 것도 아니므로 핵심 위주로 작성하고, 불필요한 표현을 최대한 삭제하며 글자 수를 효율적으로 활용하세요. 읽는 이가 부담 없이 읽을 수 있는 분량입니다. 수정과 퇴고를 확실히 거쳐 맥락에 맞는 표현으로 자연스럽게 글을 이어 가야 합니다. 뚜렷한 인상을 주는 것을 목표로 삼으세요.

1. 지원 동기 = 글자 수 300자, 배경 스펙과 기업 정보를 바탕으로 동기를 명확히 기술한다.
2. 성장 과정과 직무에 활용할 수 있는 성취 경험 = 글자 수 400자, 불필요한 내용은 제외하고, 조직 생활과 직무에 연결할 수 있는 내용 위주로 서술한다.
3. 입사 후 포부 = 글자 수 300자, 발전 지향적인 모습을 그리며 자신의 계획을 소개한다.

짧은 글이라 제목은 단락 나누기로 대체할 수 있습니다. 글자 수가 충분하지 않으므로 소제목에 사용할 공간을 더 많은 내용을 소개하는 데 활용하세요. 간결한 표현으로 핵심 사항을 기술하는 데 필요한 글자 수를 확보하고, 부연 설명보다는 결과 중심으로 자신의 강점을 언급합니다.

자유 양식은 글자 수에 따라 항목을 적용해 대응하고, 내용이 부족할 때는 경험을 상세히 설명하거나 기업 및 시장 정보를 맥락에 맞게 추가해 보세요. 자유 양식은 특별한 경험에 대한 설명을 요구하는 항목이 없어 기술하기가 오히려 쉽습니다. 항목의 부재가 막막함의 원인일 뿐, 막상 작성해 보면 말 그대로 자유롭습니다.

공무원 시험 낙방은
어떻게 기술해야 할까요?

당찬 도전이 무위로 돌아갔을 때 허무함은 이루 말할 수 없습니다. 막막한 상황은 취업에서도 이어지는데, 공무원 시험으로 발생한 공백을 어떤 식으로든 채우기가 어렵기 때문입니다. 인턴, 봉사, 자격증, 공모전 등으로 입사 경쟁력을 높일 수 있었을 시간이 실패라는 낙인과 함께 어느 누구에게도 발설하고 싶지 않은 과거로 자리매김합니다. 도전에는 성공이 아니면 응당 실패가 따르기 마련이고, 환희와 상반된 좌절로 얼룩져버린 지난 시간은 오롯이 본인 몫입니다. 이처럼 억눌린 기억은 과연 어떻게 풀어야 현명한 것일까요?

갈수록 격화되는 취업 시장에서 공무원 시험에 낙방한 사람은 안일한 마음가짐으로 도전을 등한시한 책상물림으로 취급되기 일쑤입니다. 공무원 시험은 도전자의 본 의도와는 관계 없이 세태가 이미 시험의 성격을 규정지은 탓에 공격형으로 경험을 소개할 수는 없습니다. 가령 공모전에 도전했다가 실패했더라도 그 과정을 자신 있게 소개할 수 있습니다. 도전 과정에서 배운 점과 자신의 강점을 건져서 공격적으로 소개할 수 있기 때문입니다. 공모전에 투자하는 시간이 아무리 길어도 한 학기 이상은 넘어가지 않고, 협업으로 진행하는 까닭에 실패해도 그 경험에서 건질 내용이 많습니다. 또한, 실패해도 다른 유형의 도전을 새차 실행할 시간적 여유가 있어서 경쟁력 강화 방면으로는 어떠한 단점도 없습니다. 그에 반해 공무원 시험은 2년 가량 투자하는 것이 보통이고, 실패하면 그것으로 끝입니다. 특별히 건질 내용이 없습니다. 방어형으로 기술할 수밖에 없는 상황이지요. 자기소개서 항목이 요구하는 내용은 많고, 도전 경험을 묻는데 마땅히 기재할 내용이 없다면, 공무원 시험에 도전한 과정을 선택해야 합니다. 그렇지 않다면 도저히 채울 수 없는 항목이 간혹 있기 마련입니다. 수험 과정은 누구나 예상할 수 있는 통속적인 내용이겠지만, 자신의 전공과 목표를 활용하며 도전의 의미를 찾는 데 골몰해야 합니다. 물론 언급하지 않을 수 있다면, 아예 소개 내용에서 제외하는 것도 방법입니다.

📍 공무원 시험 도전 경험은 방어형으로 기술한다

방어형은 해당 경험의 과정 설명보다는 결과에서 의미를 찾는 유형을 의미합니다. 진행 과정에서 지원자의 강점을 보여 줄 수 없는 경험은 방어형으로 기술해야 소개가 가능합니다.
공격형은 경험의 진행 과정에서 지원자의 강점이 드러나고, 배운 점과 느낀 점이 명확할 때 사용합니다. 일반적으로 경험은 공격형으로 기술합니다.

💡 ① 누군가는 이미 극복했을 어려움 앞에 결코 굴복하지 않는다

② 도전하는 삶이 곧 존재의 의의입니다. ② 아무리 어려운 상황에 놓였더라도 세상 누군가는 이미 극복했을 어려움이라 생각하면, 할 수 있다는 자신감이 솟아납니다. ③ 희망하는 대학의 의대에 입학하고자 삼수를 결정했지만, 목표를 달성하지는 못했습니다. ④ 하지만 만족하는 자세로 충실히 학업에 임했고, 그런 과정은 공무원 시험으로 이어졌습니다. ⑤ 비록 2년의 수험 기간이 수포로 돌아갔지만, 자신을 돌아볼 수 있는 시간이 되었기 때문에 오히려 성장 밑거름으로 삼을 수 있었습니다. ⑥ 성공과 실패는 결과론적으로 차이가 있지만, 그 과정에서 얻는 경험은 결과를 떠나 유의미하다는 점은 동일합니다.

→ ① 제목은 지원자의 좌절하지 않는 신념과 자세를 나타냅니다. 실패를 경험했지만, 이겨 낸다는 의미로 이와 같이 기술했습니다. '공무원 시험'은 제목 어휘로 사용하지 않았습니다. 상당히 많은 수의 지원자가 공무원 시험 이야기를 언급했을 테고, 상대 평가인 환경에서는 제목부터 기대감을 떨어뜨릴 위험 요소가 있기 때문입니다. 방어형 소개의 대표 예시라고 할 수 있습니다.

② 도전의 의의를 극대화하며 경험의 초점을 도전 자체에 맞췄습니다.

③ 공무원 시험 이전에 겪었던 실패 사례입니다. 굳이 기술할 이유는 없지만 타 지원자들과 연령을 비교할 때 방어하기 위해 삽입한 내용입니다.

④ 영리 기업 지원 동기와 공무원 시험에 도전한 동기가 상충한다고 판단해 우회적으로 표현한 문장입니다. 대표적인 방어형 서술입니다.

⑤ 도전의 의미를 찾았습니다. 자신을 돌아볼 수 있는 시간과 성장 밑거름을 핵심 어휘로 배치해 제목에 걸맞은 내용을 기술했습니다.

⑥ 도전의 의의를 되새기며 문단을 마무리합니다.

공무원 시험 낙방 경험이 자기소개서에는 결코 유용한 소재는 아니지만, 자신에게는 도전의 의미로서 충분합니다. 사람은 성공만으로 성장하는 건 아닙니다. 과정을 기술해야 하는 자기소개서의 특징에 해당 경험이 부합하지 않는다는 것일 뿐 성장을 위한 자산으로서는 손색이 없습니다.

소비재 기업의 대표 상품을
지원 동기 소재로 삼아도 될까요?

대대적으로 자사 상품을 지원 동기로 거론하지 말 것을 요구하는 기업이 있습니다. 소비재 기업 중 식품 분야가 그런 경향을 띱니다. 기업 측에서는 지원자의 상품 관련 경험이 지나치게 얄팍한 지원 동기로 보일 소지가 있는 것은 사실입니다. 대표 상품 외 기업의 다른 이면을 바라볼 것을 권유하는 듯합니다. 하지만 지원자 입장에서는 식품 제조사에 지원하며 직접 먹고 마셨던 상품을 동기화하는 것이 일견 당연합니다. 이와 같은 기업의 요구가 부당해 보이기도 하지만, 대표 상품을 소비 중심이 아닌 생산과 시장 중심으로 조명한다면 상품을 소재로 삼으면서도 기업이 원하는 지원 동기를 작성할 수 있습니다. 소비재 중 식품 기업의 일반적인 지원 동기는 누구나 떠올릴 수 있을 만큼 간단하고 식상할 수밖에 없습니다. 경험 위주로 작성하기 때문이죠. 이러한 식상함은 역시나 지원자의 정성 부족으로 연계되며 낮은 평가로 이어질 공산이 큽니다. 자신의 지원 동기에 분명한 사유가 없다고 해서 누구나 떠올리는 지원 동기로 가름하는 건 차별화에 역행하는 처사입니다. 물론 지원자 입장에서는 야박하다고 느낄 수 있습니다. 지원 기업의 대표 상품을 즐거운 마음으로 섭취해 왔고, 대표 상품을 적시하는 건 사실에 입각해 지원 동기를 작성하는 것이라며 항변할 여지도 있습니다. 그러나 선택권은 기업에 있고, 지원자는 요구 조건에 맞춰 정성을 기울여 자기소개서를 작성해야 합니다. 식품 기업의 대표 상품을 단순 경험에 따른 지원 동기 소재로 삼지 말고, 직무와 시장에서 대표 상품을 바라보는 방식으로 접근하는 전략이 필요합니다.

안심Touch

1. 식품 섭식 경험은 누구나 있다.
2. 차별화가 가능한 구조가 아니다.
3. 식품을 둘러싼 시장과 기업의 현재와 미래 전략을 분석한다.
4. 정보를 검색하는 수고를 통해 정성을 보여 준다.
5. 지원 동기보다 자신의 강점 설명 비중을 늘린다.

다음 두 가지 사례는 지원 동기의 초점을 자신의 경험에 맞춘 경우와 기업 정보 및 자신의 강점에 맞춘 경우에 해당합니다. 상호 비교를 통해 기업이 왜 식품 경험을 지양하는지 알아보겠습니다. 아울러, 어떠한 형태로도 지원 동기의 특색을 만들기 어려운 기업은 자신의 강점으로 해결 방안을 마련할 수 있음을 확인해 보겠습니다.

자신의 소비 경험에 중점을 둔 경우

샘표식품에 지원하는 구체적인 이유와 샘표식품에서 여러분을 선택해야 하는 이유에 대해 기술하시오.
500자

💡 샘표의 가치와 감성까지 전달하는 영업인

어릴 적, ① 어머니는 주말 조리사이셨습니다. 아버지와 맞벌이를 하셔서 평일에는 항상 바쁘셨기 때문에 주말이 되면 맛있고 영양 가득한 밥상을 차려주셨습니다. ② 건강한 재료를 써야 건강한 음식이 나온다고 말씀하셨고 주방에는 항상 '샘표' 제품이 있었습니다. ③ 20년 넘게 저와 함께한 '샘표간장' 이외에도 '연두'나 '백년동안' 등 새롭고 트렌디한 제품으로 올바른 식문화를 만들어나가기 위해 노력할 뿐만 아니라, 국내뿐만 아니라 글로벌 기업으로서 성장해 나아가는 샘표의 모습에 한껏 고무되었습니다. ④ '샘표'는 제게 있어 20년 넘게 즐거운 추억이자 동시에 그리움이었고 앞으로도 계속될 저의 기억이라고 생각합니다. 저처럼 누군가에게는 추억이 될 '샘표'의 제품과 서비스 그리고 감성까지 고객들에게 전달하고 싶어 영업부에 지원하는 바입니다.

➔ ① 주말 조리사라는 사실에는 어떠한 판단도 개입될 여지가 없습니다. 다만, 식품 업체의 동기로는 식상할 수밖에 없는 구조를 제시하고 있습니다. 기업 측 읽는 이들은 이와 유사한 유형을 너무나도 많이 봐 왔기에 첫 문장을 보고 관심을 거둘 우려까지 자아냅니다.

② '주방에는 항상 샘표 제품이 있었습니다'는 제품 사용자 후기에 해당할 뿐이고, 특별한 의미를 전달하는 바가 없어 기업 측에서는 꺼리는 내용입니다.

③ '20년 넘게 저와 함께 한'을 제외하면 기업 정보를 열거하고 있어 타당합니다. 지원 기업이 글로벌 시장을 지향하고 있다는 점을 지목하며 미래에 부합하는 모습을 보였습니다. 이런 문장은 내용이 일반적일지라도 방향성을 내재하고 있어 지원 동기의 소재로는 매우 적합합니다.

④ '20년 넘게 즐거운 추억이자 동시에 그리움이었고'는 자신의 사용 경험에 근거한 내용이라 기업 입장에서는 지원 동기로 해석할 요소가 아닙니다.

기업 정보와 지원자의 강점 소개에 중점을 둔 경우

샘표식품에 지원하는 구체적인 이유와 샘표식품에서 여러분을 선택해야 하는 이유에 대해 기술하시오. 500자

💡 전문 지식을 실무에서 실력으로 만들다

① 다양한 제품이 고르게 높은 경쟁력을 지닌 샘표식품은 70년의 기술과 가치를 담아 시장 신뢰도를 유지해 왔습니다. 한국을 대표하는 간장을 생산하며 ② 3대에 걸친 식품 사업을 이어 왔고, 기업 문화에 한국 전통을 연결하며 오늘날과 같은 시장 지위를 이끌어 냈습니다. ③ 연두를 출시하며 브랜드 파워를 한층 높였고, 매출 증대를 통해 글로벌 시장으로 도약할 채비를 마쳤습니다. ④ 경영학을 전공하며 SCM을 배우고 익혔습니다. 영업과 생산 분야를 연결하는 유통과 물류 분야에도 관심이 생겨 물류 관리사와 유통 관리사 자격을 취득했고, 유통 전문가 과정을 적극적으로 수강하며 실무 지식도 습득했습니다. ⑤ 샘표식품은 국내를 넘어 글로벌 기업으로 향하고 있습니다. 이러한 발전적 과정에서 SCM의 글로벌 운영으로 전문가로 성장하고자 지원합니다. 글로벌 기업 인턴으로 익힌 비즈니스 영어와 조직 감각을 활용해 샘표식품과 함께 미래를 밝히고 싶습니다.

➜ ① '다양한 제품'으로 첫 문장을 시작하며 기업이 추구하고 있는 전략을 가볍게 언급했습니다. 일반 내용 서술일지라도 식상할 수밖에 없는 소비 중심의 경험보다는 낫습니다.

② 3대에 걸친 식품 사업은 홈페이지만 찾아봐도 알 수 있는 내용이지만, 후속 문장에서 '한국 전통'을 기재한 까닭에 의미 부여는 가능합니다.

③ 가장 최근에 출시한 제품을 소재로 삼아 기업의 시장 방향성에 대해 이야기했습니다.

④ 지원자의 강점을 소개합니다. 이전 문장에서 서술한 시장 방향성에 이어 직무에서 활용 가능한 역량을 열거합니다.

⑤ 강점 열거만으로는 지원 동기를 명백히 드러낼 수 없어 삽입한 문장입니다. 강점을 이야기하다가 갑작스럽게 지원한다고 할 수는 없습니다. 연결 고리로 이와 같은 문장이 필요합니다.

두 가지 사례를 비교해 보면, 일반적인 소비 경험을 기술한 사례보다 기업과 지원자의 강점에 초점을 맞춘 사례가 읽는 이에게 전달하는 바가 더 많음을 알 수 있습니다. 물론 이와 같은 접근 방법이 모든 기업에 해당하는 것은 아닙니다. 한국인으로서 소비 경험이 필수불가결한 수준일 경우에만 해당합니다. 예를 들면, 신라면, 초코파이, 메로나 등이 대표적인 상품 사례입니다. 소비 경험이 천편일률적이라 지원 동기에 사용해도 차별화가 힘들기 때문입니다. 채용 전형은 상대 평가라는 점을 명심하세요.

좋은 책을 만드는 길
독자님과 함께하겠습니다.

도서에 궁금한 점, 아쉬운 점, 만족스러운 점이
있으시다면 어떤 의견이라도 말씀해 주세요.
시대고시기획은 독자님의 의견을 모아 더 좋은 책으로 보답하겠습니다.

www.sidaegosi.com

합격하는 취업, 자소서로 스펙 뛰어넘기

개정3판1쇄 발행	2022년 04월 05일 (인쇄 2022년 02월 25일)
초 판 발 행	2019년 02월 01일 (인쇄 2018년 12월 21일)
발 행 인	박영일
책 임 편 집	이해욱
저 자	정승재
편 집 진 행	이미림 · 피수민
표지디자인	박수영
편집디자인	최미란 · 채현주
발 행 처	(주)시대고시기획
출 판 등 록	제10-1521호
주 소	서울시 마포구 큰우물로 75 [도화동 538 성지 B/D] 9F
전 화	1600-3600
팩 스	02-701-8823
홈 페 이 지	www.sidaegosi.com
I S B N	979-11-383-1947-8 (13320)
정 가	19,000원